全面实施预算绩效管理实践指导

（第二版）

刘国永　李文思　王萌　编著

全面实施预算绩效管理系列丛书

丛书主编　刘国永

江苏大学出版社
JIANGSU UNIVERSITY PRESS
镇江

图书在版编目(CIP)数据

全面实施预算绩效管理实践指导 / 刘国永,李文思,王萌编著. —2 版. —镇江:江苏大学出版社,2021.12
ISBN 978-7-5684-1584-2

Ⅰ. ①全… Ⅱ. ①刘… ②李… ③王… Ⅲ. ①财政预算—经济绩效—财政管理 Ⅳ. ①F810.3

中国版本图书馆 CIP 数据核字(2021)第 242269 号

全面实施预算绩效管理实践指导.2 版
Quanmian Shishi Yusuan Jixiao Guanli Shijian Zhidao.2 Ban

编　　著/刘国永　李文思　王　萌
责任编辑/常　钰
出版发行/江苏大学出版社
地　　址/江苏省镇江市梦溪园巷 30 号(邮编:212003)
电　　话/0511-84446464(传真)
网　　址/http://press.ujs.edu.cn
排　　版/镇江文苑制版印刷有限责任公司
印　　刷/南京艺中印务有限公司
开　　本/787 mm×1 092 mm　1/16
印　　张/19.25
字　　数/433 千字
版　　次/2019 年 8 月第 1 版　2021 年 12 月第 2 版
印　　次/2021 年 12 月第 2 版第 1 次印刷　累计第 2 次印刷
书　　号/ISBN 978-7-5684-1584-2
定　　价/62.00 元

如有印装质量问题请与本社营销部联系(电话:0511-84440882)

序　一*

刘仲藜

财政是国家治理的基础和重要支柱，财税体制在国家治理中发挥着基础性、制度性、保障性作用。1993 年初夏，党中央做出了实施财税体制改革的重大战略部署，一场影响深远的财税体制改革自此拉开了序幕。十八届三中全会以来，财税体制改革全面发力、多点突破、纵深推进，预算管理制度更加完善，财政体制进一步健全，税收制度改革取得重大进展，现代财政制度框架基本确立。2017 年，党的十九大报告从全局和战略高度要求加快建立现代财政制度，建立全面规范透明、标准科学、约束有力的预算制度，全面实施绩效管理。

回顾这些年财税体制改革的历程，全面实施预算绩效管理是深化财税体制改革的重要内容，也是新形势下的必然之举。深化财税体制改革的内容涵盖预算管理制度、税收制度和财政管理体制三个领域，其中预算管理制度改革是基础。十八大以来，中期财政规划、预算公开、地方政府债务管理等一系列预算管理制度改革举措的落地实施，为全面实施预算绩效管理夯实了基础条件。从另一个角度看，全面实施预算绩效管理要求强化预算为民服务的绩效理念，促进预算更加公开透明，增强对重大战略任务的财力保障，平衡好促发展和防风险的关系，这些要求则进一步明确了预算改革的目标导向原则，拓展了预算管理的广度和深度，加快了财税体制改革的实施进程。

进一步讲，全面实施预算绩效管理是推进国家治理体系和治理能力现代化的内在要求。我国的财税体制改革始终紧密围绕推进国家治理体系和治理能力现代化的总目标推进。随着改革的逐步深入，国家治理体系中一些深层次问题仍有待解决，如政府和市场资源配置效率不高、事权和支出责任关系未理顺、公共服务供给不平衡不充分、绩效理念尚未牢固树立、政府部门履职成效有待提高等。全面实施预算绩效管

* 本序作者刘仲藜系中华人民共和国财政部原部长。

理，不单单是财政资金的管理，其实是在更深层次上将理财与理政结合在一起，将全面实施预算绩效管理转化为完善国家治理体系、促进发展质量效益提升的动力和重要手段。

纵观我国预算绩效管理的发展过程，自 20 世纪 90 年代探索绩效评价试点开始，我们先后历经了绩效评价扩点增面、全过程预算绩效管理等阶段。历经多年探索，2018 年《中共中央 国务院关于全面实施预算绩效管理的意见》正式发布，为全面实施预算绩效管理做出统筹谋划和顶层设计，预算绩效管理改革按照“全方位、全过程、全覆盖”的框架体系进入全面深化阶段。

当前，我国已进入新发展阶段，随着国内外形势发生深刻复杂的变化，为推动构建新发展格局，必须持续深化财税体制改革。“十四五”时期的财政改革发展各项工作，从强化高质量发展目标引领，注重宏观政策协调配合，促进财政政策提质增效，到深入推进预算管理制度改革、进一步理顺财政体制等，都对绩效管理提出了更高更新的要求。

作为一项长期的、系统性的工程，全面实施预算绩效管理需要在工作实践中不断完善和动态改进。在这个过程中，需要解决的难题很多，需要理顺的关系很多，需要研究的课题很多；在这个过程中，需要汇聚各方力量，各尽其责、各展所长，广泛深入开展研究，为全面实施预算绩效管理建言献策。

刘国永教授及其团队在预算绩效管理领域深耕多年，长期奋战在业务一线，不仅具有深厚的理论基础、专业素养，同时也积累了丰富的实践经验，并于 2019 年推出《全面实施预算绩效管理系列丛书》。几年时间里，我国预算绩效管理体系不断完善，预算绩效管理的范围和层次较以往均有了较大的拓展。刘国永教授及其团队本着与时俱进、精益求精的一贯精神，结合新的实践经验，组织对《全面实施预算绩效管理系列丛书》进行修订，并增编了《政府购买服务绩效评价：理论、实践与技术》《政府债务预算绩效管理路径探索：基于代际公平和投融资机制的视角》等新著，对绩效如何融入全口径预算管理的具体实施路径进行了诸多有益的探索，对如何推动绩效和预算更全面、更实质性地融合等问题的研究更为深入系统，还重点关注了基层政府如何开展预算绩效管理等，案例也很有新意、很具有代表性，应该会激发一些有价值的讨论。

相信系列丛书的新出版发行，会加深读者对“全面实施预算绩效管理”的认识和理解。书中提供了颇多开展绩效管理的方法体系和技术工具，有助于绩效管理改革创新，希望能够给各类读者提供有益的借鉴。

忝为序。

序　二*

马蔡琛

财政为庶政之母，预算乃邦国之基。2018 年 9 月发布的《中共中央 国务院关于全面实施预算绩效管理的意见》（以下简称《意见》）提出：“力争用 3 至 5 年时间基本建成全方位、全过程、全覆盖的预算绩效管理体系，实现预算和绩效管理一体化，着力提高财政资源配置效率和使用效益，改变预算资金分配的固化格局，提高预算管理水平和政策实施效果，为经济社会发展提供有力保障。”三年多以来，财政部门围绕落实《意见》目标，精心谋划、认真组织、大力推动，经各方共同努力，全国各地区各部门强化绩效意识，努力推进改革，已取得诸多成绩。然而，全面实施预算绩效管理这项工程庞大而复杂，由于各地实践的具体环境与所处阶段各有不同，当前对于预算绩效管理先进经验的总结、理念和方法的探讨非常有必要。

上海财经大学公共绩效研究院刘国永教授及其团队多年来一直基于实践，系统性地展开预算绩效管理领域的研究，这套《全面实施预算绩效管理系列丛书》（修订版）就是他们不断探索的重要成果。这确实是一件值得祝贺的事情。

这套丛书在 2019 年版本的基础上进行了修订和拓展，更成体系，内容更广泛。前两册专业基础和实践指导围绕“四本预算”进行了修订，包括理论梳理、实践论证；全新编撰的第三册《全面实施预算绩效管理案例解读（2021）》则基于各地实践，筛选近年来的典型案例特别是绩效管理探索创新的实践内容，进一步丰富案例积累；新纳入的第四册《政府购买服务绩效评价：理论、实践与技术》立足于政府购买服务绩效评价亟待解决的问题，搭建形成包括理论基础、实施路径、指标体系、评价机制在内的政府购买服务绩效评价理论体系；第五册《政府债务预算绩效管理路径探索：基于代际公平和投融资机制的视角》对全面实施预算绩效管理背景下政府债务如何

* 本序作者马蔡琛系南开大学经济学院教授，博士生导师。

"全方位、全过程、全覆盖"绩效管理的实施路径进行了探索。丛书内容丰富，相关经验及方法的分享实践指导意义颇大，其体例在国内亦为新颖，编者的研究视野和成书勇气都非常值得肯定。该丛书对于推进全面实施预算绩效管理实践具有很大价值，不仅可为预算绩效领域的研究者提供参考资料，还可以为各级政府部门、第三方绩效评价机构提供有用的实践方法。

我们可以看到，自新《预算法》实施以来，我国一般公共预算、政府性基金预算、社会保险基金预算、国有资本经营性预算这一整套全口径预算管理体系已然基本形成。在此基础之上，考虑到全面实施预算绩效管理的新要求，如何将预算绩效管理的覆盖面从一般公共预算延展到其他"三本预算"，加快建成全方位、全过程、全覆盖的预算绩效管理体系，对当前的预算绩效管理提出了全新的挑战。

将政府性收支最大限度地纳入政府预算管理之中，是全覆盖预算绩效管理行之有效的重要前提，而我国目前"四本预算"之间的界限并不十分清晰，这将在相当程度上制约预算绩效管理的改革进程。这种界限不清集中体现在以下三个方面：

第一，目前我国的"四本预算"之间仍存在"交叉重叠"部分。举例来说，一般公共预算和政府性基金预算存在相同或相似科目。譬如，二者均设置了"城乡社区支出""交通运输支出"的类级科目。其中一般公共预算设置了"城乡社区公共设施""城乡社区环境卫生"两个款级科目，政府性基金预算则设置了"城乡基础设施配套费安排的支出"这一相似的款级科目。对于此种相似领域资金的重复覆盖，将会导致预算绩效实时监督的障碍和矛盾。

第二，政府性基金预算的界限模糊，内容范围规定尚待完善。目前，新《预算法》中已然对政府性基金的征收方式、征收对象和征收依据做出了说明，但由于政府性收费本身数量和种类都较为繁杂，且地方政府性收费一度随意性较强，实际上难以统计和管理。因而，很多具有政府基金性质的杂项收费都并未在法律层面提供有效的划分依据，而各种政府性基金的盈利和增值，也并未纳入政府性基金管理。

第三，国有资本经营预算存在覆盖缺口。目前，国有金融类企业和国家政策性企业的收入尚未纳入国有资本经营预算范围，且未能全面反映国有资本的存量和增量。

而在"四本预算"绩效管理体系的建立之中，需要重点关注两个问题。一是，目前的预算编制、调整权力集中在各级财政部门，由于行政隶属关系的制约，财政部门实际上很难深入国有资本经营预算和社会保险基金预算的编制与决策过程。以国有资本经营预算为例，预算编制的视角应下沉到具体项目和项目承载企业中去，充分考虑实际项目情况。因而预算管理部门在编制预算的过程中，为保证其科学性和合理性，需要适当考虑业务部门的实际，但也不宜过于放权，否则将会致使管理混乱。二是，原来的预算绩效管理主要针对的是一般公共预算，对另外"三本预算"的绩效管理不够规范和完整。不仅难以对其提炼出高质量的绩效信息，对"四本预算"整体预算绩效进行评估更无从谈起。实际上，另"三本预算"的绩效管理各有其特点，政府性基金预算绩效管理应重点关注基金政策设立延续依据、征收标准、使用效果等情况，国有资本经营预算绩效管理要重点关注贯彻国家战略、收益上缴、支出结构、使用效果等情况，社会保险基金预算绩效管理要重点关注各类社会保险基金收支政策效果、基金管理、精算平衡、地区结构、运行风险等情况。因而，规范化“四本预算”的资金管理，精准定位不同评价主体和不同评价对象在预算活动中的功能特点，制定与之契合的绩效目标和评价体系，既是“四本预算”绩效管理中的重点，也是痛点。

在全面实施预算绩效管理背景下，通过全口径预算绩效管理体系的构建，不仅对各本预算进行独立绩效管理，更要将之有机衔接起来，最终织就一张全覆盖的预算绩效管理网。在理论和实践上还有诸多具体问题有待解决，我们在《全面实施预算绩效管理系列丛书》的前三册中可以看到实践者是如何用智慧化解的，也能看到将来还有哪些问题有待更好地完善。

再说对政府购买服务进行绩效评价。当下，“政府购买服务”已然成为包括我国在内的世界主要国家公共治理的核心政策工具，而政府“花钱必问效，无效必问责”已被提至新高度，因此与老百姓关系密切的约1万亿元规模的政府采购服务绩效评价备受关注，也是“全面实施预算绩效管理”需纳入讨论的重要内容。近年来，《财政部关于推进政府购买服务第三方绩效评价工作的指导意见》《政府购买服务管理办法》等先后发布，政府购买服务绩效评价规则进一步细化，但是在评价过程中可能依然会出现以下几个误区：第一，过分强调形式上的“结果”，违背满足社会公众需求的最初目标。如果执着于绩效评价结果，过度强调供给规模，可能反而导致服务质量、供给有效性和效率性下降。第二，政府购买服务的边界不清晰。对于不同性质的公共服务，政府部门和社会组织应当承担的责任是有差别的。因而，应当结合实际情况，明确政府购买服务清单或负面清单，有选择性地推广政府购买服务。第三，不同层级政府和社会公众之间职责分工不明确。应当合理界定政府与社会之间的角色定位和责任分工，充分协调合作，尽可能避免不同合作部门之间的“踢皮球”现象。如何走出误区，更为高效、科学地进行政府购买服务绩效评价？本丛书第四册《政府购买服务绩效评价：理论、实践与技术》给出了最新的探索与实践案例。

最后，我们谈谈丛书第五册《政府债务预算绩效管理路径探索：基于代际公平和投融资机制的视角》涉及的话题“政务债务预算绩效管理”。党的十九大报告中指出：“我国经济已由高速增长阶段转向高质量发展阶段。”当前，我国财政运行处于紧平衡状态，经济下行压力加大的同时，财政收入增长动力会有所减弱。一些地方收支矛盾更为突出，有的财力紧张，资金使用固化、僵化问题不同程度存在，保工资、保运转、保基本民生面临困难。地方政府债务能不能发挥预期效果，关系到我国财政长期预算平衡，以及能否为经济社会发展持续提供税源。构建全覆盖预算绩效管理体系过程中，推进政府债务预算绩效管理体系建设也是重要的一环，有助于科学合理配置财政资源，防范地方政府债务风险，提高地方债资金使用效益，实现积极财政政策的

“提质增效”。这本书的探索能够给当前的研究和实践带来一些启发：一是根据债务管理主体职责、债务项目生命周期、债务偿还渠道和债务资金投向等特征，如何构建多位绩效目标体系；二是从债务管理、预算管理和绩效管理一体化的视角，如何构建符合政府债务特征的全过程绩效管理模式。

加快建立现代财政制度，建立全面规范透明、标准科学、约束有力的预算制度，必须以全面实施预算绩效管理为关键点和突破口，推动财政资金聚力增效，提高公共服务供给质量，提升政府公信力和执行力。在实践中，我们需要以预算推动治理，以绩效看待发展，将实施落到实处，《全面实施预算绩效管理系列丛书》（修订版）确实进行了实实在在的探索，取得了颇为可观的研究成果，相信阅览此书的读者诸君一定会获益良多。

是为序。

自　序*

构建预算绩效管理新范式：数据驱动、标准支撑、业财绩融合

刘国永

自《中共中央 国务院关于全面实施预算绩效管理的意见》发布以来，各地纷纷按照3至5年时间基本建成全方位、全过程、全覆盖的预算绩效管理体系的目标推进各项工作。在“三全”的框架体系之内，各地还不断尝试创新突破，有的实施基于成本核算的预算绩效管理，有的开展下级政府财政运行综合绩效评价试点，有的开展绩效标准建设，应该说都具有各自的亮点和特色。当然，各地也都面临一些问题和挑战，并总结了一些经验和教训。目前，各地的预算绩效管理工作，既处在阶段收官的成果验收期，也处在再度出发的未来展望期。值此全面实施预算绩效管理的关键时刻，基于对历史的总结和未来的期待，我们重新修订了《全面实施预算绩效管理系列丛书》，从各地已经面临或即将面临的挑战出发，有针对性地总结出五个亟待进一步深化破解的难题，并对应地提出了一系列看法，以期帮助读者把握未来预算绩效管理工作的主要方向。

一、质量为基：预算绩效管理提质扩围

构建全方位、全过程、全覆盖的预算绩效管理体系，是全面实施预算绩效管理的主要目标。随着各项工作的不断深入，预算绩效管理改革也进入了“深水区”，管理对象进一步拓展，延伸到政府性基金预算、国有资本经营预算和社会保险基金预算其他三本预算，以及一般公共预算中的政府采购项目、政府购买服务项目、政府和社会资本合作（PPP）项目、政府债务项目、政府投资基金等。从这些管理对象的特点来

* 本序作者刘国永系上海财经大学公共绩效研究院副院长、全国财政信息化标准化工作组委员、上海闻政管理咨询有限公司董事长、上海市公共绩效评价行业协会会长、海南省财政绩效评价行业协会会长。

看，与以往纳入绩效管理的对象相比，主要有以下四个特点：一是管理目标更综合、更立体，例如，上述对象可能与国家关于政府职能转变、理顺政府间财政关系、国有资本保值增值等目标相关联，也会涉及具体某个管理环节的特定要求；二是对财政收入绩效管理提出了明确要求，其他“三本预算”均可能涉及预算收入的绩效管理内容；三是财政管理与其他行业管理特征交织，例如基金、债务等项目还需要结合金融及资金运行风险的相关管理要求；四是管理对象的层次更高，例如一级政府的财政运行情况、某个社会保险基金整体运行情况等。由于这些管理对象存在上述特点，导致在全面实施预算绩效管理之前，大多数财政部门不将这些对象纳入管理范围。

但是，“三全”的管理要求，使得对这类对象的管理需求与日俱增，相关的研究和试点也在陆续展开中，如何有效地将管理范围拓展到这些对象、推动全面实施预算绩效管理工作持续深入，已经成为摆在各级财政部门乃至各级党委政府面前的重大课题。因此，要实现全面实施预算绩效管理的持续深入，有待于进一步明确目标、把握特征、完善路径。明确目标，就是要基于全方位的视角，将目标定位于建立管理对象的目标体系、内容体系、方法体系和标准体系；把握特征，就是要按照全覆盖的要求，在管理过程中充分体现不同对象的不同特征；完善路径，就是要提炼全过程的经验，搭建形成相关管理对象覆盖事前评估、目标管理、运行监控、绩效评价、结果应用等环节的闭环系统。

二、标准为本：预算管理一体化科学化

实现预算与绩效管理一体化是全面实施预算绩效管理的根本目标，集中体现了绩效为预算管理服务，通过绩效管理提升预算管理水平，进而推进预算管理科学化的基本方向。绩效标准体系是全面实施预算绩效管理的基础，也是预算和绩效管理一体化的核心，包括目标标准、支出标准和评价标准三项内容。其中，目标标准是支出标准的依据，支出标准是目标标准的约束，评价标准是目标标准和支出标准的调节机制。“十三五”期间，我国通过推进全面实施预算绩效管理，在完善绩效管理流程、加大绩效管理覆盖范围、强化预算和绩效管理衔接等方面取得了较大进展。但是，在绩效管理的深度上，由于绩效目标标准和支出标准缺乏衔接，绩效管理和预算管理的一体化仅停留在流程和形式上，绩效和预算“两张皮”、预算编制和执行“两张皮”等问题仍然没有解决。只有健全绩效标准体系，以绩效标准作为支出标准的依据，才能进一步发挥绩效标准在预算和绩效管理中的基础支撑作用，从而实现预算和绩效管理全过程的实质性一体化融合。

健全预算绩效标准体系，应以绩效指标建设为基础，包含三方面内容：一是以目标标准与基本公共服务标准、支出标准衔接匹配为原则，建立以规划政策和部门职责为先导，以质量和效益为核心的目标标准；二是要在保障财政资源统筹的基础上，坚持先有目标再有预算，分析实现目标标准的科学合理支出水平，建设财政支出标准；

三是要健全各类绩效评价方法、规则、模型和管理标准等，研判支出安排和目标标准的匹配性，以评价标准的建立促进目标标准和支出标准的动态调整。目标标准、支出标准和评价标准等三项构成了绩效标准的完整体系，需要整体设计和全面推进。绩效标准体系建设的水平和质量，也反映了预算绩效管理的水平，也是实质性通过预算绩效推进预算管理科学化的关键。这也是党的十九大对预算管理改革的要求。

三、主体责任：业、财、绩融合的行业绩效管理体系

在全面实施预算绩效管理的整体背景下，通过若干年的工作实践，预算绩效管理工作已不再是财政部门的“独角戏”，相关要求已经转化为不少行业领域主管部门的自身诉求。这种转变得益于以下三点：一是预算绩效管理正在成为行业主管部门开展内部管理的重要工具，通过将业务和财务相互融合，厘清主管部门和单位之间、机构内部不同处室之间的权责利关系，将绩效管理作为预算部门开展内部管理的新手段、新方法；二是预算绩效管理有助于明确政府开展行业监管和补贴的标准，建立以绩效数据为支撑的行业监管体系，确立行业监管的绩效标杆；三是预算绩效管理可以实现行业管理的进一步科学化、精细化，树立绩效标杆，解决部门预算资源配置效率最大化的问题。

这种转变的产生，来自行业领域主管部门不同的管理诉求，主要包括：第一，行业领域主管部门是预算绩效管理的责任主体，更多的部门预算自主管理权限体现为对行业领域特征的关注；第二，与财政部门更关注资金相比，行业领域主管部门更关注预算绩效管理与部门运转、项目管理、业务开展、部门履职等方面的联系；第三，由于还存在业务方面相关的考核评估，行业领域主管部门还对预算绩效管理与各种形式的督导、考核、评估、评价能否相互融合较为关注。因此，在后续搭建行业领域绩效管理体系的过程中，主要要做到以下三点：一是立足绩效，建立覆盖部门内部所有绩效管理需求的管理体系，覆盖管理的多个层次，实现多类绩效管理需求的统合；二是聚焦财务，抓住资金管理主线，以绩效视角改变传统记账式财务、向管理会计转型，以融合创新支撑财务治理能力现代化；三是专精业务，涵盖运转、人事、资产等各个方面的管理内容，以数据驱动行业领域智能管理、智能决策。因此，预算绩效管理对于部门单位的最大价值是通过优化资源配置，提升部门决策和管理水平。

四、治理规制：基层政府预算绩效决策体系

基层政府是我国政府治理的基础，承担着多数公共服务的主体责任，既向普通民众直接提供教育、卫生、公共安全、住房、文化等基本公共服务，也通过国有企业间接提供供水、供热、公交、环卫等公用事业服务。在履行上述政府职能的过程中，基层政府始终面临着财权事权不匹配、经济基础薄弱、人力资源紧张、管理手段匮乏、预算标准缺失等诸多问题。不同于其他更高层级政府的管理现状，对于基层政府而

言，如何紧紧抓住全面实施预算绩效管理的改革契机，充分发挥绩效“指挥棒”的工具属性，厘清县乡两级政府的财政事权和支出责任，最大限度简化管理流程和降低管理难度，将预算绩效与基层财政资源的整合及配置决策联系起来，既是最为迫切的需求，也是亟待解决的难点。

相对于其他层级政府将项目和政策作为主要绩效管理对象的通行做法，基层政府应立足于自身财政资源的整体配置规划，缩短绩效管理行为与财政资源投入决策之间的半径，按照基层政府财力与事权相匹配的原则，通盘考虑如何有效率、均等化、可持续地回应普通民众希望获得公共服务的基本诉求。为此，对于基层政府而言：一是要推进基本公共服务绩效分析及标准建设，以绩效标准为引领全面盘活县乡两级财政资源，破解当前有限资源和高质量发展目标之间的矛盾难题；二是要加快公用事业国有企业财政补贴标准及机制建设，合理划分政府与市场的边界，提升公用事业的服务供给效率；三是要推进一级政府财政运行综合绩效决策分析，提供县级和乡镇经济社会发展状况的衡量工具，及时发现影响高质量发展的重大风险因素。

五、数据驱动：预算绩效管理大数据分析应用

当前，大数据应用日益成为“数字政府”转型的重要基础和新的驱动力，推动政府数据开放共享，促进社会事业数据融合和资源整合，开展数据应用，将极大提升政府履职能力。财政和预算部门作为绩效管理的责任主体，既有条件，也有必要依托这一抓手，加快推进绩效大数据应用，充分整合和挖掘数据资源，促进政务信息化由传统流程化管理向数据资源价值发挥，支持科学决策的重大转变。预算绩效管理作为贯穿预算编制、执行、监督和决算全过程的管理活动，预算绩效管理的大数据分析应用不应局限于财政自身数据，也需要将各个预算部门和单位的业务数据纳入进去，同时还需要整合政务数据之外的外部数据。

要整合内外数据，开展预算绩效管理大数据分析应用，就需要进一步完善具体的应用路径，具体来说：一是要建立应用机制，加快推动形成以党委领导、政府统筹、政务信息化主管部门协调、行业需求部门主导参与、相关部门单位积极配合的工作格局，深度挖掘行业领域预算绩效管理的需求，通过多种方式支持与专业企业开展合作，理顺大数据建设过程中的权责关系，建立预算绩效大数据的统一标准规范；二是要明确应用场景，将相关场景完全贴合预算管理实践，面向实践工作中面临的难点问题，使得大数据分析应用在预算编制、执行、监督和决算的全流程中充当监管工具、衡量工具、模拟工具；三是要设计应用功能，按照应用场景的基本定位，提供全景现状、问题诊断、仿真模拟等分析功能，有效满足财政部门和预算部门掌握预算绩效全景现状、识别资源配置主要风险、了解不同配置策略下预算绩效变化趋势等管理诉求。

在我国全面实施预算绩效管理即将取得阶段性成果，但预算绩效管理工作亟待持

续深化的大背景下，今天呈现在大家面前的《全面实施预算绩效管理系列丛书》（修订版），是我们近年来按照预算与绩效管理一体化的要求不断探索和实践的结果，凝结了我们多年的心血。与上一版相比，本次修订主要有以下特点：第一，按照目前政府治理、财政和预算管理的一系列新形势、新背景、新政策，对丛书涉及的相关概念、数据和知识体系进行了完善更新，特别对四本预算、部门行业绩效管理、绩效标准和大数据建设应用进行了丰富和拓展；第二，基于我们近两年的深耕，结合我们在各地开展预算绩效管理实务工作的经验，形成了全新的案例解读，更贴近读者工作实际；第三，按照预算绩效管理范围不断拓展的要求，依托近年来我们参与财政部政府购买服务、政府债务等部省共建联合研究课题的成果，特别撰写形成了关于政府购买服务和政府债务预算绩效管理两册专著，以期帮助读者进一步深入理解预算绩效管理在各个财政专题中的深入应用。

从整体内容上看，本套丛书从理论、实践到案例，内容完整，且更加丰富；从篇章结构上看，在知识梳理、路径划定、经验描述方面，也尽量做到简洁清晰、相互呼应。因此，我们有理由相信，本套丛书的再次修订出版，一定会对读者了解预算绩效管理、认识预算绩效管理乃至开展预算绩效管理有所助益。

我们也希望预算绩效管理领域的有志之士能够不断创新，持续研究，大胆实践，共同承担更多责任，为我国深化预算绩效管理改革贡献更多力量。

是为序。

目录

第一章 事前预算绩效管理

第一节　绩效目标管理概述/002
第二节　绩效目标编制与审核/010
第三节　事前绩效评估管理概述/021
第四节　事前绩效评估管理实施/025

第二章 绩效运行监控管理

第一节　绩效运行监控概述/040
第二节　绩效运行监控内容/046
第三节　绩效运行监控实践/050

第三章 绩效评价管理

第一节 绩效评价管理概述/060
第二节 项目支出绩效评价/066
第三节 政策绩效评价/091
第四节 部门整体支出绩效评价/106
第五节 绩效评价管理基本流程/116

第四章 政府及其他预算绩效管理

第一节 政府预算绩效管理/124
第二节 国有资本经营预算绩效管理/140
第三节 社会保险基金预算绩效管理/153
第四节 政府性基金预算绩效管理/166
第五节 政府投资基金预算绩效管理/177

第五章 预算绩效管理业务支撑和技术保障体系

第一节 预算绩效管理指标与标准体系/192
第二节 社会调查技术与方法/204
第三节 预算绩效管理绩效分析方法/219
第四节 预算绩效管理信息系统与平台/258
第五节 财政绩效大数据建设与应用/280

主要参考文献/283

后　记/289

本书导读

作为全面实施预算绩效管理的系列丛书之一，本书在前述《全面实施预算绩效管理专业基础》关于全面实施预算绩效管理理论与实践经验介绍的基础上，基于预算管理全过程的逻辑架构与分层次的预算绩效管理体系，全面地介绍了预算绩效管理的具体构成、管理要点、管理内容和实施路径等内容，并辅以必要的案例说明。

全书共分为五章，分别对事前预算绩效管理、绩效运行监控管理、绩效评价管理、政府及其他预算绩效管理、预算绩效管理业务支撑和技术保障体系等内容进行论述：

第一章主要解析事前预算绩效管理，包括绩效目标管理与事前绩效评估两部分。绩效目标管理围绕概念、对象、分类和一般流程等内容展开，并在此基础上重点介绍了绩效目标编制与审核。事前绩效评估则基于必要性、可行性和绩效性评估，分类介绍了项目支出、政策和部门整体项目支出的评估要点。

第二章介绍绩效运行监控管理的相关内容，包括绩效运行监控对象、绩效运行监控内容、绩效运行监控方式、绩效运行监控方法步骤及结果应用等。

第三章首先讲解了绩效评价的概念、管理对象、目的、主体职责、组织形式及常用方法等内容，随后从预算绩效管理的不同层次分别介绍了项目支出绩效评价、政策绩效评价、部门整体支出绩效评价的评价思路、评价内容、评价指标体系设计和绩效分析重点等，最后对绩效评价管理的一般实施流程进行了全面梳理，并归纳提炼了每个环节的实施要点、难点等内容。

第四章重点论述了除部门、政策、项目之外的政府及其他预算绩效管理的主要内容及方法，包括政府预算绩效管理、政府性基金预算、国有资本经营预算、社会保险基金预算，以及政府投资基金绩效管理等。各节从管理对象、主要内容、方式方法和管理重点等维度出发分析并展示了政府及其他预算绩效管理的实施要点。

第五章基于全局高度探讨实施预算绩效管理的业务支撑和技术保障体系，包括预算绩效管理指标与标准体系的构建、社会调查技术与方法、预算绩效管理绩效分析方法的使用及预算绩效管理信息系统与平台的搭建和运用等。

第一章

事前预算绩效管理

事前预算绩效管理是全过程预算绩效管理的重要环节，其中，绩效目标是预算绩效管理的基础和起点，贯穿预算编制、执行、调整、决算和监督的各个环节，是事前预算资金安排、事中绩效运行监控和事后绩效评价的重要依据；事前绩效评估是预算绩效管理的利刃，对政策及项目的决策和实施具有重要指导意义。《中共中央 国务院关于全面实施预算绩效管理的意见》明确提出要在预算编制环节突出绩效导向，要求积极推进政策、部门、项目绩效目标管理工作，对重大政策和项目开展事前绩效评估，从源头上提高预算编制的科学性和精准性。基于此，本章将从绩效目标管理概述、绩效目标编制与审核、事前绩效评估管理概述、事前绩效评估管理实施四个部分对事前预算绩效管理进行介绍。

|第一节| 绩效目标管理概述

一、绩效目标管理的相关界定

（一）绩效目标管理定义

1. 定义

绩效目标是整个预算绩效管理体系活动的前提，是绩效评价对象计划在一定期限内达到的产出和效果，一般由预算部门在申报预算时填报，包括绩效内容、绩效指标和绩效标准。绩效目标管理是指财政或预算部门（单位）以财政资金绩效目标为对象，以绩效目标的设定、审核、批复等为主要内容开展的一系列管理活动。绩效目标管理是从绩效目标出发的管理体系，是绩效责任的落实与回归过程。

（1）绩效内容

绩效内容是指绩效目标所包括的基本要素，主要有以下几个方面：① 预期产出，包括提供的公共产品和服务的数量目标、质量目标、时效目标和成本目标等。② 预期效果，包括经济效益、社会效益、生态效益和可持续影响等。③ 服务对象或项目受益人满意程度。④ 达到预期产出所需要的成本资源。⑤ 衡量预期产出、预期效果和服务对象满意程度的绩效指标。⑥ 其他。

（2）绩效指标

绩效指标是绩效目标的细化和量化。绩效指标应与绩效目标密切相关，应突出重点、系统全面、便于考核。绩效指标一般包括产出指标和效果指标，部分地区也包含投入管理指标。

（3）绩效标准

绩效标准是设定绩效指标具体数值时的依据或参考标准，一般包括历史标准、行业标准、计划标准及其他标准等。其中：历史标准，是指同类指标的历史数据；行业标准，是指国家公布的行业指标数据；计划标准，是指预先制定的目标、计划、预算、定额等数据。

2. *绩效目标的层次*

绩效目标从上到下、从宏观到具体可划分为政府目标、部门整体支出绩效目标、政策绩效目标、项目支出绩效目标和绩效指标。

政府目标是政府宗旨的具体化，是对政府职能的阐明和界定，是政府战略活动的预期成果。政府职能是指行政主体作为国家管理的执法机关，在依法对国家政治、经济和社会公共事务进行管理时应承担的职责和所具有的功能。

部门整体支出绩效目标是部门按照确定的职责，利用全部财政资金在一定期限内预期所能达到的总体目标，是部门基本支出和项目支出共同作用所达到的绩效结果。

政策绩效目标是综合反映政策公共投入与实现政府战略、社会与经济发展规划的关联性、经济性、效益性和效率性，以实现政策资源的有效配置。

项目支出绩效目标是通过具体项目的实施，在一定期限内预期达到的产出和结果。项目支出绩效目标与部门履行职责、事业发展计划紧密相关。

绩效指标由部门目标、政策目标或项目目标分解而来，分别可对应考核行业/领域的综合效果、职能的综合效果、具体活动的产出和效果。

一级政府目标由一级政府职能所决定。政府职能是指行政主体作为国家管理的执法机关，在依法对国家政治、经济和社会公共事务进行管理时应承担的职责和所具有的功能。政府目标应符合政府职能的指向要求，与政府职能相匹配。这是公共部门制定绩效目标的首要依据，也是政府绩效目标的灵魂。

政府职能的履行体现为政府政策的实施和部门职能的履行，政府目标可进一步细化为政策绩效目标及部门整体支出绩效目标。政策绩效目标的制定需要以政府政策为依据，部门整体支出绩效目标的编制则需要以部门职能为参考。

项目支出绩效目标由部门整体支出绩效目标或政策绩效目标拆分而成。根据资金用途，财政资金一般可划分为业务类（事业专业类）、政策类、工程及维护类（包括基建和信息化工程）、设备购置及维护类。政府资金支出为各类项目目标的实现提供有效保障。各类项目支出具体释义见表 1-1-1。

表 1-1-1　财政资金一级分类及其释义

资金分类	释　　义
业务类	公共部门为履行公共职能进行的运转活动、专业性活动而发生的支出。其中，运转活动包括弥补三公经费不足类活动，以及维持部门运转的基本开支内容；专业性活动包括宣传推广活动、会议培训、课题研究、群众活动，以及与部门职能密切相关的专项业务活动
政策类（转移性支出）	政府在特定环境下提供各类对象各种形式的财政补贴或转移性支出，以保障特定领域、行业产业或地区的发展。按政策领域分，包括科技类、土地类、人才类、产业发展类、民生保障类、投融资类及转移支付类；按政策对象分，包括机构、个人和事项
基建工程及维护类	基本建设指针对基本工程的新建、扩建、改建等建设活动发生的建设和维护方面的支出，主要包括房屋建筑物建设、基础设施建设、建筑物与设施修缮。其中，房屋建筑物建设反映用于建造办公用房、仓库、职工生活用房等建筑物（含附属设施，如电梯、通信线路、水气管道等）的支出；基础设施建设反映用于农田设施、道路、铁路、桥梁、水坝和机场、车站、码头等公共基础设施建设方面的支出；建筑物与设施修缮反映用于房屋建筑物、公共基础设施等修缮的支出
信息化工程及维护类	信息化工程指针对信息系统或网络系统的建设及维护活动发生的新建及维护方面的支出。新建类包括信息系统的购买或开发，以及网络的购买服务；维护类包括系统维护、升级、维修、网络安全保障等服务支出
设备购置及维护类	各类设备的购置及维护的支出。其中，设备购置包括房屋购置、通用设备购置及专用设备购置；设备维护类包括通用设备维护和专用设备维护

部门整体支出绩效目标、政策绩效目标、项目支出绩效目标又可进一步细化、量化为绩效指标，分别对职能综合效果、行业/领域综合效果、活动产出和效果进行考核，具体如图 1-1-1 所示：

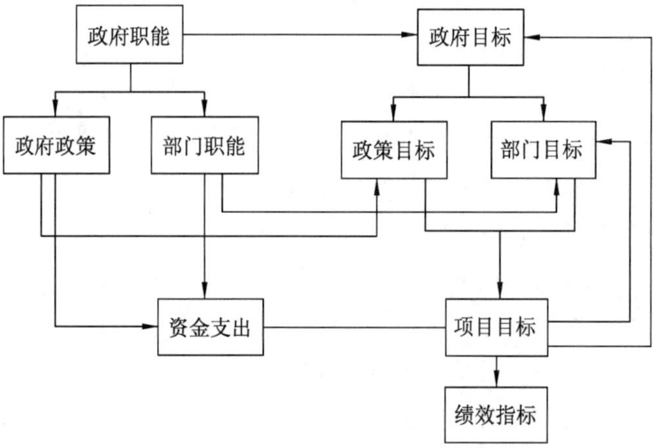

图 1-1-1　绩效目标体系

3. 绩效目标的特征

了解并掌握绩效目标的特征，对于制定出科学合理的绩效目标有至关重要的意义。SMART（S＝Specific，M＝Measurable，A＝Attainable，R＝Relevant，T＝Time-based）原则是衡量绩效目标是否科学、合理的基本原则。任何绩效目标的设定都应该符合SMART原则，这样才能保证目标管理的质量。绩效目标的特征主要包括以下几点：

（1）明确性（Specific）

绩效目标应是明确、具体的，且表达简明、高度概括，而非模棱两可的或抽象的。预算单位还需明确为达到绩效目标拟采取的工作程序、方式方法，以及产生的资金需求和其他资源需求。

例如，某公交发展专项资金目标定位为“增强某市公共交通吸引力”，这种目标的描述就不够明确。因为增强公共交通吸引力的具体做法和判断标准不止一种，如提高公共交通的准点率、提高公共交通运营速度等都是提升公共交通吸引力的方式。目标所指的“增强公共交通吸引力”无法进行具体量化评价。应对此进行改进，明确目标实现的考察维度，若从准点率角度考察，则将目标定位为“提升某市公共交通的准点率达到某值”；若从运营速度角度考察，则将目标定位为“提高公共交通运营速度达到某值”。

（2）可衡量性（Measurable）

可衡量指绩效目标是数量化或者要素化的，验证这些绩效指标的数据或者信息是可以获得的，而非笼统的、主观的描述。

比如，某项目目标定位为“某市人均收入水平足够高”，这一目标就是无法衡量的。足够高到底是多高？是比全国平均水平高，还是超过全球平均水平？抑或达到全国第一？没有明确的标准就无法衡量目标的实现情况。准确地定义某市人均收入水平达到某值，达到该值则表明目标实现，否则就是目标未实现，这样的目标就具有可衡量性。

（3）可实现性（Attainable）

可实现指绩效目标在一定资源投入及付出努力的情况下是可以实现的，应避免设立过高或过低的目标。可以制定跳起来“摘桃”的目标，但是不能制定跳起来“摘星星”的目标。

例如，将学生跑步的达标成绩定位为“一分钟跑完500米”，显然，这一目标的制定不切实际，远超过一个正常学生的能力范围，因而这一目标缺乏可实现性。

（4）相关性（Relevant）

相关指绩效目标与项目目标、用途、使用范围等相关。如果实现了这个目标，但这个目标与项目完全不相关，或者相关度很低，那么这个目标即使达到了，意义也不是很大。

例如，某绿化市容改造资金总目标旨在改善某市生态环境，设置了“增加该市净出口额达到某值”的目标，则这一目标的设置是缺乏价值的，原因在于这一目标与改善该市生态环境存在的相关性极小。若设置“增加该市绿化率达到某值”的目标，这一目标与改善生态环境的许多方面都存在极大相关性，那么这一目标就是有价值的。

此外，绩效目标的相关性具体又表现为多元性及匹配性，具体为：

① 多元性。公共部门的职能相对单一，但是公共服务具有外溢性，因而对公共价值的评价也应该具有多元特征。例如，可以同时兼顾其经济性、社会性、政治性和生态性效益等，并考虑定性与定量相结合，以定量为主。

② 匹配性。绩效目标的匹配性具体包括四层含义。

一是目标与部门职责相匹配。绩效目标的设定，是以部门职责为首要参考依据的。实施绩效目标管理，可有效促进部门职责的落实，但也应注意财政、预算部门（单位）和实施单位等各自职责的不同，要在信息对称的基础上，通过契约的形式予以确认和规范，通过具体的目标和指标予以控制。

二是目标与社会经济发展及部门战略发展相匹配。绩效目标是部门战略目标的分解，应与部门目标高度相关。预算部门（单位）应当在分析财政资金目标对象现状的基础上，充分考虑部门战略发展规划的要求，合理预测，制定出项目实施后达到的目标，从而实现目标与部门战略发展规划的匹配性和一致性，进而推动部门总体战略目标的实现。

三是目标与预算相匹配。绩效目标是预算部门（单位）在预算申报环节的重要内容，是整个预算绩效管理体系的基础。预算单位在编制下一年度的预算时，要根据市政府关于预算编制的总体要求和财政部门的具体部署、国民经济和社会发展规划、部门职责及事业发展规划，科学合理地测算资金需求，编制预算绩效目标。同时，在进行绩效目标编制时需要考虑财政资金的投入情况，毕竟目标的实现受到财政预算资金量的约束。因此，绩效目标的编制要与预算的总体要求相一致，目标随预算调整而改变。

四是目标与指标相匹配。绩效指标是绩效目标的具体化，绩效指标是衡量绩效目标实现的核心要素，制定与目标相匹配的指标是绩效目标管理的重要内容。绩效指标应当与绩效目标相匹配，能够正确反映目标的实现程度。绩效指标是评价目标的手段，反映绩效目标的核心内容和维度，因此，指标应随目标改变而改变。

（5）时限性（Time-based）

科学合理的绩效目标是有具体时间限制的。从宏观上来说，每个项目都有预算年度、项目周期和考查时段等时间性要求。这些条件要求目标编制时需要考虑其是否能够在这段时间内完成。从单个目标来说，只有规定其完成的时间范围，才能真正发挥目标管理的作用。没有时限要求的目标，等于没有设定目标。

例如，2017年年底某市绿化率达到某值，2017年年底就是一个确定的时间限制。

若缺少时间限制，究竟考核哪个时间段的绿化率就不明确，没有时间限制的目标就没有办法考核。目标设置要有时间限制，根据考核项目的实际情况，拟定完成目标项目的时间要求，定期检查项目的完成进度，及时掌握项目进展的变化情况，以便根据项目进展的异常情况及时调整工作计划。

（二）绩效目标管理对象

按照预算支出的范围和内容，部门（单位）整体支出包括基本支出和项目支出。因此，绩效目标又可分为基本支出绩效目标、项目支出绩效目标、政策绩效目标、部门（单位）整体支出绩效目标等。基本支出绩效目标是指部门（单位）基本支出在本年度内所预期达到的对本部门（单位）正常运转的保障程度，一般不单独设定，而是纳入部门（单位）整体支出的绩效目标统一管理。项目支出绩效目标是部门（单位）整体支出绩效目标的组成部分和重要内容，是部门（单位）实施具体项目的绩效反映。但是部门（单位）整体支出绩效目标和项目支出绩效目标两者又有区别：部门（单位）整体支出绩效目标集中反映部门（单位）整体支出绩效，是“面”上的绩效；项目支出绩效目标反映的是“点”上的绩效。政策绩效目标，主要反映政策公共投入与实现政府战略、社会与经济发展规划的关联性、经济性和效率性，以实现政策资源的有效配置。一项支出政策通常可分解为若干个支出项目，项目支出绩效目标要与相关支出政策衔接，为一定的支出政策目标服务。政策绩效目标反映的是“块”上的绩效。整体而言，项目支出绩效目标是政策绩效目标及部门（单位）绩效目标的基础，项目支出绩效目标的实现为政府政策落实效果及部门职能的体现提供了保障。

按照绩效目标所对应的预算管理周期，可以将绩效目标分为中长期绩效目标和年度绩效目标。其中，中长期绩效目标反映某项预算支出在跨度多年的存续期内所达到的总体产出和结果，解决的是若干年度预算支出的绩效问题；年度绩效目标则反映某项预算支出在一个预算年度内所要达到的产出和结果。

（三）绩效目标管理目的

绩效目标管理是预算绩效管理的工作起点，在整个预算绩效管理中处于龙头地位，积极开展绩效目标管理的目的在于：

1. 强化部门（单位）的支出责任

权力源于责任，责任也源于权力。公共部门在获得财政资金的同时也承担了绩效责任，必须对公共资金的使用和效果负责。绩效目标指导预算执行进度和支出方向，绩效目标实现到哪，预算就执行到哪，部门和单位必须按照事前设定的目标推进项目开展，合理支出预算。实施财政绩效目标管理，本质上通过贯彻目标、评价和问责等措施来实现权利、义务和责任的落实。同时，应该注意在绩效目标管理过程中，财政、预算部门（单位）和实施单位等各自的权利、义务和责任是不同的，要在信息对称的基础上，通过契约的形式予以确认和规范，通过具体的目标和指标予以控制。

2. 促进预算编制科学化

绩效目标是预算编制的基础，绩效目标与成本要素相结合指导预算编制，是预算公共价值的体现。预算审核环节，绩效目标是判断预算合理性的依据，即通过论证预算编制是否与绩效目标匹配、是否能支撑绩效目标的实现、是否会造成财政资金的浪费，最终结合绩效目标、支出标准等因素对预算金额进行审核调整，实现绩效目标与预算内容匹配。预算下达环节，绩效目标与预算同步审批下达，根据绩效目标实现要求安排预算执行计划，通过具体详细的预算执行计划推动绩效目标的实现。目标和预算的匹配可促进预算编制的科学化，最终实现“目标＝预算＝绩效＝责任”。

3. 为实施事前绩效评估、绩效运行监控和开展绩效评价等工作提供依据

在起点上强化绩效目标管理，在过程中重视实施规范，能有效保障项目或政策实施不偏离。目前，实施绩效运行监控、开展绩效评价工作的重点和难点在于指标体系的设计。围绕绩效目标开展事前绩效评估、绩效运行监控和绩效评价，对于预算支出的全过程都具有约束力。

二、绩效目标管理主体职责

（一）绩效目标管理主体

绩效目标管理的主体包括财政部门、预算主管部门及预算单位。

1. 财政部门

财政部门负责组织和指导本级预算部门的绩效目标编制，并按照“谁分配资金，谁审核目标”的原则负责绩效目标审核及批复等工作，指导下级财政部门开展绩效目标管理工作。

2. 预算主管部门

按照“谁批复预算，谁批复目标”的原则，预算主管部门在批复年初部门预算或调整预算时，一并批复绩效目标。预算主管部门负责本部门绩效目标编制、审核及下属预算单位绩效目标审核、汇总上报等工作，按照财政部门下达的审核意见修正完善绩效目标，依据财政部门批复的绩效目标，将其细化批复到具体实施单位。

3. 预算单位

按照“谁申请资金，谁编制目标”的原则，预算单位负责本单位所承担项目的绩效目标编制、审核及修正调整等工作，实施完成所承担项目的绩效目标。

（二）第三方

为更好地推进绩效目标管理工作，财政部门、预算主管部门或预算单位在具体实施工作时，可以引入第三方进行协助管理。

1. 第三方社会机构

根据委托方的委托要求，充分发挥中介智库作用，开展具体工作，包括：协助财政部门或者预算主管部门进行目标审核工作或者出具目标审核管理办法；协助预算主

管部门或者预算单位进行绩效指标体系制定或者目标管理培训。值得注意的是，根据《关于委托第三方机构参与预算绩效管理的指导意见》（财预〔2021〕6 号），文件指出绩效目标设定属于预算部门或单位强化内部管理的事项，原则上不得委托第三方机构开展。

2. 专家

根据委托方委托要求，提供智力和专业上的支持，包括：协助财政部门或者预算主管部门目标审核论证；为预算主管部门或者预算单位进行目标管理编制培训；等等。

三、绩效目标管理基本流程

绩效目标管理流程可划分为以下几个阶段：

（一）前期准备

绩效目标管理工作开展前，预算主管部门应根据预算绩效管理的有关规定和财政部门本年度的工作要求，对部门本级和下属单位布置绩效目标申报工作。

（二）绩效目标编报

按照“谁申请资金，谁编制目标”的原则，申请使用财政资金的部门和单位在设立项目和编制项目预算的同时编制绩效目标。在确定了项目支出绩效目标后，预算部门（单位）应落实好相应的工作程序和制度保障，具体内容为每个绩效目标在项目的不同阶段对应的项目管理内容和相关的目标要求及制度保障。

（三）绩效目标审核

绩效目标审核包括审核、反馈与完善，其中目标审核环节分为预算主管部门初审和财政部门审核两个步骤，各自审核的侧重点可有所不同，但都应包括完整性、相关性、适当性及可行性。

绩效目标的反馈与完善一般通过以下方式进行：

1. 财政部门通常在年度部门预算“一下”时，将绩效目标审核意见反馈给预算部门（单位）。财政部门的审核意见需清晰、明确，既可以表明财政部门对绩效目标编制情况的总体判断，也可以指出绩效目标编制中的不足，并对绩效目标的修改完善提出具体建议。

2. 预算部门（单位）参考财政部门审核意见，结合财政部门的“一下”预算控制数，对绩效目标进行修改完善，并重新报送财政部门审核。

3. 财政部门对预算部门（单位）重新报送的绩效目标再次进行审核，将审核意见反馈给预算部门（单位），预算部门（单位）在报送部门预算“二上”时，相应调整编制的绩效目标、指标和标准值等。

（四）结果应用

绩效目标审核形成的最终评定结果作用于后续目标修改及预算安排，绩效目标审核为优秀的，可以认定为同意预算安排及绩效目标设计；绩效目标审核为良或者中的，可以认定为还应当对绩效目标或预算做进一步完善后再另行论证；绩效目标审核为差的则视作论证不通过，可以不同意其预算安排。

按照政府信息公开有关规定，预算主管部门和单位在一定范围内进行项目支出绩效目标公开，公开内容至少包括项目基本情况、预算安排、产出目标、效果目标及绩效目标的目标值等。

（五）档案管理

财政部门、预算主管部门和预算部门（单位）等应对项目支出绩效目标申报表、审核结果、论证结论、结果应用情况等资料进行汇总归档。

|第二节| 绩效目标编制与审核

一、绩效目标体系总体设计思路

（一）绩效目标编制思路

绩效目标本身应该具有结构特征，具体是指绩效目标内容上应该具有层次性和逻辑性，各个分目标和目标指标通过一定的层次结构逻辑紧密地构建在一起，反映所要考察的绩效目标。

当前编制绩效目标体系常用的方法包括平衡计分卡和逻辑分析法等。

平衡计分卡提供了一种全面的评价体系，分别从财务、客户、内部流程和学习增长这四个维度视角向组织内各层次的人员传递组织的战略目标及每一步骤中他们各自的使命，并最终帮助组织达成其目标。政府作为公共服务提供者，树立“顾客至上”的服务意识、成本与效率观念，重视管理活动的产出、效率与服务质量，增强对社会公众需求的回应力，落实转变政府职能的重要内容。平衡计分卡鼓励管理者将客户、财务、管理过程、学习成长四个维度作为一个整体进行综合考虑，这有助于政府部门达成部门目标，可对部门发展做出远景规划，是部门绩效目标编制的常用方法。

逻辑分析法也称为逻辑模型或逻辑推理法，它通过分析，借助逻辑推理思维，寻求投入、活动、产出、结果和影响等要件之间的关系，找出投入资金与产出效果之间的内在联系。它能总结项目的关键成分，分析项目背后的基本理论，清楚地表达期望，以及如何来评价或测量效果，清楚地表明项目和期望结果之间的原因—效果关系。这与“要多少钱、干多少事、效果是什么”的原则相一致，因此也是绩效目标编制的常用方法。

（二）绩效目标编制依据

绩效目标编制的依据一般包括：

（1）国家相关法律、法规和规章制度，国民经济和社会发展规划；

（2）部门职能、中长期发展规划、年度工作计划或项目规划；

（3）部门中期财政规划；

（4）财政中期和年度预算管理要求；

（5）相关历史数据、行业标准、计划标准等；

（6）其他依据。

（三）绩效目标值的测算方法

如前所述，绩效标准一般包括历史标准、行业标准、计划标准及其他标准等。具体在测算绩效目标值时，基于上述标准可采用的方法包括：

1. 比较法

（1）纵向比较法

纵向比较法是指对同一事物在不同时间里的发展变化进行比较的方法。在目标值测算中，该方法适用于具有可参考历史数据的目标值测算，即可根据历史年度情况，采用平均值法（3～5 年数据）、极值法等确定当年度绩效目标值，但要注意对异常历史数据的剔除。历史数据是曾经达到的水平，通过比较可以观察相关指标的变动趋势。但同时历史数据只能代表过去的实际水平，不一定能代表合理水平。项目实施环境变动后，也会减弱历史水平的可比性。因此，历史比较分析主要通过比较，揭示差异，分析原因，推断趋势。

（2）横向比较法

横向比较法是指对同类的不同对象在统一标准下进行比较的方法。该方法适用于具有同类可参考数据的目标值测算。如可选取同类最佳标杆作为参考，即将同类项目中已存在的最佳业绩标准作为绩效指标的标准值。

横向比较法要特别注意可比性的问题。在对绩效目标值进行比较分析时，一定要将比较建立在统一的标准之上，否则比较就失去了实际意义。在进行这一比较时应注意，必须是同类或具有相同性质的项目、政策或部门，而且最好处于同一时间区间。

2. 计划标准参考法

计划标准参考法指将按照预先制定的要求确定绩效目标值的方法。如《上海市综合交通“十三五”规划》明确“到 2020 年，上海港集装箱吞吐量预计达到 4200 万标准箱左右，集装箱水水中转比率力争提高到 50%以上”。

3. 综合测算法

综合测算法是指按照当年度具体情况和条件采用一定的方法测算绩效目标值的方法。如对于经常性且有明确单价标准的项目，可按预算等比例变动的标准测算目标值。

二、绩效目标编制方法及路径

（一）项目支出绩效目标

项目支出绩效目标是现阶段绩效目标管理的重点。

项目支出绩效目标主要内容应包括：预期产出目标，包括提供公共产品和服务的数量、质量、时效目标，以及达到预期产出所需要的成本和资源等；预期效果目标，包括经济效益、社会效益、生态效益和可持续影响等；衡量预期产出、预期效果和相关方满意程度方面的绩效评价指标等；为实现项目支出绩效目标所需要的保障制度、措施和工作计划，以及项目管理内容和相应目标要求等。

1. 编制路径

项目支出绩效目标的编制主要有以下几个重要环节：

（1）做好前期分析工作。分析部门职责和战略目标，项目支出绩效目标应与部门职能及战略目标相匹配；分析项目要求和依据，对项目的功能进行梳理，包括资金性质、预期投入、支出范围、实施内容、工作任务和受益对象，明确该项目支出的功能特性。

（2）确定总体目标。依据该项目的功能特性，预计项目实施在一定时期内所要达到的总体产出和结果，从而确定该项目所要实现的总体绩效目标，并以定量和定性指标相结合的方式进行表述。

（3）将总体目标细化为绩效指标。将项目支出的总体绩效目标进行细化分解，从中总结提炼出最能反映总体绩效目标实现程度的关键性指标，并将其确定为相应的绩效指标。

（4）确定目标值。通过收集相关基础数据，如过去三年的平均值、平均趋势、类似项目的先进水平、行业标准等，确定绩效标准，并依据项目预期实施进展，结合预计投入的资金规模确定绩效指标的目标值。

2. 绩效指标设计

为了实现从项目计划、项目实施、项目收尾至项目后续管理的生命周期全覆盖，项目的绩效指标可分为投入和管理指标、产出指标、效益指标和满意度指标。

（1）投入和管理指标聚焦于项目的投入管理、财务管理和实施管理，包括预算到位率、预算执行率、财务制度健全性和财务制度执行有效性、项目管理制度健全性、项目管理制度执行有效性等。

（2）产出指标是反映预算单位根据既定目标计划预期提供的公共产品和服务情况的指标。某一项目预期提供的公共产品和服务需要通过完成特定的活动来实现，因此，先将项目按活动进行分解，再按照各项活动内容设计对应的产出指标。如某项目需要实施的活动包括培训、采购等，则可分别从培训和采购两方面设计产出指标，每一项进一步细化为数量指标、质量指标、时效指标和成本指标。① 数量指标反映预算项目计划完成的公共产品或服务数量，如设备购置类项目中的“设备购置数量”和政策补贴类项目中的“补贴人数”等。② 质量指标反映预算项目计划提供的公共产品或服务达到的标准或水平，如设备购置类项目中的“设备一次性验收合格率”和政策补贴类项目中的“补贴准确率”等。③ 时效指标反映预算项目计划提供公共产品或服务的及时程度，如设备购置类项目中的“采购完成及时性”和政策补贴类项目中的“补贴发放及时性”等。④ 成本指标反映预算预期的成本合理、合规的控制情况，可用公共产品或服务的单价成本表示，如补贴类项目中的“XXX 补贴对象标准—n 元/人”。

（3）效益指标是反映项目提供的公共产品和服务等产出内容投入使用后带来影响的指标，可细化为经济效益指标、社会效益指标、生态效益指标及可持续影响指标等。其中，① 经济效益指标反映项目产出给经济发展带来的影响和效果，如企业转型升级专项资金中的“企业销售收入增长率”指标。② 社会效益指标反映项目产出给社会发展带来的影响和效果，如促进就业专项中的“创业带动就业率”指标。③ 生态效益指标反映项目产出给自然环境带来的影响和效果，如环境整治专项中的“空气质量优良率”指标。④ 可持续影响指标反映预算支出带来影响的可持续性，如卫生院新建项目中“医疗设备维护制度建立及执行情况”指标。

项目支出效果与部门（单位）的职能活动和项目功能高度相关，效果指标并非必须包含全部的经济、社会、生态三类效益。通常来说，大多数预算项目都应该涉及社会效益指标，而经济效益指标则主要在带动社会经济发展的政策性补贴项目中涉及，如科技发展专项。项目支出涉及环境改善的应当设计生态效益指标。

（4）满意度指标主要通过利益相关群体的主观感受反映对项目支出效果的综合评价，如公交补贴项目中的“乘客满意度”指标。

3. 项目支出、专项资金与专项转移支付绩效目标

项目支出有广义和狭义之分，广义的项目支出包括一般项目支出和专项资金、专项转移支付，狭义的项目支出仅为一般项目支出。在绩效目标编制时，上述三者均应当符合前文所述的项目支出绩效目标编制的基本要求和思路，但由于其定位及管理方面的差异，因而各有侧重点。具体来说：狭义的预算支出项目由于个体较为独立，边界相对清晰，因而其绩效目标编制往往指向部门某一具体职能的实现；专项资金绩效目标的编制应当着眼于特定政策中观和宏观目标的实现，关注政策的整体效果目标，并将整体效果目标按照专项资金各子项目进行分解、细化；专项转移支付作为专项资金的一种，其绩效目标编制既要遵循项目支出绩效目标编制的一般规范，也要遵循专项资金绩效目标编制的要求。同时，由于专项转移支付涉及的政府层级和管理主体较多，因而应当在明确各级政府和部门在专项转移支付预算绩效管理中的责任的基础上，按照整体、区域、项目三个层次编制绩效目标。整体层次关注促进地区间财力协调和区域均衡发展、提升区域公共服务均等化等宏观目标，以及转移支付政策的综合

产出、效果；区域层次关注本区域内资金综合投入管理及其总体产出、效果目标；项目层次则对应单个项目的产出和效果目标。

（二）政策绩效目标

公共政策是指国家通过对资源的战略性运用，以协调经济社会活动及其相互关系的一系列政策的总称，是政府的行动准则。财政政策属于公共政策的一类，是指由国家制定的、指导财政收支分配和处理有关分配关系的基本方针和准则，具体包括财政支出政策、财政收入政策和财政管理政策。其中，财政支出政策是实现财政政策目标的重要手段，是政府履行公共职能的重要工具，具体体现为支出项目或基于相同政策目标的项目组合。

1. 政策目标编制侧重点

财政支出政策一般以项目的方式落实开展，其目标编制与项目绩效目标有较大的相似性，但同时也有一定区分性。具体结合政策特点来看：政策具有层级性、阶段性，在政策目标编制过程中，应结合政策特征，编制政策整体绩效目标、层级性目标及阶段性目标。

（1）层级性

财政支出政策的实施往往是以政策群的形式进行的，可分为两种类型：一种为某一领域的一揽子政策群，另一种为上级政府联动下级政府形成的政策群。

在某一领域的一揽子政策群中，顶层政策常为某一领域的指导性政策，如“扶贫”政策；相关子政策、末级政策则为上一级政策的细分领域，如“扶贫”政策中的“安居房建设”“农作物种植扶持”等。

在上级政府联动下级政府形成的政策群中，最顶层为中央财政支出政策，其政策目标具有整体性和指导性；省级财政支出政策的政策目标则在中央财政支出政策的大方向下，体现省份的区域性规划及特征；市区级财政支出政策的区域性则更加明显，见图 1-2-1。

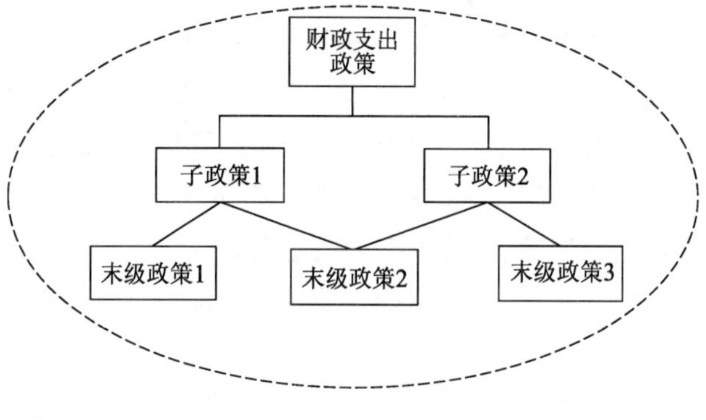

图 1-2-1　政策与政策群关系

在编制某一政策的政策绩效目标时，应注意政策的层级性，即应充分考虑该政策在政策群中处于哪一层级、发挥什么作用，与整体政策群的政策目标之间的关系，进而编制政策整体目标及政策层级性目标。

（2）阶段性

财政支出政策的阶段性可分为两类：一类是政策在其实施期限内，每一个阶段、每一年所要达成的具体绩效目标都是不同的；另一类则是部分政策具有明显的阶段性特征，如美丽乡村建设政策分为两个阶段，前期为建设期，后期就转为维护期。

因此，在编制某一政策的政策绩效目标时，应注意政策的阶段性，即应充分考虑该政策在政策实施期限内，本年度/阶段具体要达成的目标；同时判断该政策是否属于具有明显阶段性特征的政策类型，并结合目标政策阶段性进程，编制政策整体目标及阶段性目标。

2. 政策目标编制思路

根据政策的总目标，结合对政策基本内容和要素的梳理，提炼、归纳专项政策的具体绩效目标。总目标应明确政策有效期内要达成的目标；分解目标应当根据财政支出政策支持的方向进行分类后归纳提炼，而不是具体某个项目的绩效目标。

将财政支出政策总目标分解为具体绩效目标的前提是将财政支出政策合理分解为实施项目活动，通过对政策的执行了解，依据财政支出政策确定的目标和管理要求，并结合财政支出政策评价的特点和重点，逐步分解政策在制定、执行、实现和效果等环节的内容。

3. 政策绩效指标设计

财政支出政策是实现政府职能的重要工具与手段。因此，财政支出政策绩效指标体系的建设，可依据政策在政策群中的层级和所处的阶段，再依据政策内容所属领域明确其主管部门，并对应至相应的履职活动分类，进而依据履职活动结合政策目标设计政策的产出目标及效果目标，通过政策产出、政策效果对政府部门职能的呼应，更立体地反映政策绩效实现程度。

（1）投入管理类。财政支出政策的投入管理类目标，主要关注其综合管理情况。专项资金政策可从专项资金决策过程的完备性和规范性、专项资金管理办法的健全性、项目申报指南的完备性等角度设计；财政支出政策还应结合其政策目的及支出类型，关注政策管理上的重点，如部门分工、政策宣传、实施程序等。

（2）政策产出。财政支出政策是通过单个或多个项目活动实施的，项目活动实施和资金投入后实现的产出集合便是政策产出，主要从数量、质量和时效等方面进行分析。如美丽乡村建设政策下，有“河道整治”“房屋改造”“管线改造”等项目，该政策即可以对相关项目的产出进行整合，设计相应可量化的产出。具体见本节项目支出绩效目标部分。

（3）政策效果。财政支出政策的效果是投入实现的综合性效果。设计政策效果指标时，应重点注意回应政策特定目标，即通过经济效益、社会效益、生态效益等方面重点关注政策目的达成情况；在此基础上，若存在财政支出政策在其政策目标之外还可达到的其他效果，可结合政策实施实际情况，对其他效果做合理量化后作为政策效果指标。此外，相关对象的满意度是衡量政策效果的重要内容。

（三）部门整体支出绩效目标

部门整体支出绩效目标，可反映部门整体支出与实现本部门事业规划的关联性、经济性、效益性和效率性，促进部门整体支出绩效提升。按照“谁使用资金，谁编制目标”的原则，申请使用财政资金的部门在编制预算的同时编制绩效目标。

1. 编制路径

部门整体支出绩效目标的编制，一般按照以下路径进行：

（1）根据“三定方案”或部门职能等制度性文件对部门（单位）的职能进行梳理，明确部门的性质、各条线具体职责范围及发展战略。根据职能范围，结合中长期发展规划和年度计划，预计部门（单位）在本年度内所要达到的总体产出和结果，从而确定该部门整体支出所要实现的部门战略目标和年度绩效目标，并以定性和定量相结合的方式进行表述。

（2）梳理部门（单位）年度工作任务、项目安排和支出预算，包括项目预算资金性质、预期投入、支出范围、实施内容、工作任务、受益对象和项目时间。按照部门（单位）支出不同的活动、作业、任务将其划分为若干子项目，在梳理各子项目的主要活动和预期产出及效果的基础上，归纳部门整体支出绩效指标。

（3）对绩效指标进行目标值的设定。

2. 绩效指标设计

绩效指标是绩效目标的细化和量化，结合平衡计分卡、逻辑分析法的思路，部门整体支出绩效指标分为基本运行绩效、重点履职绩效部门综合绩效和可持续发展能力指标。

（1）基本运行绩效指标综合考虑部门（单位）的预算收入及支出管理，以及财务管理、采购管理、资产管理、人员管理及绩效管理等。核心指标往往有预算执行率、预算调整率、“三公经费”控制率、结转结余变动率、政府采购执行率、固定资产利用率、在职人员控制率等。

（2）重点履职绩效指标主要针对部门每年重点任务的产出和效果细化考核，并按照重点任务逐一编制。每一项重点任务拟完成的产出和效果目标可类比项目支出，产出从数量、质量、时效、成本等考察效果则是每一项重点任务的直接效果。例如，农业农村局的畜牧业绿色发展专项工作，产出有“畜牧业技术发布数量（项）”，效果有“病死畜禽集中无害化处理率（%）”。

（3）部门综合绩效指标是根据既定绩效目标设计的、反映部门整体预算支出预期综合结果实现程度和相关影响的指标。结合各履职分类的实施目的设计，指标设计方向同比项目目标，可从经济效益指标、社会效益指标、生态效益指标及服务对象满意度指标等方面细化。经济效益指标反映部门整体支出产出给经济发展带来的影响和效果，如“居民可支配收入增长率”“企业销售收入增长率”“地区游客人数增长率”等；社会效益指标反映部门整体支出产出给社会发展带来的影响和效果，如“读者接待增长率”“人均馆藏量增长率”等；生态效益指标反映部门整体支出产出给自然环境带来的效果和影响，如“空气质量优良率”“森林植被覆盖率”等。部门整体支出的服务对象满意度指标主要通过利益相关群体的主观感受反映 对部门整体履职的综合评价，例如“读者满意度”等。

部门综合绩效指标与预算部门（单位）的职能定位和履职能力紧密相关，因此部门整体支出的效果指标并非必须包含经济、社会、生态三类。

（4）可持续发展能力指标主要包括组织建设、宣传培训、制度建设、改革创新等，可设计“党建工作开展情况”“宣传培训开展情况”“预算绩效管理制度完备性”“预算绩效管理试点开展情况”等指标。

三、绩效目标审核

（一）绩效目标审核相关概念

绩效目标审核是指财政或预算主管部门对相关部门或单位报送的绩效目标进行审查核实，并将审核意见反馈相关单位，指导其修改完善绩效目标的过程。开展绩效目标审核，是深化财政体制改革、提高预算管理水平的必然要求。

（二）绩效目标审核思路

1. 审核要点及内容

根据我国绩效目标管理相关政策文件要求，绩效目标审核主要包括以下要点及内容：

（1）完整性审核。审核以下内容：绩效目标的内容是否完整，绩效目标是否明确、清晰。

（2）相关性审核。审核以下内容：项目是否依据充分，是否符合公共资金的支出范围；绩效目标的设定与部门职能、事业发展规划是否相关，是否对申报的绩效目标设定了相关联的绩效指标；绩效指标是否细化、量化。

（3）适当性审核。审核以下内容：资金规模与绩效目标之间是否匹配，即在既定资金规模下，绩效目标是否过高或过低，或者要完成既定绩效目标，资金规模是否过大或过小；预期产出和效果是否符合正常的业绩水平；产出目标与效果目标的关联性、匹配性和逻辑性。

（4）可行性审核。审核以下内容：绩效目标是否经过充分论证和合理测算；所采取的措施是否切实可行，并能确保绩效目标如期实现；综合考虑成本效益，是否有必要安排财政资金。

此外，与绩效目标编制相对应，绩效目标审核也分为对项目支出绩效目标、政策绩效目标和部门整体支出绩效目标的审核。三者在审核原则、审核内容和审核方法上大致相同，但是在审核要点上各有侧重。项目支出绩效目标审核针对单个项目，主要包括上述内容；但是政策绩效目标审核还应当重点考核政策绩效目标与政策问题、政策措施的匹配程度；部门整体绩效目标则应当从部门职能出发，重点考察部门目标与部门职能、规划的匹配程度。

（三）审核方法

根据我国中央和地方关于绩效目标管理的相关管理办法，绩效目标审核采取定性审核与定量审核相结合的方式。定性审核分为"优""良""中""差"四个等级，其中，填报内容完全符合要求的，定级为"优"；绝大部分内容符合要求、仅需对个别内容进行修改的，定级为"良"；部分内容不符合要求、但通过修改完善后能够符合要求的，定级为"中"；内容为空或大部分内容不符合要求的，定级为"差"。定量审核按对应等级进行打分，保留一位小数。具体审核方式如下：

1. 对一般性项目，采取定性审核的方式。审核主体对每一项审核内容逐一提出定性审核意见，并根据各项审核情况汇总确定"综合评定等级"。确定综合评定等级时，8 个审核要点中，有 6 项及以上为"优"且其他项无"中""差"级的，方可定级为"优"；有 6 项及以上为"良"及以上且其他项无"差"级的，方可定级为"良"；有 6 项及以上为"中"及以上的，方可定级为"中"。同时，在审核表"总体意见"栏中对该项目绩效目标的修改完善、预算安排等提出意见。一般性项目审核表样具体如表 1-2-1 所示：

表 1-2-1　绩效目标审核表（一般性项目）

审核内容	审核要点	审核意见
一、完整性审核		
规范完整性	绩效目标填报格式是否规范，内容是否完整、准确、翔实，是否无缺项、错项	优□　良□ 中□　差□
明确清晰性	绩效目标是否明确、清晰，是否能够反映项目主要情况，是否对项目预期产出和效果进行了充分、恰当的描述	优□　良□ 中□　差□
二、相关性审核		
目标相关性	总体目标是否符合国家法律法规、国民经济和社会发展规划要求，与本部门（单位）职能、发展规划和工作计划是否密切相关	优□　良□ 中□　差□
指标科学性	绩效指标是否全面、充分、细化、量化，难以量化的，定性描述是否充分、具体；是否选取了最能体现总体目标实现程度的关键指标并明确了具体指标值	优□　良□ 中□　差□

续表

审核内容	审核要点	审核意见
三、适当性审核		
绩效合理性	预期绩效是否显著，是否能够体现实际产出和效果的明显改善；是否符合行业正常水平或事业发展规律；与其他同类项目相比，预期绩效是否合理	优□　良□ 中□　差□
资金匹配性	绩效目标与项目资金量、使用方向等是否匹配，在既定资金规模下，绩效目标是否过高或过低；或要完成既定绩效目标，资金规模是否过大或过小	优□　良□ 中□　差□
四、可行性审核		
实现可能性	绩效目标是否经过充分调查研究、论证和合理测算，实现的可能性是否充分	优□　良□ 中□　差□
条件充分性	项目实施方案是否合理，项目实施单位的组织实施能力和条件是否充分，内部控制是否规范，管理制度是否健全	优□　良□ 中□　差□
综合评定等级	优□　良□　中□　差□	
总体意见		

2. 对重点项目，采取定性审核和定量审核相结合的方式。审核主体对每一项审核内容提出定性审核意见，并进行打分。定性审核为“优”的，得该项分值的90%（含）～100%；定性审核为“良”的，得该项分值的80%（含）～90%；定性审核为“中”的，得该项分值的60%（含）～80%；定性审核为“差”的，得该项分值的60%以下。重点项目审核表样具体如表1-2-2所示：

表1-2-2　绩效目标审核表（重点项目）

审核内容		审核要点		审核意见	得分
具体内容	分值	具体内容	分值		
一、完整性审核（20分）					
规范完整性	10分	绩效目标填报格式是否规范、符合规定要求	5分	优□　良□ 中□　差□	
		绩效目标填报内容是否完整、准确、翔实，是否无缺项、错项	5分	优□　良□ 中□　差□	
		得分小计			

续表

审核内容		审核要点		审核意见	得分
具体内容	分值	具体内容	分值		
明确清晰性	10 分	绩效目标是否明确，内容是否具体，层次是否分明，表述是否准确	5 分	优□　良□ 中□　差□	
		绩效目标是否清晰，是否能够反映项目的主要内容，是否对项目预期产出和效果进行了充分、恰当的描述	5 分	优□　良□ 中□　差□	
		得分小计			
二、相关性审核（30 分）					
目标相关性	15 分	总体目标是否符合国家法律法规、国民经济和社会发展规划要求	7 分	优□　良□ 中□　差□	
		总体目标与本部门（单位）职能、发展规划和工作计划是否密切相关	8 分	优□　良□ 中□　差□	
		得分小计			
指标科学性	15 分	绩效指标是否全面、充分，是否选取了最能体现总体目标实现程度的关键指标并明确了具体指标值	8 分	优□　良□ 中□　差□	
		绩效指标是否细化、量化，便于监控和评价；难以量化的，定性描述是否充分、具体	7 分	优□　良□ 中□　差□	
		得分小计			
三、适当性审核（30 分）					
绩效合理性	15 分	预期绩效是否显著，是否能够体现实际产出和效果的明显改善	8 分	优□　良□ 中□　差□	
		预期绩效是否符合行业正常水平或事业发展规律；与其他同类项目相比，预期绩效是否合理	7 分	优□　良□ 中□　差□	
		得分小计			
资金匹配性	15 分	绩效目标与项目资金量是否匹配，在既定资金规模下，绩效目标是否过高或过低；或要完成既定绩效目标，资金规模是否过大或过小	8 分	优□　良□ 中□　差□	
		绩效目标与相应的支出内容、范围、方向、效果等是否匹配	7 分	优□　良□ 中□　差□	
		得分小计			

续表

审核内容		审核要点		审核意见	得分
具体内容	分值	具体内容	分值		
四、可行性审核（20 分）					
实现可能性	10 分	绩效目标是否经过充分调查研究、论证和合理测算	5 分	优□ 良□ 中□ 差□	
		绩效目标实现的可能性是否充分，是否考虑了现实条件和可操作性	5 分	优□ 良□ 中□ 差□	
		得分小计			
条件充分性	10 分	项目实施方案是否合理，项目实施单位的组织实施能力和条件是否充分	5 分	优□ 良□ 中□ 差□	
		内部控制是否规范，预算和财务管理制度是否健全并得到有效执行	5 分	优□ 良□ 中□ 差□	
		得分小计			
总　分					
综合评定等级		优□　良□　中□　差□			
总体意见					

各项审核内容完成后，根据项目审核总分确定“综合评定等级”。总得分 90 分以上的为“优”；80 分至 90 分（不含，下同）的为“良”；60 分至 80 分的为“中”；低于 60 分的为“差”。同时，在审核表“总体意见”栏中对该项目绩效目标的修改完善、预算安排等提出意见。

第三节　事前绩效评估管理概述

一、事前绩效评估相关界定

（一）事前绩效评估定义及目的

1. 定义

事前绩效评估是指按照部门战略规划、事业发展规划和项目申报书等内容，通过相应的评价机制，运用科学、合理的评估方法，对项目或政策实施的必要性、可行性，以及绩效目标设置合理性、预算编制合理性等方面进行客观、公正的评估。

原则上拟纳入预算管理的财政支出都应当开展事前绩效评估。其中，拟纳入预算安排的重大项目、财政专项安排的基本建设项目、专业性强或技术复杂的项目、中期财政规划项目及重大政策应优先纳入事前绩效评估范围。

2. 目的

事前绩效评估是政府预算决策中一项重大举措，其目的主要是评估项目（政策）是否应设立、项目（政策）是否存在执行及效益发挥风险、项目（政策）投入是否具有绩效性这三个问题，对项目（政策）决策和实施具有重要指导意义，其结果直接应用于预算安排，对预算资金的分配使用产生直接影响。事前绩效评估的意义主要表现在两方面：

一是事前绩效评估对预算闭环打造至关重要。建立全过程预算绩效管理链条，需要将绩效理念和方法深度融入预算编制、执行、监督的各个环节，构建事前、事中、事后绩效管理闭环系统，包括建立绩效评估机制、强化绩效目标管理、做好绩效运行监控、开展绩效评价和加强结果应用等内容。事前绩效评估又是绩效目标管理的拓展与深化，有利于从源头上防控财政资源配置的低效无效，推进全过程预算绩效管理链条的建立。

二是事前绩效评估有利于提高预算资金分配决策的科学性。一方面可及时剔除不具备相关资质、造价不合理或无明细预算的项目，以及目标不明确、预期效益不明显的政策，挤出多余水分，有效保证项目（政策）的顺利实施；另一方面可督促相关部门和单位严格落实项目（政策）内容，提高预算执行率，在一定程度上解决资金滞留、沉淀、支出及项目进度缓慢等问题。通过事前绩效评估，财政部门可全面掌握行业前景、预算部门组织管理和项目（政策）实施计划等情况，进而合理安排预算资金，实现公共资源配置的优化。

（二）事前绩效评估的对象与内容

1. 评估对象

事前绩效评估以政策和项目为评估对象，其中项目主要是与财政直接发生预算缴拨关系的同级国家机关、政党组织、事业单位、社会团体和其他独立核算的法人组织等申请财政资金的项目，以拟列入预算的民生类、城市管理服务和城市建设类等社会关注度较高、金额较大的项目为重点；政策主要是拟出台并列入预算的经济发展类、民生与社会管理类、城市管理服务和城市建设类等社会关注度较高、金额较大的重大政策。根据评价对象不同，当前事前绩效评估主要包括：项目支出事前绩效评估、政策事前绩效评估和部门整体项目支出事前绩效评估三个类型。

2. 评估内容

事前绩效评估的内容主要包括：

（1）必要性评估。必要性是项目可予立项或政策可予出台的首要衡量标准。若项目（政策）的设立没有政策依据或不符合客观需求，即必要性不足，则该项目（政策）就不应设立。

（2）可行性评估。为保障项目（政策）的顺利实施，项目（政策）实施方案、人财物等基础保障条件、相关管理制度等对项目（政策）的顺利实施都必不可少。若保障条件缺失，则该项目（政策）不具备实施的可行性。

（3）绩效性评估。项目（政策）的实施必然要消耗政府资源，因此项目（政策）的绩效目标和预算等也是项目（政策）设立之初的关注重点。对于绩效目标设置或预算编制不合理的项目（政策），应在项目（政策）设立前对其进行调整和完善。

需要特别说明的是，政策的实施主要以具体项目的形式来实现，因此，对政策的事前绩效评估与对项目的评估类似，但对政策的评估更关注政策的制定过程及政策本身的价值。同时，虽然在实际操作过程中，由于不同利益群体的博弈，政策存在偏离公众利益的可能性，但政策的本质属性是公共性。因此，对政策进行事前绩效评估还应关注政策的出台是否能够满足社会绝大多数人的公共利益。

二、事前绩效评估主体职责

（一）事前评估管理主体

事前评估工作实施主体包括财政部门、预算主管部门、行业主管部门及预算单位。其中，财政部门一般以预算评审方式开展，预算主管部门和预算单位一般以立项评审模式开展，行业主管部门一般以专业评审模式开展。

1. 财政部门

财政部门主要指中央、省、市等各级财政部门，其在事前评估中的主要职责为：负责制定事前绩效评估的规章制度、相应的技术规范和布置相关工作要求；推进事前绩效评估相关工作的开展，选择部分重点项目（政策）组织开展事前评估，制定总体评估方案，并按规定公开评价和评价结果应用信息；结合事前评估结果提出改进预算支出管理意见并督促落实。

2. 预算主管部门

预算主管部门负责制订年度本部门的事前绩效评估计划，指导预算单位配合开展事前评估工作；依据评价结果确定项目（政策）及预算安排、落实项目（政策）管理整改意见，并按规定公开评价和评价结果应用信息；督促落实事前评估改进工作。

3. 行业主管部门

行业主管部门主要包括发改委、经信委、科委，其在事前绩效评估阶段主要负责部门权限内政府投资项目（政策）的审批和管理工作。如投资评审，在其审批项目（政策）时应融入绩效管理理念，其审批意见应成为预算安排和调整的重要依据。

4. 预算单位

预算单位主要负责提供项目（政策）相关资料，自行或配合财政和主管部门开展事前评估工作，根据评价结果调整项目（政策）内容、绩效目标和实施方案，完善预算管理，提高预算编制水平。

（二）第三方

第三方主要包括第三方机构和专家。其中，第三方机构的职责主要为接受财政或预算主管部门委托，组织实施具体的事前评估工作，包括制定评估方案、开展事前评估、出具评估报告等；专家的职责主要是从行业或者绩效角度提供专业意见，如提供业务指导和咨询、参与评估方案和报告评审、出具评审意见等。

此外，财政部门还可邀请人大代表和政协委员参与事前评估工作。人大代表和政协委员可分别从预算监督和民主监督的角度提出意见和建议。

三、事前绩效评估基本流程

事前绩效评估的基本流程可划分为以下几个阶段：

（一）前期准备

事前绩效评估管理主体制定事前评估工作要求，确定评估对象和范围，组织相关单位开展评估工作。

（二）评估实施

事前绩效评估主要包括评估前期调研、评估工作方案制订、方案评审、数据采集与分析、报告撰写和报告评审六个环节。具体各实施内容如下：

1. 前期调研

事前绩效评估实施主体通过前期调研充分了解被评估项目（政策）或被评估单位的业务情况，以识别重要评估事项、履行评估责任和实现评估目标。

2. 评价工作方案制订

评估实施主体根据调研情况编制事前评估工作方案，主要包括：项目（政策）概况、评估的对象及范围、评估思路及方法、评估指标体系、数据采集及社会调查方案、评估工作人员安排和进度计划等。

3. 方案评审

评估管理主体组织专家对方案进行论证，相关部门或单位共同参与事前评估方案评审。评估实施主体根据评审意见修改事前评估方案。

4. 数据采集与分析

评估实施主体通过文件查阅、社会调研、基础表填报等方式采集数据，并对数据进行分析。

5. 报告撰写

评估实施主体根据数据分析情况撰写事前绩效评估报告。报告一般包含项目（政策）概况、评估过程情况、评估分析和评估结论等内容。

6. 报告评审

评估实施主体先就报告初稿与相关部门或单位进行沟通，吸取相关部门或单位提出的合理意见进行修改，形成报告评审稿。再由事前评估管理主体组织专家对报告进行论证，评估实施主体根据评审意见修改事前绩效评估报告，并形成报告终稿。

（三）评价结果反馈与应用

事前绩效评估管理主体向被评估部门（单位）出具事前绩效评估结果反馈函，被评估部门（单位）根据反馈函中提出的问题和建议调整项目（政策）内容、绩效目标、实施方案和项目（政策）预算等，并将整改结果反馈给评估管理主体。

按照政府信息公开有关规定，事前绩效评估管理主体通过相关渠道对评估结果进行公开。公开内容主要包括：项目（政策）名称、预算金额、主管部门、主要问题、整改建议、整改情况和评估主体等。

（四）档案管理

事前绩效评估主体根据事前绩效评估管理过程中获得的相关信息，对项目（政策）支出事前绩效评估方案、评估报告、论证结论和结果应用情况等资料进行汇总归档。

第四节　事前绩效评估管理实施

一、事前绩效评估总体思路

（一）事前绩效评估思路

事前绩效评估主要围绕必要性、可行性和绩效性三个维度展开。

1. 必要性评估

必要性评估主要解决项目（政策）要不要设立的问题。一般从项目（政策）设立依据是否充分、是否具有迫切的现实需求、与财政投入是否相关、是否重复、是否具有替代性等方面进行分析。

2. 可行性评估

可行性评估主要回应项目（政策）是否存在执行及效益发挥的风险。一般从实施方案是否可行、决策程序是否规范、人财物配套保障条件是否到位、运营是否可持续等方面进行分析。

3. 绩效性评估

绩效性评估主要回应项目（政策）投入是否具有绩效性。一般从投入方式是否经济、绩效目标设定是否科学、预算编制是否合理等方面进行分析。

（二）事前绩效评估方法

事前绩效评估方法主要有因素分析法、成本效益分析法、比较法、公众评判法、专家咨询法等。各评估方法如下：

1. 因素分析法

因素分析法是指将影响项目（政策）绩效目标实现、实施效果的内外因素罗列出来，细化分析维度，然后根据不同因素的重要程度设置相应权重并评分，通过定量的方式得出评估结论。

2. 成本效益分析法

成本效益分析法适用于效益可以量化的事前绩效评估项目（政策），是指将项目（政策）拟投入预算金额与预期效果进行对比分析，分析项目（政策）的有利程度，寻求以最小成本获取最大收益的投入方式。

3. 比较法

比较法是指通过对项目（政策）绩效目标与项目（政策）内容、实施部门（单位）的中长期规划目标、年度工作目标、历史执行情况和同类地区同类型项目（政策）等进行比较，综合分析项目（政策）实施的必要性、可行性和绩效性。

4. 公众评判法

公众评判法是指通过对项目（政策）潜在受益对象和相关重要群体进行社会调研，获取相关数据，以此分析项目（政策）设立的现实需求度，判断项目（政策）决策的科学合理性。

5. 专家咨询法

专家咨询法是指向行业专家、绩效专家等咨询，获取专家对该项目（政策）设立的书面意见，以此作为评估的依据之一。

二、事前绩效评估要点

根据评估对象不同，事前绩效评估可分为三类：项目支出事前绩效评估、政策事前绩效评估和部门整体项目支出事前绩效评估。

（一）项目支出事前绩效评估

项目支出事前绩效评估以单个项目为评估对象。按照项目的特征，项目支出事前绩效评估可分为非竞争性模式和竞争性模式。

1. 非竞争性模式

非竞争性模式主要适用于以下情形：项目内容、实施主体确定但总预算不确定，没有子项目或各子项目间不存在竞争关系。

非竞争模式下的项目支出事前绩效评估统筹主要围绕项目立项必要性、实施的可行性和绩效性三个维度开展。其中：

项目立项必要性一般从立项依据充分性、需求满足度、财政投入相关性、项目设立重复性四个方面进行分析。其中：立项依据充分性指项目的立项是否与国家及地方宏观政策、行业政策相关，是否与申请部门职能相关；需求满足度指项目是否存在现实需求，需求是否迫切；财政投入相关性指项目是否属于公共财政支持范围，是否有明显的经济、社会、生态或可持续性效益；项目设立重复性指项目在部门内或与其他部门是否存在重复立项。

项目实施的可行性一般从决策程序规范性、实施方案有效性、资金保障度、运行可持续性四个角度分析。其中：决策程序规范性指项目是否按照规定程序申请设立；实施方案有效性是指组织机构、实施计划、管理制度、管控措施等保障条件是否健全、有效；资金保障度是指资金来源、到位时间等是否能够落实；运行可持续性是指项目后续运行及成效发挥是否可持续。

项目实施绩效性一般从投入经济性、目标合理性和预算编制合理性三个角度分析。其中：投入经济性指项目投入是否经济，是否有其他更有效的替代实施方式；绩效目标合理性指项目战略目标、总体目标、阶段性目标是否明确、相关、合理与科学；预算编制合理性指预算编制是否科学、合理，与绩效目标是否相关联。非竞争性模式项目支出事前绩效评估指标体系框架见表 1-4-1。

表 1-4-1 非竞争性模式项目支出事前绩效评估指标体系框架

评估维度	评估指标	评估内容
项目立项必要性	立项依据充分性	与国家及地方宏观政策、行业政策是否相关，与申请部门职能是否相关
	需求满足度	是否具有现实需求，需求是否迫切
	财政投入相关性	是否具有公共性，是否属于公共财政支持范围，是否有明显的经济、社会、环境或可持续性效益
	项目设立重复性	项目内容是否避免了与其他项目的重复
项目实施可行性	决策程序规范性	是否按照规定的程序申请设立
	实施方案有效性	组织机构是否健全，实施计划是否明确、具体、科学、合理，项目管理制度是否健全有效，实施是否具有健全的风险管控措施
	资金保障度	资金来源渠道是否明确，各渠道资金到位时间、条件是否能够落实
	运行可持续性	完成后持续性保障条件是否到位，是否存在影响其效益发挥的风险
项目实施绩效性	投入经济性	投入是否经济，是否有其他更有效的替代实施方式
	目标合理性	战略目标、总体目标、阶段性目标是否明确、相关，以及合理与科学
	预算编制合理性	预算编制是否科学合理，且与绩效目标相关联

此外，还可依托项目入库评审机制强化事前绩效评估。依托项目库综合信息管理平台及常态化项目入库申报机制，各申报单位可随时申报项目，同时需申报绩效目标，经过评审后的项目可入库作为储备。即事前绩效评估以入库项目为优先评估

对象。

此外，根据前述依据财政项目资金用途分类，不同类型项目的事前评估侧重点也存在差别。具体表现为：

（1）工程及维护类项目

工程及维护类项目指基本建设工程和信息化工程的实施、修缮和维护。在事前评估中重点关注：项目是否有充分的政策依据，是否能满足重大需求，当前是否具备实施的可行性，是否获得行业主管部门审批，工程概算是否明确，年度预算是否合理，等等。

（2）设备购置及维护类项目

设备购置及维护类项目在事前评估中主要关注：项目是否有充分的政策依据，是否能满足重大需求，购置后是否能达到预期使用效果，预算测算单价和数量是否合理，旧设备如何处理，等等。

（3）政策类项目

政策类项目包括社会事业发展和产业发展两个分类，一般以补贴为主，事前评估关注以下内容的界定：补贴范围、对象、补贴方式、标准、政策预算合理性、补贴审核科学性和财政资金保障程度。

（4）业务类项目

业务类项目指公共部门为履行公共职能进行的运转活动及专业性活动，评估对象可为部门下年度整体预算，也可为部门下年度某专项预算。在事前评估时主要关注：项目与部门职能、年度计划、负责科室等是否匹配，预算与以前年度执行率、支出内容、相关标准等是否存在较大出入，等等。

2. 竞争性模式

竞争性模式适用于申报主体和子项目较多但总预算有限且申报主体之间对预算资金分配具有竞争关系的情形。竞争性模式下的项目支出事前绩效评估在明确项目立项必要性的基础上，对子项目进行竞争性排序，最终决定予以支持的项目及金额。

为便于理解，这里以A市教育局房屋修缮类项目为例具体说明各环节评估思路。该项目涉及多个申报主体，涵盖小学、初中等多个下属单位，事前绩效评估思路如下：

（1）通过判定必要性筛选子项目：从政策必要性和现实需求度两个维度对申报的各子项目进行必要性判定，对于必要性不强的项目采取一票否决制，不予支持，如项目属于政策规定不可支持范围、项目需要其他主管部门报批流程但暂未获批、项目存在违规现象等；对于必要性较强的项目采取综合判定法，进入下一评估环节。竞争性模式项目支出事前绩效评估思路如图1-4-1所示。

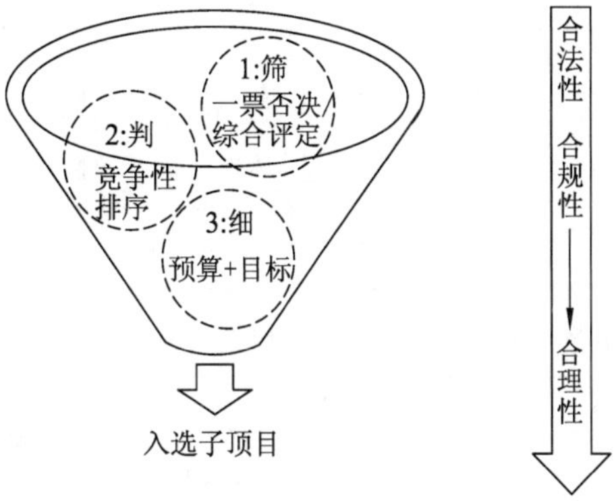

图 1-4-1　竞争性模式项目支出事前绩效评估思路

（2）通过评分对筛选后的子项目的可行性进行判定：首先，根据项目设立的整体绩效目标，从项目立项必要性和实施可行性两个维度制定指标体系，见表 1-4-2。其次，对筛选出的必要性较强的子项目依次根据指标体系进行评分，并根据评分高低对各子项目进行重要性排序，见表 1-4-3。再次，考虑当年度财政财力和得分情况，对于排在前列的子项目予以支持，对于排在后列的不予支持。

表 1-4-2　A 市教育局房屋修缮类项目指标体系（样例）

一级指标	二级指标	三级指标	权重
必要性（60）	政策必要性	政策文件推动性	3
	安全性	安全隐患程度	20
	适用性	功能性、舒适性情况	10
		特色教育	3
	经济性	同类项目近三年实施情况	6
		替代性场所情况	6
	美观性	影响校园环境	8
	节能减排	节能目标达成度	4
可行性（40）	项目立项可行性	项目立项流程充分性	4
		项目实施方案完备性	4
		项目实施进度计划情况	2
	项目资金投入可行性	概算编制情况	4
		概算编制准确性	8
	项目实施管理可行性	实施过程管理制度及流程情况	3
		实施过程组织、人员情况	2
	项目长效管理可行性	建成后的长效管理制度情况	3

续表

一级指标	二级指标	三级指标	权重
可行性（40）	项目绩效目标编制可行性	编报要素完整性	4
		绩效目标合理性	3
		绩效指标合理性	3
合计	—	—	100

表 1-4-3　A 市教育局房屋修缮类项目申报子项目重要性得分表（样例）

学　校	综合评分	排　序
G 学校子项目 2	73.50	1
D 学校子项目 3	73.50	1
F 学校子项目 2	69.87	3
D 学校子项目 1	69.17	4
A 学校子项目 3	69.17	4
F 学校子项目 1	68.13	6
B 学校子项目 3	68.00	7
D 学校子项目 2	65.90	8
E 学校子项目 1	65.50	9
E 学校子项目 3	65.50	9
E 学校子项目 2	64.90	11
B 学校子项目 1	64.50	12
G 学校子项目 1	64.10	13
C 学校子项目 1	61.00	14
B 学校子项目 2	61.00	14
A 学校子项目 1	60.50	16
C 学校子项目 2	60.17	17
A 学校子项目 4	60.00	18
E 学校子项目 4	58.86	19
A 学校子项目 2	58.00	20

（3）通过合理性评估对入选子项目的预算和绩效目标进行调整细化：对于纳入当年度预算的子项目，一方面从单价、数量、依据等角度评估预算编制的合理性，对子项目的预算进行调整，见表 1-4-4；另一方面按照 SMART 原则和匹配性原则，对项目绩效目标进行完善。

与非竞争性模式一样，对竞争性模式的项目支出开展事前绩效评估时也可依托项目入库评审机制，增强评估工作的系统性及结果的可应用性。

通过竞争性排序，以目标—结果为导向，评价组可较为科学合理地评判各子项目的必要性和可行性，有效解决多申报主体和多子项目之间的平衡问题，以实现项目投入的效益最大化。

表 1-4-4　A 市教育局房屋修缮类项目预算调整表（样例）

序号	子项目名称	工程费用名称	预算申请金额			调整后预算金额			预算调整额		
			数量（m^2）	单价（元）	金额（万元）	数量（m^2）	单价（元）	金额（万元）	数量（m^2）	单价（元）	金额（万元）
1	G 学校子项目 2	一、建安工程									
		1. 室内地面			19.24			12.83			−6.41
		1.1 拆除原有地板	740	40	2.96	740	10.4	0.77	0	−29.6	−2.19
		1.2 新铺强化复合地板	740	220	16.28	740	163	12.06	0	−57	−4.22
		2. 室内墙面粉刷			10.24			5.63			−4.61
		2.1 铲除原有墙内粉刷	1280	20	2.56	1280	8	1.02	0	−12	−1.54
		2.2 内墙涂料粉刷	1280	60	7.68	1280	36	4.61	0	−24	−3.07
		3. 室内吊顶安装			10.04			8.89			−1.15
		3.1 拆除原有室内吊顶	410	40	1.64	410	12	0.49	0	−28	−1.15
		3.2 室内吊顶安装	560	150	8.40	560	150	8.40	0	0	0.00
		4. 阅览室地砖	150	330	4.95	150	195	2.93	0	−135	−2.03
		……			……			……			……
		小计			……			……			……
2	D 学校子项目 3	……	……	……	……	……	……	……	……	……	……
……	……	……	……	……	……	……	……	……	……	……	……

在项目支出事前绩效评估指标分析的基础上，结合调研中了解到的情况，对项目支出进行客观公正的判断分析，出具相应的评估报告，为项目完善和相关部门决策提供参考依据。报告参考框架如下。

项目支出事前绩效评估报告（参考框架）

摘要

一、项目概况

（一）项目背景

（二）项目内容

（三）项目绩效目标

（四）项目预算

（五）项目组织管理

二、评估开展情况

（一）评估目的和依据

（二）评估思路和方法

（三）评估过程

三、评估分析

（一）必要性分析

（二）可行性分析

（三）绩效性分析

四、总体结论

五、预算安排建议

六、绩效目标调整建议

七、其他相关建议

八、其他需要说明的问题

九、附件

（二）政策事前绩效评估

政策事前绩效评估主要围绕政策设立必要性、政策实施可行性、政策目标合理性、资金投入合理性开展。

政策设立必要性主要解决政策要不要立的问题，主要从以下方面进行分析：政策设立依据是否充分，是否具有迫切的现实需求，是否有可替代性，政策内容是否符合国民经济发展规划、部门职能和中长期发展规划及工作计划，政策受益对象是否明确，政策是否具有显著的预期效果，等等。

政策实施可行性主要回应政策是否存在执行及效益发挥的风险，主要从以下方面进行分析：政策实施方案是否完整、可行，与政策实施有关的机构、人员、资金、制度配套、基础设施条件等是否得到有效保障，等等。

政策绩效目标的科学、合理性主要从以下方面进行分析：政策是否制定有明确的绩效目标，绩效目标是否与部门长期战略目标、年度目标一致，政策产出和效果是否关联，绩效指标是否细化、量化，等等。

预算决策合理性主要回应资金投入的经济效率性，主要从以下方面进行分析：政策是否属于财政支出范围，是否存在资金重复投入，资金来源渠道是否得到落实，资金投入产出比是否合理，等等。政策支出事前绩效评估指标体系框架见表 1-4-5。

表 1-4-5 政策支出事前绩效评估指标体系框架

一级指标	二级指标	三级指标	评估内容
政策决策	政策设立	政策设立必要性	政策设立是否必要；政策设立是否符合社会公众的公共利益
		政策依据充分性	政策的设立是否与国家相关法律法规、国家发展规划相符合；是否与地区发展政策和优先发展重点相符合
	决策过程	政策前期调研充分性	政策确立前期是否进行充分的研究、调研、论证与意见征询；是否民主决策
		决策程序规范性	决策流程的明确性、规范性；决策责任的可追溯性
	资金投入	筹资合规性	政策是否属于财政支出范围；全部资金来源渠道是否得到落实；资金来源渠道是否符合相关规定
		资金投入经济性	财政资金配套方式、资金规模测算是否科学合理，是否在财力可承受范围之内；是否存在资金重复投入情况；资金投入产出比是否合理，即资金规模与政策目标的匹配情况如何
	目标设定	目标依据充分性	是否依据国家法律法规、国民经济和社会发展总体规划、国家行业规划；是否符合政策实施主管部门“三定”方案确定的职责；是否符合政策实施主管部门制定的中长期实施规划
		绩效目标可行性	是否能够满足现实需求；是否可实现、可完成
		绩效指标明确性	是否将政策绩效目标细化分解为具体的工作任务；是否通过清晰、可衡量的指标值予以体现
政策落实	规划落实	规划落实科学性	政策层面是否具有完备的制度、组织和资金保障；政策分解任务层面是否具有完备的制度、组织和资金保障
	管理制度	管理制度健全性	财务管理办法及业务管理办法等各项制度是否健全；政策实施主管部门内部财务管理制度是否完整、合规；政策实施主管部门会计核算制度是否完整、合规

续表

一级指标	二级指标	三级指标	评估内容
政策落实	过程控制	过程控制计划性	政策分解任务是否订立明确的计划进度安排，并且能够在各时间节点及时完成；政策分解任务实施方案考虑因素是否全面，是否具有相关专业机构认定或说明
政策绩效	预期绩效	预期绩效的可达成性	预期政策是否能够完成绩效目标
		预期绩效的经济效益	是否给经济发展带来直接或间接影响
		预期绩效的社会效益	是否给社会发展带来直接或间接影响
		预期绩效的生态效益	是否给生态环境带来直接或间接影响
		预期绩效的可持续影响	政策实施是否能够对政策实施主管部门履职、行业体系建设产生持续影响；政策实施是否有充足的人员、资金、技术等内部条件保障后期运维
		预期政策效益的普惠性	预期政策实施是否能够满足社会绝大多数人的公共利益；无差异性政策重点评价受益群体所享受到的效益是否存在明显差异；非排他性政策重点评价是否损害特定群体或将其排除在受益范围之外

在指标分析的基础上，结合调研中了解到的情况，对政策进行客观公正的判断分析，并出具相应的评估报告，为政策进一步完善和相关部门决策提供参考依据。报告参考框架如下所示：

政策支出事前绩效评估报告（参考框架）

摘要

一、政策概况

（一）政策背景和目的

（二）政策制定依据

（三）政策主要内容

（四）政策绩效目标

（五）政策资金情况

（六）政策实施的组织及管理

二、评估开展情况

（一）评估目的和依据

（二）评估思路和方法

（三）评估过程

三、评估分析
（一）政策设立必要性分析
（二）政策实施可行性分析
（三）政策目标合理性分析
（四）资金投入合理性
四、总体结论
五、预算安排建议
六、绩效目标调整建议
七、其他相关建议
八、其他需要说明的问题
九、附件

（三）部门整体项目支出事前绩效评估

部门整体项目支出事前绩效评估是以部门所有预算项目为评估对象、以预算为评估重点的事前绩效评估。部门整体项目支出事前绩效评估重点在于对申报项目的预算进行评审，而预算评审的前提是该项目具备设立的条件，因此对单个项目进行事前绩效评估主要以项目安排合理性和预算编制合理性的评估为主。此外，除了对单个项目进行事前绩效评估外，部门整体项目支出事前绩效评估还要从整体角度关注部门全部财政资金的总量安排合理性、资金结构合理性等问题。

评估思路具体如下：

首先，对纳入部门预算的各子项目在项目安排上的合理性进行评估，评估内容包括：项目是否属于部门职能范围，是否属于公共财政保障范围，是否不可或缺；项目实施对完成行政工作任务或促进事业发展的意义与作用，项目受益范围和对象是否属于国家和本地区政策优先支持的领域和范围；项目是否符合国家和本地区有关政策法规，是否符合公共财政资金保障的范围和支持方向等；同时审查预算部门项目设置、分级细化、类型界定的规范性，如项目类型界定是否准确，项目设置和构成是否合理，项目分级细化是否规范，与其他项目有无交叉、重叠等。另外，也可依托项目入库评审机制，项目若已入库则可视为其立项依据充分。

以A市B区人社局公务员体检项目为例，该项目内容为区人社局每年组织全区公务员去医院体检，体检费用以项目经费形式在区人社局部门预算中列支。经评估，根据《关于企业加强职工福利费财务管理的通知》及《关于加强服务职工经费保障的意见》，体检费用应当从各部门“职工福利费”列支。因此，公务员体检费用从项目经费中列支合理性不足，建议该项目不从部门项目经费中列支。

其次，对预算安排的合理性进行评估，主要是根据项目实施单位提供的预算依据，对预算支出内容、额度和标准设定的经济合理性等进行判断，并填写预算明细表。其评估内容包括：项目目标是否切实可行；实施方案是否经过必要的论证、分析，方案设计是否完善、合理；实施计划、进度安排是否合理；实施内容是否有利于目标有效实现；工作量是否与实施内容相匹配；经费结构是否科学；预算金额是否经济合理；有无超过预算支出标准或偏离市场价、成本价；等等。

以 A 市 B 区人社局就业补助项目为例，该项目申报预算 125 万元，预算测算单价、数量明确、清晰，测算依据来自政策文件和历史标准，大部分预算测算合理，仅子项目充分就业社区补助项目中对备用补助金的设置缺乏依据，因而建议对该部分预算进行核减。项目预算明细表详见表 1-4-6。

表 1-4-6 A 市 B 区人社局就业补助项目预算明细表（样例）

单位：万元

序号	项目明细	实施内容	单价（万元）	数量	申报总额（万元）	测算依据	审定金额（万元）	调整金额（万元）	调整原因
1	充分就业社区补助	市星级充分就业社区补助	10.00	6	60.00	A 文件	60.00	0.00	预算安排合理，建议不调整
		国家级充分就业社区补助	10.00	1	10.00		10.00	0.00	
		备用补助金	10.00	1	10.00		0.00	－10.00	设置无依据，且历年无支出，建议核减
2	净增岗位奖励	净增岗位奖励款	0.01	4500	45.00	B 文件	45.00	0.00	预算安排合理，建议不调整
合计	—	—	—	—	125.00	—	115.00	－10.00	

最后，在全面了解部门所有项目支出的基础上，对部门项目进行整合，规范项目分类管理。既要保持项目结构、分类、内容的稳定性，也要根据部门职能、任务和内部机构设置的变化进行动态调整，整合同类型或内容相似的项目，按照一级、二级、三级分级细化项目内容，避免对同类支出的管理过度碎片化。

以 A 市 B 区人社局部门项目安排情况为例，结合项目实施内容、实施主体等对部门项目进行整合，如表 1-4-7 所示。

表 1-4-7　A 市 B 区人社局部门项目调整建议表（样例）

序号	项目名称	整合建议	整合原因
1	三级医院农业户籍医保补贴	并为 1 个项目	项目实施对象相同，均为农村户籍，建议整合
2	农村户籍居保个人缴费补助		
3	扶持创业政策补贴	并为 1 个项目	两个项目均是创业类项目，补贴对象均为园区，建议整合
4	创业园区经费		
……	……	……	……

部门整体项目支出事前绩效评估的报告分为总报告和分报告，其中：分报告是对单个项目进行详细分析并得出结论；总报告是在归纳汇总各分报告的基础上，从部门整体出发对部门各项支出进行整合。总报告和分报告参考框架如下所示。

×××部门整体项目支出事前绩效评估总报告（参考框架）

一、部门项目支出概况

（一）部门基本情况

（二）本次评估涉及的部门项目支出情况

二、事前绩效评估工作情况

（一）评估思路及方法

1. 评估思路和内容

2. 评估方法

（二）评估实施过程

三、评估结论

（一）项目调整建议

（二）预算调整建议

四、附件

×××部门×××项目事前绩效评估分报告（参考框架）

一、项目概况

（一）基本情况

1. 项目设立背景及目的

2. 项目立项依据

（二）项目××××年拟申报情况

1. 计划实施内容

2. 预算安排情况

二、项目历年情况

（一）历年资金安排情况

（二）项目××××年情况

三、项目合理性分析

（一）项目安排合理性分析

（二）预算安排合理性分析

四、评估结论

（一）项目调整建议

（二）预算安排建议

（三）绩效目标梳理

五、其他需要说明的问题

六、附件

第二章

绩效运行监控管理

2018 年 9 月，《中共中央 国务院关于全面实施预算绩效管理的意见》提出“做好绩效运行监控。各级政府和各部门各单位对绩效目标实现程度和预算执行进度实行‘双监控’”。从我国的实践情况来看，目前绩效运行监控运用还不够深化，很多地区对绩效运行监控还只停留在概念层面，对其理解也未深入。基于此，本章将从绩效运行监控相关概念、内容，以及具体实践方法和路径等对绩效运行监控管理进行详细介绍。

|第一节| 绩效运行监控概述

一、绩效运行监控相关界定

（一）绩效运行监控定义

绩效运行监控管理是预算绩效管理的重点内容。根据《中央部门预算绩效运行监控管理暂行办法》（财预〔2019〕136 号），绩效运行监控是指在预算执行过程中，财政部门、主管部门及其所属单位依照职责，对预算执行情况和绩效目标实现程度开展的监督、控制和管理活动。绩效运行监控由监控主体根据确定的绩效目标，通过动态或定期采集绩效运行数据，对管理执行的相关情况和目标要求的完成情况进行监控，并在归纳分析的基础上，及时、系统地反映绩效目标实现程度和预算执行进度等，发现绩效运行偏差及时纠正，确保绩效目标如期保质保量实现的管理活动。

（二）绩效运行监控对象

2011 年 7 月，财政部发布《关于推进预算绩效管理的指导意见》（财预〔2011〕416 号），提出要“逐步建立‘预算编制有目标、预算执行有监控、预算完成有评价、评价结果有反馈、反馈结果有应用’的预算绩效管理机制”。2016 年 7 月，财政部办公厅发布《关于开展 2016 年度中央部门项目支出绩效目标执行监控试点工作的通知》（财办预〔2016〕85 号），通知中提到“绩效目标执行监控是全过程预算绩效管理的关键环节，也是确保中央部门实现绩效目标、落实绩效主体责任的重要手段”，并对绩效目标执行监控的主要内容提出了要求。2018 年 9 月，中共中央、国务院发布的《关于全面实施预算绩效管理的意见》提出“各级政府和各部门各单位对绩效目标实现程度和预算执行进度实行‘双监控’，发现问题要及时纠正，确保绩效目标如期保质保量实现。各级财政部门建立重大政策、项目绩效监控机制，对存在严重问题的政策、项目要暂缓或停止预算拨款，督促及时整改落实”。2019 年 7 月，财政部发布《中央部门预算绩效运行监控管理暂行办法》（财预〔2019〕136 号），提出绩效监控应按照“全面覆盖、突出重点、权责对等、约束有力、结果运用、及时纠偏”的原则，对绩效目标完成情况和预算资金执行情况进行绩效监控，并对监控方式、流程和结果应用环节进行了明确。随着预算绩效管理要求的不断提高，绩效运行监控对象从项目支出绩效运行监控扩展到了政策绩效运行监控。

1. 项目支出绩效运行监控

项目支出绩效运行监控主要针对预算部门（单位）在预算年度内开展的财政支出项目，在年初将项目相应的年度计划及目标连同预算一同上报主管部门及财政部门，年中对该类项目进行绩效运行监控，主要通过对项目的产出、效果，以及为实现绩效目标所需要的保障制度、措施和工作计划等进行监控，及时、系统地反映预算执行进度和项目绩效目标的实现程度，纠正绩效运行偏差，确保项目正常开展，完成全年既定目标。

2. 政策绩效运行监控

政策绩效运行监控是针对某一项在实施中的专项资金政策，从政策本身出发，对政策预算资金执行情况和政策绩效目标实现情况进行监督、控制和管理。监控过程中，如有必要，可对政策的具体工作任务开展、发展趋势、实施计划调整等情况进行延伸监控，如执行的保障性、过程控制有效性、阶段性目标达成情况等，从而分析政策设计的科学性、政策实施的有效性、实施过程中的规范性，以及执行效果与政策目标的达成度，发现政策实际实施与预期的偏差，及时整改，从而促进政策优化，保证政策有效实施，确保政策目标的最终实现。当然，政策绩效运行监控实施的效果会因政策所处阶段而有所不同：在政策实施初期进行运行监控更多地关注政策的落实、管理，以及政策所形成的部分产出及效益；而在政策实施中长期阶段进行运行监控，政策整体实施已较为成熟，因此在监控过程中往往带有对上一阶段后评价、下一阶段前评价的性质，能够更全面地对政策的实施效果进行评价。这种兼具多种目的的特征比项目支出更为突出。

从目前专项资金政策的内容我们可以看出，专项资金政策最终表现为多类或多个财政支出项目，而财政支出项目最终表现为多类或多个财政支出活动，因此在监控的开展思路和方式上有一定的类同，主要不同点为监控的方向，更贴切地说是监控重点关注的内容不同，具体如表 2-1-1 所示。

表 2-1-1　项目监控与政策监控内容对比

项目支出绩效运行监控		政策绩效运行监控	
类　别	细化内容	类　别	细化内容
项目决策合理情况	项目立项依据充分情况	政策执行保障情况	制度建设保障情况
	项目立项规范情况		机构人员保障情况
	项目绩效目标合理性		运行机制保障情况
项目管理有效情况	项目资金投入管理有效情况	过程控制有效情况	政策实施程序控制情况
	项目财务管理有效情况		政策实施资金控制情况
	项目实施管理有效情况		政策实施质量控制情况
阶段性目标达成情况	项目产出（数量、质量、时效）阶段性达成情况	阶段性目标达成情况	政策涉及项目产出（数量、质量）阶段性达成情况
	项目效果目标阶段性达成情况		政策效果目标阶段性达成情况

（三）绩效运行监控目的

绩效运行监控的目的，是便于财政部门和预算部门（单位）动态了解项目（政策）预算执行及实施情况，促使实施方案（政策）落地。从绩效运行监控过程来看，主要是通过梳理各阶段的实施内容，明确各阶段的目标；通过比较目标实现情况，找出未达成目标的“元凶”，发现管理漏洞；通过分析目标完成情况，对项目（政策）完成的可能性进行科学判断；通过及时纠偏整改，推动项目（政策）实施回到预期的轨道，确保绩效目标的实现。由此可见，绩效运行监控是促进绩效目标实现的重要举措，越来越受到财政部门和预算部门（单位）的重视，成为预算绩效管理中必要的环节。绩效运行监控的目的和意义主要体现在以下四个方面：

1. 绩效运行监控是提高绩效目标合理性、保障绩效目标实现的重要措施

绩效运行监控与绩效目标关系密切：一方面，绩效运行监控以绩效目标为依据，紧紧围绕绩效目标开展；另一方面，规范的绩效运行监控可提高绩效目标与项目实际的契合度。在绩效运行监控实施过程中，若发现项目（政策）执行与目标存在偏差，可分析偏差情况和原因，采取纠偏措施，保障绩效目标实现，并及时消除已产生偏差造成的负面效应，防止类似问题的再次发生。

2. 绩效运行监控是促进财政与预算部门（单位）绩效责任落实的重要措施

财政部门是资金监管方，但在工作开展过程中存在一定的“重分配轻管理”的情况；预算部门（单位）是资金使用方，在实际工作中存在一定的“重支出轻绩效”的情况。尽管两者在预算绩效管理中扮演的角色不同，但在预算绩效管理中均承担着相应责任。通过绩效运行监控，可以克服“问题不被发现，或者发现相对滞后导致整改问题难度增加”等弊端，有助于财政合理管理资金，提高部门（单位）管理及决策的能力，对打造“高效政府”有着重要的现实意义。

3. 绩效运行监控是规范资金使用、保障预算执行进度的重要举措

首先，绩效运行监控的核心是资金拨付和使用情况，对加强预算执行、明确预算支出责任都具有促进作用，符合预算执行管理要求；其次，绩效运行监控强调在项目（政策）实施过程中进行动态监控，以随时了解预算执行情况、项目（政策）实施情况、绩效目标的实现情况和纠偏措施的执行情况，强调“动态监控”。以上两方面均呼应了加强预算执行动态监控、对资金使用的安全性和合规性进行监控的要求，对提升资金使用效率能够起到促进作用。

4. 绩效运行监控是加强国库资金管理、辅助政府决策的重要举措

在现今全面推进财政国库集中支付制度改革的情况下，加强财政国库管理，建立预警高效、反馈迅速、纠偏及时、控制有力的预算执行动态监控体系是国库管理的重要内容。相比单纯对资金监控，绩效运行监控结合项目（政策）信息，对于资金的监控管理及相关决策能形成更有效的支撑。通过对财政国库集中支付各环节的支付信息进行判断、核实、处理，可及时纠正违规支付行为，强化预算支出执行监管，防范资金使用风险。

（四）绩效运行监控原则

从上文所述绩效运行监控的目的出发，绩效运行监控的开展需要秉持严谨、客观的精神。因此，绩效运行监控应尽量保证工作开展按照以下原则进行：

1. 紧抓核心指标、注重管理要素的原则

进行绩效运行监控时，优先选择最能反映项目（政策）实质、特征和核心目标的内容作为监控的主要方向或侧重点；在选取监控指标时，也优先使用最具代表性、最能反映管理需求的关键指标，通过关键指标反映核心目标。通过对核心目标实现路径的探究，明确每个目标实现的关键措施/方法是什么，落实这些措施/方法需要具备哪些关键性制度，在实施过程中如何进行管理才能保证这些制度得以贯彻，以此形成核心监控指标选择思路，如图 2-1-1 所示。

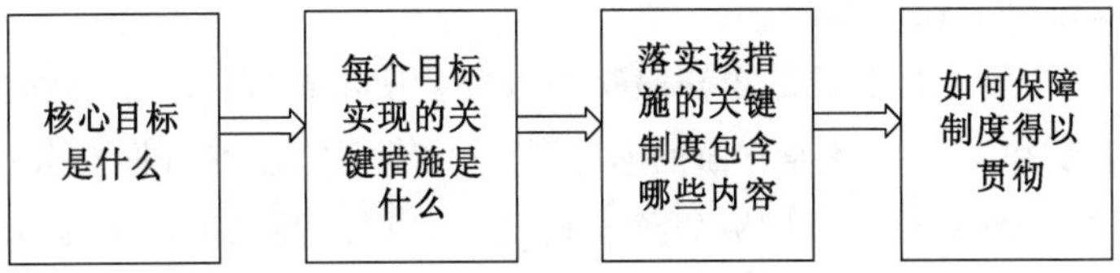

图 2-1-1　核心监控指标选择思路

此外，绩效运行监控是一种过程管理，监控指标的选择应区别于后评价，以实施管理、部分核心产出为主。比如，对房屋修缮工程的绩效运行监控，最重要的是监控房屋修缮的进度完成情况，以及原有的质量问题是否得到解决，如果将监控的重点放在房屋的美观度上，那绩效运行监控便有失偏颇。在监控过程中可以通过倒推的方法整理出关键的管理目标。房屋修缮工程核心目标是修缮工作的完成进度、完成达标情

况、完成及时性和原有质量问题解决情况等。如对修缮工作完成进度进行监控，保证完成进度的关键措施是采购具有资质的工程服务商及对工程的有效监理，而落实这些措施需要相关的工程管理办法、招投标管理办法和工程监理办法等，因此贯彻这些制度就应具备修缮工程的详细计划、合规的政府采购流程、规范的工程监理、有效的沟通协调机制等，从而将核心目标及对应管理目标倒推得出。

2. 实地调研和案头分析相结合的原则

绩效运行监控不仅需要分析预算及项目（政策）相关的原始资料，还必须实地调研，收集第一手资料。比如部门（单位）财务制度健全性、项目（政策）管理制度健全性可以通过案头分析完成，但是资金如何使用、资金如何监控、项目（政策）实施制度的执行情况、项目（政策）实施中出现的问题等，则需要通过实地调研去掌握。

绩效运行监控旨在发现项目（政策）实施中的问题，从而进行纠偏纠错，以保证项目（政策）预期目标的实现，所以实地调研是绩效运行监控的重要内容和方法。绩效运行监控的调查要让人信服，就一定要进行充分的调查。调查要有正确的态度，不能敷衍了事、马马虎虎，更要避免点到为止、隔靴搔痒。

3. 客观资料采集和预测、评估相结合的原则

客观资料采集、预测和评估相结合的原则要求通过对资料进行客观、全面的采集，从而真实、准确地反映项目（政策）执行的实际情况和取得的结果，对可能达到的结果和完成的目标进行科学、合理的预测分析。

对于采集的数据，还应进行正确的分析，寻找规律和轨迹，发现问题并提出纠偏措施，做出准确评估。评价人员应该以辩证的观点去看待问题，如某些制度有漏洞，就可能导致相应问题发生。制度执行度不够，实施的效果就要打折，甚至出现大的纰漏。同样，好的制度再配以严格实施，往往可以达到出其不意的效果。根据实施的进度，评价人员可以对项目完成的可能性进行预测。预测和评估需要建立在对项目（政策）或行业本身有足够了解的基础上，以科学的方法进行。

（五）绩效运行监控的思路

概括地讲，绩效运行监控的思路是在财政资金使用过程中，收集资金使用、项目（政策）实施进度和实现结果等方面的基本信息，确定监控的目标任务；通过采集数据，对比实际执行情况和绩效目标的差异情况，寻找偏差原因，为预算部门（单位）和财政部门提供系统、客观的项目（政策）实施情况信息；对预定目标完成的可能性进行分析，测算和估计可能达到的产出、效果和影响等；提出绩效改进建议，以促进财政支出绩效的持续产生和不断提升，促进项目（政策）绩效目标的顺利实现。绩效运行监控的逻辑路径如图 2-1-2 所示。

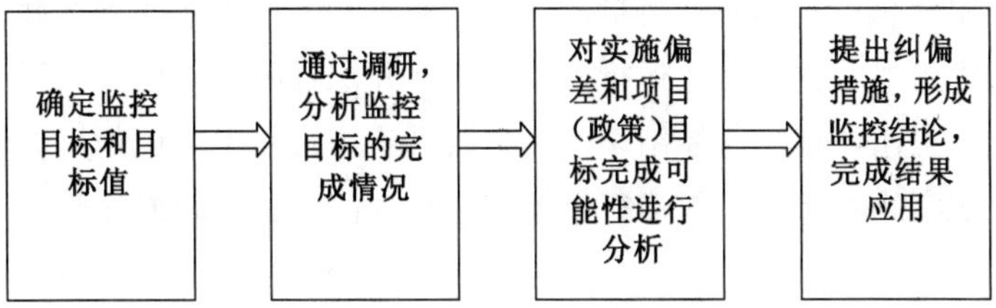

图 2-1-2　绩效运行监控思路图

二、绩效运行监控主体职责

（一）绩效运行监控的管理主体

1. 财政部门

财政部门负责确定绩效运行监控的相关工作要求，推进绩效运行监控管理相关工作的开展。具体职责包括：

（1）负责制订绩效运行监控相关管理规章制度、工作规划、年度计划、操作规范等。

（2）按照预算绩效管理要求，加强国库现金管理，降低资金运行成本。

（3）指导本级预算部门（单位）和下级财政部门开展绩效运行监控工作，对有关实施情况进行监督、检查和考核。

（4）督促预算部门及时采取措施，纠正发现的问题，确保绩效目标的实现。

（5）根据监控结果及人大意见对预算进行调整，确保财政资金使用效率。

2. 预算主管部门

预算主管部门负责制订本部门的年度绩效运行监控工作计划，组织部门本级及其所属单位开展绩效运行监控工作，依据绩效运行监控结果调整项目（政策）及预算安排、落实管理整改意见，并按规定公开绩效运行监控结果及结果应用信息。具体职责包括：

（1）按照要求或自行选取绩效运行监控项目，确保当年度绩效运行监控工作的正常开展。

（2）组织实施本部门的绩效运行监控工作，指导、督促和检查所属单位的绩效运行监控工作；配合财政部门开展绩效运行监控工作，根据监控结果落实整改措施，加强本部门预算管理。

（3）按规定实施预算绩效监控信息在本部门公开和向社会公开，接受各方监督。

（4）按要求向财政部门报送本部门绩效运行监控结果。

3. 预算单位

自行实施或配合财政部门及主管部门开展绩效运行监控工作，根据监控情况进行整改、调整项目（政策）内容、绩效目标、实施方案和预算，并按规定公开监控管理结果及结果应用信息。具体职责包括：

(1) 组织实施本单位的绩效运行监控工作，并配合财政部门及主管部门组织开展的绩效运行监控工作，根据监控结果落实整改措施，加强本单位预算管理。

(2) 按规定实施本单位绩效运行监控信息在本部门公开和向社会公开，接受各方监督。

(3) 按规定向财政部门及预算主管部门报送本单位绩效运行监控报告。

(二) 第三方

根据《关于委托第三方机构参与预算绩效管理的指导意见》(财预〔2021〕6号)，绩效运行监控属于预算部门或单位强化内部管理的事项，原则上不得委托第三方机构开展，如确需第三方机构协助的，要严格限定各方责任，第三方机构仅限于协助委托方完成部分事务性工作，不得以第三方机构名义代替委托方对外出具相关报告和结论。

因此，在绩效监控过程中，可以适当引入专家进行指导协助。专家的主要职责包括：参与相关培训；提供业务指导；参与绩效运行监控报告评审，发表独立、客观、公正的评审意见，评审意见应具体、可操作。在实际开展过程中，预算部门（单位）自行实施绩效运行监控时，针对某些重难点项目或政策监控可聘请对应专家进行咨询，分析监控开展的方向、需重点关注的内容、如何有效开展绩效监控等内容，为后续监控的有效性奠定坚实的基础。其次，在监控结论形成之后，组织方可委托专家对成果进行评审，针对数据的准确性、监控指标选取的有效性、报告结论的合理性、纠偏措施的可行性等方面进行专业评审，以提升实施质量，保证监控结果的有效性。

三、绩效运行监控组织形式

绩效管理主体可根据本地预算绩效管理的相关要求和规定，自行实施绩效运行监控工作。预算部门（单位）是预算资金使用的主体，自行实施是绩效运行监控管理的主要形式。

|第二节| 绩效运行监控内容

一、 项目支出绩效运行监控内容

在项目支出绩效运行监控工作开展过程中，预算部门（单位）要建立绩效监控机制，对当年项目预算中通过绩效目标评审的项目和上年结转的跨年度项目，针对其预算执行情况，以及项目管理情况、目标实现程度、目标偏差和纠偏情况、目标实现可能性等进行监控。

预算执行情况主要指项目预算资金安排情况、拨付情况、预算单位实际支出情况，以及全年预计执行情况及预计结转结余情况等。

项目管理情况主要是指项目的投入及保障项目各阶段有效实施的各项制度的健全性和执行有效性，包括为保证项目实施所投入的人财物及项目管理制度、财务管理制度、政府采购、内部操作规程、质量监督与控制等相关制度。重点关注完成绩效目标所需要的各种资源消耗情况、支付标准、支付进度和政府采购程序等方面的规范性。

目标实现程度主要指项目实施进度，包括项目产出、效果等绩效目标的阶段性完成情况。

目标偏差情况主要监控项目组织实施、项目绩效等重点目标在监控期内的完成情况，与项目整体计划和阶段性工作进行比对，判断监控期内目标的偏差情况，通过对偏差情况的分析，预计项目实现全年目标的风险，假如存在风险情况，提出纠偏意见，保证项目达到计划目标。

目标纠偏情况主要监控纠偏措施的制定和整改落实情况，关注预算部门（单位）是否已经采取有效纠偏措施，以及纠偏措施落实的有效性。

目标实现可能性主要通过监控阶段相关数据的分析和归纳总结，预测年度绩效目标完成的可能性，对年度工作计划和目标进行回应。

上述即项目支出绩效运行监控的主要内容，在项目具体开展运行监控过程中，主要从以下方面进行目标的监控：

（一）项目的产出和效果

对项目产出和效果的监控，因项目而异，也因监控阶段而异。有些项目，在绩效监控阶段可以考察产出，但是无法考察效果。比如一些桥梁工程项目，在造桥阶段，因为桥梁本身未被使用，故难以对效果进行考察。但是诸如就业培训等一些项目，在培训过程中便可以考察效果。另外，因监控时期不同，考察对象亦不同。在项目早期介入监控，假如项目还没有产出，则项目产出也可以不纳入考察，但是可以对产出时效进行预测。

监控项目的产出，主要是关注项目产出的数量、质量和时效性。项目产出的数量要与实施阶段相匹配，故在绩效监控时，应根据监控的阶段和实施的具体情况，判断监控项目产出是否达到要求。对质量的监控是重点和难点，实施过程中可以参考行业标准进行横向比较，也可以参考历史情况进行纵向比较。以某学校营养午餐补助为例，对产出的监控可以考察学校完成的营养午餐补助数、营养午餐补助的准确率、营养午餐补助的及时性等。

对项目效果的监控，主要考察项目的社会效益、经济效益及生态效益。由于监控重在过程，预算尚未执行完毕，项目并未结束，资金投入的效果也可能尚未显现，因此，效果并非监控的主要对象。例如周期较长的基建项目，监控阶段通常基建设施尚未投入使用，效果无法监控。但有些项目的投入效果却是即时的，如生活补贴的发放等。因此，必须结合项目周期情况，选择性进行监控。以对某大学学生的培养为例，对效果的监控可以考察大学生的就业率、毕业生的薪资，以及用人单位对毕业生的认可度；若监控期不含毕业季，则可以考查学生寻找实习工作的成功率、实习单位对学生的认可度等。

（二）目标保障情况

目标保障情况包括项目的投入及项目的过程管理。项目的投入不仅包括财力的投入，还包括人力和物力的投入。财力投入包括资金来源和数量、资金到位情况，以及财务管理情况、资金使用进度和成本控制情况等。人力和物力投入主要体现在项目的实施管理方面，比如制度建设情况、制度执行情况、招投标情况、项目变更情况、变更的审批情况，以及针对不同项目的具体实施措施。项目过程管理主要为相关制度的制定、完备程度及执行情况。

绩效运行监控作为过程管理，投入及项目管理是监控的核心内容。其中，需要重点监控的内容包括：预算执行情况、为完成绩效目标所需要的各种资源消耗情况、保障项目各阶段有效实施相关制度（包括基本制度、专项办法、管理措施）的完整性、项目实施中相关制度执行的有效性（其中进度管理、资金拨付、政府采购和资产管理制度执行是目标保障情况监控的重点）等。

（三）影响项目的因素

对影响项目因素的考察，可以关注项目的长效管理情况、配套设施、人力资源、信息共享和外部因素等。同样以对某学校营养午餐补助为例，可以考察学校食品安全制度的完备情况、学校食堂工作人员健康证持有情况、学校食堂工作人员培训情况等。

（四）不同类型项目监控内容剖析

依据财政项目资金用途分类体系一级分类进行划分，财政支出项目可划分为工程及维护类、设备购置及维护类、政策类和业务类（事业专业类）。各类型项目的监控重点分别为：

（1）工程及维护类项目

工程及维护类项目指基本建设工程和信息化工程类项目。这类项目一般在绩效运行监控阶段还未有完整的产出（部分维护项目可能存在完整产出），因此此类项目的监控指标选取主要集中在项目保障及影响力因素部分，如预算执行率、财务管理制度健全性、资金使用规范性、政府采购规范性、供应商资质完备性、项目管理制度健全性、合同管理规范性、工程变更规范性、监理工作规范性、验收工作规范性和档案管理规范性等。而对于产出指标来说，可以视项目具体情况选择性地进行监控，如部分信息化建设项目，在建设过程中是按照对应的功能模块进行建设的，每个模块有对应的建设计划，虽然在监控阶段整个信息化工程并未完成，但部分模块在项目计划中需在监控阶段内完成，针对该类项目可以对阶段性成果完成与否进行项目产出的监控。

同理，部分维护项目，假设需按照月度、季度等计划开展维护工作，可以在监控期内对产出进行监控，如维护完成次数、维护合格率、维护响应及时性等。

（2）设备购置及维护类项目

设备购置及维护类项目和工程及维护类项目在监控指标的选择上有些雷同，两类项目基本上都涉及政府采购行为，且在监控阶段一般未全部完成（部分维护项目同上所述），因此此类项目的监控指标选取也主要集中在项目保障及影响力因素部分，如预算执行率、财务管理制度健全性、资金使用规范性、政府采购规范性、供应商资质完备性、项目管理制度健全性、合同管理规范性、验收工作规范性和档案管理规范性等；对于产出指标来说，也是视项目具体情况进行选取。

（3）政策类项目

政策类项目在实施过程中一般是按照周期性进行重复开展（如以每月、每季度、每半年等形式进行补贴）的，因此此类项目基本上都存在阶段性的产出及效果，所以在监控阶段除了可以选取预算执行率、财务管理制度健全性、资金使用规范性、财务监控有效性、申报规范性、审核规范性、公示规范性和配套机制健全性等项目保障及影响力因素指标外，还可以就阶段性的产出及效果进行监控。如某项目是按月对某类特定人群进行补贴，就可对其产出（补贴完成数、补贴准确率、补贴发放及时性等）及效果（补贴对象满意度、有责投诉发生数等）进行监控。

（4）业务类项目

业务类项目指公共部门为履行公共职能进行的运转活动及专业性活动，所涵盖的内容比较宽泛，如宣传推广活动、会议培训、群众活动和课题研究等，因此在此类项目的监控过程中需明确项目对各个内容或活动的实施计划，以确定是否对项目产出及效果进行监控。这类项目在项目保障及影响力因素指标部分，可以选取预算执行率、财务管理制度健全性、资金使用规范性、财务监控有效性、工作计划完整性、工作计划执行有效性和项目质量可控性等指标进行监控；在产出和效果的监控方面，视对应的业务活动选择性进行监控。

二、政策绩效运行监控内容

专项资金政策种类繁多，比如从支出的经济性质和具体用途上就有教育支出政策、科技支出政策、基本建设支出政策和转移性支出政策等，内容千差万别，但是在落实到具体的支出项目上时主要还是上述四大类项目（工程及维护类、设备购置及维护类、政策类、业务类）。因此在开展政策绩效运行监控工作中，除了需重点关注政策执行保障情况（如人员保障、组织机构保障、管理制度健全性及可操作性、政策宣传、公示、配套制度建设和应急机制建设等）、政策实施过程控制有效性（如政策实施时间分配合理性、时间节点分解清晰度、实施程序规范性、实施程序履行度、预算管理规范性、资金到位率、财务管理健全度、质量监控措施完善度和覆盖面等）等专项资金政策监控中普遍适用的指标外，还需按照项目支出绩效运行监控考虑政策的阶段性产出及效果，在具体评价过程中可以按照政策所辐射的项目形成的产出及效果进行资料及数据收集，在设定对应的产出及效果指标时可适当进行分类归并，避免监控内容杂乱无序。

|第三节| 绩效运行监控实践

项目支出绩效运行监控和政策绩效运行监控在整体监控流程上基本一致，只是在过程中采取的监控表样及最终的结论形式有所区别。为较为清楚地介绍绩效运行监控的流程，本部分以项目支出为例讲述绩效运行监控如何实施。

在项目支出绩效运行监控实践过程中，为保证项目支出绩效运行监控的有序性及有效性，一般按照六步进行操作，分别为：确定监控目标、开展绩效运行监控、进行偏差分析、提出纠偏路径、及时实施纠偏、形成监控结论。绩效运行监控在一个财政年度内可以开展1～2次，一般对项目半年度或者前三个季度情况进行监控，有些项目在特殊环节（如基础建设类工程施工至竣工阶段、政府采购类采购实施至验收阶段）为保证及时跟进了解项目情况，防止项目出现偏差风险，可以每月进行动态监控。

一、确定监控目标

在核对更新项目基本信息的基础上，确认项目绩效目标。

（一）前期调研

绩效运行监控主体应与所有相关方进行深入沟通交流，对项目基本信息进行进一步核实，如项目名称、项目类型、项目立项背景和依据、项目立项的必要性、保障项目实施的制度、项目的预算安排（包括子项目的预算）、项目实施内容和计划、项目实施的目标（包括中长期目标、年度目标、总项目目标和子项目目标）等，特别是对项目实际开展过程有调整变动的信息进行更新。为了让项目的概况更加直观，可对经核实的信息加以整理形成表格，可参考表2-3-1。

表2-3-1 财政支出项目绩效目标申报表

填报单位（盖章） 金额单位：万元

<table>
<tr><td>项目名称</td><td colspan="3"></td></tr>
<tr><td rowspan="2">项目类别</td><td>一次性项目□</td><td>经常性项目□</td><td>中期预算试点项目□</td></tr>
<tr><td colspan="3">事业/专业类□ 政府采购类□ 政策补贴类□ 基本建设工程类□
信息化建设工程类□ 其他类□</td></tr>
</table>

续表

<table>
<tr><td colspan="2">项目负责人：</td><td>联系人：　　　　联系电话：</td></tr>
<tr><td colspan="2">起始日期：　　年　　月　　日</td><td>结束日期：　　年　　月　　日</td></tr>
<tr><td>项目概况</td><td colspan="2"></td></tr>
<tr><td rowspan="3">项目立项情况</td><td colspan="2">依据：</td></tr>
<tr><td colspan="2">必要性：</td></tr>
<tr><td colspan="2">可行性：</td></tr>
<tr><td rowspan="2">项目资金</td><td colspan="2">一、项目总预算：</td></tr>
<tr><td colspan="2">二、当年预算：
（一）财政拨款：
1. 上级财政拨款：
2. 本级财政安排：
3. 下级财政配套：
（二）其他资金：</td></tr>
<tr><td>项目相关资源投入和制度建设情况</td><td colspan="2"></td></tr>
<tr><td>项目总目标</td><td colspan="2"></td></tr>
<tr><td>年度绩效目标</td><td colspan="2"></td></tr>
<tr><td>需要说明的其他问题</td><td colspan="2"></td></tr>
</table>

填报单位负责人：　　　　　　　　填表人：　　　　　　　　填报日期：

（二）确认绩效目标

根据预算调整情况、项目开展情况及对项目的分析，对项目绩效目标进行更加准确、具体、全面的描述，修正、调整原填报内容，补充明细内容，形成准确、合理的项目绩效目标，保证绩效运行监控过程中项目绩效目标的合理性。绩效目标设定按照以下思路：

1. 按照“合法、合规、合理”的要求，从产出、效果、满意度等维度对项目的总目标和分目标进行重新确定。

2. 确认目标值。结合预算安排、类似项目的历史数据及行业标准，对项目绩效目标的目标值进行再确认。来源主要有：计划目标——项目计划书、工作方案等；历史标准——采用历史平均水平等；行业标准——行业统一标准；经验标准——结合类似项目实践及专家经验。在项目开展过程中发生内容变更，应对绩效目标及目标值进行重新修订确认。

（三）确定监控目标

从完善后的绩效目标中选择绩效运行监控的主要目标，为整个绩效运行监控的后续步骤奠定基础，绩效运行监控目标的确认需考量监控目标值的合理性及监控期内相应数据的可获得性。需要注意的是，并不是所有的目标均需或者说均能在绩效监控阶段进行监控，需根据项目情况选择能够获取数据和资料的目标进行监控。在绩效监控过程中可形成对应的绩效监控目标确认表，详见表 2-3-2。

表 2-3-2　绩效监控目标确认表

一级目标	二级目标	确认前		确认后		调整依据	是否监控	备注
		指标	目标值	指标	目标值			
产出目标	数量							
	质量							
	时效							
	成本							
效益目标	经济效益							
	社会效益							
	生态效益							
	可持续影响							
满意度目标	服务对象满意度							

二、开展绩效运行监控

依据确定的监控目标和项目开展计划，确定项目监控时点目标值。根据项目进展过程和预算执行情况，结合事先确定的关键事项和关键监控绩效指标，进行案头监控和实地监控，采集数据，形成监控期内实际完成值以及年度预计完成值，填制“绩效运行监控表”（详见表 2-3-3）。

三、进行偏差分析及目标完成可能性分析

确认好每一个指标对应的实际值之后，将实际值与目标值进行比较，发现绩效运行偏差，分析偏差原因。“监控期执行情况”需按照项目完成的实际情况进行填写，对照应完成的绩效目标描述偏差情况；若存在偏差情况，需根据偏差情况总结“偏差原因”（偏差原因一般与项目管理进行关联分析）；通过对偏差原因的归纳，分析预测项目全年绩效目标完成的可能性，以供部门（单位）进行决策。按照要求填制“绩效运行监控表”（详见表 2-3-3）。

表 2-3-3　绩效运行监控表

<table>
<tr><td colspan="3">项目名称</td><td colspan="14"></td></tr>
<tr><td colspan="3">主管部门及代码</td><td colspan="4"></td><td colspan="2">实施单位</td><td colspan="8"></td></tr>
<tr><td colspan="3" rowspan="4">项目资金
（万元）</td><td colspan="2"></td><td colspan="2">年初预算数</td><td colspan="3">监控期执行数</td><td colspan="3">监控期执行率</td><td colspan="4">全年预计执行数</td></tr>
<tr><td colspan="2">年度资金总额：</td><td colspan="2"></td><td colspan="3"></td><td colspan="3"></td><td colspan="4"></td></tr>
<tr><td colspan="2">其中：本年一般公共预算拨款</td><td colspan="2"></td><td colspan="3"></td><td colspan="3"></td><td colspan="4"></td></tr>
<tr><td colspan="2">其他资金</td><td colspan="2"></td><td colspan="3"></td><td colspan="3"></td><td colspan="4"></td></tr>
<tr><td>年度总体目标</td><td colspan="16"></td></tr>
<tr><td rowspan="11">绩效指标</td><td rowspan="2">一级指标</td><td rowspan="2">二级指标</td><td rowspan="2">三级指标</td><td rowspan="2">年度指标值</td><td rowspan="2">监控期执行情况</td><td rowspan="2">全年预计完成情况</td><td colspan="6">偏差原因分析</td><td colspan="3">完成目标可能性</td><td rowspan="2">备注</td></tr>
<tr><td>经费保障</td><td>制度保障</td><td>人员保障</td><td>硬件条件保障</td><td>其他</td><td>原因说明</td><td>确定能</td><td>有可能</td><td>完全不可能</td></tr>
<tr><td rowspan="9">产出指标</td><td rowspan="3">数量指标</td><td></td><td></td><td></td><td></td><td></td><td></td><td></td><td></td><td></td><td></td><td></td><td></td><td></td><td></td></tr>
<tr><td></td><td></td><td></td><td></td><td></td><td></td><td></td><td></td><td></td><td></td><td></td><td></td><td></td><td></td></tr>
<tr><td></td><td></td><td></td><td></td><td></td><td></td><td></td><td></td><td></td><td></td><td></td><td></td><td></td><td></td></tr>
<tr><td rowspan="3">质量指标</td><td></td><td></td><td></td><td></td><td></td><td></td><td></td><td></td><td></td><td></td><td></td><td></td><td></td><td></td></tr>
<tr><td></td><td></td><td></td><td></td><td></td><td></td><td></td><td></td><td></td><td></td><td></td><td></td><td></td><td></td></tr>
<tr><td></td><td></td><td></td><td></td><td></td><td></td><td></td><td></td><td></td><td></td><td></td><td></td><td></td><td></td></tr>
<tr><td rowspan="3">时效指标</td><td></td><td></td><td></td><td></td><td></td><td></td><td></td><td></td><td></td><td></td><td></td><td></td><td></td><td></td></tr>
<tr><td></td><td></td><td></td><td></td><td></td><td></td><td></td><td></td><td></td><td></td><td></td><td></td><td></td><td></td></tr>
<tr><td></td><td></td><td></td><td></td><td></td><td></td><td></td><td></td><td></td><td></td><td></td><td></td><td></td><td></td></tr>
</table>

续表

	一级指标	二级指标	三级指标	年度指标值	监控期执行情况	全年预计完成情况	偏差原因分析						完成目标可能性			备注
							经费保障	制度保障	人员保障	硬件条件保障	其他	原因说明	确定能	有可能	完全不可能	
绩效指标	产出指标	成本指标														
		……														
	效益指标	经济效益指标														
		社会效益指标														
		生态效益指标														
		可持续影响指标														
		……														

续表

	一级指标	二级指标	三级指标	年度指标值	监控期执行情况	全年预计完成情况	偏差原因分析						完成目标可能性			备注
							经费保障	制度保障	人员保障	硬件条件保障	其他	原因说明	确定能	有可能	完全不可能	
绩效指标	效益指标	服务对象满意度指标														
		……														

注：1. 偏差原因分析：针对与预期目标产生偏差的指标值，分别从经费保障、制度保障、人员保障、硬件条件保障等方面进行判断和分析，并说明原因。

2. 完成目标可能性：对应所设定的实现绩效目标的路径，分确定能、有可能、完全不可能三级综合判断完成的可能性。

3. 备注：说明预计到年底不能完成目标的原因及拟采取的措施。

四、提出纠偏路径

依据偏差分析，结合项目实际，提出纠偏建议并明确纠偏措施，主要从预算执行进度、财务管理、项目管理、预算和目标调整等方面提出与主要问题紧密结合的、具体的、可操作的改进建议与措施。措施和建议同样可以通过表格的方式呈现，这样更加直观明了。

五、及时实施纠偏

绩效运行情况与设定的绩效目标要求发生较大偏离时，绩效运行监控主体应及时查找问题、分析原因、采取措施、及时纠偏。绩效运行有重大偏离的，绩效运行监控主体应将相关情况及时上报主管部门或财政等相关职能部门，进入整改程序，对绩效运行监控中发现的问题进行必要的改进，对偏差较大的项目采取必要的干预措施等。对绩效运行监控发现无绩效或低绩效的项目，要按规定调整执行或停止执行。此外，为保证绩效运行监控能够实现及时纠偏，在纠偏路径提出之后预算部门（单位）应及时进行落实，以对后续的项目实施起到促进作用，最终保证项目整体开展结果达到项目设定初衷。

六、形成监控结论

为了让财政部门、预算主管部门和预算单位对绩效运行监控的结果有更全面的了解，如有需要，在监控表以外还可开展更加深入的监控分析，并通过报告的形式呈现绩效运行监控结论。绩效运行监控报告主要包含以下内容：

1. 项目基本情况，包括项目基本性质、用途、主要内容和涉及范围，以及项目规划和计划等立项依据、项目的必要性和可行性论证、相关制度措施等情况。

2. 项目资金（包括财政资金、自筹资金等）投入和支出情况。

3. 项目的绩效目标、绩效指标及目标值设定和调整情况。

4. 项目组织管理情况，包括项目招投标情况、调整、完成验收等，项目的主要子项目或活动的实际完成情况及项目管理制度的落实情况，日常检查监督管理和质量监控等。

5. 项目实际产出情况。将项目实际产出状况与绩效目标作对比，从数量、质量、可达成性等方面进行分析。

6. 从目前项目实际完成情况出发，从经济性、效率性、效益性和公平性等方面对目前项目绩效目标的达成进行分析。

7. 基于项目组织实施和项目绩效的实际情况与目标的差异情况，分析项目实现原定绩效目标的可能性。

8. 总结监控中发现的主要问题，包括制度保障方面、资金使用方面、项目实施组织管理方面和项目绩效方面。

9. 提出改进措施建议，应与主要问题紧密结合，具体、即时、可操作。

绩效运行监控报告框架如下：

项目支出绩效运行监控报告（参考框架）

目录

摘要

一、项目基本情况

（一）项目名称

（二）项目起止日期

（三）项目主要内容、涉及范围

（四）项目资金（包括财政资金、自筹资金等）投入安排情况

二、绩效目标的核对和确定情况

（一）项目绩效目标设定情况

（二）项目绩效目标核对和确定情况（如有调整，应说明原因）

三、项目组织实施情况

（一）项目组织情况

（二）项目管理情况

（三）项目组织实施的实际情况与目标的差异情况说明

四、项目绩效情况

（一）项目产出目标、效果目标的实现情况

（二）项目绩效情况分析（从经济性、效率性、效益性和公正性等方面进行具体分析）

（三）项目实际绩效与目标的差异情况，以及对差异原因的详细说明

五、问题、纠偏措施和建议

（一）主要问题

（二）改进措施

（三）纠偏情况

（四）有关建议

六、其他需要说明的问题

在完成报告后，预算绩效管理主体可选择将其绩效运行监控的结果信息按预算绩效管理的相关要求进行公开，接受社会公众的监督。

第三章

绩效评价管理

按照《中共中央　国务院关于全面实施预算绩效管理的意见》构建“全方位”预算绩效管理格局的要求，要实施政府预算绩效管理、部门和单位预算绩效管理、政策和项目预算绩效管理。本章主要就项目支出绩效评价、政策绩效评价和部门整体支出绩效评价进行简要阐述。首先，对绩效评价的定义、对象、目的及绩效评价的相关主体责任、组织形式和主要评价方法进行概述；其次，分别对项目支出绩效评价、政策绩效评价和部门整体支出绩效评价的思路、评价指标体系设计、绩效分析和绩效评价成果等内容进行介绍；再次，结合绩效评价工作实际，对绩效评价的基本流程分阶段进行阐述。

|第一节|　绩效评价管理概述

一、绩效评价的相关界定

（一）绩效评价定义

所谓绩效评价，是指根据设定的绩效目标，运用科学、合理的绩效评价指标、评价标准和评价方法，对预算支出的经济性、效率性和效益性进行客观、公正的评价活动。

（二）绩效评价对象

预算管理的资金都属于绩效评价的对象，也就是所有财政性资金都属于绩效评价的范围。目前，在项目支出、政策和部门整体支出等方面均有不同程度的评价实践。

1. 项目支出绩效评价

项目支出是预算单位为完成特定的工作任务或事业发展目标，在基本的预算支出以外，财政预算专项安排的支出。项目支出绩效评价是以项目支出为对象，以项目实施所带来的产出和效果为主要内容，以促进预算单位完成特定工作任务或事业发展目标所开展的绩效评价。

2. 政策绩效评价

结合当前预算绩效评价工作开展的实际，与前述政策绩效运行监控一致，本章所述政策绩效评价未有特定指向的均为财政专项资金政策绩效评价。财政专项资金政策绩效评价的对象是用于实施财政支出政策的专项资金。由于专项资金具有专门指定用途或特殊用途，一般都会要求进行单独核算、专款专用，并且有严格的管理规范要求。因此，除与项目支出绩效评价一样均关注资金与项目管理外，评价还要关注政策制定和执行的过程，并在效果评价中侧重于公平性、响应性等价值标准判断，从而为政策是否存续、调整等提供依据。

3. 部门整体支出绩效评价

部门整体支出是指财政部门批复的部门预算中所包括的全部支出，既包括基本支出，也包括项目支出。部门整体支出绩效评价是以部门预算资金为对象，以部门所有支出所达到的产出和效果为主要内容，以促进部门高效履职为目的所开展的评价活动。

（三）绩效评价目的

从财政预算绩效管理的需求及绩效评价管理的内涵出发，绩效评价管理的目的主要包括以下方面：一是向相关方提供财政支出绩效方面的重要信息，帮助决策者做出合理的资源配置决定，提高决策水平；二是为财政支出运行提供及时、有效的信息，帮助管理者改进财政支出管理，从而提高财政资金的使用绩效；三是通过绩效评价结果的公开、问责与应用，增强政府部门分配、使用公共资金的责任感。

综合来看，通过开展有效的财政支出绩效评价管理，可发现预算资金在项目（政策）立项、执行管理中制度保障、实际操作方面的缺陷和薄弱环节，同时总结提炼项目（政策）和部门的经验做法，为政府和预算部门（单位）改进政策和项目管理、完善政策和预算管理提供可行性参考建议，为下一年预算编制与评审提供充分有效的依据，以达到改进预算管理、控制节约成本、优化资源配置、为社会提供更多更好的公共产品和服务、提高预算资金使用效益的目的。

二、绩效评价主体职责

从当前预算管理体制看，预算部门（单位）既是部门预算编制的主体，也是预算执行的主体，当然也是绩效评价的主体，为其财政资金的使用效益负责。根据需要，绩效评价可委托专家学者、中介机构等第三方实施。

（一）绩效评价的管理主体

1. 财政部门

各级财政部门是预算绩效评价工作的组织主体，负责制定预算绩效评价工作规划和规章制度，指导本级预算部门（单位）和下级财政部门的预算绩效评价工作，会同有关部门对评价结果进行抽查复核，组织实施绩效评价，督促评价结果的反馈和应用。

2. 预算主管部门

各预算主管部门是预算绩效评价工作的责任主体，负责制定本部门预算绩效评价工作规划和规章制度，组织本部门及下属预算单位的预算绩效评价工作，加强评价结果反馈和应用；积极配合财政部门开展绩效评价工作，落实评价整改意见。

3. 预算单位

预算单位负责本单位预算绩效评价工作的实施，具体包括：组织开展本单位的绩效自评，对自评结果的真实性和准确性负责，对自评中发现的问题及时进行整改；并配合财政部门和预算主管部门开展绩效评价工作，根据评价结果落实整改措施，加强本单位预算管理；按规定实施本单位绩效评价信息在本部门公开和向社会公开，接受各方监督；按规定向预算主管部门报送本单位绩效评价报告。

（二）第三方

各类社会中介机构和专家学者是预算绩效评价工作的参与主体，主要为预算绩效管理开展提供必要的技术和智力支撑。在绩效评价中引入第三方，对于提高绩效评价质量、完善绩效评价制度有着深远影响。随着预算绩效评价工作的扩面增点和纵向深入，越来越多财政部门结合地方绩效评价工作开展的实际需求，建立了绩效评价第三方中介库和专家库。

1. 第三方中介机构

在绩效评价实践中，工作量大、专业性强的重大项目及政策等通常可以借助各类第三方力量参与。第三方在绩效评价实施过程中应当根据财政或预算部门（单位）的委托，严格执行合同约定条款，并依照国家相关法律法规、行业规范、绩效评价原理及方法，勤勉尽责，恪守独立、客观、公正的原则，按时完成绩效评价方案及绩效评价报告，并对绩效评价报告全部内容的真实性、完整性和合理性负责。

2. 专家

除作为第三方直接承接绩效评价工作外，为提高绩效评价工作质量，通常还会引入专家咨询和专家评审机制。根据预算绩效评价工作需要，参与绩效评价工作的专家主要分为绩效专家和行业专家。一般情况下，绩效专家的选取应遵循随机、相关和回避原则，专家的专业类型应根据拟评审项目的性质和类型来确定；若评价对象的支出内容专业性较强，还应邀请相关行业专家。根据绩效评价组织方的需求，专家可全程参与受托绩效评价工作或仅参与方案和报告评审，其主要职责包括：提供业务指导；参与绩效评价方案和报告评审并发表独立、客观、公正的评审意见；等等。

财政部门、预算部门的财务机构或其他负责绩效管理的机构委托第三方开展绩效评价的，需坚持委托主体与绩效管理对象相分离的原则，确保绩效评价的独立、客观、公正。

此外，社会各界是预算绩效评价的监督主体，包括人大、政协、纪检监察、审计等部门及社会公众代表等，主要为预算绩效评价开展提供相应的指导和监督。

三、绩效评价组织形式

根据绩效评价组织主体的不同，可分为由预算部门（单位）、财政和其他监督机构组织的评价。根据实施主体不同，可分为自行实施和委托第三方实施。通常而言，有以下几种组织形式：

（一）预算部门（单位）组织自评价

预算部门（单位）既是预算编制和执行的主体，也是预算绩效管理的主体。自评价是指预算部门（单位）组织部门本级和所属单位对预算批复的项目绩效目标完成情况进行自我评价。综合考虑评价对象资金规模、对部门（单位）履职重要性等因素，针对预算金额较小、属于部门履职辅助类的项目和涉及人员定额补贴类的项目，基于重要性、经济性和有效性原则，主要以自评价形式开展。自评价原则上不得委托第三方机构开展，确需第三方机构协助的，第三方机构仅限于协助委托方完成部分事务性工作，不得以第三方机构名义代替委托方对外出具相关报告和结论。

（二）财政部门组织再评价

再评价一方面旨在对预算部门（单位）自行开展的绩效评价工作进行检查验证，包括工作的规范性、数据的真实性及结论的准确性，复核确认自评价结果，不断改进绩效管理；另一方面可对部分重大专项政策和项目进行更专业、更系统的分析，以更加全面、深入地反映政策和项目绩效情况。再评价通常由财政部门组织，可自行开展或委托第三方机构开展。

（三）财政或预算主管部门组织重点评价

重点评价是指由财政部门或预算主管部门对重大政策和项目，以及部门整体支出情况组织开展的绩效评价，旨在完善财政支出结构、促进部门履职、落实优化财政政策等。

（四）自评价、再评价与重点评价比较

自评价、再评价和重点评价在组织形式、评价对象、评价重点和评价内容上有一定差异，具体见表 3-1-1。

表 3-1-1　自评价与再评价、重点评价对比分析表

对比维度	自评价	再评价	重点评价
组织主体	预算单位	财政部门或由其授权委托的机构组织开展	财政部门或预算主管部门组织开展
评价对象	本部门（单位）预算项目	自评价内容	本地区重大专项资金或者重点项目

续表

对比维度	自评价	再评价	重点评价
评价重点	项目绩效目标达成情况	① 自评价开展规范性、有效性、针对性； ② 数据的真实性； ③ 结论的准确性； ④ 自评价结果应用情况； ⑤ 项目执行、绩效改进建议	① 立项的规范性，政策的合理性，预算的合理性； ② 部门履职成效，项目（政策）产出和效果
评价内容	① 本项目相关的财政资金使用情况； ② 项目管理制度建设及执行情况； ③ 绩效目标的实现程度，包括项目的产出、效果和影响力等绩效情况	① 项目主管部门（项目单位）对自评价的组织、管理制度和程序、产出和效果； ② 项目自评价实施的方式和方法，包括绩效目标的确定，指标体系和评价结论的完整、科学，参照绩效评价的方法进行必要的绩效分析； ③ 对项目自评价结果的应用进行监控，分析评价结论是否科学、有效、有针对性； ④ 对项目是否继续执行、项目内容和目标有无重大变化等进行评价；对于持续执行的项目，对项目预算主管部门和项目单位提出管理建议	① 项目立项依据充分性，项目实施计划的完善度，绩效目标与战略规划、事业发展的适应性； ② 项目相关的财政资金使用情况； ③ 项目管理制度建设及履职、执行情况； ④ 绩效目标的实现程度，包括项目执行的产出、效果和影响力等绩效情况

四、绩效评价方法

绩效评价有多重目标和多元取证方式。评价过程会产生大量绩效信息，有些以货币计量，有些不可货币化；有些是量化的客观数据，也存在不能量化的其他信息。因此，绩效评价应坚持“价值标准”和“事实标准”并重的原则，采取定量和定性相结合的分析方法，以定量分析为主、定性分析为辅。

当前，预算绩效评价主要采用指标分析法进行评价。指标分析法的应用旨在通过指标分析结果的提炼，反映对政策、项目的制定、执行和实现效果等各个环节的判断结果，重点剖析部门、政策、项目设立的科学性和严谨性，政策和项目时效的严肃性，资金分配的合理性和规范性，资金使用审核和监管机制的健全性，政策和项目实施的有效性与效果的充分性。要分析判断政策和项目是否存在重复享受、支持对象或目标重叠等情况（包括本部门专项资金和项目之间的交叉，以及与其他部门的专项资金和项目可能存在的重复），针对指标分析揭示的问题，结合访谈及抽样调查的情况，提出针对性建议。

需要特别指出的是，采用指标分析法进行的评价要对在绩效指标体系表中的扣分点进行定性分析，并具体描述，重点剖析此项绩效指标的扣分对整个政策或项目实施的影响程度，并且在对应的问题和建议中给予反映。

在指标分析法评价的基础上，综合辅以成本效益分析法、比较法、因素分析法、最低成本法、公众评判法和标杆管理法等。根据评价对象的具体情况，可采用一种或多种方法。绩效评价方法主要包括：

（一）成本效益分析法

成本效益分析法是指将一定时期内投入与产出、效益进行关联性分析的方法，以评价绩效目标实现程度。结合预算支出确定的目标，比较支出所产生的效益及所付出的成本，通过比较分析，选择以最小成本取得最大效益的方案，但其适用范围具有一定的局限性。该方法主要适用于成本和收益都能准确计量的评价，如公共工程项目等；对于成本和收益都无法用货币计量的支出则无能为力。一般情况下，以社会效益为主的支出不宜采用此方法。

（二）比较法

比较法是指将实施情况与绩效目标、历史情况、不同部门和地区同类支出进行比较的方法，综合分析绩效目标实现程度。比较法主要适用于财政项目资金管理，通常也通过一些案例的对比分析来进行方案的评判和选择。

（三）因素分析法

因素分析法是指通过综合分析影响财政资金绩效目标实现、实施效果的内部和外部因素，将影响投入和产出的各项因素罗列出来进行分析，计算投入产出比进行评价的方法。很多公共项目的绩效评价都用到因素分析法，通过不同因素的权重评比进行综合评分。

（四）最低成本法

最低成本法是指对效益确定却不易计量的多个同类对象的实施成本进行比较，评价绩效目标实现程度。该方法只计算项目的有形成本，在效益既定的条件下分析其成本费用的高低，以成本最低为原则来确定最终的支出项目。由于公共部门只要提供公共服务，与经济效益最大化的企业组织存在一定的区别，因而在使用最低成本法的同时，也需要明确不同对象的产出和结果，并适当选取其他方式综合进行绩效评价。

（五）公众评判法

公众评判法是指通过专家评估、公众问卷或直接对公众进行抽样调查等对财政支出效果进行评判，评价绩效目标实现程度。绩效评价过程中引入的专家通常包括财政专家、绩效专家和行业专家。财政专家重点从预算管理角度提出专业建议；绩效专家则依据绩效评价原理，重点把握绩效评价方案中的评价思路合理性、评价指标体系设计科学性等；行业专家根据专业领域积累，重点把握评价关键点，明确评价结论定位等。专家的参与可提升方案和报告的科学性、全面性，评审后的方案包括绩效目标和评价指标体系及评分标准，此均作为绩效评价的重要依据。对于无法直接用指标计量其效益的支出，可以选择社会公众进行问卷调查以评判其效益。这一方法适用于对公共部门和财政投资兴建的公共设施进行评价，具有公开性的特点，但需要设计好相应的评估方式和调查问卷，并有效选择被调查的人群。

（六）标杆管理法

标杆管理法是指以国内外同行业中较高的绩效水平为标杆进行评判的方法。该方法有利于促进绩效改进，适用于行业数据公开程度高、易获取的项目。

（七）其他评价方法

1. 文献法

通过广泛收集相关文献，并通过对文献的研究形成对事实的科学认识，从中选取信息，以达到调查研究目的。文献法是一种便捷、高效的研究方法，超越了时间和空间限制。

2. 定量模型分析

定量模型分析是指利用相关的横截面数据、时间序列数据或面板数据，应用计量经济方法，建立数学模型进行计算分析，找出影响财政资金绩效的主要因素，分析影响绩效的主要因素，针对性地提出具体改进建议。这类分析对数据质量和分析技术的要求较高，主要包括：时间序列外推预测模型、多元回归模型、数据包络分析法（Data Envelopment Analysis，DEA）、可计算一般均衡模型、系统分析法、网络分析法、模糊综合评估法、灰色系统理论、人工神经网络评估法、基于主体建模的公共政策仿真方法等。

|第二节| 项目支出绩效评价

项目支出绩效评价是全过程预算绩效管理的重要组成部分，也是各地开展绩效评价工作的主要内容。本节就项目支出绩效评价的重点和难点工作进行详细介绍，包括评价思路、指标体系设计、绩效分析和评价成果四个方面。

一、项目支出绩效评价思路

（一）评价内容及重点

预算绩效评价对象是纳入预算管理的财政性资金。项目支出是其中为完成特定工作任务或事业发展目标，在基本支出预算外专项安排的支出；故以项目支出为对象的绩效评价，一般以反映部门特点、行业特色和涉及重大民生、覆盖面广、影响力大、社会关注度高、实施期长、政府购买公共服务等项目支出等为重点。

从具体支出项目看，其绩效评价内容主要包括项目立项依据充分性、财政资金使用情况、项目管理制度建设及执行情况，以及预期绩效目标实现情况。其中：项目立项依据充分性主要从绩效目标与战略规划、事业发展的适应性、项目实施计划的完善度等方面考察；财政资金使用情况主要考察财务管理状况，以及资产配置、使用、处置及其收益管理情况；项目管理制度建设及执行情况主要考察项目投资、项目实施、成本控制、财务监理、政府采购、合同管理和质量控制情况等；绩效评价核心考察的绩效目标实现程度，则从预计产出、效益两个方面考察。此外，绩效评价还需要回答项目预算编制与安排的合理性问题，分析项目相关政策的科学性等。

根据前述资金用途进行的分类，各类型项目的评价重点可参考表 3-2-1。具体评价重点包括但不限于此，需结合评价组织方的要求和项目特点做进一步拓展。

表 3-2-1　资金用途分类下各类项目评价重点

序号	项目类别	评价重点
1	政策类	(1) 政策设立的必要性，是否存在与相关政策交叉重复的情况，立项依据是否充分； (2) 资金分配因素合理性（转移支付类），包括： ① 分配因素是否明确 ② 分配因素是否合理 (3) 资金安排合理性分析，包括： ① 资金投入方向合理性 ② 投入结构合理性 ③ 扶持对象合理性 ④ 扶持条件：条件设置的依据的充分性和合理性 ⑤ 扶持方式：方式的合理性和有效性 ⑥ 扶持标准：标准设置的明确性、依据的充分性、设置的合理性 (4) 资金分配及发放过程的规范性（各个关键环节操作流程的明确性和实施的规范性）； (5) 扶持项目的完成情况，若未完成，原因是什么； (6) 政策目标的达成情况，若未完成，原因是什么； (7) 其他评价要求
2	业务类	(1) 项目是否有明确的现实需求、设立必要性； (2) 项目设立依据充分性，计划的合理性和可行性； (3) 预算依据的充分性和标准的合理性； (4) 组织实施方式的合理性，若涉及政府采购，需要考察政府采购流程的规范性； (5) 项目实施的过程监督和验收标准是否明确、合理； (6) 项目内容的计划完成情况，完成的数量、质量和时效性等； (7) 项目预期效果目标的达成情况
3	设备购置及维护类	(1) 设备购置与维护的必要性，项目设立依据是否充分； (2) 设备购置与维护计划的合理性与可行性； (3) 资产配置标准、设备购置价格与维护费用的合理性； (4) 政府采购流程的规范性； (5) 设备购置与维护工作计划完成情况，完成的数量、质量和时效性等； (6) 项目效益：设备使用情况及设备使用带来的经济、社会、生态效益等

续表

序号	项目类别	评价重点
4	基建工程及维护类	(1) 基建工程及维护项目立项的依据是否充分； (2) 基建工程及维护项目计划的合理性与可行性； (3) 基建工程及维护项目预算依据的充分性和编制合理性； (4) 政府采购流程的规范性； (5) 项目实施管理规范性：工程前期手续完备性，监理机制、工程变更和项目验收、档案管理规范性； (6) 成本控制情况：是否有成本控制措施，是否有超概算的情况，超出10%及以上的如何处理； (7) 工程及维护工作完成情况，完成的数量、质量和时效性等； (8) 基建工程及维护项目带来的效益
5	信息化工程及维护类	(1) 信息化工程及维护项目立项的依据是否充分； (2) 信息化工程及维护项目计划的合理性与可行性； (3) 信息化工程及维护项目预算依据的充分性和编制合理性； (4) 政府采购流程的规范性； (5) 项目实施管理规范性：工程变更和项目验收、档案管理规范性； (6) 工程及维护工作完成情况，完成的数量、质量和时效性等； (7) 信息化工程及维护项目带来的效益

（二）评价思路

评价思路对评价结论有着至关重要的影响，评价定位不准确或评价思路不明确，就无法达成评价目的，也会导致评价选取的方法和实施路径与所要实现的目标发生偏离。对应项目概况与评价指标体系之间的关系，评价思路与评价指标体系的设计应紧密关联，评价的重点应该通过对应评价指标和指标权重在评价指标体系中予以反映。评价思路梳理具体可细分为以下三部分：

1. 评价目的和依据

为确定评价思路，首先应明确评价目的，即通过评价所要实现的目标，体现评价的最终价值，这是整个评价工作的基本导向，解决为什么评价的问题。其次，进一步说明确定此评价思路的原因，说明要这样评价的理由。最后，概述评价实施路径，即为了实现该评价思路，将采用何种评价方法、获取哪些评价信息，以及通过何种方式获取，并明确评价依据。

此外，还可根据项目特性，结合评价需求，设定个性化的评价目的，如项目成本测算、支出定额标准建设等。无特殊评价目的的项目，可结合项目支出绩效评价的经验，依据项目评价重点梳理评价目的。为达到评价目的，需要选取适当的评价方法。常用的绩效评价方法是指标分析法，但根据评价对象的具体情况，可以采用一种或多种方法进行绩效评价。

评价依据则是要回答依据什么评价的问题，即要阐明法律、政策、技术和管理等支撑条件，包括行业管理要求和财政管理要求等。其中，行业管理要求是项目管理要求、产出和效果指标评价标准的主要来源；财政管理要求主要是对资金管理、评价总体要求和实施规范等做出规定。

绩效评价的主要依据包括：国家、本地区相关法律、法规和规章制度，党中央、国务院重大决策部署，经济社会发展目标，地方各级党委和政府重点任务要求，预算部门职能职责相关规定、中长期发展规划及年度工作计划，相关行业政策、行业标准及专业技术规范，预算管理制度及办法、项目及资金管理办法、财务和会计资料，项目设立的政策依据和目标、预算执行情况、年度决算报告、项目决算或验收报告等相关材料，本级人大审查结果报告、审计报告及决定、财政监督稽核报告和其他相关资料等。

2. 评价对象和范围

项目支出绩效评价的对象一般是指被评价项目所对应的预算资金，明确项目单位、项目实施年度、项目名称和资金金额。如“该评价对象为某单位 2016 年某文化馆改建项目，预算资金 2000 万元”。

除特殊情况外，评价范围通常应当覆盖项目预算资金支出的所有内容和区域，一方面应对项目整个实施过程的评价内容进行描述，包括项目决策、项目实施和项目成果验收流程等；另一方面可描述项目评价覆盖行政区域或群体情况。此外，还应对项目实施内容进行介绍，明确被评价部分。如前期已经明确项目某部分的实施存在特殊情况，不在评价范围内或不是此次评价的重点，应在评价对象和范围部分进行明确。

3. 评价期限的确定

评价期限的确定也就是明确绩效评价的基准时点，评价的区间从何时开始至何时结束，包括年度、中期及项目实施期结束后。项目支出绩效评价一般以预算年度为评价期限，但对跨年度的重大、重点项目尤其是实施期 5 年及以上的项目，可根据项目或支出完成情况确定评价期限，适时开展中期和实施期后绩效评价。按资金用途分类看各类项目的评价期限：

（1）政策类项目：如评价政策实施期内的整体效果，则可选择整个政策期作为评价期限，综合评价多年连续投入形成的累计效应；若想了解政策实施当年度取得的即时效应，可选择最近一个年度为评价期限。若为事后奖补的政策类项目，则财政资金投入的隐形效应为其引导效应，应适当将评价期限延伸至资金投入年度后 1～2 年，以便体现资金投入的引导作用。

（2）业务类项目通常按年度预算执行，评价期限可选择一个或多个预算期间。

（3）基建工程及维护类项目，立项前通常会有较长的可研时段，且通常难以在投入使用后迅速产生效益。针对此种情况，应结合项目实际情况确定合理评价期限，并在方案中说明评价期限确定的理由。

（4）设备购置及维护类、信息化工程及维护类项目，资金投入的绩效主要在项目投入使用后显现，因此确定绩效评价期限时必须包括投入使用后的期间，包含期间根据投入使用效果凸显时间确定。

二、项目支出绩效评价指标体系设计

绩效评价指标体系是评价思路的集中体现，也是绩效评价工作方案设计的核心和难点，重点包括指标框架、指标权重和评价标准等方面。项目支出绩效评价指标体系设计应遵循绩效评价的基本原则，就决策、管理、过程、产出和效益等方面进行全面设计。指标设置要考虑其相关性、实用性、可操作性和可实现性，要能充分体现和真实反映评价项目的绩效状况、绩效目标的完成情况及评价的需要，同类项目绩效评价指标和标准应具有一致性，便于评价结果相互比较。

（一）总体设计思路

指标体系设计总体思路应当在前文所述评价思路的前提下，概述评价指标设计思路、指标设计依据、权重设计思路、数据来源及取数方式、评价标准及评分方式确定的原则和方法，即评价目的和评价重点是如何通过评价指标体系来实现的。绩效评价指标体系通常以财政部门统一规定的指标框架为基础，根据项目特点进一步细化设计指标。指标体系设计的总体思路应当结合个性化的评价目的予以阐述，避免千篇一律。

（二）评价指标框架及内容

1. 共性指标框架

评价指标体系遵循“决策—过程—产出—效益”的基本逻辑路径，指标框架可参考中央及各地区出台的共性指标体系框架。以财政部《项目支出绩效评价管理办法》（财预〔2020〕10号）“项目支出绩效评价共性指标体系框架”为例（详见表3-2-2），包括决策、过程、产出和效益四类一级指标。

绩效评价指标分为共性指标和个性指标。共性指标是适用于所有评价对象的指标，主要包括项目立项和绩效目标情况，资金投入和管理，财务和业务组织实施情况等。个性指标是针对预算部门或项目特点设定的、适用于不同预算部门或项目的业绩评价指标。

表3-2-2　项目支出绩效评价共性指标体系框架

一级指标	二级指标	三级指标	指标解释
决策	项目立项	立项依据充分性	项目立项是否符合法律法规、相关政策、发展规划以及部门职责，用以反映和考核项目立项依据情况
		立项程序规范性	项目申请、设立过程是否符合相关要求，用以反映和考核项目立项的规范情况

续表

一级指标	二级指标	三级指标	指标解释
决策	绩效目标	绩效目标合理性	项目所设定的绩效目标是否依据充分，是否符合客观实际，用以反映和考核项目绩效目标与项目实施的相符情况
		绩效指标明确性	依据绩效目标设定的绩效指标是否清晰、细化、可衡量等，用以反映和考核项目绩效目标的明细化情况
	资金投入	预算编制科学性	项目预算编制是否经过科学论证、有明确标准，资金额度与年度目标是否相适应，用以反映和考核项目预算编制的科学性、合理性情况
		资金分配合理性	项目预算资金分配是否有测算依据，与补助单位或地方实际是否相适应，用以反映和考核项目预算资金分配的科学性、合理性情况
过程	资金管理	资金到位率	实际到位资金与预算资金的比率，用以反映和考核资金落实情况对项目实施的总体保障程度
		预算执行率	项目预算资金是否按照计划执行，用以反映或考核项目预算执行情况
		资金使用合规性	项目资金使用是否符合相关的财务管理制度规定，用以反映和考核项目资金的规范运行情况
	组织实施	管理制度健全性	项目实施单位的财务和业务管理制度是否健全，用以反映和考核财务和业务管理制度对项目顺利实施的保障情况
		制度执行有效性	项目实施是否符合相关管理规定，用以反映和考核相关管理制度的有效执行情况
产出	产出数量	实际完成率	项目实施的实际产出数与计划产出数的比率，用以反映和考核项目产出数量目标的实现程度
	产出质量	质量达标率	项目完成的质量达标产出数与实际产出数的比率，用以反映和考核项目产出质量目标的实现程度
	产出时效	完成及时性	项目实际完成时间与计划完成时间的比较，用以反映和考核项目产出时效目标的实现程度
	产出成本	成本节约率	完成项目计划工作目标的实际节约成本与计划成本的比率，用以反映和考核项目的成本节约程度
效益	项目效益	实施效益	项目实施所产生的效益
		满意度	社会公众或服务对象对项目实施效果的满意程度

2. 分类共性指标

从财政支出绩效评价角度出发，不同类别的资金在绩效目标设定、绩效指标构建上均存在特殊性，无法采用同一套指标体系对所有项目的绩效进行评价，若针对每个项目都建立一套指标体系，工作量则过于繁重，且无法进行同类项目的横向比较，从而导致评价失去意义。因此，财政资金分类是实现绩效评价指标体系建设的前提。

在财政部、各地项目支出绩效评价共性指标框架的基础上，按照资金用途对项目管理类指标进行分类，建立政策类、基本建设工程及维护类、信息化工程及维护类、业务类、设备购置及维护类五大共性评价指标，包括决策和过程两类一级指标。

分类的共性评价指标中，项目决策部分均关注项目立项、绩效目标和资金投入三方面。项目立项主要关注立项依据的充分性和立项程序的规范性，绩效目标方面则重点关注绩效目标的合理性和绩效指标的明确性，资金投入方面更多关注预算编制的科学性；资金分配的合理性视项目是否存在资金分配的情况而考察。过程部分，五类项目均关注资金管理和组织实施两方面。其中资金管理方面基本相同；项目组织实施方面，除关注项目管理制度健全性外，结合各类项目特点考察内容有所不同。

（1）政策类项目

项目实施重点关注受益对象的资格审核规范性和信息公开程度，其共性评价指标详见表 3-2-3。

表 3-2-3　政策类项目共性评价指标

一级指标	二级指标	三级指标	指标标杆值	参考权重	指标解释
决策	项目立项	立项依据充分性	充分	3	考察项目立项是否符合法律法规、相关政策、发展规划以及部门职责，用以反映和考核项目立项依据情况
		立项程序规范性	规范	3	考察项目申请、设立过程是否符合相关要求，用以反映和考核项目立项的规范情况
	绩效目标	绩效目标合理性	合理	2	考察项目所设定的绩效目标是否依据充分，是否符合客观实际，用以反映和考核项目绩效目标与项目实施的相符情况
		绩效指标明确性	明确	2	考察依据绩效目标设定的绩效指标是否清晰、细化、可衡量等，用以反映和考核项目绩效目标的明细化情况
	资金投入	预算编制科学性	科学	5	考察项目预算编制是否经过科学论证、有明确标准，资金额度与年度目标是否相适应，用以反映和考核项目预算编制的科学性、合理性情况
		资金分配合理性	合理	3	项目预算资金分配是否有测算依据，与补助单位或地方实际是否相适应，用以反映和考核项目预算资金分配的科学性、合理性情况

续表

一级指标	二级指标	三级指标	指标标杆值	参考权重	指标解释
过程	资金管理	资金到位率	100%	2	考察实际到位资金与预算资金的比率，即各层级预算资金及时、足额到位情况，用以反映和考核资金落实情况对项目实施的总体保障程度
		预算执行率	100%	3	考察实际支出资金额占预算金额的比率，即项目预算资金是否按照计划执行，用以反映或考核项目预算执行情况
		资金使用合规性	合规	3	考察项目预算资金的使用规范程度，即项目预算资金使用是否符合相关法律法规、财务管理制度规定，用以反映和考核项目资金的规范运行情况
	组织实施	财务管理制度健全性	健全	2	考察项目实施单位财务管理制度是否健全、完善、有效，用以反映和考核财务管理制度对资金规范、安全运行及项目顺利实施的保障情况
		财务监控有效性	有效	2	考察预算单位是否为保障资金的安全、规范运行等而采取了必要的监控、管理措施，用以反映和考核项目实施单位对资金运行的控制情况
		项目管理制度健全性	健全	3	考察项目实施单位的业务管理制度是否健全，该项目是否具备可参考的管理办法，用以反映和考核业务管理制度对项目顺利实施的保障情况
		资格审核（含复审）规范性	规范	3	考察资格审核及复审是否规范，用以反映项目在实施过程中是否按照相关规定对所有内容在规定时间内完成了资格审核且审核结果正确无误
		信息公开程度	规范	4	考察补贴的公示的内容、公示的方式及公示的时间是否合规，用以反映补贴公示的规范情况

（2）业务类项目

共性评价指标也包括决策和过程。与其他几类项目相比，过程的组织实施环节突出关注政府采购规范性、合同管理完备性等，具体共性指标详见表 3-2-4。

表 3-2-4　业务类项目共性评价指标

一级指标	二级指标	三级指标	指标标杆值	参考权重	指标解释
决策	项目立项	立项依据充分性	充分	3	考察项目立项是否符合法律法规、相关政策、发展规划以及部门职责，用以反映和考核项目立项依据情况
		立项程序规范性	规范	3	考察项目申请、设立过程是否符合相关要求，用以反映和考核项目立项的规范情况

续表

一级指标	二级指标	三级指标	指标标杆值	参考权重	指标解释
决策	绩效目标	绩效目标合理性	合理	2	考察项目所设定的绩效目标是否依据充分，是否符合客观实际，用以反映和考核项目绩效目标与项目实施的相符情况
		绩效指标明确性	明确	2	考察依据绩效目标设定的绩效指标是否清晰、细化、可衡量等，用以反映和考核项目绩效目标的明细化情况
	资金投入	预算编制科学性	科学	5	考察项目预算编制是否经过科学论证、有明确标准，资金额度与年度目标是否相适应，用以反映和考核项目预算编制的科学性、合理性情况
过程	资金管理	资金到位率	100%	2	考察实际到位资金与预算资金的比率，即各层级预算资金及时、足额到位情况，用以反映和考核资金落实情况对项目实施的总体保障程度
		预算执行率	100%	3	考察实际支出资金额占预算金额的比率，即项目预算资金是否按照计划执行，用以反映或考核项目预算执行情况
		资金使用合规性	合规	3	考察项目预算资金的使用规范程度，即项目预算资金使用是否符合相关法律法规、财务管理制度规定，用以反映和考核项目资金的规范运行情况
	组织实施	财务管理制度健全性	健全	2	考察项目实施单位财务管理制度是否健全、完善、有效，用以反映和考核财务管理制度对资金规范、安全运行及项目顺利实施的保障情况
		财务监控有效性	有效	2	考察预算单位是否为保障资金的安全、规范运行等而采取了必要的监控、管理措施，用以反映和考核项目实施单位对资金运行的控制情况
		项目管理制度健全性	健全	3	考察项目实施单位的业务管理制度是否健全，该项目是否具备可参考的管理办法，用以反映和考核业务管理制度对项目顺利实施的保障情况
		政府采购规范性	规范	2	考察政府采购申请规范性、政府采购计划备案规范性、信息发布规范与及时性、采购流程规范性等，用以反映政府采购的合规性
		合同管理完备性	完备	2	考察合同要素是否明确、清晰，用以反映预算单位对合同管理的控制情况
		项目质量可控性	可控	3	考察是否为达到项目质量要求而采取了必需的措施，用以反映和考核预算单位对项目质量的控制情况

(3) 设备购置及维护类项目

结合项目特点，此类项目的组织实施环节重点关注政府采购和合同管理的规范性，以及设备验收、巡检和固定资产管理情况，具体共性指标详见表3-2-5。

表3-2-5 设备购置及维护类项目共性评价指标

一级指标	二级指标	三级指标	指标标杆值	参考权重	指标解释
决策	项目立项	立项依据充分性	充分	3	考察项目立项是否符合法律法规、相关政策、发展规划以及部门职责，用以反映和考核项目立项依据情况
		立项程序规范性	规范	3	考察项目申请、设立过程是否符合相关要求，用以反映和考核项目立项的规范情况
	绩效目标	绩效目标合理性	合理	2	考察项目所设定的绩效目标是否依据充分，是否符合客观实际，用以反映和考核项目绩效目标与项目实施的相符情况
		绩效指标明确性	明确	2	考察依据绩效目标设定的绩效指标是否清晰、细化、可衡量等，用以反映和考核项目绩效目标的明细化情况
	资金投入	预算编制科学性	科学	5	考察项目预算编制是否经过科学论证、有明确标准，资金额度与年度目标是否相适应，用以反映和考核项目预算编制的科学性、合理性情况
过程	资金管理	资金到位率	100%	2	考察实际到位资金与预算资金的比率，即各层级预算资金及时、足额到位情况，用以反映和考核资金落实情况对项目实施的总体保障程度
		预算执行率	100%	3	考察实际支出资金额占预算金额的比率，即项目预算资金是否按照计划执行，用以反映或考核项目预算执行情况
		资金使用合规性	合规	3	考察项目预算资金的使用规范程度，即项目预算资金使用是否符合相关法律法规、财务管理制度规定，用以反映和考核项目资金的规范运行情况
	组织实施	财务管理制度健全性	健全	2	考察项目实施单位财务管理制度是否健全、完善、有效，用以反映和考核财务管理制度对资金规范、安全运行及项目顺利实施的保障情况
		财务监控有效性	有效	2	考察预算单位是否为保障资金的安全、规范运行等而采取了必要的监控、管理措施，用以反映和考核项目实施单位对资金运行的控制情况
		项目管理制度健全性	健全	3	考察项目实施单位的业务管理制度是否健全，该项目是否具备可参考的管理办法，用以反映和考核业务管理制度对项目顺利实施的保障情况

续表

一级指标	二级指标	三级指标	指标标杆值	参考权重	指标解释
过程	组织实施	政府采购规范性	规范	2	考察政府采购申请规范性、政府采购计划备案规范性、信息发布规范与及时性、采购流程规范性等，用以反映政府采购的合规性
		合同管理完备性	完备	2	考察合同要素是否明确、清晰，用以反映预算单位对合同管理的控制情况
		项目验收规范性	规范	3	考察项目是否具有规范的验收工作流程，用以反映验收工作的规范性
		设备巡检规范性	规范	3	考察设备日常巡检是否按要求规范执行，用以反映预算单位对设备的日常维护情况
		固定资产管理规范性	规范	3	考察对固定资产是否进行规范管理，用以反映预算单位对固定资产的控制情况

（4）基建工程及维护类项目

结合此类项目特点，项目组织实施环节重点关注政府采购和合同管理规范性，以及项目验收、工程变更和监理的规范性等，具体共性指标详见表 3-2-6。

表 3-2-6　基建工程及维护类项目共性评价指标

一级指标	二级指标	三级指标	指标标杆值	参考权重	指标解释
决策	项目立项	立项依据充分性	充分	3	考察项目立项是否符合法律法规、相关政策、发展规划以及部门职责，用以反映和考核项目立项依据情况
		立项程序规范性	规范	3	考察项目申请、设立过程是否符合相关要求，用以反映和考核项目立项的规范情况
	绩效目标	绩效目标合理性	合理	2	考察项目所设定的绩效目标是否依据充分，是否符合客观实际，用以反映和考核项目绩效目标与项目实施的相符情况
		绩效指标明确性	明确	2	考察依据绩效目标设定的绩效指标是否清晰、细化、可衡量等，用以反映和考核项目绩效目标的明细化情况
	资金投入	预算编制科学性	科学	5	考察项目预算编制是否经过科学论证、有明确标准，资金额度与年度目标是否相适应，用以反映和考核项目预算编制的科学性、合理性情况

续表

一级指标	二级指标	三级指标	指标标杆值	参考权重	指标解释
过程	资金管理	资金到位率	100%	2	考察实际到位资金与预算资金的比率，即各层级预算资金及时、足额到位情况，用以反映和考核资金落实情况对项目实施的总体保障程度
		预算执行率	100%	3	考察实际支出资金额占预算金额的比率，即项目预算资金是否按照计划执行，用以反映或考核项目预算执行情况
		资金使用合规性	合规	3	考察项目预算资金的使用规范程度，即项目预算资金使用是否符合相关法律法规、财务管理制度规定，用以反映和考核项目资金的规范运行情况
	组织实施	财务管理制度健全性	健全	2	考察项目实施单位财务管理制度是否健全、完善、有效，用以反映和考核财务管理制度对资金规范、安全运行及项目顺利实施的保障情况
		财务监控有效性	有效	2	考察预算单位是否为保障资金的安全、规范运行等而采取了必要的监控、管理措施，用以反映和考核项目实施单位对资金运行的控制情况
		项目管理制度健全性	健全	3	考察项目实施单位的业务管理制度是否健全，该项目是否具备可参考的管理办法，用以反映和考核业务管理制度对项目顺利实施的保障情况
		政府采购规范性	规范	3	考察政府采购申请规范性、政府采购计划备案规范性、信息发布规范与及时性、采购流程规范性等，用以反映政府采购的合规性
		合同管理完备性	完备	2	考察合同要素是否明确、清晰，用以反映预算单位对合同管理的控制情况
		项目验收规范性	规范	3	考察项目是否具有规范的验收工作流程，用以反映验收工作的规范性
		工程变更规范性	规范	3	考察项目工程变更是否规范，用以反映对工程变更的控制情况
		监理规范性	规范	3	考察财务监理和工程监理工作的规范性，其中重点考察财务监理在资金监控、投资控制等工作完成情况，重点考察工程监理在项目时间管理、质量管理、风险管理的工作完成情况
		三算一致性	一致	3	考察对工程项目设计概算、施工图预算和竣工决算的控制情况，用以反映项目成本的控制情况

（5）信息化工程及维护类项目

在项目组织实施环节除关注政府采购、合同管理、项目验收、监理规范性以外，还应关注供应商资质符合度和系统运维规范性等，具体共性指标详见表 3-2-7。

表 3-2-7　信息化工程及维护类项目共性评价指标

一级指标	二级指标	三级指标	指标标杆值	参考权重	指标解释
决策	项目立项	立项依据充分性	充分	3	考察项目立项是否符合法律法规、相关政策、发展规划以及部门职责，用以反映和考核项目立项依据情况
		立项程序规范性	规范	3	考察项目申请、设立过程是否符合相关要求，用以反映和考核项目立项的规范情况
	绩效目标	绩效目标合理性	合理	2	考察项目所设定的绩效目标是否依据充分，是否符合客观实际，用以反映和考核项目绩效目标与项目实施的相符情况
		绩效指标明确性	明确	2	考察依据绩效目标设定的绩效指标是否清晰、细化、可衡量等，用以反映和考核项目绩效目标的明细化情况
	资金投入	预算编制科学性	科学	5	考察项目预算编制是否经过科学论证、有明确标准，资金额度与年度目标是否相适应，用以反映和考核项目预算编制的科学性、合理性情况
过程	资金管理	资金到位率	100%	2	考察实际到位资金与预算资金的比率，即各层级预算资金及时、足额到位情况，用以反映和考核资金落实情况对项目实施的总体保障程度
		预算执行率	100%	3	考察实际支出资金额占预算金额的比率，即项目预算资金是否按照计划执行，用以反映或考核项目预算执行情况
		资金使用合规性	合规	3	考察项目预算资金的使用规范程度，即项目预算资金使用是否符合相关法律法规、财务管理制度规定，用以反映和考核项目资金的规范运行情况
	组织实施	财务管理制度健全性	健全	2	考察项目实施单位财务管理制度是否健全、完善、有效，用以反映和考核财务管理制度对资金规范、安全运行及项目顺利实施的保障情况
		财务监控有效性	有效	2	考察预算单位是否为保障资金的安全、规范运行等而采取了必要的监控、管理措施，用以反映和考核项目实施单位对资金运行的控制情况
		项目管理制度健全性	健全	3	考察项目实施单位的业务管理制度是否健全，该项目是否具备可参考的管理办法，用以反映和考核业务管理制度对项目顺利实施的保障情况

续表

一级指标	二级指标	三级指标	指标标杆值	参考权重	指标解释
过程	组织实施	政府采购规范性	规范	2	考察政府采购申请规范性、政府采购计划备案规范性、信息发布规范与及时性、采购流程规范性等，反映政府采购的合规性
		合同管理完备性	完备	2	考察合同要素是否明确、清晰，用以反映预算单位对合同管理的控制情况
		供应商资质符合度	100%	2	考察供应商相关资质是否符合相应的要求，用以反映供应商选取结果的符合程度
		监理规范性	规范	3	考察财务监理和工程监理工作的规范性，其中重点考察财务监理在资金监控、投资控制等工作完成情况；重点考察工程监理在项目时间管理、质量管理、风险管理的工作完成情况
		项目验收规范性	规范	3	考察项目是否具有规范的验收工作流程，用以反映验收工作的规范性
		系统运维规范性	规范	3	考察项目运行（包括试运行）阶段系统运行维护是否到位，用以反映系统运维的规范程度

3. 产出、效益类指标

产出指标反映预算投入后直接产生的公共产品或提供的服务，其特点是直接性；效益指标反映通过生产的产品或提供的服务所带来的结果与影响，其特点是间接性。产出是效益的前提，是保障效益实现的基础；效益是产出的结果，无效的结果表明产出没有意义。

(1) 产出指标

产出指标可针对项目特点，分别制定产出数量、产出质量、产出时效和产出成本的个性指标，可根据项目预算资金的经济支出进行分类和细化，如培训类项目中培训的场次、培训进度、培训人员参与率、培训考核通过率和人均培训成本等。

(2) 效益指标

效益指标考察项目执行后的效果，包括实施效益和满意度、涵盖社会效益、生态效益、经济效益、可持续影响、社会公众或服务对象满意度等方面，可针对项目特点设计对应指标。一般而言，项目效益应从使用资金部门的职能出发，进一步细化分解后得出。效益指标应重点衡量因项目实施而产生的效果，聚焦项目投入所带来的发展变化，分析项目投入对效益变化的贡献率。

其中，可持续影响指标是指财政资金投入成效发挥的可持续期限较长，但因评价时点的选择和项目持续运行过程中影响成效发挥因素的变化，评价时点难以有效衡量其可持续影响，故在此处只关注使项目持续运行及成效发挥的影响力因素，包括项目能力建设情况。如某个候鸟迁徙保护救助的生态保护类项目，其主要内容是鸟类救护站维修维护和鸟类环志科研，在项目完成后对鸟类救护的目标可能无法立时显现，但救护工作机制对项目效果发挥有较大影响，所以在评价中更加关注救护工作机制的建立健全情况。

（三）评价指标体系权重

绩效评价指标的权重是一个相对概念，是指某一指标或某一类指标在整个绩效评价指标体系中的占比。绩效评价指标权重应根据某一指标或某一类指标在整个绩效评价指标体系中的重要程度，突出结果导向，选用科学方法设置。指标权重按重要性原则，一般采用德尔菲法、层次分析法和经验分配法确定，权重设定要突出评价重点。

绩效评价关注的重点是评价对象的实际产出和效益，因此，在具体设置绩效评价指标权重时，应提高产出类指标和效益类指标的权重，使其在绩效评价指标的整体权重中占主导地位，原则上产出、效益指标权重不低于 60%。从四项一级指标来看，决策、过程、产出和效益类指标权重通常按照 15：25：30：30 的比重进行分配。

在此基础上，可根据项目特点和评价重点进行调整。例如，一般的补贴类项目更重视决策和绩效完成情况，工程类项目更关注过程管理，对应指标权重应适当提高；再如，同一评价对象处于不同实施阶段时，实施期间的评价更加注重决策、过程和产出，实施期结束后的评价更加注重产出和效益，某项目截至评价基准日尚未有明确的效果显现，对应的项目效益评价指标权重则应适当降低。此外，对于存在多个子项目的项目支出，权重分配还应当考虑子项目资金投入比重。

按照资金用途分类，结合不同类别项目的评价重点，共性决策、过程类，以及各类项目中各个共性指标的权重分配建议详见表 3-2-8。

表 3-2-8　项目资金用途分类下不同类别的权重分配建议

序号	资金用途分类	建议权重			
		决策	过程	产出	效益
1	政策类	20～25	20～25	25～30	30～35
2	业务类（事业专业类）	15～20	25～30	25～30	30～35
3	设备购置及维护类	15～20	30～35	25～30	30～35
4	基建工程及维护类	15～20	30～35	30～35	25～30
5	信息化建设工程及维护类	15～20	30～35	30～35	25～30

（四）指标评价标准

评价标准是衡量绩效目标实现的尺度，包括标杆值和评分规则两部分。评价指标体系的标杆值通常以绩效指标目标值为基础，对于通过前期调研发现的明显不合理的目标值应在评价体系中给予修正。对不合理目标值的修正，主要参考来源包括：

计划标准，即以预先制定的目标、计划、预算、定额等数据作为评价的标准，如实施方案中明确完成宣传活动 5 场次，可以作为该项目的产出数量目标。

行业标准，即参照国家公布的行业指标数据制定的评价标准，如《土壤环境质量 农用地土壤污染风险管控标准（试行）》（GB 15618—2018）规定了农用地土壤污染风险筛选值和管制值。

历史标准，是指参照同类指标的历史数据制定的评价标准，如科技类奖励项目的效益，可以考察某一时期内专利申请和授权数量与历史情况相比是否有所增加，以及其他可以认定的标准。为体现绩效改进的原则，在可实现的条件下应当确定相对较高的评价标准。

绩效评价标准还包括财政部门和预算部门确认或认可的其他标准。

评分规则，是在指标目标值与实际值之间建立一套度量好坏程度的标准。对于定量指标，通常采用线性函数的评分方式；对于合规性指标，则采用［0，1］判断的方式；科学性、合理性指标较多采用等级评分的方式。此外，还有关键事件法、分段评分法等。各类指标评分公式、对应评分规则及相关示例详见表 3-2-9。

表 3-2-9　项目资金用途分类下不同类别指标评价标准建议

评分公式名称		评分规则	典型示例
业绩值×权重		业绩值×权重	适用于定性指标。 示例：项目管理制度健全性，业绩值＝80%（比较健全），权重＝2，则得分＝80%×2
关键事件法	增长加分	业绩值达到目标值，得 $a\%$ 权重分（若 $a<100$，则继续“业绩值每增加 1，再得 $b\%$ 权重分，当业绩值达到 n 及以上得满分”；若 $a=100$，则直接跳至下一规则）；业绩值每减少 1，扣权重分的 $x\%$，当业绩值达到 m 及以下不得分	适用于绝对值型的定量指标。示例：获国家级奖项次数指标，业绩值＝3，权重＝2，（假定目标值为 2，$a\%=90\%$，$b\%=5\%$）则得分＝2×90%＋2×5%×（3－2）
	增长扣分	业绩值持平目标值，得 $a\%$ 权重分（若 $a<100$，则继续“业绩值每减少 1，再得 $b\%$ 权重分，当业绩值达到 n 及以下得满分”；若 $a=100$，则直接跳至下一规则）；业绩值每增加 1，扣权重分的 $x\%$，当业绩值达到 m 及以上不得分	适用于绝对值型的定量指标。示例：事故发生次数指标，业绩值＝1，权重＝3，（假定目标值为 5，$a\%=50\%$，$b\%=10\%$）则得分＝3×50%＋3×（5－1）×10%
普通线性	增长加分	业绩值达到目标值，得 $a\%$ 权重分（若 $a<100$，则继续“每高于目标值的 1%，再得 $b\%$ 权重分，当业绩值达到 n 得满分”；若 $a=100$，则直接跳至下一规则）；业绩值每低于目标值的 1%，扣 $a\%$ 权重分的 $x\%$，当业绩值低于 m 不得分	示例：培训完成场次计划完成率指标，业绩值＝94%，权重＝4，（假定目标值＝90%，$a\%=80\%$，$b\%=4\%$）则得分＝4×［80%＋(94－90)×4%］

续表

评分公式名称		评分规则	典型示例
普通线性	增长扣分	业绩值持平目标值，得 a%权重分（若 a＜100，则继续“每低于目标值的1%，再得 b%权重分，当业绩值达到 n 满分”；若 a=100，则直接跳至下一规则）；业绩值每高于目标值的 1%，扣 a%权重分的 x%，当业绩值高于 m 不得分	示例：万元能耗值指标，业绩值=0.81吨标准煤/万元，权重=5，（假定目标值=0.80 吨标准煤/万元，a%=90%，b%=5%，x%=10%）则得分=5×[90%－(0.81－0.80)/0.80×100%×10]
	增降均扣分	业绩值在目标值［$n1$%，$n2$%］范围内，得 100%权重分；业绩值若高于 $n2$%，每增加 1%扣除权重分的 a%，当业绩值高于 m，不得分；业绩值若低于 $n1$%，每降低 1%扣除权重分的 b%，当业绩值低于 k，不得分	示例：消费者价格指数指标，权重=5，（假定 $n1$%=2.8%，$n2$%=3.2%，m=3.5%，k=2.5%，a%=5%，b%=5%）若业绩值=3.3%，则得分=5×[100%－（3.3%－3.2%）/3.2%×5]
分段评分	增长加分	业绩值在目标值的［$n1$%，$n2$%］范围内，得 a%权重分（若 a<100，则继续“在目标值的（$n2$%，$n3$%］范围内，再得 b%权重分……直至满分”；若 a=100，则直接跳至下一规则）；业绩值在目标值的［$n0$%，$n1$%）范围内，扣 a%权重分的 x%……当业绩值低于 nx%，不得分	该评分标准适用于对业绩值按区间进行评定的指标。示例：绿色账户激活率指标，业绩值=86%，权重=6，（假定 $n0$%=60%，$n1$%=70%，$n2$%=80%，$n3$%=90%，a%=80%，b%=10%，x%=10%）则得分=6×(80%＋10%)
	增长扣分	业绩值在目标值的［$n1$%，$n2$%］范围内，得 a%权重分（若 a<100，则继续“在目标值的［$n0$%，$n1$%）范围内，再得 b%权重分……直至满分”；若 a=100，则直接跳至下一规则）；业绩值在目标值的（$n2$%，$n3$%］范围内，扣 a%权重分的 x%……当业绩值高于 nx%，不得分	该评分标准适用于对业绩值按区间进行评定的指标。示例：建筑面积误差率指标，业绩值=0.65%，权重=6，（假定 $n0$%=0.4%，$n1$%=0.5%，$n2$%=0.6%，$n3$%=0.7%，a%=95%，b%=2%，x%=2%）则得分=6×(95%－2%)
其他		自定义	

设计具体指标时，应将定量指标与定性指标相结合，按照定性指标可衡量、定量指标应量化的要求，依据评价项目特点和评价工作需要，在绩效评价指标框架的基础上，对评价指标逐级分解和细化。

（五）基础数据表

基础数据表是评价体系的重要组成部分，也是重要的数据采集方式。基础数据表通常由预算部门（单位）填报，并将其与根据原始材料整理的数据相结合。预算部门（单位）应保证提供真实、可靠的数据，评价主体则需对基础数据表的填报进行复核，以确保评价工作基于准确的数据开展。

与评价指标体系对应，基础数据表应分为决策类、过程类、产出类和效益类；按照采集的数据类型，又包括制度信息表、财务数据表、业务数据表等。此外，基础数据表应针对不同的采集主体分别设计，例如，面向财政部门、预算主管部门、行业主管部门、预算单位和项目实施单位的数据采集表应互为补充，并能互相解释。

依据资金用途分类，对应评价目的和评价指标，基础表需获取资料如下：

（1）政策类项目：补贴实际发放标准、名单、发放时间、用途等，也可以就资金申请项目的目标完成情况设计基础表。

（2）业务类项目：部门职能、单位年度工作计划及预算对应表、部门人员工作安排等。

（3）设备购置及维护类项目：原设备及新增设备对照表、原设备购置使用年限、原设备服务人次等。

（4）（基建和信息化）工程及维护类项目：工程建设基本情况和工程投资情况、信息化系统建设内容、建设期间、服务人次、服务内容、运维服务频次和效果等信息。

三、项目支出绩效分析

绩效分析的本质是分析解答投入—产出过程中的效率效益问题，通过深入剖析绩效差等问题产生的原因，为解决资源配置问题提供思路。在分析过程中，可广泛运用各种数据分析工具，并完成指标评分、绩效分析、工作底稿、问卷汇总分析和评分结果综合提炼等步骤，形成评价结论。其中，指标评分和绩效分析是评价报告数据分析的重点内容。

（一）指标评分

指标评分是绩效分析的基础。在指标评分过程中，应注意指标的扣分需尽可能量化和依据充分，避免指标间重复扣分，并加强对扣分项的原因分析及解读，以及不同模块指标的逻辑关系一致性。例如，某中学整体支出绩效评价“教学资源保障度”指标，权重为3分，评分要素①②③④的符合情况各占该指标权重的1/4。评分情况为：根据“20××年××区义务教育阶段公办学校办学教育教学设施和师资配置情况公示表”：（1）学校人均面积是14.52平方米，未达到《××市普通中小学建设标准》19.96平方米的要求；（2）学校师生比为1∶5.41，超过区级完中平均水平1∶8.75；（3）学校室外运动场地的环形跑道未含有100米直跑道，不符合《××市普通中小学建设标准》；（4）电子阅览室配备齐全。根据评分标准，该指标得分为3×（1－2/4）＝1.5分。

（二）绩效分析

绩效分析不设立统一的框架与分析模式，根据项目和资金性质的不同，运用多种方法，通过不同模型回答各种现实问题。按照前述资金用途分类，各类型项目的绩效分析重点及可应用方法建议如下：

1. 政策类

侧重于项目的效益性分析。此类型项目的经济性一般从补贴方式和补贴标准方面进行考察，分析当前政策是否能够从补贴方式和标准方面优化，提高资金投入效益，具体需要从资金投入方向、投入结构、扶持对象、扶持方式等方面进行分析。可采用横向对比分析法，选择不同地区与评价项目相同的政策进行对比分析，以确定当前投入方向、投入结构等的合理性和有效性。针对有明确标准值的项目，则可采用标杆值对比分析法分析偏差产生的原因，并给出针对性的建议。

2. 业务类

资金投入主要维持部门正常履职的支出。该类支出中有明确预算编制标准的内容，可将实际支出与定额标准作对比进行偏差分析；无明确编制标准的，应首先判断各项支出内容是否为本部门基本运行所必须支出，判断资源投入的必要性，若投入必要，再分析其投入产生效益是否与项目总目标匹配。

完成必要性判断后，运用纵向对比分析法，将当年实际预算执行率与历年（至少三年）实际执行率进行对比分析，若当年度执行率与历年均值偏差较大，需对偏差原因进行分析。支出金额明显偏离历年平均水平时，需对支出金额的合理性进行判断，考察是否存在不经济的情况。

3. 设备购置及维护类

资金投入一般为直接的设备购置和维护资金，绩效分析一般从设备采购必要性，采购设备数量、功能及功能对应价格的合理性，以及设备投入使用率和预期效益实现情况三个方面开展。若设备采购本身不具有必要性，能够通过其他替代方案实现相同功能，则采购资金投入本身经济性较低。采购数量分析一般根据设备配置标准判断，无配置标准则根据人均配置数量和实际需求进行比较判断，分析是否存在过度配置和数量冗余的情况。采购功能分析则将实际采购设备功能与发起采购时制定的目标和现实需求相比较，分析是否出现过度、过分超前的功能配置。价格合理性分析一般结合市场询价展开，以同等功能不同品牌的市场询价进行判断。设备采购到位后，重点分析设备是否投入使用、使用有无达到既定的频次或规定的正常频次等并分析原因，预算效益实现情况则对照既定目标分析效益实现情况。

4. 基建工程及维护类

资金投入一般为建设或维修资金，因此主要开展经济性分析，从建设必要性、建设资金控制有效性方面展开。基建工程及维护类项目建设的必要性通常在立项阶段已经进行相对充分的论证，因此必要性分析可依据立项阶段的可行性研究报告、立项申请材料、项目前评审材料及立项批复文件进行判断。

建设资金控制有效性，一般从概算、合同金额、工程决算（审价）结果三个方面进行分析。概算分析主要关注编制概算所采用的定额标准是否为当地市场目前平均价格，概算编制内容是否为本工程项目必须实施内容，等等。合同金额分析主要关注合同签订价格与施工图预算的偏离度，以及合同价格对应的服务内容是否与实际需求相吻合。工程决算（审价）结果分析主要关注决算金额与合同金额、项目概算的偏离度。

5. 信息化工程及维护类

资金投入一般为采购信息化建设与服务的资金，故该部分的分析重点与上述基建工程项目相似。此类项目还需更加关注项目决策是否科学，预算编制和安排的依据是否充分、合理，以及项目实施的保障措施及效益的实现情况。

绩效分析除项目正向效益的实现程度分析外，还需注意以下三个方面：

一是实现效益目标的投入水平是否合理，要与上述绩效分析结论相互印证。

二是项目在正向效益实现的同时，是否存在隐形、负面效益，比如产业补贴类项目是否存在对市场的过度干预、引发行业竞争不公平等负面效益。

三是很多项目的效益往往是多来源资金或多年投入叠加的结果。在多来源资金投入的情况下，需对评价范围涉及资金对应效益进行区分，避免将多来源资金投入的综合效益作为项目效益，过度放大评价项目本身的效益。在多年投入的情况下，应当重点对当年度项目效益的变化部分做分析。

四、项目支出绩效评价成果

（一）项目支出绩效评价工作方案

绩效评价工作方案是为开展评价而撰写的工作方案，是具体实施绩效评价的基础，是保障绩效评价质量的重要手段。工作方案的编写既要符合方案写作的一般要求，又要结合财政支出绩效评价的工作特征和内在要求，体现可行性、全面性和简明性的特点。绩效评价工作方案一般可分为项目概况、评价思路、绩效评价指标体系、社会调查方案和评价的组织实施五大部分，框架可参考各地财政部门的工作方案编写要求。本书结合实践经验提供工作方案（参考框架），各单位可以根据实际需要在此框架基础上予以增减。在方案撰写时，应当注意方案的整体性，前后呼应，各部分的逻辑关系保持一致，具体参考如下。

项目支出绩效评价工作方案（参考框架）

目录

一、项目概况

（一）项目立项的背景和目的

背景是指立项前的环境和条件，目的是通过项目实施要达到的目标和意义。描述项目立项背景要简明扼要，描述项目立项目的要详细、明确、充分。

（二）项目立项依据

描述项目立项依据，要逐条列示，注明出处和来源。

（三）项目预算及资金来源

要全面完整地描述整个项目的预算情况、预算变更情况及变更原因。描述项目资金计划安排情况，包括资金来源、资金安排的起始时间、投入量等内容。

（四）项目计划实施内容

重点包括项目立项时间、批复单位、项目具体内容（或政策受益条件及受益范围）、项目所在区域、具体资金投向、项目计划完成时间等要素。若项目在实施期内，要素发生变更的，则需说明变更的内容、依据及变更审批程序。

（五）项目的组织及管理

重点包括项目主管部门和具体实施部门的名称及各自职责、项目管理组织架构、项目具体实施流程，以及项目业务管理和财务管理的核心管理制度。

（六）利益相关方

确定项目的利益相关方，分析利益相关方参与项目设计、实施、运行、受益的路径。项目的利益相关方一般包括：项目相关的主管部门、项目单位、项目受益者（直接受益者、间接受益者）、社会公众等。应描述利益相关方在项目不同阶段中的职责和作用。

（七）项目绩效目标

明确项目绩效目标与项目的匹配性与可适性，以及项目绩效目标设立依据；反映项目绩效目标的实际设定情况，对绩效目标需要补充完善的，应提供相应依据。

（八）其他

其他可能对项目绩效产生重要影响的情况。

二、评价思路

（一）评价目的和依据

评价目的是通过评价所要实现的目标，体现评价的最终价值，是整个评价工作的基本导向，解决为什么评价的问题。评价依据是要回答依据什么评价的问题，即要阐明法律、政策、技术、管理等支撑条件，包括行业方面和财政方面。

（二）评价对象和范围

评价对象和范围要完整、准确表述。

（三）评价期限的确定

根据项目实际情况，确定本次评价的期限，避免评价资源的耗费。

三、绩效评价指标体系

绩效评价指标体系设计是绩效评价的核心和难点，重点包括指标框架、指标权重和评价标准等方面。绩效评价指标体系设计应遵循本实施办法确定的原则，就决策、过程、产出和效益等方面全面设计。指标设置要考虑其实用性、可操作性和可实现性，要能充分体现和真实反映评价项目的绩效状况和绩效目标的完成情况，以及评价的政策需要。

（一）指标体系设计的总体思路

评价方应在方案中概括阐述指标设计思路、指标设计依据、权重设计思路、数据来源及取数方式、评价标准及评分方式确定的原则和方法。

（二）指标体系

共性指标可从《项目支出绩效评价指标体系框架（参考）》中选择，个性指标要根据项目的实际情况制定。方案中需列示综合评价表，方案附件中需列示评价所需的基础表及工作底稿。

1. 决策类指标要求

项目决策类指标至少包含以下内容：一是项目立项，考察项目立项的规范性，立项依据的充分性和立项程序的规范性。二是绩效目标，考察绩效目标的合理性和绩效指标的明确性。三是资金投入，考察预算编制的科学性和资金分配的合理性。

绩效评价不得将访谈获取的结果直接作为项目决策类指标的单一数据来源，要通过实地考察、数据判断、社会调查等多种渠道来获取信息，对信息进行综合定性分析后得出结论。评价标准需详细说明，要以法律、法规、政策文件为重要标准。

2. 过程类指标要求

过程类指标包括资金管理指标和组织实施指标。

资金管理指标中资金到位率、预算执行率主要用于考察项目资金的到位情况及使用情况；资金使用合规性用于考察项目资金使用的规范性和安全性。

组织实施指标中包括管理制度健全性和制度执行有效性指标。管理制度健全性指标用于考察财务及业务管理制度的健全和完善性，要与被评价项目相关，要完整、科学、合理。制度执行有效性指标用于考察财务和业务制度在执行中是否实现有效控制。

3. 产出类指标要求

产出类指标包括产出数量、产出质量、产出时效和产出成本指标。可针对项目特点，分别制定个性指标。

4. 效益类指标要求

效益类指标包括实施效益和满意度指标，考察项目执行后的效果，包括社会效益、生态效益、经济效益、可持续影响、社会公众或服务对象满意度等方面，可针对项目的特点选择对应指标。

（三）各项指标定义、评价标准、评分细则

评价方需针对每个指标编写对应的绩效评价指标底稿，包括指标解释、指标权重、评价标准、数据来源及取数方式。

绩效评价指标是指衡量绩效目标实现程度的考核工具。通过将绩效业绩指标化，获取准确的业绩值，进而为开展绩效评价服务。

绩效评价指标权重是绩效评价重要内容，权重的总体设计思路要在“评价思路”中描述，评价底稿中需说明具体指标的权重值及指标权重设定的依据和理由。

绩效评价标准是指衡量财政支出绩效目标完成程度的尺度。评价底稿中要求说明指标标杆值、指标标杆值设置的依据及具体的评分细则。

评价方应在评价底稿中对各项指标进行详细的解释，并说明各指标的数据来源及取数方式。

四、社会调查方案

为了更有效地反映项目的绩效，评价方应针对项目所涉及的利益相关方开展各种形式的调查。评价方应在方案中说明调查的目的、对象、方式、内容并附调查表样式。需要抽样调查的，要说明样本总体、抽样方法和抽样比例。必要时，应将评价对象名单或抽样样本名单以附件形式列示。

五、评价的组织实施

（一）人员分工

人员分工应清晰界定各相关方人员（包括专家）的权利及责任，确保评价工作有序开展。

（二）评价时间及主要工作进程安排

重点应对相关活动、相关工作按阶段或进程做具体的时间安排，包括评价期间、评价实施时限及评价各工作环节（步骤）的时间节点。

（三）内部控制制度

内部控制制度是指评价方为保证绩效评价过程、结果的客观性、准确性而制定的内部控制机制和程序，评价方应在工作方案中详细阐述。

（二）项目支出绩效评价报告

绩效评价报告是评价活动的产物，是按照规定的格式，将评价过程中所搜集和掌握的相关信息进行分析归纳，从而对财政支出的经济性、效率性和效益性（“3E”原则）进行客观公正的判断，为决策提供依据的一种书面报告。绩效评价报告一般包括项目基本情况、绩效评价工作开展情况、综合评价情况及评价结论、绩效评价指标分析、主要经验及做法、存在的问题及原因分析、有关建议、其他需要说明的问题及相关附件，并就报告主要内容通过摘要予以反映。财政项目支出绩效评价报告可参考财预〔2020〕10号文及各地财政部门要求的框架，本书中结合实践经验提供绩效评价参考框架，具体参考如下。

项目支出绩效评价报告（参考框架）

摘要

内容摘要是报告的重要组成部分，包括“概述”“评价结论和绩效分析”和“主要经验、问题、建议”，其表述应做到全面完整、简洁明了、归纳准确，文字表达要严谨、顺畅、精练，字数一般应控制在2000字以下。

一、基本情况（以下为正文）

（一）项目概况

立项背景及目的：根据工作方案中内容进行修改和完善，使内容更为准确、完整、翔实。

预算资金来源及使用情况：预算及调整情况、资金来源情况，以及财政资金拨付方式一并介绍，注意与指标体系项目投入部分的评分情况和分析结论相一致。资金来源应注意预算资金的属性，包括一次性还是经常性，以及基建、修购、运维或资金补贴类等功能属性。

实施情况（项目完成情况）：从项目执行的角度出发，对执行和实现的内容等方面做出说明和介绍。应与指标体系项目产出部分的评分情况和分析结论相一致。

组织及管理（项目组织、管理流程及实际执行情况）：关注资金使用流程和项目开展流程。

（二）项目绩效目标

绩效目标分别表述绩效总目标和具体绩效目标，具体绩效目标为各具体量化的产出目标、结果目标。

二、绩效评价工作开展情况

（一）绩效评价目的、对象和范围

阐述通过绩效评价需实现的目标、所评价的对象以及评价覆盖的时间和空间范围。

（二）绩效评价原则、评价指标体系（附表说明）、评价方法、评价标准等

阐述依据什么样的评价原则、评价方法和评价标准开展绩效评价，简述评价指标体系设计思路和成果。

（三）绩效评价工作过程

绩效评价过程包括评价工作方案制订过程、数据采集过程、评价实施过程等。其中，工作方案制订过程应重点说明方案评审后，是否根据专家评审意见进行修改，是否存在与专家意见不符的修改内容及理由。

三、综合评价情况及评价结论（附相关评分表）

（一）评价结论

评价结论，包括分值、等级、具体评分表；主要绩效，说明项目绩效目标的完成情况。

（二）具体绩效分析

使用方案确定的综合评价表，对照项目实施情况，对各评价指标目标值与实际值的差异程度及产生原因进行分析。

四、绩效评价指标分析

按照指标结构及对应指标分析，分别撰写项目决策情况、项目过程情况、项目产出情况和项目效益情况。

五、主要经验及做法、存在的问题及原因分析

（一）主要经验及做法

总结已实现绩效目标的主要相关经验及做法，反映其内容和效果，并从社会调查的访谈中提炼，经验和做法要与相应的满分指标相匹配。

（二）存在的问题

总结、分析影响项目绩效目标及预算资金使用效率的主要因素，以及项目管理、预算管理上的问题，反映问题的表象和本质，存在的问题要与相应的扣分指标相匹配。

六、建议和改进措施

政策建议，是对项目设立的必要性、项目设计的科学性、预算资金投入的合理性、相关专项资金管理办法的健全性和可操作性提出建议。改进措施，是针对存在的问题，提出相关改进措施，反映建议措施的内容和目的。

七、其他需要说明的问题

附件：

1. 绩效评价工作底稿（包括各指标定义、评价标准及设置依据、权重、指标、数据来源、指标分值计算公式及过程、其他指标分值计算需说明的事项）；

2. 面访、座谈会和实地调研人员名单，访谈、调研记录汇总分析报告；
3. 社会调查问卷汇总分析报告；
4. 其他。

|第三节| 政策绩效评价

随着预算绩效管理工作的不断深化，预算绩效评价重点由项目支出拓展到财政专项资金政策，并要求将评价结果作为调整支出结构、完善财政政策和科学安排预算的重要依据。其中，作为政策设计、实施、调整和退出的重要决策工具，财政专项资金政策绩效评价不仅能够为优化公共资源配置提供参考，还有助于增强政府财政支出政策制定的科学性，提升政府治理的综合绩效，因而得到了越来越多的关注，并已经在多个层面和多个地区付诸实践。

一、政策绩效评价思路

(一) 评价内容及重点

1. 专项资金政策绩效评价分类

科学的财政专项资金政策绩效评价工作，必须基于对专项资金设立所依据的政策的科学分类。只有明确其具体分类，才能确定不同资金政策的评价对象和内容，设计出具有针对适用性和科学合理性的绩效评价指标体系。结合当前的研究和实践结果，政策绩效评价一般有如下分类，详见表 3-3-1。

(1) 价值型政策绩效评价和事实型政策绩效评价。根据政策是形成或产生一定的社会价值观念或社会价值判断（如法律政策文件或社会行为规范等），还是形成或产生一定的公共产品或公共服务（如教育、医疗卫生等），可以分为价值型政策绩效评价和事实型政策绩效评价。价值型政策绩效评价更关注政策的价值层面，属于应然范畴，在具体评价过程中，重点也是评价政策设立本身的公平性等；事实型政策绩效评价更关注通过哪些手段和项目实现政策目标。

(2) 中央层面政策绩效评价和地方层面政策绩效评价。根据政策的颁布主体是中央政府还是地方政府，可以分为中央层面政策绩效评价和地方层面政策绩效评价。一般来说，政策制定层面开展的评价更重视政策制定本身；下级政府实施上级政策的绩效评价，更关注政策执行层面。

(3) 主导型政策绩效评价和辅助型政策绩效评价。根据在整个公共政策制定、执行过程中发挥作用的重要性程度，即发挥主导作用还是辅助作用，政策绩效评价可以分为主导型政策绩效评价和辅助型政策绩效评价。

（4）直接投入政策绩效评价和间接投入政策绩效评价。根据公共政策制定和执行过程中财政资金是通过直接方式投入还是间接方式投入，可以分为直接投入政策绩效评价和间接投入政策绩效评价。直接投入如产业引导资金、农业辅助资金等，间接投入有担保资金、基金等。不同的投入方式，政府资金的管理模式和引导效应等都不一样，评价的侧重点也不一样。

（5）延续性政策绩效评价和阶段性政策绩效评价。根据政策实施执行的连续性，即政策是长期实施执行还是只在某一个时期或阶段实施执行，可以分为延续性政策绩效评价和阶段性政策绩效评价。

（6）事前、事中和事后政策绩效评价。根据政策不同环节或不同时期开展绩效评价，可以分为事前绩效评价、事中绩效评价和事后绩效评价。

表 3-3-1　政策分类比较

序号	分类标准	分类名称	具体举例
1	依据政策形成的是价值标准还是具体事实	价值型政策绩效评价	低保补贴政策绩效评价
		事实型政策绩效评价	养老床位补贴政策绩效评价
2	依据政策的执行主体不同	中央层面政策绩效评价	中央转移支付政策绩效评价
		地方层面政策绩效评价	产业发展专项资金政策绩效评价
3	依据政策在整个公共政策中发挥作用的重要性程度	主导型政策绩效评价	医疗保险政策绩效评价
		辅助型政策绩效评价	企业研发创新补贴政策绩效评价
4	依据公共政策中财政资金投入方式不同	直接投入政策绩效评价	资助“三农”政策绩效评价
		间接投入政策绩效评价	文化产业担保资金政策绩效评价
5	根据政策实施执行的连续性	延续性政策绩效评价	中等职业教育资助政策绩效评价
		阶段性政策绩效评价	旧城改造政策绩效评价
6	根据政策不同环节或不同时期开展绩效评价	事前政策绩效评价	贫困家庭补助政策制定绩效评价
		事中政策绩效评价	新能源补贴政策绩效运行监控
		事后政策绩效评价	支持中小企业发展政策后评价

2. 评价内容及重点

根据评价介入时点的不同，事前、事中及事后评价的框架选择及指标设计不尽相同：事前评价重点关注政策制定的相关内容；事中评价重点关注政策执行的有效性及政策目标的阶段成果，根据评价的目的适当兼顾政策制定；事后评价除了重点考察政策目标实现及政策效果外，还要对政策制定和执行做全面评价。

由于政策开展中不同层级政府、不同政策主体扮演的角色、关注的重点不同，因而需要有差异地设计具体的政策制定和执行维度的绩效评价指标；政策效果则需结合政策目标，根据政策内容的不同选择相应的社会、经济、生态效益进行个性化设计。具体来说：

（1）政策制定方面，中央政府的政策主要从宏观角度出发，考察政策的必要性、在全国范围内的可行性、程序规范性和价值导向性。而对于省、市级等地方政府的政策，在政策制定维度的指标设计上除需考察以上特性外，还需考察政策的一致性和政策落实的配套是否完备。一致性指的是政策的内容符合国家相关政策规定，不偏离上级政府政策的意图和目标。资源配套可包括政策执行所必需的资金配置、人员队伍配置、组织管理机制配置等。

（2）政策执行方面，对于政策的制定主体，主要考察如何分解、指导、监督各级政府和相关机构开展实施工作，即通过对政策进行分解，进而对本级与下级执行政策进行方向指导和监督。对于政策的执行主体，应考察其对上级政策进行解读的情况，以及在本级执行过程中的原则性、灵活性和规范性。原则性是指执行主体在政策执行过程中应坚持政策目标与方向；灵活性指在不违背政策根本目标和方向的前提下，结合区域特点因地制宜采取适当措施灵活执行；规范性是指政策执行过程符合相关法律法规、政策要求，执行过程公平、公开、公正。

（3）政策效果方面，政策目标的实现程度、公众满意度等效果是每一项政策评价必须首先回答的问题。然而，对于综合、多元的财政支出政策，还有必要评价政策的辐射效果以突出政策特色，例如产业扶持类政策还要重点考察政策对社会经济方面的影响，社会民生类政策则侧重考察政策对社会群众效用提升的促进情况。对于成本有效性的评价，需要根据政策效果和政策成本是否可量化、可货币化，选择成本—投入、投入—产出、成本—效益等衡量指标。

（二）评价实施路径

在评价思路的梳理上，政策绩效评价与项目支出绩效评价相同，均应建立在明确的评价对象和评价范围基础上，结合政策本身的特点，在完成政策绩效评价上述评价内容和重点的基础上，充分回应评价组织者的评价要求。具体的实施路径如下：

1. 明确资金政策评价基本情况

收集和政策相关的资料（包括政策相关文件），通过和预算部门（单位）沟通，了解政策制定的背景及实施途径，确定政策实施的总目标和分类目标、相关配套管理办法的制定和预算资金安排情况等内容。

通过了解专项政策的基本情况，包括政策的基本内容和构架、预算资金的性质（按用途分类）、预算资金安排情况、政策实施有效期等内容，明确以下内容：政策名称、专项资金的类别、政策主要内容、政策期限；政策涉及预算总额、年度预算安排金额、预算来源、预算安排明细；政策所包含的内容及政策内容的实施计划（项目名称、进度计划、计划主要完成成果等）；政策总目标。

2. 梳理专项资金政策的绩效目标

财政专项资金政策的绩效目标按照项目支出绩效目标的编制要求来设定。根据政策的总目标，结合政策设立的目的，以及对政策基本内容和要素的梳理，提炼、归纳专项政策的具体绩效目标。总目标应明确政策有效期内要达成的目标；分解目标应当根据专项资金政策支持的方向进行分类后归纳提炼，而不是具体某个项目的绩效目标。

3. 分解专项资金政策实施活动

通过对政策的执行了解，依据专项资金政策确定的目标和管理要求，并结合专项资金政策评价的特点和重点，分解政策在制定、执行、实现和效果等环节的内容，并对政策的每一项活动内容进行梳理，阐述实现途径和活动目标。具体内容包括：

（1）政策制定。确定政策目标制定的背景和调研情况，政策制定、政策预期目标、相关配套管理办法的制定和预算资金安排情况。其主要包括：熟悉财政专项资金政策出台的重要性、必要性，以及需要解决的主要问题和迫切性等；总体目标是否明确，需求是否充分，政策调研和论证是否科学、严谨；政策内容是否符合前期调研与制定政策的背景和需求，是否有具体的绩效目标；政策要素是否清晰和完整；政策内容是否与需要解决的问题高度相关，政策的相应保障措施要科学有效促进政策绩效目标的实现。

（2）组织管理。根据相关部门和单位在政策实施过程中相应的职责和流程情况、组织部署情况，以及责任主体联动机制的实施情况，评价项目管理的规范性，包括项目的审批要求情况（包括申报材料齐全、审批的流程合规、审批内容完善、审批形式严谨）、按规定实行政府采购的情况、进行项目的动态管理等情况。一般情况下，专项资金管理办法会就支持对象、方式与使用范围，以及组织机构、操作流程、项目管理、财务管理与监督等内容进行明确，评价组根据专项资金管理办法，在核实具体操作流程的基础上梳理项目组织管理流程。

（3）资金情况。依据资金重点支持领域、使用对象和范围、资金使用的标准、预算执行等情况，评价资金管理的合规性、有效性；依据专项资金预算安排情况，分析专项资金实施的经济性；通过跟踪资金流向，了解专项资金实行国库集中拨付情况。

（4）执行监督。通过了解政策实施的管理活动，评价和反映专项政策的主管部门和单位在政策执行中是否进行有效监督。

（5）信息公开。评价项目信息公开情况（包括申报指南的科学性、项目申报程序合规性、执行结果的信息公开情况等）。

（6）政策产出。评价政策实施和资金投入后实现的产出，主要从数量、质量和时效等方面进行分析。例如，政策涉及面（产业或行业）、覆盖率（产业或行业的覆盖面）和实际享受政策的单位数量，政策实施进度、附加值投入的比例（如研发资金投入占政策实施项目总投入的比例）等。

（7）政策效果。评价政策的效果（效能或效率和影响力），主要从政策实施的经济性、效益性、效率性和公平性等方面进行分析。此外，要重视政策实施的资源利用情况（即成本一效益），相关对象的满意度（是衡量具体民生和政策实施效果的重要内容），还要关注政策的长效机制和可持续发展问题。

二、政策绩效评价指标体系设计

（一）总体设计思路

政策绩效评价指标体系主要依据绩效目标，以及政策实施的要求和情况而设计。在具体的评价开展中，由于评价介入的时点、评价涉及的政府层级、评价的目的和政策本身的不同，评价的要点和具体指标的设计也会不一样。

基于对政策制定环节和实施要件的细分，提炼形成绩效指标，科学设置标杆值及评分规则或考察要点。要做到定量指标应量化，定性指标可衡量，系统反映财政政策所产生的社会效益、经济效益、生态效益和可持续影响等。要关注政策制定和实施的公平性指标和满意度指标，即资金分配的合理和公平，以及资金绩效体现的普惠性。同时，指标体系的设计要遵循系统全面、内在逻辑一致性、分类设计和结果导向等原则。

财政专项资金政策是实现政府职能的重要工具与手段。因此，财政专项资金政策绩效评价指标体系的建设，可依据政策制定的政府层级进行政策分类，依据不同层级政府在政策制定与执行中的职能定位分类设计政策制定与执行指标。同时，依据政策内容所属领域明确其主管部门，并对应至相应的履职活动分类，依据履职活动结合政策目标设计政策效果指标，通过政策效果对政府部门职能的呼应，更立体地反映政策绩效实现程度。财政专项资金政策绩效评价指标体系建设逻辑思路图如图 3-3-1 所示。

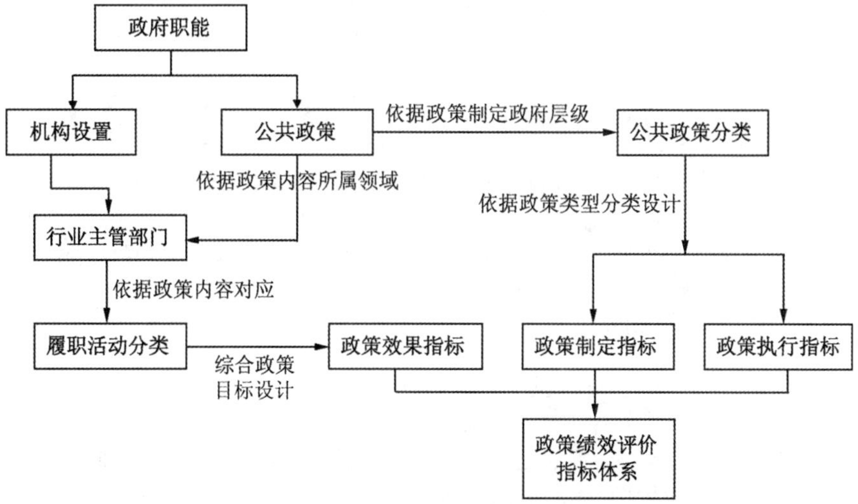

图 3-3-1　财政专项资金政策绩效评价逻辑思路图

（二）评价指标框架及内容

根据专项资金政策绩效评价的内容，其指标体系由政策制定、政策执行、政策效果三个部分组成，一级框架可进一步分为多个二级维度和三级指标内容。同时，根据具体的政策和评价需要，指标体系可以调整或往下一级细化相应的指标，如表 3-3-2 所示。

表 3-3-2　财政政策绩效评价指标体系框架

一级指标	二级指标	三级指标	指标解释
政策制定	政策设立	依据充分性	政策的设立是否与国家相关法律法规、国民经济和社会发展总体规划、国家行业规划相符合，是否与地区发展政策和优先发展重点相符合
		需求充分性	政策的设立是否满足社会发展或公共需要，是否有重大的政策性问题亟待解决，是否与其他政策有交叉重叠
		责任主体明确性	政策的责任主体是否清晰，是否与其职能、发展规划及需求相适应
	程序规范	政策前期调研充分性	政策确立前期是否进行充分的研究、调研、论证与意见征询，是否有民主参与决策
		政策制定程序规范性	政策制定成文的程序是否规范，决策责任主体是否可追溯
	政策内容	政策目标明确性	政策的预期目标是清晰、明确、可行
		政策内容合理性	政策对象、范围、措施等内容是否合理、符合客观实际，是否能支持政策目标的实现
		资源分配合理性	政策相关资源，如资金分配依据是否充分、分配规则（分配因素、各因素所占权重系数）是否公平合理、分配结果是否与资金管理办法相符
	政策配套	财政资金保障程度	政策需要的财政资金是否能保障到位
		组织管理架构完备性	政策落实执行的组织管理架构是否建立健全
		部门协调机制健全性	中央和地方之间、政策涉及相关部门之间的协调机制是否建立健全
		项目管理机制健全性	政策是否建立健全的项目管理、风险监控与应对机制
政策执行	规划落实	政策落实规划完备性	政策落实的规划是否完备
		政策任务分解到位性	政策执行的任务是否分解到具体部门、机构、人员

续表

一级指标	二级指标	三级指标	指标解释
政策制定	实施执行	资金管理	政策实施过程中的资金到位、预算执行等情况
		资金使用规范性	资金使用是否符合相应资金管理办法、合规合法
		业务活动执行规范性	政策的相关业务活动执行是否标准、规范
	过程监管	监督机制健全性	是否从外部、内部建立健全针对政策执行全过程的监督机制，涵盖进度监管、质量监管、文明监管等
		过程监管执行度	监督机制在各层级单位是否得以有效执行
		责任惩戒有效性	对于政策执行过程中的责任事故是否严肃追究并处理
政策效果	受益主体效益	政策目标实现度	政策本身是否达到既定的预期目标
		相关方满意度	政策主管部门及政策对象（包括受益主体及潜在受益主体）对政策内容及政策实施的综合满意程度
	成本经济	成本有效性	政策目标实现的成本是否相对较低，实际投入—产出是否相匹配、是否符合经济性原则
	辐射效益	政策效益	政策实施对地区社会、经济、生态等产生的影响，政策的示范性及可持续性，政策效果的普惠性等

(三) 评价指标体系权重

专项资金政策评价可根据评价管理的需要，对指标体系设计或者不设权重。不采用权重赋分的指标评价，指标体系主要作为评价的指引，侧重于对体系中每一个绩效指标完成情况的分析与判断。

如果按照综合评分法实施评价，财政专项资金政策绩效评价的权重设计以 100 分为满分。一般来说，需要在对政策分类的基础上，结合科学方法进行权重设计。根据经验，结合专家意见，建议一级指标一般按照政策制定 15～20 分、政策执行 20～25 分、政策效果 55～65 分进行权重分配，具体评价中可根据实际情况调整。二、三级指标依据评价的实际内容和具体的指标设计，按照重要性原则，可合理选择德尔菲法、层次分析法或经验分配法设定权重。根据评价介入的时点不同，评价的一级指标框架组成不一样，二、三级指标的权重也要相应调整。

三、政策绩效分析

与项目支出绩效分析相同，政策绩效分析也建立在指标评分的基础上，根据政策绩效评价的目的，反映政策绩效分析的重点，进行政策效率分析、政策效益分析和政策影响分析。

（一）政策效率分析

政策效率分析，主要是指对政策的制定情况、政策的落实情况和政策投入/产出关系等的分析和评价，政策绩效分析可以从政策制定、执行的效率，以及财政资源投入与政策产出的效率两个维度进行分析。

首先，是对政策制定和执行效率的分析，主要内容包括：是否在较短的时间内确定高质量的政策目标和政策方案；是否以最快的速度发动和组织政策的贯彻实施；是否高质量地按实施程序将政策予以落实；是否加强了政策执行中的监督；是否有效处理了违反政策纪律的行为；是否及时地发现和纠正了政策运行中出现的新问题、新情况等。因此，一项政策应该持续还是应该终结，资源的投入是否得到有效利用，应该扩大还是应该缩减，这些问题的回答，在很大程度上取决于对该政策效率的评价。

如某地区的产业扶持政策——技术改造贷款贴息专项资金，是对该地区企业实现内涵式发展的固定资产贷款利息进行补贴，包括改建、扩建、迁建、恢复和单纯购置。在对该政策进行绩效评价时，可以对该地区各区域的贴息资金到位及时性进行分析，如表 3-3-3 所示，以反映该政策落实过程中在专项资金拨付方面的效率。

其次，财政资金支出是为了提供优质的公共产品及服务，但财政资源的有限性决定了提供公共产品和服务同样必须考虑投入和产出之间的匹配关系，再充裕的财政资金也面临“投什么”与“投多少”的问题。因此，政策绩效评价往往需要涉及财政资源配置合理性的剖析，以衡量财政资金的使用效率。这类效率分析可以基于成本视角，分析政策成本与预算投入、政策产出的匹配性，是政策绩效评价必须回应的问题。成本—投入分析，关注政策成本与实际预算投入的匹配性；投入—产出分析，关注政策产出与预算投入的匹配性。在绩效分析中可以结合政策具体情况，加以综合应用。

这里还需要特别说明的是，在政策绩效分析的过程中，对投入和产出的分析并不是独立的，需要结合效果共同进行。如果单纯对投入和产出进行分析，可能存在这样一种情况：投入和产出之间完全匹配，或者说政策的效率很高，但这个产出对于政策效果目标的达成没有意义或者贡献度不高。投入一产出一效果之间有着内在的逻辑关系，在进行政策绩效分析时应进行关联。以政策效果为落脚点，任何不符合政策效果目标的投入和产出都是无效的，所以还应充分结合下面的政策效益分析。

（二）政策效益分析

政策效益分析主要是对政策目标实现程度的反映，其主要内容是研究和分析政策实施所产生的效果；同时，通过前述比较法、定量模型法等政策绩效分析方法分析政策投入、产出和效果之间的关系，反思政策决策的科学性、政策绩效目标的合理性和专项资金预算安排的匹配性，从而为提高专项资金使用效益，以及政策的后期调整和优化提供参考依据。

表 3-3-3　贴息资金到位及时性分析

单位：次

资金到账延迟时间（X）	申报年份	区域A	区域B	区域C	区域D	区域E	区域F	区域G	区域H	区域I	区域J	区域K	合计
0月≤X<3月	2013	8	15	15	6	2	0	4	2	2	3	0	57
	2014	23	5	10	17	11	9	15	0	7	0	3	100
	2015	16	2	13	4	2	12	1	0	0	0	0	50
小计	—	47	22	38	27	15	21	20	2	9	3	3	207
3月≤X<6月	2013	0	0	0	0	0	0	0	0	0	0	0	0
	2014	0	2	0	1	10	1	0	0	4	0	2	20
	2015	0	2	0	0	3	0	0	1	8	0	0	14
小计	—	0	4	0	1	13	1	0	1	12	0	2	34
X≥6月	2013	0	0	0	0	0	0	0	0	0	0	0	0
	2014	0	0	0	0	0	0	0	0	1	0	1	2
	2015	0	0	0	0	0	0	0	1	0	0	0	1
小计	—	0	0	0	0	0	0	0	1	1	0	1	3
总计	—	47	26	38	28	28	22	20	4	22	3	6	244
3个月以内到账次数占比		100.0%	84.62%	100.0%	96.43%	53.57%	95.45%	100.0%	50.00%	40.91%	100.0%	50.00%	84.84%

整体来看，政策效益分析通常可以从下述三个维度，通过各种绩效评价方法的综合应用进行：一是成本—收益分析（损益分析），关注政策效益与预算投入的匹配性，主要适用于可用货币单位计量成本和收益的财政政策，如对政府公共资本投资项目进行评估。二是成本—效果分析（本效分析），对于支出效果具有多样性和复杂性，且收益无法货币化的财政政策，可以将多种效果按一定权重转化为单一的效果，便于分析。三是成本有效性分析，通过比较获得相同可衡量目标的不同政策方案所需的成本，对政策的“经济性”进行分析。具体有两类：一是固定预算法，明确一个给定的预算投入，然后找出提供最大收益的备选方案；二是固定效率法，明确一个给定的收益水平，然后选择用最低成本取得这一收益的政策备选方案。

1. 比较法的应用

政策效益分析要关注政策修订的前后对比，以及与外省市相应政策内容的横向分析比较，多方位评价政策的前瞻性、合理性和有效性。

如X地区政府为支持当地机场航线开辟与维持现有航班运营，设立航空运输发展专项资金政策，用于经政府批准的新开国内、国际（地区）通航城市客、货运航线的补贴。为综合评价专项资金使用效益，首先，对前期梳理出的新开航线数量、客座率、旅客吞吐量、货邮吞吐量、起降班次等政策基本目标的实现情况进行考察，并进一步对航线补贴周期、各航线延续性、过站旅客情况等进行分析。如对航线补贴周期的分析，主要是针对补贴3年以上的5条航线的补助方式、补助标准、年度补贴金额、旅客吞吐量和客座率等运营情况进行纵向分析，并以单客补贴金额作为切入点，将政策资金投入与政策效果进行关联。例如X地区—Y地区的航线，旅客吞吐量逐年增加，航班客座率均保持在95%以上，人均补贴成本逐年下降，经过前期扶持，该航线的整体运营情况较好，初步具备市场化运营条件，已可考虑退出补贴范围，如表3-3-4所示。

表3-3-4　X地区—Y地区航线运营情况表

年份	补助方式	补助标准（万元/班次）	年度补贴额（万元）	旅客吞吐量（人次）	客座率（%）	人均补贴（元）
2014	定额补	14（170.5班）、13（183班）	4766	152540	95.89	312.44
2015	定额补	13（31班）、12（333班）	4399	165031	97.47	266.56
2016	定额补	12	4362	175853	96.50	248.05
2017	定额补	7	2555	178219	97.38	143.36

其次，对Y地区机场与周边直线距离150公里范围内的4个机场的补贴情况、通航时间与吞吐量，以及通航城市等维度进行了横向对比。从补贴情况来看，Y地区

财政每年安排用于机场航线的补贴金额高于周边城市，以地区生产总值作为基础，其在机场航线补贴方面的投入较多；从通航时间与吞吐量来看，A 地区机场较 Y 地区机场通航时间晚两年，但近年来发展迅速，2017 年旅客吞吐量为 Y 地区的 1.43 倍；与周边 4 个机场的通航城市进行比较，通航城市重复率分别达到 57.14％、67.86％、60.71％和 60.71％，Y 地区机场面临的客源分流压力较大，竞争力较为有限。

通过上述纵向和横向的比较，对该政策进行相对充分的绩效分析，挖掘政策补贴机制、政策执行过程中存在的问题，为后续航线的开辟与运营、航线补贴政策的调整与完善、航线培训长效机制的建设、航班补贴标准与方式的调整提供参考依据，提高财政资金使用效益。

2. 定量模型分析法应用

如为科学评价 S 地区加快新旧动能转换促进工业企业提质增效专项资金政策绩效，评价组通过定量模型对政策补助强度与扶持企业经济效益相关性进行了重点分析。根据《S 地区工业和信息化“十三五”发展规划》的三大战略新兴产业与四大传统优势产业分类，评价组绘制了按产业分类的政策扶持企业补助强度和企业营收增长率情况，以及扶持企业补助强度和企业税收增长率情况，分别如图 3-3-2 和图 3-3-3 所示。可以看出，无论是营收还是税收，各个产业的扶持企业样本的经营效益和补助强度并无明显关系。

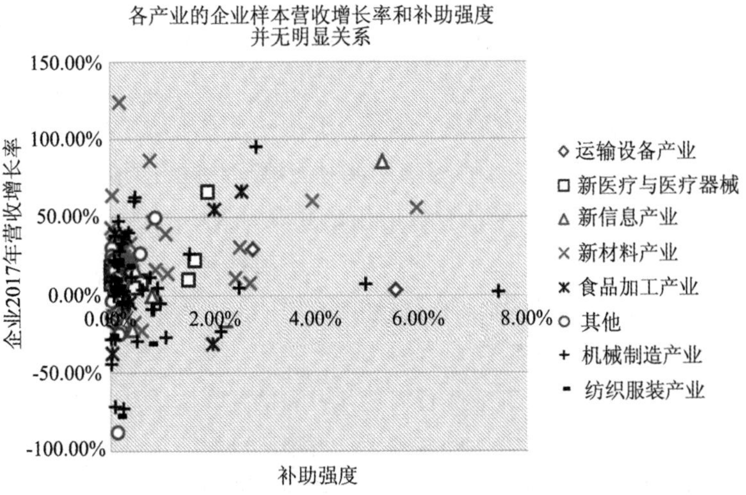

图 3-3-2　分产业的政策扶持企业补助强度和企业营收增长率情况图

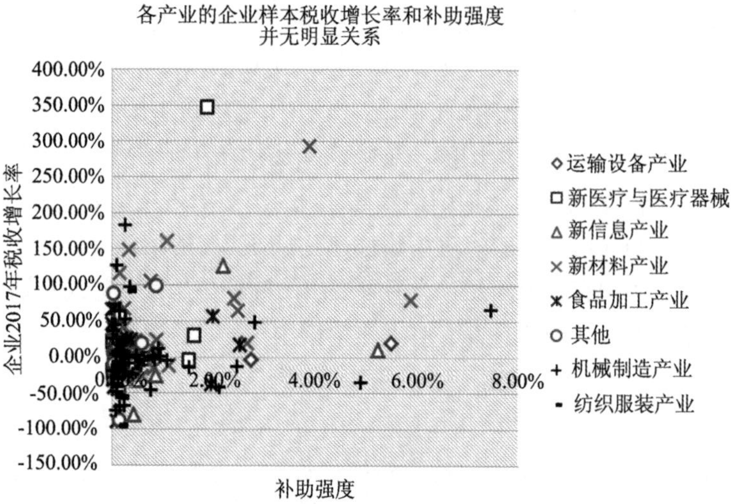

图 3-3-3　分产业的政策扶持企业补助强度和企业税收增长率情况图

（三）政策影响分析

政策影响分析是指政策对其对象产生的作用及各种制约因素对政策产生的作用所进行的分析评价。一项政策的实施，往往会产生正、反两个方面的结果：既有积极的影响，也有消极的影响。政策影响分析的目的是：确定某项政策是否形成了预期的影响；注意是否存在某些重大的预期之外的影响，了解政策产出与政策效果之间的因果关系；在排除政策本身以外的因素后，衡量政策影响的范围，设法消除不良的政策影响。

例如，某地区的能源节约专项资金政策，其中一个方向是"太阳能集热系统推广工程"，太阳能集热系统的推广，不仅仅能够对能源节约做出贡献，还将推动太阳能产业的发展，这是该政策所带来的积极的溢出效应。再如兴建三峡工程，既可以发电，又可防洪，但会对文物景观、生态平衡产生不利影响，在设计建设方案时，需要结合这些可能产生的负面影响进行有针对性的应对。

（四）政策绩效分析的特点

作为一门应用学科，政策绩效分析需要学习和借鉴其他学科的理论知识，它是一个由多种学科背景、多种技术方法和多种理论模型组成的综合研究领域。

一是复杂的学科背景。政策绩效分析具有跨学科的特点，包括政治学、哲学、经济学、心理学和社会学，以及与公共政策有关的历史学、法学、人类学和地理学等方面的知识，量化技术和计算机科学对于政策形成、执行和评估也具有一定影响，因此也被纳入政策绩效分析的范畴。

二是广阔的研究领域。公共政策已经渗透到社会的各个层面和生活的各个领域。人们到医院去看病，会受益于国家的医疗卫生政策；送孩子去学校读书，会受益于国家的义务教育政策；骑车或开车上路，需要遵守国家的交通管理规定；过节燃放烟花爆竹，需要避开城市禁放区域；等等。一般而言，政府和公众所关心的政策问题都是政策绩效分析所要涉及的研究领域。

三是理论与实践的结合。进行政策绩效分析主要出于科学和专业上的双重考虑，前者的目标是探求理论知识，后者的目标则是运用这些理论知识去解决社会中的实际问题。

四是多架构的研究方法。政策绩效分析的目的是结合各种具体情境，运用不同分析模型，强调的是针对性和适用性。因此，政策绩效分析不能视野狭隘，而要博采各种研究方法和学科之长。

四、政策绩效评价成果

（一）政策绩效评价工作方案

政策绩效评价工作需要关注专项资金政策的内容、政策实施过程和政策绩效体现，因此，在工作方案制订阶段，需要吃透政策本身，将政策出台的背景及发展沿革梳理清晰，理解政策设立的目的，归纳总结政策目标；需要充分了解政策的实施内容、专项资金的安排和使用情况，以及政策实施的组织及管理情况，明确评价思路，根据评价重点设计科学的评价指标体系和社会调查方案，以保证政策绩效评价工作顺利开展。政策绩效评价工作方案（参考框架）如下：

政策绩效评价工作方案（参考框架）

一、政策概况

（一）政策背景和目的

（二）政策制定依据

（三）政策主要内容

1. 政策内容概述

2. 专项资金使用范围

（四）政策绩效目标

1. 政策总目标

2. 政策分项目标

3. 政策年度目标

（五）政策资金情况

1. 专项资金预算安排和支出情况

2. 资金申请及拨付流程

（六）政策实施的组织及管理

1. 政策组织管理

2. 政策实施流程

二、政策绩效评价思路

（一）评价目的及依据

（二）评价对象和范围

（三）评价方法

（四）绩效评价的局限性

三、政策绩效评价指标体系

（一）指标体系设计的总体思路

（二）政策绩效评价指标体系

四、社会调查方案

（一）问卷调查方案

（二）访谈调查方案

（三）合规性检查方案

五、评价的组织实施

（一）成员及分工

（二）进度安排

（三）内部控制

（二）政策绩效评价报告

在专项资金政策评价指标分析的基础上，总结政策制定与实施的经验，发现政策制定及实施过程中存在的问题，结合访谈及抽样调查的情况，提出针对性完善建议；以评价获取的数据为基础，进行综合政策绩效分析，出具政策绩效评价结论，完成相应的政策绩效评价报告，为专项资金政策完善和相关部门决策提供参考依据。政策绩效评价报告（参考框架）如下：

政策绩效评价报告（参考框架）

目录

摘要：概述、评价结论和分析、存在问题和建议（建议对应问题）。

一、政策基本情况

1. 政策制定的背景、意义和作用，政策实行需达到的目标和相应的分类目标。

2. 政策内容及变迁（政策内容、政策受益对象和范围是否有调整和变化情况，政策期限）。

3. 资金来源和使用情况（预算历年安排和使用情况，可以以表列示），预算安排和执行情况等。

4. 组织与管理（政策组织落实、管理流程及实际执行情况）。

二、政策绩效评价工作情况

1. 政策评价目的和依据：协助预算主管部门发现政策在执行过程中存在的问题（包括阶段目标中存在的问题），提出针对问题的意见和建议，不断提高财政资金的使用效益和效率。

2. 政策评价对象和内容。

3. 评价工作开展情况。

4. 政策绩效评价过程中碰到的问题和相应的措施。

5. 政策绩效评价的局限性。

三、评价结论和绩效分析

（一）评价结果

1. 评价结果，根据政策评价指标体系的评分结果，对政策绩效评价进行总体判断，并重点进行定性分析。

2. 主要绩效，说明政策绩效目标的完成情况。

（二）具体绩效分析

对各评价指标的判断结果进行分析或说明。

四、主要成绩和经验做法

五、分析政策制定、执行过程和结果实现中存在的问题，并对存在的问题提出相应的分析建议

（一）政策落实各环节存在的问题

（二）相关建议

（三）改进措施

六、其他需要说明的问题

附件：

1. 绩效评价工作底稿（包括各指标定义、评价标准及设置依据、权重、指标、数据来源、指标分值计算公式及过程、其他指标分值计算需说明的事项）；

2. 面访、座谈会和实地调研人员名单，访谈、调研记录汇总分析报告；

3. 社会调查问卷汇总分析报告；

4. 其他。

|第四节| 部门整体支出绩效评价

部门整体支出绩效评价是以部门整体支出为抓手，围绕部门整体战略目标制订、目标和职能实现程度综合评价的管理，从更加宏观的层面把握部门资源配置的合理性和资金运用效益，进而有的放矢地进行改进。本节重点介绍部门整体支出绩效评价的思路、指标体系和绩效分析方法，为规范开展部门整体支出绩效评价提供指导。

一、部门整体支出绩效评价思路

部门整体支出绩效评价以部门（包括下属事业单位）的全部财政资金为评价对象，从部门职能出发，以部门中长期发展规划为目标，以部门年度工作计划为依据，以部门项目支出为主线，评价分析部门履职情况和履职效果，从而进一步评价部门整体绩效情况。

（一）评价内容及重点

部门整体支出绩效评价的实施，从财政资金预算和执行的角度，考察部门目标、部门管理、部门资源、部门履职和部门运行效率等要素之间的关系。评价要点及内容包括以下四个方面：

1. 部门职能—目标—项目—预算的匹配关系

部门根据自身职能定位和事业发展规划，确定部门总体目标，编制年度工作计划，明确主要执行项目并申报相应预算。因此，部门整体支出绩效评价，首先要从部门设置出发，评价分析部门职能、部门总体目标、部门年度工作计划及任务、部门项目安排及预算之间的关联性和匹配性。

2. 部门制度保障情况

部门制度是部门运行及其职能实现的主要依据，开展部门整体支出绩效评价，要对部门的制度保障条件进行考察分析，分析部门管理制度是否完善，是否将部门运行的各个环节制度化，为部门有效运行提供制度保障。

3. 部门履职的有效性

部门围绕其事业发展规划和年度工作计划开展履职活动，分配和使用财政资金，实现部门履职目标。因此，部门整体支出绩效评价需要围绕部门职能履行的有效性，主要评价内容包括部门是否履职到位、部门计划是否完成、部门履职目标是否实现。

4. 资源配置有效性

部门的运行以其人、财、物为主要资源，提供公共产品和服务，实现部门职能。在绩效评价时，需要评估资源配置的数量和结构是否合理，能否有效保障部门工作计划的完成，确保部门职能的有效履行。

（二）评价实施路径

部门整体支出绩效评价实施路径遵循部门整体支出评价的原则，从部门整体定位出发，明确部门绩效目标，剖析部门履职状况，评估长效机制建设的健全性。

1. 明确部门职责及重点工作

以部门三定方案为基础，结合部门战略目标及中长期发展规划、年度工作计划及预算安排等情况，通过和部门沟通，剖析部门的主要职责和年度重点工作任务，并搜集相关配套管理办法的制定和预算资金安排情况等内容。在此基础上，对部门的职能、职责进行重要性排序，对与重要职能、职责紧密相关的工作重点进行管理，对与职能、职责关系不紧密的工作进行关联性、必要性分析。在对部门经常性经费、人员经费等进行绩效管理时，选择具有代表性的对象进行量化管理。

2. 明确部门绩效目标

部门整体支出绩效目标的设定通常基于本级政府的总体目标与规划的分解，按照“政府目标与规划—部门职能—部门战略目标—年度目标—年度工作计划及任务”的思路，经过全面梳理与高度提炼，最终形成部门（单位）的年度整体支出绩效目标。

3. 剖析部门履职绩效

结合部门履职的相关材料和实地调研情况，剖析部门年度重点工作履行、目标实现、服务对象满意度、社会效益等情况，并从部门的长效管理、人力资源建设及档案管理角度对部门的长效机制建设进行分析。

（1）收集、整理、总结部门的职能定位、中长期规划和年度工作计划，同时梳理部门预算尤其是项目预算，明确预算与职能的匹配度，全面、客观地反映部门年度履职情况和取得的成效，对部门预算安排、完成的工作和履职程度之间的关系进行分析。

（2）部门整体支出绩效评价的基础和出发点由部门当年度工作计划，以及与之相匹配的预算明细构成，对应近三年相关工作的延续性和变化原因，分析评价当年度部门职能履行程度和目标实现情况。

二、部门整体支出绩效评价指标体系设计

（一）总体设计思路

部门整体支出绩效评价指标体系的设计，与项目支出“决策—过程—产出—效益”的指标设计逻辑保持一致，融入平衡计分卡思想，考察部门围绕其目标开展的履职活动所产生的实际效益。

在指标具体设计时，从部门职能和内部管理运行角度出发，设计部门管理指标，考察部门规划、年度工作计划和绩效目标情况，考察部门资金投入、财务管理、人员管理、资产管理、重点工作管理情况；从客户角度出发，设计产出和效果指标，考察部门提供公共产品和服务的目标实现程度与部门履职活动对社会产生的影响；从学习

和成长角度，设计部门能力建设类指标，考察部门人力资源、制度建设、档案管理等长效机制建设情况。

(二) 评价指标框架及内容

根据指标体系总体设计思路，按照定性指标可衡量、定量指标应量化的要求，进一步结合政府部门工作的特点，设计部门整体支出绩效评价指标。在指标体系设计时，通常设计三级指标体系，并将评价指标逐级分解和细化。

1. 部门决策指标

部门决策指标从部门职能及战略规划、年度工作计划、绩效目标等角度设计。考察部门职能是否明确，战略规划和年度工作计划的明确性、匹配性、完整性以及绩效目标设定合理性。

2. 部门管理指标

部门管理指标除资金投入管理外，还要综合考虑部门的财务管理、预算监督管理、采购管理、资产管理、人员管理和重点工作管理等。核心指标一般包括预算执行率、“三公经费”控制率、结转结余变动率、预算信息公开性、政府采购规范性和在职人员控制率等。

3. 部门履职绩效指标

履职绩效分为部门履职和履职效益两个部分。其中，部门履职指标是根据既定绩效目标设计的，旨在反映预算支出预期结果实现程度，从重点工作履行和部门目标实现两个层面细化考核。履职效益指标旨在反映服务对象满意度和部门履职活动产生的社会影响。

4. 部门能力建设指标

能力建设指标包括长效管理、人力资源建设及档案管理三个方面，考察部门在中长期规划、人力资源开发与培训、档案管理制度设计与执行等方面的部署情况。

根据总体设计思路和具体指标设计方法，部门整体支出绩效指标体系框架可参考表 3-4-1。

表 3-4-1 部门整体支出绩效评价指标框架

一级指标	二级指标	三级指标
部门决策（20 分）	部门职能	部门职能明确性
	部门战略规划	战略规划明确性
		战略规划匹配性
		战略规划完整性
	部门年度工作计划	年度工作计划明确性
		年度工作计划匹配性
		年度工作计划完整性

续表

一级指标	二级指标	三级指标
部门决策（20 分）	部门绩效目标设定	年度绩效目标合理性
		年度绩效目标明确性
部门管理（25 分）	资金投入	预算编制科学性
		基本支出预算执行率
		项目支出预算执行率
		预算调整率
		“三公经费”控制率
		人均公用经费变动率
		结转结余率
		结转结余变动率
	财务管理	财务管理制度健全性
		资金使用规范性
	预算监督	预算信息公开性
	采购管理	政府采购规范性
	资产管理	资产管理规范性
		部门固定资产利用率
	人员管理	在职人员控制率
	重点工作管理	重点工作管理制度健全性
履职绩效（45 分）	重点工作履行	重点工作 1 计划完成率
		重点工作 2 计划完成率
		……
	部门目标实现	年度绩效目标 1 实现率
		年度绩效目标 2 实现率
		……
	服务对象满意度	服务对象 1 满意度
		服务对象 2 满意度
	社会影响	单位获奖情况（加分指标）
		违法违纪情况
	社会效益	部门贡献情况

续表

一级指标	二级指标	三级指标
能力建设（10分）	长效管理	中期规划建设完备程度
		体制机制改革成效
	人力资源建设	人员培训机制完备性
	档案管理	档案管理完备性

部门整体支出绩效指标的目标值通常依据绩效标准而确定。绩效标准是设定绩效目标值时的参考和测算路径，包括计划标准、历史标准、横向标准、行业标准等。

预算部门（单位）根据部门整体支出的实际情况选择适合的绩效标准，并结合部门整体支出规模确定绩效指标的具体目标数值。其中，可量化的用数值表述，不可量化的用定性的分级分档形式表述。如“读者接待增长率”为10%、“人员配置合理性”为合理。

（三）评价指标体系权重

在部门整体支出绩效评价实践中，我们建议一级指标一般按照部门决策20分、部门管理25分、履职绩效45分、能力建设10分进行权重分配，具体评价中可根据实际情况调整。二、三级指标依据评价的实际内容和具体的指标设计，按照重要性原则，可合理选择德尔菲法、层次分析法或经验分配法设定权重。根据评价介入的时点不同，各地评价规范要求的一级指标框架组成不一样，二、三级指标的权重也要相应调整。

三、部门整体支出绩效分析

部门整体支出绩效分析基于评价指标体系和采集整理后的数据，针对部门职责的履行情况、运行的有效情况、职能的实现程度重点展开分析。部门整体支出绩效评价的目的就是让政府部门的管理者和工作人员为实现组织目标，共同参与到一个持续循环的绩效评价体系和结果分析的过程中，以提高部门整体支出的绩效。因此，在指标分析的基础上，部门整体支出绩效评价需要对部门的运行绩效进行分析。

（一）部门职能—目标—项目—预算的匹配性分析

部门职能—目标—项目—预算的匹配性分析包括以下内容：

1. 部门职能的全面解析

部门整体支出绩效评价，首先要从部门设置出发，根据部门三定方案，对部门职能进行全面解析。解析内容包括：一是部门的主要职责，考察部门的职责定位是否清晰明确；二是部门主要职责设置的内设机构及其职责，考察内设机构设置的合理性，考察这一设置是否存在职能交叉重复，是否能够保证部门职责的履行；三是部门人员配置的合理性，考察人员配置数量、专业等要素是否满足履职需要。

2. 部门履职目标分析

部门依据主要职责，确定部门履职目标，制订事业发展规划和年度工作计划，确定年度工作目标。部门履职目标分析，就是要分析部门总体目标和年度目标设置的合理性，考察这一设置是否能保证部门年度工作任务的完成，是否能确保部门职责有效履行。

3. 部门项目分析

项目开展是部门履职的主要方式。开展项目分析，一要明确项目类型、内容、预算及其执行情况等基本情况；二要分析项目结构是否合理，重点项目是否明确，是否能有效支撑部门主要任务和履职目标的实现。

4. 部门预算分析

部门预算分析，首先要分析部门及项目预算和执行情况，考察预算执行率、“三公经费”变动率等情况；其次要分析部门预算合理性，考察这一预算是否能保证部门年度工作任务完成，达到履职目标，考察预算与部门目标实现之间的关系。

（二）部门制度保障性分析

部门制度保障性分析，就是要对部门的规划、部门管理制度、项目管理制度等进行全面的分析，考察部门制度是否能保障部门高效运行。部门制度保障性分析，首先要对部门制度进行全面梳理，考察制度规定的全面性、制度设计的合理性、部门管理的规范性；其次对制度的执行情况进行考察，分析部门制度是否得到有效执行，剖析制度执行与履职之间的关联关系。

（三）部门履职有效性分析

部门履职有效性从部门工作的整体效果、部门目标的实现程度、社会满意度、资源配置有效性等角度进行绩效分析。

1. 部门工作的整体效果

部门工作的整体效果分析，从整体角度回答部门履职情况，以绩效评价指标的总分情况进行衡量。根据“二八原则”，对部门工作的整体效果起到关键影响的往往是部门年度重点工作和重点项目，因此，需要注重对部门年度重点工作和重点项目的完成效果进行分析。

2. 部门目标的实现程度

部门围绕其目标开展履职活动，部门整体支出绩效评价，就是要将部门履职活动与部门目标进行匹配，考察部门目标的实现程度。其分析包括两个层面：一是部门运转是否偏离其履职目标，可以从部门年度重点项目的角度进行分析；二是部门运转结果对部门履职目标实现的支撑程度，从运行的产出和效果情况进行分析。以某高校2016年整体支出绩效评价为例，2016年该校的重点项目是实训基地建设、教研建设、招生就业、教学业务保障、学生宿舍修缮、高职建设、学生宿舍建设等项目，占学校总体预算的78%，符合“学校为行业和地方培养生产、服务、管理第一线岗位需要的实用型、技能型高级专门人才”的总体目标，履职活动的开展未偏离部门目标；从部门运转结果对部门履职目标实现的保障情况来看，当年学校的运行一定程度上提升了教学硬件条件，实训和就业情况较好，但也存在校园环境、后勤保障、科研产出、招生就业等方面的问题，部门运行保障履职目标实现方面存在改进空间。

3. 社会满意度

政府部门以向社会提供公共产品和服务为主要职责，因此社会满意度是考察部门职责实现程度的重要标准。社会满意度调查，有利于了解服务对象的真实想法，改进政府部门的工作思路，为决策提供参考。社会满意度分析要基于部门服务对象的满意度调查情况展开，如：学校的满意度分析，其分析内容包括学生满意度、教职工满意度、家长满意度三个方面；科技局的满意度分析应该注重受服务企业的满意度。

4. 资源配置有效性

部门资源配置以保障部门有效运行为目标，衡量部门运行是否有效，要从部门运行效率、管理水平、资源节约情况等要素出发。公共部门的运行效率包括两层含义：一是资源配置效率，二是产出效率。资源配置效率，就是利用有限的资源提供尽可能多的公共产品和服务以满足社会公众需求，而部门人、财、物、事等资源的不匹配造成了供需矛盾，因此需要优化部门管理，合理配置资源。产出效率指部门在资源配置前提下公共产品和服务的产出能力，如果部门没有按照最低成本达成产出，那么就存在效率提升空间，也可以认为部门运行的资源不节约。部门的管理水平直接影响部门的运行效率和资源节约情况：一方面财政预算是资源分配的基本方式，直接影响部门资源配置效率；另一方面部门的管理方式和激励约束机制，对部门的产出水平具有直接影响。

在部门整体支出绩效评价指标体系中，设置了部门管理和部门产出指标来衡量部门管理水平和部门产出情况，也可以进一步反映出资源节约情况。在绩效分析时，需要进一步研究部门资源配置对部门运行效率的影响。部门的资源配置效率和产出效率相辅相成，如果部门没有产出效率，那么其资源配置也是无效率的，从而形成资源的浪费。因此在绩效分析时，需要整体考虑资源配置效率与部门产出效率之间的关系。

表3-4-2为某高校2016年项目资金分配表，该高校的主要职能包括人才培养、科学研究、社会服务、文化传承创新四个方面。2016年该院校在校园环境、教科研、招生就业、校园文化、工资福利及补助、其他六个方面进行资金投入，支出占比分别为18.81％、33.71％、2.73％、3.05％、23.19％、18.50％。校园环境、教科研、工资福利及补助三个方面的资金支出占比较高；招生就业、校园文化两个方面的资金支出相近，支出占比较低。

表 3-4-2　某高校 2016 年项目资金分配表

支出类型	支出占比	产出情况
校园环境	18.81%	校园环境仍存在一些问题，后勤保障服务不达标
教科研	33.71%	教学硬件环境有较大改善；科研经费投入不足，科研成果质量较差
招生就业	2.73%	招生宣传力度降低，招生结果不尽如人意；提供多种就业创业服务，学生就业情况较好
校园文化	3.05%	校园文化活动丰富，但专业技能型活动举办较少，未突出学校特色
工资福利及补助	23.19%	离职率较低，工资福利基本满足教师需求
其他	18.50%	主要为延续项目，按合同进度付款

综合该高校 2016 年的资金分配和产出情况可以看出，该高校 2016 年运行方面存在一些问题。其中，资源分配方面：① 教科研经费大部分用于改善硬件环境，但是科研经费投入不足，导致科研成果数量和质量偏低；② 招生就业方面资源投入不足，导致招生结果未达标。产出方面：① 校园环境方面虽然投入较大，但是仍存在一些问题，后勤保障服务管理不到位；② 在校园文化方面的投入产出较为丰富，但是专业技能型活动举办较少，未突出学校特色。基于学校运行效率问题，应从管理上寻找解决方法，以资金分配和监督约束机制为手段，解决存在的问题，提高运行效率。

四、部门整体支出绩效评价成果

(一) 部门整体支出绩效评价方案

部门整体支出绩效评价方案是开展部门整体支出绩效评价时的路径规划，方案中需要对部门概况、评价思路、评价指标体系、调研计划和组织实施计划进行全面设计。本书中提出部门整体支出绩效评价工作方案（参考框架）如下：

部门整体支出绩效评价工作方案（参考框架）

一、部门概况

（一）部门基本情况（包括部门历史沿革、部门人员、内设机构等）

（二）部门职责和年度工作计划（包括中长期规划、近三年工作计划及重点项目）

（三）部门预决算情况（包括历史及当年预决算情况、资产情况等）

（四）部门管理情况（包括内部管理和重点工作管理）

（五）部门目标（包括部门总体目标和当年绩效目标）

二、评价思路

（一）评价目的和依据

(二) 评价对象和范围

(三) 评价期限的确定

(四) 绩效评价方法和思路

三、评价指标体系

(一) 指标设计思路

(二) 评价指标体系

四、社会调查方案

(一) 问卷调查方案

(二) 访谈工作方案

五、评价的组织实施

(一) 人员分工

(二) 评价时间及主要工作进度

(三) 内部控制制度

附件 1　基础表

附件 2　部门整体支出绩效评价指标体系

附件 3　其他

(二) 部门整体支出绩效评价报告

部门整体支出绩效评价的结果以报告的形式提交，形式上需要符合格式规范，内容上要对部门的情况、评价的实施、评价的结论进行总结提升，参考框架如下：

部门整体支出绩效评价报告（参考框架）

摘要

摘要是报告的重要组成部分，部门整体支出绩效评价的报告包括“部门总体情况”“评价目的和思路”“评价结论”“主要经验、问题、建议”，其表述应做到全面完整、简洁明了、归纳准确，文字表达要严谨、顺畅、精练，字数一般应控制在 2000 字以下。

一、部门概况（以下为正文）

1. 部门基本情况。包括部门成立时间、职能定位及变化过程（机构改革）、部门人员机构构成和内控、上下级管理机制、中长期规划和工作计划等。

2. 部门收支情况。部门预算收支构成、资金来源及近三年预算支出、预决算数据（包括资产情况、“三公经费”情况）。

3. 部门工作任务。以部门项目支出为依据，介绍主要工作任务及其完成情况，部门重点项目的组织开展情况，同上年（或上两年）数据对比情况。

4. 部门绩效目标。包括部门总体目标和当年绩效目标。

二、绩效评价工作情况

包括评价目的、评价指标体系的设计思路、评价过程中采用的方法、绩效评价重点等。

三、评价结论

总体介绍绩效评价结果情况，采用综合评分定级法，即评分和评级相结合，总分值为100分，绩效评级分优、良、中、差四档。评价得分高于90分（含90分）的，绩效评级为优；得分在80分（含80分）—90分的，绩效评级为良；得分在60分（含60分）—80分的，绩效评级为中；得分在60分以下的，绩效评级为差。

四、绩效分析

（一）指标分析

包括部门整体支出绩效评价指标的评分依据、扣分项原因分析等。

（二）综合绩效分析

1. 部门职能履行情况。包括部门年度工作完成情况，工作计划与产出情况的匹配性等。

2. 部门履职有效性。包括运行效率、管理水平、资源节约情况等。

3. 部门职能实现程度。包括部门工作的整体效果、部门目标的实现程度、社会满意度等。

五、问题分析

分析部门履职存在的问题，涉及部门年度工作与部门职能、规划的相关程度判断，部门整体制度保障的完善程度，部门内部控制机制的健全程度，部门整体资源配置水平和能力等。

六、建议

根据问题分析，与揭示的绩效问题紧密结合，提出问题解决的建议方案。

附件1　部门整体支出绩效评分表

附件2　调研报告

附件3　其他

|第五节| 绩效评价管理基本流程

绩效评价管理基本流程总体包括前期准备、评价实施、评价结果反馈与应用、档案管理四个环节，具体流程见图 3-5-1。

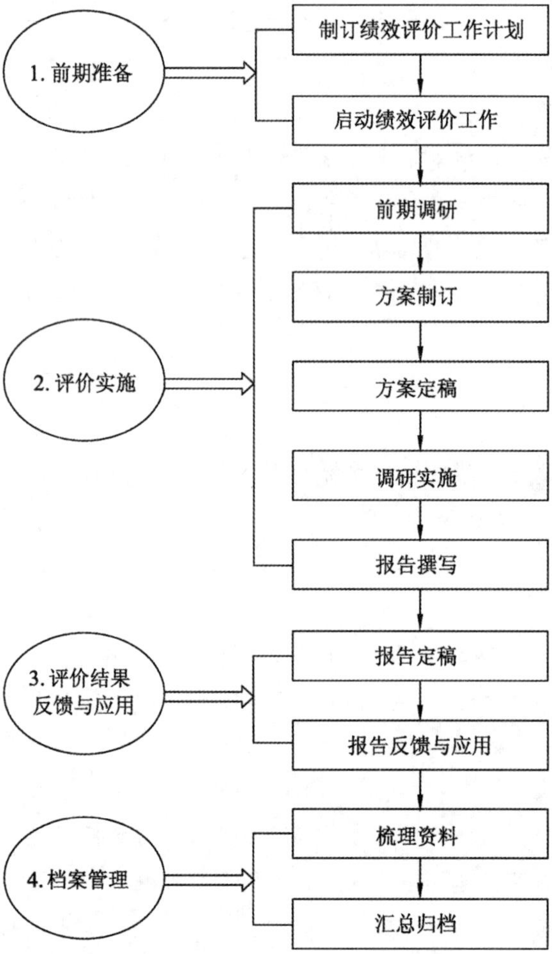

图 3-5-1 绩效评价管理基本流程

一、前期准备

(一) 制订绩效评价工作计划

1. 财政部门制订绩效评价工作计划和要求，并将工作计划和要求下发至预算主管部门和预算部门（单位）。

2. 依据年度工作计划和要求，由财政部门联合预算主管部门、预算部门（单位）

确定绩效评价对象和范围。

(1) 项目支出绩效评价由预算部门（单位）根据工作计划和要求，确定部门（单位）组织开展的重点评价的项目范围，并向财政部门上报年度绩效评价计划，由财政部门和预算主管部门确定年度重点绩效评价项目并下达至预算部门（单位）。

(2) 政策绩效评价是由财政部门和预算主管部门根据本年度政策绩效评价工作计划和要求，选择开展政策绩效评价的对象。

(3) 部门整体支出绩效评价则是由财政部门确定年度重点评价的对象并下达至预算主管部门。预算部门（单位）根据工作计划和要求并结合本部门（单位）工作实际，确定部门（单位）组织开展整体支出绩效评价的范围，并向财政部门上报年度绩效评价计划。

3. 绩效评价工作可由部门（单位）自行开展，也可由财政或预算主管部门通过政府采购选择合适的第三方评价机构实施。如委托第三方机构开展绩效评价，还需通过政府采购确定第三方评价机构。

4. 制定、下发绩效评价通知，确定评价目的、内容、任务、依据、评价时间及要求等方面的情况，对第三方评价机构或预算部门（单位）相关人员开展绩效评价业务培训。

（二）启动绩效评价工作

绩效评价工作的实施方（或委托的第三方评价机构）收到绩效评价通知，组织评价工作组参与培训，启动绩效评价工作。

二、评价实施

（一）前期调研

1. 前期沟通

通过和相关部门沟通，绩效评价工作组充分了解被评价对象，明确评价目标、识别重要评价事项和履行评价责任。绩效评价前期沟通流程具体如下：

(1) 项目支出绩效评价

① 制定文件需求清单。绩效评价工作组根据一般项目支出绩效评价工作要求，编制文件需求清单，并将需求清单提前发至相关单位，各单位按照清单上列明的文件内容准备相关资料。

② 了解项目基本情况。绩效评价工作组主要是与预算部门（单位）沟通，了解项目立项背景及发展规划、项目实施内容、项目预算及支出情况、项目相关保障制度、绩效目标的制定及实现情况等内容。

(2) 政策绩效评价

① 制定政策绩效评价基本情况表。绩效评价工作组和预算部门（单位）沟通，了解政策制定的背景及实施途径，确定政策实施的总目标和分类目标，相关配套管理

办法的制定和预算资金安排情况等内容，完成“政策绩效评价对象基本情况表”编制。

② 梳理政策的绩效目标。政策绩效目标按照项目支出绩效目标的编制要求开展，根据政策的总目标，结合对政策基本内容和要素的梳理，提炼、归纳专项政策的具体绩效目标。

③ 分解政策实施项目活动。通过对政策的执行了解，依据政策确定的目标和管理要求，并结合政策绩效评价的特点和重点，分解政策在制定、执行、实现和效果等环节的内容，包括政策制定、组织管理、资金情况、执行监督、信息公开、政策产出和政策效果。

（3）部门整体绩效评价

① 确认当年度部门整体的绩效目标。绩效评价工作组梳理、复核，并与预算部门（单位）确认部门战略目标、部门中长期工作规划、各条线工作任务及要求，确认年度工作计划与战略目标、中长期规划及各条线工作要求的关联程度。

② 梳理部门（单位）内部管理制度及存量资源。绩效评价工作组与预算部门（单位）沟通，获取部门内部管理制度、部门（单位）内部资产、部门（单位）职工数量等资料，分类整理总结部门（单位）的内部管理制度及存量资源变动情况。

③ 确定当年度整体绩效评价重点。绩效评价工作组与预算部门（单位）沟通，了解部门（单位）年度工作计划，确定部门（单位）的工作重点、具体工作内容、进度完成安排等，并围绕部门（单位）职责的履行情况、运行的有效情况、职能的实现程度，确定整体绩效评价重点。

2. 资料获取

评价工作组将需求资料清单告知各相关单位，由各单位根据要求提供相关文件，评价工作组也需结合访谈、问卷调查等方式获取相关资料。

（二）方案制订

评价工作组根据前期沟通了解的评价对象的基本情况，编制评价工作方案。绩效评价工作方案主要包括概况、评价思路及目的、评价指标体系、社会调查方案、评价的组织实施和内控制度六部分。

（三）方案定稿

1. 征求项目单位意见

评价方案初稿完成后，发送至项目单位征求意见，结合项目单位的反馈意见，对评价方案进行修改，形成方案评审稿。

2. 方案评审

评价工作组织方组织专家对方案评审稿进行论证，财政部门、预算主管部门、预算部门（单位）和评价工作组一同参与评价方案的评审，重点评审方案的科学性、合理性和可操作性，并出具评审意见。

方案评审关注方案总体结构及文字表述，概况描述是否全面、清晰，评价思路和目的是否明确、准确，评价指标体系是否科学、合理和具有可操作性，具体实施方案安排是否合理，等等，具体如表 3-5-1 所示。

表 3-5-1　绩效评价工作方案质量评估样表

<table>
<tr><td>项目名称</td><td></td><td>预算部门</td><td colspan="2"></td></tr>
<tr><td>评价机构</td><td></td><td>评审专家</td><td colspan="2"></td></tr>
<tr><td colspan="3">评审内容</td><td>权重</td><td>得分</td></tr>
<tr><td rowspan="2">总体结构及文字表述</td><td colspan="2">总体结构的完整性和规范性</td><td>4</td><td></td></tr>
<tr><td colspan="2">语言的逻辑性及文字的准确性</td><td>4</td><td></td></tr>
<tr><td rowspan="5">项目概况</td><td colspan="2">项目立项背景、立项目的、立项依据描述的全面性及准确性</td><td>6</td><td></td></tr>
<tr><td colspan="2">项目预算来源、资金安排明细内容、支出标准描述的清晰度和准确性</td><td>8</td><td></td></tr>
<tr><td colspan="2">绩效目标设立依据的充分性和可靠性</td><td>3</td><td></td></tr>
<tr><td colspan="2">项目绩效目标与项目的匹配度</td><td>3</td><td></td></tr>
<tr><td colspan="2">项目管理组织架构、业务管理流程、资金拨付流程描述的准确性（含图示）</td><td>7</td><td></td></tr>
<tr><td rowspan="2">评价思路和目的</td><td colspan="2">项目评价思路是否科学、合理、与项目实际相匹配</td><td>5</td><td></td></tr>
<tr><td colspan="2">项目评价关注的问题是否清晰、明确</td><td>5</td><td></td></tr>
<tr><td rowspan="3">指标体系</td><td colspan="2">指标体系是否修改完善，符合相关文件的规定和要求</td><td>8</td><td></td></tr>
<tr><td colspan="2">评价指标体系是否符合科学性、合理性、可操作性要求</td><td>8</td><td></td></tr>
<tr><td colspan="2">绩效评价指标标杆值设置是否符合科学性、合理性要求</td><td>9</td><td></td></tr>
<tr><td rowspan="3">项目实施方案</td><td colspan="2">项目数据采集方案是否符合评价需要</td><td>8</td><td></td></tr>
<tr><td colspan="2">项目实施时间计划、人员安排是否科学、合理</td><td>8</td><td></td></tr>
<tr><td colspan="2">各类访谈、社会调查、基础数据采集设计是否符合项目实际</td><td>6</td><td></td></tr>
<tr><td>其他</td><td colspan="2">附件资料的完整性和可支撑性</td><td>8</td><td></td></tr>
<tr><td>总分</td><td colspan="2"></td><td>100</td><td></td></tr>
<tr><td>具体意见</td><td colspan="4"></td></tr>
<tr><td>评审结论</td><td colspan="4">□ 同意通过　□ 修改后通过　□ 做重大修改后通过　□ 不通过</td></tr>
<tr><td>签名</td><td></td><td colspan="3">评审日期：　　年　　月　　日</td></tr>
</table>

3. 方案定稿

评价工作组根据评审意见修改绩效评价方案，形成评价工作方案定稿。

（四）调研实施

1. 基础表发放与回收

评价工作组在项目实施过程中应充分根据评价对象基本情况设计用于采集数据的基础表，初步设计完成后，应与预算部门（单位）确认基础表填写的可行性，在项目无现成数据时，须在实地调研期间由评价工作组进行原始数据采集并做后期处理。同时，评价工作组应注意在主管部门（单位）上报后核实基础数据填报的真实性。

2. 问卷调查

根据社会调查方案对相关对象进行满意度问卷调查，按规定的样本量回收、汇总满意度问卷，筛选有效问卷，并在充分分析的基础上，形成问卷调查报告。

3. 访谈

对绩效评价的相关对象［预算主管部门、预算部门（单位）、受益对象等］开展面对面的访谈工作，对绩效评价对象（项目、政策、部门支出）做更深入的了解，并做好访谈记录，形成访谈报告。

4. 实地核查

① 数据的核查。在收集基础资料及数据的基础上，需要对数据进行核实和初步分析，各项数据需明确数据来源，对照相应台账记录，确保数据真实准确。

② 合规性检查。针对项目需要调研检查的内容设计对应的检查表。合规性检查内容主要包括对项目财务管理规范性，项目实施管理规范性，以及项目实施结果相关的制度规范、文档等方面展开检查。

5. 数据分析

根据整理后的数据和一定的基准衡量指标，广泛运用各种数据分析工具，进行变化分析、归因分析、贡献分析，并完成指标评分、绩效分析、工作底稿、问卷汇总分析和评分结果综合提炼等工作。

（五）报告撰写

评价工作组根据上述评价实施阶段对数据资料采集、分析、处理结果撰写绩效评价报告。绩效评价报告主要内容包含基本情况、绩效评价工作情况、评价结论、绩效分析、主要经验及做法、存在的问题和建议、其他需要说明的问题等。

三、评价结果反馈与应用

（一）报告定稿

1. 征求项目单位意见

评价工作组就完成的报告初稿，与项目部门（单位）进行沟通，根据相关部门提出的合理性修改意见进行修改，形成报告评审稿。

2. 报告评审

由评价组织方组织专家对报告进行评审，财政部门、预算主管部门、预算部门（单位）和评价工作组一同参与报告评审。报告重点评审报告结构的规范性和严谨性，报告文字表述的准确性和逻辑性，项目实施情况的完整性和清晰度，预算安排及实际支出情况的全面性和准确性，评价依据的充分性和合理性，绩效分析的逻辑性和充分性，评价结论的客观性和公正性等，具体评审内容见表 3-5-2。

表 3-5-2　绩效评价报告质量评估样表

<table>
<tr><td>项目名称</td><td></td><td>预算部门</td><td colspan="2"></td></tr>
<tr><td>评价机构</td><td></td><td>评审专家</td><td colspan="2"></td></tr>
<tr><td colspan="3">评审内容</td><td>权重</td><td>得分</td></tr>
<tr><td>报告结构的规范和严谨性</td><td colspan="2">评价报告要素全面性、格式规范性，与相关规定及相关规范相符合</td><td>3</td><td></td></tr>
<tr><td>报告文字表述的准确性和逻辑性</td><td colspan="2">文字描述准确、精练、通畅，层次性、逻辑性强</td><td>3</td><td></td></tr>
<tr><td>项目立项情况描述的清晰度</td><td colspan="2">项目背景、依据、目的及现状情况等交代清晰、全面、简练；项目所要解决的问题、立项过程归纳描述全面、准确</td><td>4</td><td></td></tr>
<tr><td>项目实施情况的完整性</td><td colspan="2">项目实施内容、项目管理制度、组织实施情况描述完整、清晰</td><td>5</td><td></td></tr>
<tr><td>预算安排及实际支出情况的全面性和准确性</td><td colspan="2">对项目预算细化反映至子项目活动内容，对预算安排和实际执行应做对比说明，对经常性项目要说明近年来预算安排情况及使用结果</td><td>5</td><td></td></tr>
<tr><td>绩效目标归纳的完整性和准确性</td><td colspan="2">绩效目标梳理归纳完整、准确、清晰、量化</td><td>5</td><td></td></tr>
<tr><td rowspan="3">指标设置的科学性</td><td colspan="2">指标设置科学、合理，具有可操作性；针对项目特点设置个性化评价指标；指标设置与项目绩效目标紧密相关</td><td>15</td><td></td></tr>
<tr><td colspan="2">权重设计应体现指标的重要性、导向性，要反映项目绩效的特性</td><td>5</td><td></td></tr>
<tr><td colspan="2">标杆值设计依据充分，标杆值科学、合理、准确</td><td>5</td><td></td></tr>
<tr><td>评价标准依据充分和合理性</td><td colspan="2">评价及评分标准依据充分，标准科学、合理、客观</td><td>5</td><td></td></tr>
<tr><td>绩效分析的逻辑性和充分性</td><td colspan="2">评价得分与评价结论之间的逻辑性强，绩效分析深入充分</td><td>15</td><td></td></tr>
<tr><td>评价结论的客观性和公正性</td><td colspan="2">评价结论的归纳客观公正，项目绩效反映清晰、完整；围绕评价指标得分情况深入分析绩效问题的原因；相关建议具有操作性和相应的前瞻性</td><td>15</td><td></td></tr>
</table>

续表

评审内容		权重	得分
社会调查的科学性	社会调查方案科学，对象合理、方法适当、支撑有效、分析全面	10	
工作底稿的完整性和支撑度	依据底稿完整、准确、符合逻辑性	5	
总分		100	
具体意见	填表人签字：		

3. 报告定稿

评价工作组根据评审意见修改评价报告，形成报告定稿。

（二）报告反馈与应用

评价工作完成后，评价组织方对评价结果的反馈及应用等工作按照相关规定处理。目前，评价结果的应用方式主要有以下四方面：一是经专家评审后通过的评价报告反馈给预算主管部门和预算部门（单位）；二是预算主管部门、预算部门（单位）依据反馈结果进行整改；三是按照绩效信息公开的相关要求，公开评价结果，主动接受社会监督；四是根据绩效管理的要求实施绩效问责。

依据评价的不同类型，具体结果应用方式存在一定的差异，其中项目支出绩效评价结果主要为项目预算调整和项目管理改进提供依据；部门整体支出绩效评价结果主要为部门整体预算调整提供依据；由于政策绩效评价的重点内容之一是政策本身，因此最终的评价结论要落实到每一条政策的存废、修改或完善之上，而不仅仅是政策相关的项目实施及预算管理，这是政策绩效评价与一般项目支出绩效评价、部门整体绩效评价在结果应用上的重要区别。同时，政策绩效评价结果还是政府相关机构及职能的调整、支出结构的优化、新一轮政策的规划与设立的有效支撑，可使政策体系更为完备和健全，更好地适应地区发展的需要。

四、档案管理

（一）梳理资料

预算部门（单位）、财政部门根据绩效评价管理过程中获得的相关信息，对绩效评价方案、评价报告、评审结论、结果应用情况等资料进行梳理。

（二）汇总归档

预算部门（单位）、财政部门将梳理的资料进行汇总归档，做好纸质材料、信息化资料档案管理工作。

第四章

政府及其他预算绩效管理

全面实施预算绩效管理提出要“构建全方位预算绩效管理格局”和“完善全覆盖预算绩效管理体系”，将政府、部门（单位）、政策、项目的预算收支全部纳入绩效管理，不仅将预算绩效管理的要求延伸到涉及一般公共预算财政资金的所有领域，而且要求进一步建立其他政府预算绩效管理体系，将政府性基金预算、国有资本经营预算和社会保险基金预算全部纳入绩效管理。上述预算绩效管理范围的扩大和延伸体现了财政改革和政府治理现代化的需要，对如何构建完整的预算绩效管理体系提出了新的要求，也为全面深化和实施预算绩效管理工作指明了方向。

本章重点论述了除部门、政策、项目之外的其他政府预算绩效管理领域的主要内容及方法。第一节阐述了政府预算绩效管理的概念、内容及方法，重点讨论了县级政府财政运行绩效管理指标体系的内容要点；第二、三、四节针对其他三本预算，分别阐述了国有资本经营预算、社会保险基金预算、政府性基金预算的基本概念、功能定位、与其他几本预算的关系，开展预算绩效管理的内容及方法，并讨论了绩效指标体系框架的设计要点以及一些绩效分析方法；第五节针对政府投资基金，从概念、管理特征、绩效管理的内容和方法、指标体系设计的框架展开进行了较为详细的阐述。

|第一节| 政府预算绩效管理

一、政府预算绩效管理概述

（一）政府预算绩效管理的相关概念

政府绩效是指政府及其部门履行自身职责的行为，以及产出的结果和社会经济影响，是包括预算在内的多种因素综合作用的结果。政府绩效不只是一个政绩层面的概念，还包括政府成本、政府效率、政治稳定、社会进步和发展预期等多方面的含义。随着公共管理的演进和实践发展，政府绩效的内涵经历了“以效率为核心”向“结果导向”“多元价值导向”“以公共价值为基础”的转变。

政府绩效管理主要是通过构建政府部门战略绩效管理模式，使政府部门的职能和战略与绩效管理相连接，以促进政府部门绩效的持续改进和提升。政府绩效管理涵盖了政府部门职能和战略规划的确定、绩效目标体系设计、绩效信息收集、绩效评价及绩效改进等各方面内容。政府绩效管理往往更重视政府履职结果，其评价结果强调政府整体层面的绩效。政府绩效管理工作部际联席会议将政府绩效管理定义为："政府绩效管理作为一种新型的行政管理模式，主要是指通过建立科学合理的政府绩效评估指标体系和评估机制，对政府及其工作人员履行职能、完成工作任务以及实现经济社会发展目标的过程、实绩和效果实行综合考核评价，并根据考评结果改进政府工作、降低行政成本、提高政府效能的一种管理理念和方式。"①

政府预算绩效管理是政府绩效管理的重要组成部分。政府预算绩效管理，是以某一层级政府的全部预算收支为对象开展的绩效管理。政府预算绩效管理注重支出的责任和效率，关注公共资源的科学合理配置，强调财政投入和产出的关系，主要目的是改进政府预算管理，提高公共支出效率和资金使用效益。按预算资金的性质，政府预算绩效管理可分为预算收入绩效管理和预算支出绩效管理。其中，预算收入是指在预算年度内通过一定的形式和程序，有计划地筹措到的归国家支配的资金，是实现国家职能的财力保证。预算收入绩效管理是以预算收入为对象，以预算收入的规模、质量、结构等为主要内容，以提高预算收入对政府履职保障程度为目的所开展的绩效管理活动。预算支出是国家对集中的预算收入有计划地分配和使用而安排的支出。预算支出绩效管理是以预算支出为对象，以预算支出的性质、范围、投入、产出、效果等为主要内容，以提高预算支出的经济性、效率性、效益性、公平性为目的所开展的绩效管理活动。

（二）我国政府预算绩效管理改革的现状

绩效管理一直是我国政府改革的方向，它对促进部门事业发展、提升政府部门支出效率、提高财政透明度具有重要作用，同时，它也是解决传统公共管理中存在的官僚主义、浪费、腐败三大难题的重要推手。2006 年，温家宝总理在国务院会议中特别强调了绩效评估的重要性，指出"要抓紧开展政府绩效评估试点工作，总结经验，逐步推广"。

近年来，我国政府也在积极探索运用绩效管理理念和手段来优化政府的工作流程和提高政府的工作效率。2011 年，国务院批准北京市、吉林省、福建省等 8 个地方政府开展政府绩效管理试点工作。2012 年，政府绩效管理试点工作力度进一步加大，24 个省探索了政府绩效管理工作。同年，财政部出台了《预算绩效管理工作规划（2012—2015 年）》（财预〔2012〕396 号），其中制定了《县级财政支出管理绩效综合评价方案》，提出通过对县级财政支出管理绩效的综合评价，探索构建符合我国国情的预算绩效管理体系，建立健全政府绩效评估制度。此后开始以常态化方式开展县级财政管理绩效综合评价。2014 年 8 月，新《预算法》建立了由"四本预算"构成的

① 庞冠华：《从自行探索到开展试点　政府绩效管理制度建设提速》[EB/OL].(2011－09－07)[2019－06－01].http://gx.people.com.cn/cpc/GB/179666/15610441.html。

全口径预算体系，这项改革是我国预算管理制度的一项重大进展，为财政体制的创建和完善奠定了基石。2018 年 9 月，《中共中央 国务院关于全面实施预算绩效管理的意见》（以下简称《意见》）明确提出“实施政府预算绩效管理，将各级政府收支预算全面纳入绩效管理”的要求。同时，《意见》拓展了预算绩效管理实施对象，即从政策和项目预算为主向部门和单位预算、政府预算拓展，从转移支付为主向地方财政综合运行拓展，逐步提升绩效管理层级，在更高层面统筹和优化资源配置。

（三）我国政府预算绩效管理开展的障碍

当前我国政府预算绩效管理仍然存在一些突出问题，具体来看：

一是思想认识不统一。我国政府预算现在正处于改革时期，各项制度在不断健全和完善，部分地区对政府预算绩效管理改革缺乏全面、系统、正确的认识。

二是评价体系不完善。开展预算绩效管理工作，首先要建立一套科学的绩效评价体系。由于政府预算绩效管理具有综合性和复杂性，涉及经济、社会发展等方方面面，加上各地经济发展不均衡，要设定一套科学、统一、完整的指标体系和评价标准，满足不同层级、不同地区的需求，从当前工作状况和实践条件看仍存在较大困难，也是制约政府预算绩效管理工作推进的重要因素。

三是绩效管理实践不足。目前，除财政部每年组织的县级财政管理绩效综合评价以外，部分地区开始试点下级政府财政运行综合绩效评价，但对一级政府的全面预算绩效管理尚未系统性展开。例如从 流程上，当前的工作主要集中在评价阶段，目标和监控管理尚未开展；从层级上，当前的政府预算绩效管理工作主要集中在县级，对于市、省级的管理未涉及。

四是队伍建设滞后，专业化发展基础薄弱。政府预算绩效管理内容涉及面广、综合业务强、操作难度大，需要具有较强综合能力和富有开拓创新能力的高素质人才，这对于从事这项工作的人员提出了更高的要求。从目前来看，无论是专家团队还是财政部门、预算部门（单位），以及第三方中介机构，相关人员专业水准都难以满足政府预算绩效管理的要求。从事这项工作的人员既缺少这方面的培训，也缺乏工作经验。所以，迫切需要加强政府预算绩效管理人员的专业化建设，以适应新形势下政府预算绩效管理工作的需要。

（四）我国实施政府预算绩效管理的意义

政府预算绩效管理是政府治理方式的深刻变革，着重解决财政资源配置和使用中的低效无效问题，增强财政可持续性；有利于夯实各地方政府的主体责任，制定与地方经济社会发展相适应的收支目标，统筹兼顾，有效落实宏观财税政策、重点发展战略和重大改革目标，推动政府效能提升。推进政府预算绩效管理改革，既是加强财政管理、规范收支行为、明确发展责任的需要，也是建立现代财政制度的必然选择。

二、政府预算绩效管理的主要内容

（一）实施政府预算绩效管理的要求

根据《意见》，实施政府预算绩效管理就是要将各级政府收支预算全面纳入绩效管理。各级政府预算收入要实事求是、积极稳妥、讲求质量，必须与经济社会发展水平相适应，严格落实各项减税降费政策，严禁脱离实际制定增长目标，严禁虚收空转、收取过头税费，严禁超出限额举借政府债务。各级政府预算支出要统筹兼顾、突出重点、量力而行，着力支持国家重大发展战略和重点领域改革，提高保障和改善民生水平，同时不得设定过高民生标准和擅自扩大保障范围，确保财政资源高效配置，增强财政的可持续性。

（二）政府预算绩效管理体系框架

根据现行预算管理体系，我国财政预算工作由财政部门负责，实行一级政府一级预算，设立中央、省级（省、自治区、直辖市）、地市级（设区的市、自治州）、县区级（县、自治县、不设区的市、市辖区）、乡镇级（乡、民族乡、镇）五级预算。地方各级总预算由本级政府预算和汇总的下一级总预算组成。

政府预算绩效管理体系应以部门/单位、政策、项目等管理为基础，以政府财政预算收支整体为管理对象，贯穿事前、事中、事后全过程管理流程，同时积极回应上级转移支付、各类财政改革等管理要求。同时，政府预算绩效管理体系需重点考虑地区财政运行决策分析的需要，以增强财政可持续性和优化财政支出结构为目的，综合分析财政收支状况。以县（区）级基层政府预算绩效管理为例，决策分析框架如图4-1-1所示。

按照基层政府财政运行综合绩效决策分析体系的思路，需要从财政收入绩效分析监测和财政支出绩效决策分析两方面入手，对上级转移支付收入、债务收入、土地收入、非土地收入[①]等财政收入端和维持性支出、社会性支出、经济性支出等财政支出端分别开展绩效监测和决策分析。

（三）政府预算绩效管理的主体

1. 各级人民代表大会。各级人民代表大会是我国的权力机关，而各级人民代表大会常务委员会是其常设机构。在政府预算绩效管理过程中，人大作为预算的审议主体，是全体人民的利益代表，发挥着重要的监督职责。具体表现为：对本级政府下年度预算绩效目标进行审核，监督政府预算绩效实现情况并对改进政府预算绩效提出意见和建议。

① 除债务收入、上级转移支付收入、土地收入之外的其他财政收入，主要是增值税、企业所得税和个人所得税。

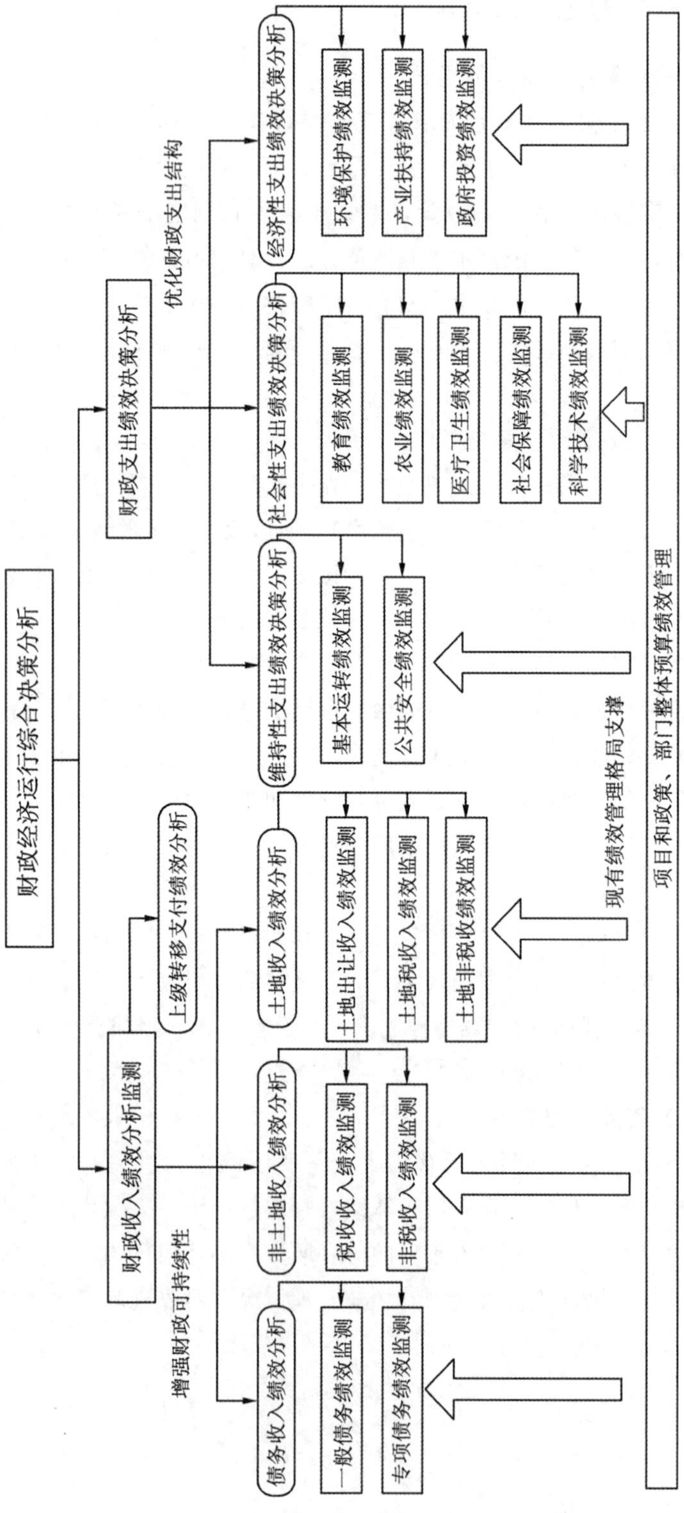

图 4-1-1 基层政府财政运行综合绩效决策分析体系

2. 各级党委、人民政府。各级党委、人民政府是本级预算绩效管理的责任主体，对本地区政府预算绩效负责。在政府预算绩效管理中，各级党委、人民政府需要根据相关预算绩效管理的规章制度，总体规划、组织实施本级政府预算绩效管理工作，编报年度政府预算绩效目标并执行。

3. 各级财政部门。各级财政部门是政府预算绩效管理工作的具体实施主体，负责制定本地区预算绩效管理工作规划和规章制度；执行政府预算绩效目标并进行监控，对执行过程中发现的问题及时进行整改；组织实施下级政府预算绩效评价工作，并按规定向社会公众公开绩效评价结果。

4. 各级审计部门。审计部门依法独立行使预算的审计监督权，是预算绩效管理的政府内部监督主体。除对政府整体预算执行和收支情况进行审计外，审计部门还对同级政府和预算部门编制的绩效导向的财务报告进行审计，并对重大宏观政策落实情况和具有重大财政风险的政策、项目等开展合规性和效益性并重的专项审计。

5. 第三方。为保证预算绩效管理工作的真实性和有效性，预算绩效管理主体可以根据需要聘用和委托专家、中介机构等第三方实施政府财政运行综合绩效评价工作。会计师事务所、资产评估机构、行业咨询机构等各类社会中介机构和专家学者主要为预算绩效管理的开展提供必要的技术和智力支撑。

此外，社会公众作为监督主体，监督财政资金使用绩效和预算绩效管理活动。

（四）政府预算绩效管理的客体

前文已经提到，《意见》要求将各级政府收支预算全面纳入绩效管理，覆盖一般公共预算、政府性基金预算、国有资本经营预算、社会保险基金预算，即财政预算“四本账”。把握好这“四本账”，成为分析政府预算绩效的关键。本节重点对一般公共预算进行阐述，其他政府预算详见本章第二至第四节。

1. 收入

对于地方政府而言，一般公共预算中核算的收入项目包括地方一般公共预算收入、转移性收入、债务收入/债务转贷收入等。其中，地方一般公共预算收入，即由地方征收，按照现行体制缴入地方国库的一般公共预算收入。地方一般公共预算收入，加上由地方征收，但按照现行财政体制缴入中央国库的上划中央收入，构成一般公共预算总收入。转移性收入是指在各级政府财政之间进行资金调拨，以及在本级政府财政不同类型资金之间调剂所形成的收入，包括上级补助收入、下级上解收入、调入资金和地区间援助收入等，其中主要是上级补助收入。地方政府一般公共预算财政收入分解表如表 4-1-1 所示。

表 4-1-1　地方政府一般公共预算财政收入分解表

名称	具体名称	主要内容
地方一般公共预算收入	税收收入	包括增值税、消费税、企业所得税和个人所得税等 18 个税种收入
	非税收入	包括专项收入、行政事业性收费收入、罚没收入、国有资本经营收入和国有资源（资产）有偿使用收入等若干项
转移性收入	上级补助收入	指上级政府财政按照财政体制规定或因专项需要补助给本级政府财政的款项，包括上级税收返还、一般性转移支付和专项转移支付。上级补助收入是地方财政收入的重要来源
	下级上解收入	指按照财政体制规定由下级政府财政上交给本级政府财政的款项。主要包括按体制规定由国库在下级预算收入中直接划解给本级财政的款项、按体制结算后下级财政补缴给本级财政的款项和各种专项上解款项
	调入资金	指政府财政为平衡一般公共预算收支，从地方政府基金预算、地方国有资本经营预算及其他渠道调入的资金
	地区间援助收入	指受援方政府财政收到援助方政府财政转来的可统筹使用的各类援助、捐赠等资金收入。此项收入属于非固定收入项
债务收入/债务转贷收入	债务收入	指政府财政根据法律法规等规定，通过发行债券、向外国政府和国际金融组织借款等方式筹集的纳入预算管理的资金收入，一般用于有独立发债权的省级政府或计划单列市政府
	债务转贷收入	指本级政府财政收到上级政府财政转贷的债务收入，用于没有独立发债权的省级以下（不含省级）政府
调入预算稳定调节基金	—	指各级财政通过超收安排的具有储备性质的基金，用于弥补短收年份预算执行的收支缺口。预算稳定调节基金单设科目，安排或补充基金时在支出方反映，调入使用基金时在收入方反映
上年结转	—	指上一财年未使用的预算资金结转到当年使用

2. 支出

对于地方政府而言，一般公共预算中核算的支出项目包括一般公共预算本级支出、转移性支出、债务还本支出和债务转贷支出等。其中，一般公共预算本级支出，指政府财政管理的由本级政府使用的列入一般公共预算的支出。按功能分，主要包括一般公共服务支出、教育支出、社会保障和就业支出、农林水支出、城乡社区支出、交通运输支出和住房保障支出等。转移性支出和前文提到的转移性收入相对应，是指在各级政府财政之间进行资金调拨，以及在本级政府财政不同类型资金之间调剂所形成的支出，包括补助支出、上解支出、地区间援助支出等。地方政府一般公共预算财政支出分解表如表 4-1-2 所示。

表 4-1-2　地方政府一般公共预算财政支出分解表

名称	具体名称	主要内容
一般公共预算本级支出	—	主要包括一般公共服务支出、教育支出、社会保障就业支出、农林水支出、城乡社区支出、交通运输支出、住房保障支出等
转移性支出	补助支出	指本级政府财政按财政体制规定或因专项需要补助给下级政府财政的款项，包括对下级的税收返还、一般性转移支付和专项转移支付等
	上解支出	指按照财政体制规定由本级政府财政上交给上级政府财政的款项，一般包括体制上解、出口退税上解、专项上解
	地区间援助支出	指援助方政府财政安排用于受援方政府财政统筹使用的各类援助、捐赠等资金支出。此项支出属于非固定支出项
债务还本支出/债务转贷支出	债务还本支出	指政府财政偿还本级政府财政承担的纳入预算管理的债务本金支出
	债务转贷支出	指本级政府财政向下级政府财政转贷的债务支出，对应于下级政府收入核算中的债务转贷收入
补充预算稳定调节基金	—	参见上文
下年结转	—	参见上文

此外，地方各级总预算由本级政府预算和汇总的下一级总预算组成。如果把省级和下属各市县预算收支加总，可以得到全省一般公共预算收支平衡表。两张表中的中央补助收入和上解中央支出是对应的，而本省内部（省级与市县之间）发生的转移性收支，如市县上解收入、补助市县支出等项目在加总时可以合并约去。因此，省级收支平衡表能够反映省级政府对上级（中央）和下级（各市县）的财政勾稽关系，而全省收支平衡表则简化为整个省对上级（中央）的财政勾稽关系。

(五) 政府预算绩效管理的特点

政府预算绩效管理是一项复杂的系统工程：一是流程环节多，主要有预算目标编制、预算执行监控、预算完成评价、评价结果反馈和反馈结果应用等环节。二是涉及面广，以省级政府为例，从省以下政府级次资金流向上看，主要有省级财政部门、省级预算部门，地市财政部门、地市预算部门，县级财政部门、县级预算部门，以及基层的项目执行主体等。三是绩效评价内容复杂，包括了收入、支出，规模、结构，重大财税政策、发展战略及改革事项等。四是以绩效目标为核心，以公共利益为最终落脚点。政府预算绩效管理具体来说就是量化财政支出对公共利益的贡献。五是多目标量化管理，政府预算绩效管理力图摆脱行政中的定性管理的缺陷，通过多项可量化的指标来描述公共服务的效果，以取代单纯靠主观感受来评价业绩的模式。

（六）政府预算绩效管理环节及要点

1. 预算编制环节

预算编制决定着政府收支活动范围的界定和倾向，提高预算编制的质量是政府预算绩效管理的源头和首要阶段。政府预算编制强调资源的分配绩效，要求在编制预算时订立科学的绩效目标，做到目标与预算相匹配，并预测目标的可行性，分析可能造成目标偏离的各种因素。

收入方面。政府预算收入目标要实事求是、积极稳妥、讲求质量，必须与社会发展水平相适应，不能脱离实际制定增长目标。具体而言，其一，要关注各项税收收入是否按照法定税率和税基等指标测算，是否与宏观经济、社会发展指标相协调。其二，要关注政府债务的风险水平，债务规模的合理性和可持续性。其三，要关注非税收入增长的合规性，包括土地出让收入增长的适度性及社会保险基金收入增长的公平性等。其四，就其他政府预算而言，国有资本经营预算的重点应放在纳入国有资本经营预算收入范围的种类是否齐全、确定的上缴比例是否合理，以及是否保持逐年增长的态势。

支出方面，要考察各项支出政策及预算安排是否与相关领域、行业重大方针政策和决策部署相匹配，是否与本地的国民经济和社会发展规划相衔接，以及预算支出总量的可持续性情况等。结合政府职能，可重点关注以下三个方面：一是民生方面，关注以促进社会公平为宗旨的“三农”、教育、医疗卫生和就业等支出的倾斜度和合理度；二是经济发展方面，关注基建、科技创新及产业发展等领域重大投资的确定依据、绩效目标设定情况，以及是否创新项目融资方式，控制政府出资比例并吸引民间资本参与；三是其他方面，关注土地出让收入的支出用途的合规性，国有资本经营收益支出方向与国家重大发展战略的匹配性，社会保险基金的投资渠道的有效性和安全性等。

2. 预算执行环节

预算执行是预算的具体落实过程，预算执行的绩效管理是预算编制绩效管理的延伸。预算执行涉及面广，影响因素较多，是政府预算绩效管理中的关键环节。该环节更加突出资金使用的效率和有效性。通过对预算绩效目标实现过程的监控，分析预算执行是否支撑绩效目标朝着既定的方向发展，存在哪些问题和矛盾，从而找出实际绩效达成度与应当达到的绩效水平之间的差距。

收入方面。执行过程中重点关注超收对经济增长、收入分配的影响效果。财政收入增长在保障政府履行职能需要的同时，也导致国民收入分配向政府过分倾斜的不合理格局，在很大程度上增加企业负担，以及抑制了居民消费需求。因此，在收入预算执行中，要根据经济发展与税源的规模、结构做到应收尽收，避免一味为了完成预算而采取的收取“过头税”，以及不合理的非税收入增长和虚收空转的现象。同时，关注各项税费减免政策是否严格落实，政府债务举债规模是否超标等。

支出方面。主要关注预算支出是否有效实现了政府履职目标，考察支出对经济、市场和产业发展的促进和调节情况，是否有利于解决发展的不平衡不充分问题；考察预算支出是否有效促进了基本公共服务均等化，是否更好地满足人民日益增长的美好生活需要。另外，预算支出绩效管理还应紧紧围绕财政资金的流向，重点从以下四个方面入手：

一是民生性支出的绩效。关于民生性支出绩效的管理要着力从两个方面入手：一方面是支出执行的进度和资金的流向，提高支出执行的及时性和均衡性；另一方面是随着民生性财政支出规模的逐渐扩大，应注重从支出利益归宿的角度考察各类支出的绩效，从而保证财政民生支出的利益不发生扭曲性转移，能够真正落实到受益者身上和惠民项目上。

二是财政专项资金的绩效。专项资金支出方面的绩效管理应重点关注资金支出绩效，确保专项资金专款专用和提高使用效率，同时结合财政事权和支出责任划分改革的要求，明确各级财政支出责任，相应取消一些违反事权责任安排的转移支付项目。同时，对专项扶持项目对经济发展和社会事业发展带来的直接或间接效益及其持续影响力进行评价，切实发挥专项资金的引导作用。

三是土地出让收入使用绩效。对土地出让收入使用绩效管理，一方面是要看资金是否存在违规使用的情况，另一方面是评估用于城市基础设施建设和民生性支出的比例关系是否合理，以及关注土地增值收益在农民、开发企业和政府之间的分配结构等。

四是国有资本经营预算支出绩效。对国有资本经营预算的绩效管理既要看其盈利情况，更要关注国有资本经营预算支出是否有利于推动国有经济布局和结构调整，是否有利于加快国有企业改革创新，是否有利于发挥国有资本在国民经济命脉和关键领域的主导作用，实现国有经济宏观调控功能等。

3. 决算环节

决算环节开展综合绩效评价，主要解决“财政资金的管理是否达到了工作目标，并取得了预期的效果”的问题。其管理的重点与执行环节类似，更侧重于对预算效果的评价。

三、政府预算绩效管理指标体系的构建

当前，对于政府预算绩效管理的理论研究与实践都处于探索阶段，还未真正形成明确的政府预算绩效管理体系和机制，也缺乏条理分明、逻辑一致的评价准则和框架，因此本节对于政府预算绩效管理指标体系的探讨将提供三个常见的概念框架供参考。这些指标体系虽然在框架和侧重点有一定差别，但其目标基本相同，内容相近，体现了政府预算绩效管理的核心要点。

1．政府预算绩效管理指标体系

根据政府预算实施的不同阶段及实施的效果，本书将政府预算绩效管理指标体系分为预算安排、预算执行及预算效果三个维度。预算安排维度考察预算的配置情况，以及预算管理制度是否健全；预算执行主要考察预算收支是否完成，以及完成的质量情况；预算效果则是考察政府预算执行产生的相关效益，包括经济效益、社会效益、生态效益及公众满意度等。具体指标如表 4-1-3 所示：

表 4-1-3 政府预算绩效管理指标体系

<table>
<tr><th>一级指标</th><th>二级指标</th><th>三级指标</th><th>指标解释</th></tr>
<tr><td rowspan="14">预算安排</td><td rowspan="11">预算配置</td><td>预算编制完整性</td><td>考察政府全口径预算编制内容是否完整</td></tr>
<tr><td>预算收支平衡性</td><td>考察地区财政预算平衡情况</td></tr>
<tr><td>政府预算收入安排合理性</td><td>考察政府预算收入安排是否与当地经济发展水平相适应，各类非税收入安排是否合规，国有资本经营预算利润上缴比例是否合理等</td></tr>
<tr><td>重点领域支出保障率</td><td>考察地区政府对重点领域财政支持程度</td></tr>
<tr><td>重大投资项目绩效目标合理性</td><td>考察政府重大投资项目绩效目标设定是否科学合理</td></tr>
<tr><td>专项转移支付安排合理性</td><td>考察专项转移支付支出方向是否合理</td></tr>
<tr><td>土地出让收入支出合规性</td><td>考察土地出让收入安排是否合规</td></tr>
<tr><td>国有资本经营预算安排与国家战略相符度</td><td>考察国有资本经营预算安排是否与国家战略安排相一致</td></tr>
<tr><td>“三公经费”支出占比下降率</td><td>考察地区在压缩行政成本方面的努力程度</td></tr>
<tr><td>财政供养人员控制率</td><td>考察地区对财政供养人员的控制程度</td></tr>
<tr><td>债务依存度</td><td>反映地区政府债务规模情况</td></tr>
<tr><td rowspan="3">管理制度</td><td>预算资金管理制度健全性</td><td>考察地区政府对各类预算资金的管理是否有健全的管理制度</td></tr>
<tr><td>重大支出政策健全性</td><td>考察地区各类重大支出是否有相应的政策依据</td></tr>
<tr><td>预决算信息公开性</td><td>考察地区政府预算信息公开情况</td></tr>
<tr><td rowspan="5">预算执行</td><td rowspan="5">数量</td><td>收入预算完成率</td><td>考察政府收入预算完成情况</td></tr>
<tr><td>支出预算完成率</td><td>考察政府支出预算完成情况</td></tr>
<tr><td>收入预算调整率</td><td>考察收入预算调整情况</td></tr>
<tr><td>支出预算调整率</td><td>考察支出预算调整情况</td></tr>
<tr><td>结转结余率</td><td>考察政府当年预算资金结转结余程度</td></tr>
</table>

续表

一级指标	二级指标	三级指标	指标解释
预算执行	质量	税收收入占一般公共预算收入比重	考察政府预算收入质量
		预算约束性	考察地方政府预决算是否具有一致性
		收入征收合规率	考察地方政府预算收入是否依法征收
		支出使用合规率	考察地方政府资金使用是否符合相关法律法规
		“三公经费”控制率	考察地方政府对行政成本的控制情况
		土地出让收入用于基建及民生支出比重	考察土地出让收入用于社会发展的情况
预算效果	经济效益	政府支出乘数	政府支出乘数指政府支出引起国民收入的增加量与政府支出的增加量的比，考察财政支出对地区GDP增长的贡献情况
		企业平均税费下降率	考察政府对企业税收减免政策的执行情况
		每万元财政资金带动社会资本量	考察政府投资对社会资本的吸引情况
		高新技术领域国有资本比重	考察国有经济产业布局优化情况
		GDP增长率	考察地区经济发展情况
		收入占GDP比重	考察地区宏观税负程度
		国有资本保值增值率	考察地区国有企业经营情况
		地区新兴产业增加值增长率	考察地区高新技术产业发展情况
		社保基金投资收益率	考察社保基金收益情况
		城镇居民人均可支配收入增长率	考察地方城镇居民收入增长情况
		农村居民人均纯收入增长率	考察地方农村居民收入增长情况
	社会效益	人均受教育年限	考察地区教育发展情况
		人均期望寿命	考察地区居民整体医疗、生活质量改善情况
		基础设施人均资本存量	考察地区基础设施建设情况
		地区基尼系数	考察地方居民贫富差距情况
		地区社保参保率	考察地区社会保障发展情况
		地区每万人大案要案发生数	考察地区治安水平

续表

一级指标	二级指标	三级指标	指标解释
预算效果	社会效益	脱贫人口返贫率	考察地区扶贫工作成果巩固成效
		城镇新增就业人数	考察地区就业情况
		城镇登记失业率	考察地区就业情况
	生态效益	空气质量优良率	考察地区空气污染情况
		人均公共绿地面积增长率	考察地区绿化情况
		万元GDP能耗下降率	考察地区节能降耗情况
	满意度	社会公众满意度	考察社会公众对当地政府整体的满意程度

2. 县级财政管理绩效综合评价体系

在所有层级政府预算绩效管理体系中，县级政府预算绩效管理体系建设是全面实施预算绩效管理的推进难点。县级政府是我国政府治理基础，承担着多数公共服务的主体责任。对此，财政部近年大力推进县级财政管理绩效综合评价。2018年7月10日，财政部印发了《2018年县级财政管理绩效综合评价方案》，由此方案可见，县级财政管理绩效综合评价内容包括规范预算编制（20分）、强化预算执行（15分）、提高收入质量（10分）、优化支出结构（10分）、增强财政可持续性（31分）、加大预决算公开（14分）等六个方面。考察内容以财政管理关键环节和当前财政管理重点推进内容为主。具体考察内容如表4-1-4所示。

表4-1-4　县级财政管理绩效综合评价内容表

评价内容	分值	内容解释
分值合计	100	
一、规范预算编制 （一）一般公共预算收入年初预算到位率 （二）一般公共预算支出年初预算到位率 （三）预算收支平衡	20 8 7 5	以一般公共预算年初预算到位率、预算收支平衡等为对象，评价县级预算编制水平
二、强化预算执行 （一）一般公共预算支出进度 （二）财政存量资金规模	15 10 5	以一般公共预算支出进度、清理压缩财政存量资金等为对象，评价财政预算执行情况
三、提高收入质量	10	以税收收入占一般公共预算收入的比重及年度间变化情况为对象，评价县级财政收入质量

续表

评价内容	分值	内容解释
四、优化支出结构	10	以教育、文化体育与传媒、社会保障和就业、医疗卫生与计划生育、住房保障5类与民生直接相关的支出，以及科学技术、节能环保、城乡社区、农林水、交通运输、商业服务业、国土海洋气象、粮油物资储备8类与民生密切相关的支出占一般公共预算支出的比重以及年度间变化情况为对象，评价县级财政支出结构优化程度
五、增强财政可持续性 （一）“保工资、保运转、保基本民生” （二）地方财政债务管理 （三）财政暂付款规模 （四）财政供养人员规模	31 8 8 8 7	以兜住“保工资、保运转、保基本民生”底线、加强政府债务管理、压缩财政暂付款项、控制财政供养人员增长等为对象，评价县级财政可持续性
六、加大预决算公开 （一）预算公开的及时性 （二）预算公开的完整性 （三）决算公开的及时性 （四）决算公开的完整性	14 2 5 2 5	以政府及部门预决算公开的及时性和完整性等为对象，评价县级预决算公开水平。

3. 政府财政运行综合绩效评价体系

依据《意见》精神，目前全国各地开始探索下级政府财政运行综合绩效评价试点，其中以县级政府财政运行评价为主。财政运行评价关注的内容除上述财政管理和财政可持续方面的内容外，还重点关注县级财政对地方政府年度重点工作任务（民生领域、经济发展等领域）的保障情况，即通过分析财政投入与地方政府重点工作任务的完成情况的关系，来全面反映一个地区财政运行的综合绩效。结合各地试点经验，本书拟定了评价指标体系供参考，具体内容如表4-1-5所示。其中财政运行绩效部分，在具体操作中需结合各县级政府当年度重点工作任务及财政资金重点支出保障领域梳理二级指标和三级指标，确保其能全面反映县级政府财政运行的绩效情况，指标梳理时可适当参考上级政府部门对县级政府的考核工作内容梳理，以便把控重点。

表4-1-5　县级政府财政运行综合绩效评价

一级指标	二级指标		三级指标
财政管理	预算编制	编制完整性、规范性和科学性	一般公共预算收入年初预算到位率
			一般公共预算支出年初预算到位率
			预算收支平衡

续表

一级指标	二级指标		三级指标
财政管理	预算执行	资金支付进度	一般公共预算支出进度
			政府性基金预算支出进度
			新增专项债券支出进度
		存量资金控制率	财政存量资金静态占比
			财政存量资金占比变化率
		库款保障水平	库款保障水平
	收入质量	税收收入比重	税收收入比重
	支出结构	民生支出保障水平	民生支出占比及增幅
		“五项经费”支出压减控制情况	“五项经费”支出压减控制情况
		财政资金统筹使用	财政资金统筹整合情况
	预决算公开	预决算公开率	预算公开率
			决算公开率
			其他信息公开率
	重大财政政策落实	预算绩效管理	全面推进预算绩效管理情况
		减税降费政策落实情况	减税降费等重大政策落实情况
财政运行绩效	基本公共服务	推进教育公平	—
			—
		稳就业促增收	—
		城镇住房保障	—
		城市品质提升	—
	新旧动能转换	传统动能优化升级	—
		双招双引	—
		科技创新	—
	重大攻坚战	污染防治	—
		关键核心技术攻坚	—
		防范化解重大风险	—
	乡村振兴战略	乡村振兴战略	—
	满意度	市民群众及服务对象满意度	社会公众对民生工作和优化营商环境等方面的满意度

续表

一级指标	二级指标		三级指标
财政可持续性	"三保"保障情况	"三保"保障情况	"保工资、保民生、保运转"情况
	政府运行成本控制	财政供养人员规模	财政供养人员控制率
	暂付款管理	暂付款压减率	暂付款压减率
	政府债务管理	政府债务率	政府债务率
		政府隐性债务压减率	政府隐性债务压减率

(三) 政府预算绩效评价标准

政府预算绩效评价标准是衡量政府财政支出的基本尺度，是判断政府预算成果的客观依据和准绳。通过设定科学的评价标准可以对政府预算的经济性、有效性和效率性进行客观、公正和科学的评价，使评价者和决策者能够客观地分析政府预算收支规模和结构是否合理，是否达到预期的效果，从而为后续决策提供科学的指导与依据。

政府预算绩效评价标准从不同的层次和角度考量，具有不同的分类标准。现实中最常用的标准划分如下。

一是计划标准。确定该类标准的前提是，必须合理制定战略规划和绩效目标。通过对比各项指标的绩效评价得分与战略规划或绩效目标，来评价某项支出的效益。

二是国家或上级部门规定数据标准。国家或上级部门规定标准指的是国家或上级部门对某一级别的政府预算管理情况、执行过程和执行结果设定的上限或下限的数据标准。

三是标杆数据标准。该类标准是指以最佳标杆作为标准。

四是行业标准。行业标准是指将同类政府同类指标的数据作为样本，运用数理统计方法计算制定的行业评价标准。

五是历史标准。历史标准是以本地区或者同级地区的历史数据作为样本，运用一定的数理统计方法计算出的历史水平。

由于不同地区自然条件、历史因素、经济发展水平、社会结构和国家政策等方面的差异，各级政府在管理公共事务上存在着显著差异。在进行政府预算绩效评价时，既要制定相对统一的评价指标、评价标准、评价程序和方法，同时也要兼顾不同评价对象的特殊情况，具体问题具体分析，建立与之相适应的准则。

|第二节| 国有资本经营预算绩效管理

一、国有资本经营预算绩效管理概述

(一) 国有资本经营预算相关界定

1. 国有资本经营预算概念

依据《中华人民共和国预算法》(以下简称《预算法》),国有资本经营预算是对国有资本收益作出支出安排的收支预算;《国务院关于试行国有资本经营预算的意见》(国发〔2007〕26 号)中所指的国有资本经营预算是国家以所有者身份依法取得国有资本收益,并对所得收益进行分配而发生的各项收支预算。依据《中央企业国有资本收益收取管理办法》(财资〔2016〕32 号),国有资本收益,是指国家以所有者身份依法取得的国有资本投资收益。

2. 国有资本经营预算构成

国有资本经营预算由收入预算和支出预算构成。国有资本经营预算的具体构成如表 4-2-1 和表 4-2-2 所示。其中,国有资本经营预算支出方向和重点应当根据国家宏观经济政策需要以及不同时期国有企业改革发展任务适时进行调整。

表 4-2-1 国有资本经营预算收入构成

类型	构成	构成说明
预算收入	应交利润	国有独资企业按规定应当上交国家的利润
	国有股股利、股息	国有控股、参股企业国有股权(股份)获得的股利、股息收入
	国有产(股)权转让收入	转让国有产权、股权(股份)获得的净收入
	企业清算收入	国有独资企业清算收入(扣除清算费用),以及国有控股、参股企业国有股权(股份)分享的公司清算收入(扣除清算费用)
	其他收入	如转移性收入,包括下级政府收到上级政府的国有资本经营预算转移支付收入和上级政府收到的下级政府国有资本经营预算上解收入

表 4-2-2 国有资本经营预算支出构成

类型	构成	构成说明
预算支出（支出用途）	解决国有企业历史遗留问题及相关改革成本支出	解决国有企业历史遗留问题及改革成本支出
	国有企业资本金注入	采取向国有企业和产业投资基金注资的方式，引导国有企业更好地服务于地区战略，将国有资本更多投向关系国家安全和国民经济命脉的重要行业和关键领域
	其他支出	国有企业政策性补贴、转移性支出等
	资本性支出	根据产业发展规划、国有经济布局和结构调整、国有企业发展要求，向新设企业注入国有资本金，向现有企业增加资本性投入，向公司制企业认购股权、股份等方面的资本性支出
	费用性支出	用于弥补国有企业改革成本等方面的费用性支出
	其他支出	依据国家和地区宏观经济政策以及不同时期国有企业改革发展的任务等，统筹安排确定的国资监管、国资预算管理相关的支出以及调入公共预算用于补充社保基金等支出

3. 国有资本经营预算管理相关主体

国有资本经营预算管理的相关机构主要涉及各级人民代表大会、国有资产监督管理部门、财政部门和国有企业等，其在国有资本经营预算中的职责如下：

人民代表大会：负责审批本级国有资本经营预算草案、预算调整方案、决算草案。

财政部门：负责具体编制本级国有资本经营预算草案；具体编制本级国有资本经营预算调整方案；审核、批复和收缴本级国有资本经营收益；审核、批复和拨付支出预算；具体编制本级国有资本经营决算草案。

国有资产监督管理部门：负责编制、汇总本级国有资本经营预算建议草案；提出本级国有资本经营预算调整方案；协助本级国有资本经营收益收缴工作；预算支出的具体实施工作，在资本性支出中负责将资金下拨至企业；编制、汇总本级国有资本经营决算报告。

国有企业：收缴范围内的企业负责申报并上缴国有资本经营收益；项目支出企业负责项目的具体实施工作。

需要特别说明的是，目前国有资本经营预算的编制主体存在三种情况：一是基于国有资产监管部门的职责和国有资本经营预算相对独立的性质，编制主体应该是国有资产监管部门；二是财政部门作为政府预算的统筹管理部门，全程参与国资预算的编制、审核工作，也便于加强与其他预算之间的衔接；三是国有资产监管部门和财政部门共同参与，但需要明确双方责任分工。

4. 国有资本经营预算管理流程

国有资本经营预算管理主要包括对收入和支出的预算编制和批复、预算执行、决算、绩效管理与监督检查等环节。

以中央国有资本经营预算管理为例，《中央国有资本经营预算编报办法》（财企〔2017〕133 号）明确了国有资本经营预算收支范围、编报内容与程序。具体管理流程见图 4-2-1。地方国有资本经营预算的管理环节与之类似。

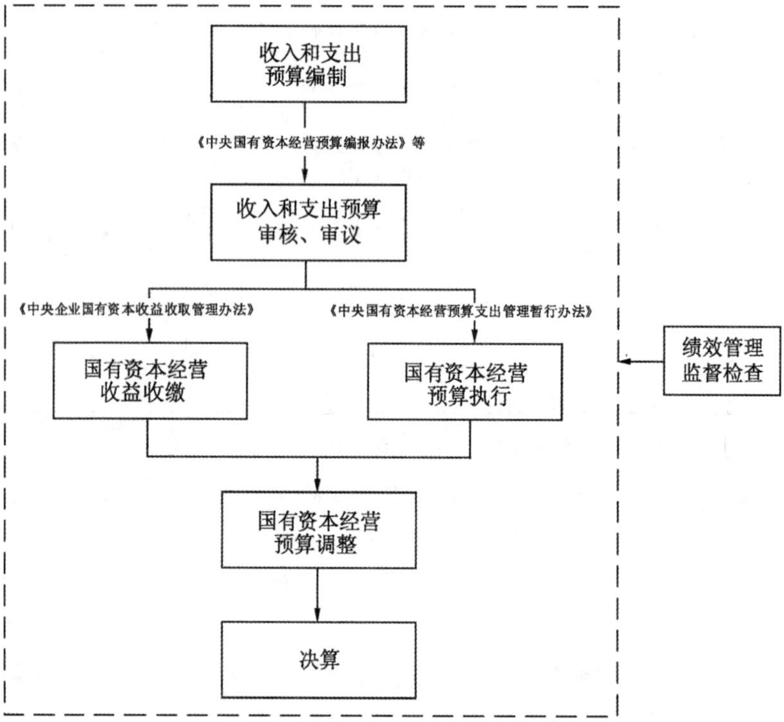

图 4-2-1 中央国有资本经营预算管理流程

中央国有资本经营收入预算由财政部组织中央单位根据中央企业年度盈利情况和国有资本收益收取有关政策规定，以及以前年度结余结转资金等测算编制；中央国有资本经营支出预算规模，由财政部根据预算收入测算情况以及上年结转收入情况确定，并组织有关中央单位细化编制。

财政部门完成国有资本经营预算草案编制，报本级政府审定后，报送本级人民代表大会审查。如中央国有资本经营预算经人民代表大会批准后，财政部应当在 20 日内向有关监管部门和直接向财政部门报送国有资本经营预算的国有企业批复预算。预算批复后，中央国有资本经营预算收入由财政部负责收缴，监管部门负责组织监管（所属）中央企业上交。中央企业应当按规定，及时、足额向财政上交国有资本收益。各级国有资本经营收益收缴的企业范围、国有独资企业上缴年度净利润的比例以及国有资本经营收益调入一般公共预算的比例，由财政部门会同本级国有资本监管部门提出方案，报本级政府批准后执行。监管部门及国有企业按照批复执行支出预算，未经批准不得擅自调剂。年终，按照编制决算的统一要求，开展本年度国有资本经营决算草案的编制、审查和批复工作。

国有资本经营收益中，应交利润的收缴流程与其他四类收益的收缴流程存在一定差异。企业上缴应交利润，需在年初上报上一年度的预估利润，并在年中上报上一年度的实际利润；企业上缴其他四类收益，则由国有资产监督管理部门初步核定后直接向财政部门报送申报意见，经财政部门复核通过后完成资金上缴。

在国有资本经营预算支出表中，需要反映按功能分类和经济分类（资本性支出、费用性支出及其他支出）的国有资本经营预算支出安排情况。其中，资本性支出需由财政部门将资金下拨至国有资产监督管理部门，再由国有资产监督管理部门下拨资金至国有企业；而费用性支出和其他支出，可由财政部门以国库直拨的方式将资金直接拨付至受款单位。

（二）国有资本经营预算的功能定位

《国务院关于试行国有资本经营预算的意见》（国发〔2007〕26号）明确“建立国有资本经营预算制度，对完善国有企业收入分配制度，增强政府的宏观调控能力，集中解决国有企业发展中的体制性、机制性问题，都具有重要意义。”

首先，明确国有资本经营目标，加强国有资本经营过程监管。将国有资本经营的收入和支出全部纳入预算管理，可以充分发挥预算的分配和监督职能。通过预算管理全面掌握国有资本经营的收支情况，防止国有资产流失，同时实现对国有资本的统筹规划和过程监管，以实现国有资本保值增值的目标。

其次，增强政府宏观调控能力，提高国有资本配置效率。通过国有资本经营预算，对国有资本经营活动进行统筹规划，对国有经济布局和产业结构进行战略性调整，从而引导国有资本的投资方向，推动国有资本向国家和地区经济社会发展规划的方向投入，适时退出产能过剩的领域，从而实现政府宏观调控的目标。

再次，国有资本经营预算对促进国企改革发展具有重要作用。一是优先使用国有资本预算资金帮助国有企业解决历史包袱和社会负担；二是在推进国企改革的过程中，可以借助国有资本经营预算保障国有资产产权制度改革的公平性，保证国有企业退出后国有资本收益得到公正分配。国有资本经营预算收支的相关政策应当服务于国有企业改革的目标。

最后，作为政府预算的重要组成部分，国有资本经营预算对四本预算之间的衔接具有重要作用。《中共中央关于全面深化改革若干重大问题的决定》提出要提高国有资本收益上缴公共财政比例，2020年提高到30%。通过国有资本经营预算收入调入一般公共预算，在一定程度上减轻了一般公共预算保障和改善民生的压力，在保证国有资本经营预算独立的基础上加强了四本预算之间的协调。

（三）国有资本经营预算的特征及管理现状

1. 国有资本经营预算特征

我国国有资本经营预算采用分级管理、分级编制的模式。基于对国有资本经营预算的功能定位和管理要求，国有资本经营预算具有以下几个方面的特征：

一是国有资本经营预算要保证市场化经营的特点，具有盈利性目标。国有资本经营预算既然是对国有资本收益作出的收支预算安排，国有资本监管部门及所监管的国有企业的一个重要目标就是要实现国有资本的保值增值。这个特点与国有企业的公益类和商业类的划分也具有显著的对应关系。

二是国有资本经营预算具有公共性。国有经济是国民经济的重要组成，国有资本经营预算作为财政预算的重要组成部分，均决定了国有资本经营预算虽具有盈利性目标，但更具有公共属性，要充分发挥其在政府宏观调控方面的能力。

三是国有资本经营预算既保持相对独立性，又通过一般公共预算与其他预算相衔接。从预算主要目标、功能定位、收支范围以及工作机制等方面来看，四本预算均保持完整和独立。但根据《预算法》和相关政策的要求，四本预算之间要保持衔接，国有资本经营收入要调入一般公共预算等。

四是国有资本经营预算支出项目实施周期较长，资本运营的模式较为多元化。常见的国有资本经营预算支出包括资本金注入和具体项目支出等方式，项目实施周期普遍较长，一般会达到 3—5 年，在此过程中，外部环境的变化可能会对预期目标的实现程度产生重大影响。

2. 国有资本经营预算管理现状

（1）预算管理

我国的国有资本经营预算管理经历了建设性预算、国有资产经营预算、国有资本预算三个发展阶段。2007 年，《国务院关于试行国有资本经营预算的意见》（国发〔2007〕26 号）印发，正式拉开了我国国有资本经营预算的帷幕，开始在部分企业进行试点，并于 2011 年进一步扩大实施范围，逐步在地方推广。《预算法》、《中央国有资本经营预算管理暂行办法》（财预〔2016〕6 号）、《中央企业国有资本收益收取管理办法》（财资〔2016〕32 号）、《中央国有资本经营预算编报办法》（财预〔2017〕133 号）、《中央国有资本经营预算支出管理暂行办法》（财预〔2017〕32 号）、《中央企业国有资本经营预算支出执行监督管理暂行办法》（国资发资本规〔2019〕92 号）等一系列法律和管理制度的建立意味着管理制度体系的不断完善，但也仍然存在较多问题。

一是国有资本经营预算范围未实现全覆盖。虽然相关法规、部门规章均作出了明确要求，但从实际情况来看，无论是中央还是地方，由于国企管理体制条块分割等因素，均尚未将所有国有企业纳入国有资本经营预算的范围，导致国有资本宏观调控能力有限。到了下级政府，由于其国有资本规模小、预算管理水平有限等原因，甚至尚未推进国有资本经营预算的单独编制。

二是国有资本经营预算与一般公共预算的统筹不足。主要体现在如国企改革、企业创新水平、产业升级等在两本预算中均有支出安排。各本预算的收支范围不清晰，也是国有资本经营预算未能实现全覆盖的原因之一。

三是国有资本收益的收缴和分配机制不合理。一方面国有企业涉及领域繁杂，目前针对国资收益收取的具体细则由各级政府自行确定，国资收益的收取仍有较大的空间。另一方面，国有资本经营预算转入一般公共预算的比例在逐步提高，还通过划转国有股减持的收入来扩充全国社保基金等，但目前对于如何合理分配国有资本收益，以平衡国资预算的公共性和国有企业自身发展，还未形成统一的认识，各地在具体操作上也没有明确的参考依据。

四是国有资本未真正实现市场化运营。一方面体现在很大一部分国有企业拥有一定程度的垄断地位，导致不公平的市场竞争；另一方面，国有资本经营预算给国有企业的资本注入，是民营企业所不具备的资金扶持方式。

五是国有资本经营预算监管体系及绩效评价机制不够健全。首先，国有资本经营预算的绩效目标不明确；其次，未在预算执行过程中对预算执行情况和绩效目标实现程度进行及时监控，预算约束性不足；再次，尚未建立国有资本经营预算的绩效评价指标和标准体系，绩效评价的科学性仍有待进一步提高。

（2）预算绩效管理

近年来，中央和地方不断建立和完善一般公共预算外其他三本政府预算的绩效管理制度规范，并积极开展实践探索。

中央层面，2012 年财政部发布通知对 2008—2011 年安排的“国有经济和产业结构调整”“兼并重组”等支出项目开展绩效评价，并给出了效益部分的评价指标体系框架，这是中央层面对国有资本经营预算开展绩效评价的尝试。2016 年，财政部首次在国有资本经营预算批复时一并批复绩效目标，并明确提出了国有资本经营预算应当实施绩效管理的要求。2017 年，国资委和财政部分别发文，要求对中央企业投资项目及境外投资企业（项目）开展绩效评价；2017 年 9 月，国资委发文对当年度中央国有资本经营预算支出事项较多或支出金额较大的中央企业开展绩效评价。2018 年，全面实施预算绩效管理也明确将国有资本经营预算纳入绩效管理的范围。2019 年 9 月，国资委印发《中央企业国有资本经营预算支出执行监督管理暂行办法》（国资发资本规〔2019〕92 号），明确要探索建立中央企业国有资本预算绩效评价制度，必要时可组织第三方机构开展重点绩效评价。

地方层面，2013 年北京市已开始了国有资本经营预算绩效管理试点工作，河南省制定了省级国有资本经营预算支出绩效评价管理试行办法。2014 年新疆维吾尔自治区财政厅出台了国有资本经营预算支出绩效评价管理暂行办法。2017 年山东省政府预算编制实现了其他政府预算绩效目标管理全覆盖。2018 年 11 月浙江省出台了国有资本经营预算管理办法，其中明确了绩效管理的要求。2019年，上海市出台市级国有资本经营支出预算绩效管理试行办法，明确了不同预算支出用途对应的绩效管理重点，并在2020年度预算管理中付诸实践。

总体来看，我国实施国有资本经营预算制度的时间与一般公共预算相比较为有限，国有企业深化改革也还在不断地推进之中，包括国有资本经营预算在内的其他三本政府预算的绩效管理工作目前仍处于探索阶段，国有资本经营预算绩效管理的制度建设和实践均相对匮乏，还需要在当前为数不多的绩效管理经验基础上持续完善和优化。

二、国有资本经营预算绩效管理的内容和方法

（一）国有资本经营预算绩效管理的目的

国有资本经营预算作为政府预算的重要组成部分，也应当结合其预算管理的特点，开展预算绩效管理工作。实施国有资本经营预算绩效管理的目的是将绩效理念贯穿预算管理的全过程，通过绩效目标管理、绩效运行监控、绩效评价和结果应用，对国有资本经营预算进行监督和管理，掌握国有资本经营预算的收支状况及政策目标的实现程度，分析收支政策的合理性，从而加强国有资本监管部门及国有企业的绩效责任，优化和改进国有资本的运营和配置效率，维护国家所有者权益，促进国有资本宏观调控和资本保值增值目标的实现。

具体而言，通过国有资本经营预算绩效管理可以实现以下目的：通过事前绩效评估和绩效目标管理，可以对国有资本经营预算收支政策和支出项目的必要性、投资方式和预算安排的合理性、预期目标的可行性等进行评估，从源头提高资金分配的科学性，为国有资本经营预算安排提供决策依据；通过绩效运行监控，对国有资本经营预算进行过程监管，确保收支政策及支出项目的执行不会偏离大方向，保证财政资金的安全性，促进资金使用率和效益的提升；通过绩效评价，关注国有资本经营预算收支政策和支出项目的效果，并通过对影响效果的相关因素进行分析，对国有资本经营预算政策和项目提出优化建议。在整个过程中，均应强调绩效管理的结果应用。

（二）国有资本经营预算绩效管理的对象与主体

各级国有资本经营预算、相关收支政策及国有资本经营预算的支出项目均应纳入绩效管理的范畴，是预算绩效管理的对象。

绩效管理的主体则涉及国有资本经营预算资金的使用和管理主体。财政部门作为财政预算绩效管理的组织机构，国有资产监督管理委员会作为监管机构，国有企业作为国有资本的具体运营单位，均是国有资本经营预算绩效管理的主体。按照《中央国有资本经营预算支出管理暂行办法》（财预〔2017〕32号）中有关绩效管理的内容，财政部门负责组织和指导部门开展绩效管理，国有资产监督管理部门负责开展绩效管理，配合财政部门对预算执行情况进行监督检查，国有企业则按照财政部门和国有资

产监管部门的要求开展绩效管理。

具体到评价而言，由于不同评价方式的实施方不同，绩效评价的对象、侧重点和实施频率均有所不同。以上海市市级国有资本经营支出预算绩效管理的相关规定为例，国有资本经营预算的绩效评价分为主体自评、部门评价和财政评价三种。主体自评由国资经营预算资金使用主体组织实施，自评结果报送市国资委。企业自评的对象是使用国资经营预算资金的所有项目。部门评价由市国资委组织实施。部门评价的对象应根据管理需要，优先选择国资经营预算重点支持项目，原则上应以 5 年为周期，实现部门评价重点支持项目全覆盖。财政评价由市财政局对国资经营预算项目组织开展绩效评价。同时市财政局可以对市国资委组织开展的评价情况、整改落实情况进行抽查复核，必要时组织实施财政再评价。

（三）国有资本经营预算绩效管理的环节

国有资本经营预算绩效管理工作的开展流程与一般公共预算绩效管理的流程基本一致。具体来说，在预算编制和审批环节，国有企业和国有资本监管部门均应按照要求进行绩效目标的申报，国有资本监管部门和财政部门要按照管理分工进行绩效目标审核，经过本级人民代表大会审议通过后，进行绩效目标的批复。如果收支政策发生调整或拟新增重大支出项目，应该由财政部门或国有资本监管部门组织开展事前绩效评估。在预算执行环节，由财政部门组织，国有资本监管部门具体推进所监管的国有企业对国有资本经营预算实施绩效监控，并将监控结果上报给财政部门。在决算环节，要结合国有资本经营预算的特点开展绩效评价。根据绩效评价的需要，可以委托第三方机构实施评价。

（四）国有资本经营预算绩效管理的重点和难点

与一般公共预算绩效管理相比，国有资本经营预算的收入来源和预算支出方向均有所不同，同时具有公共性与盈利性的“二元性”。而国有资本具有运营模式多样性和支出项目实施周期长等特点，使得国有资本经营预算的绩效管理存在管理层级多，绩效目标多元且宏观调控目标难以衡量，国有资本运营合规性不易评价，以及绩效评价指标和标准难以设定等问题。

此外，讨论国有资本经营预算绩效管理的重点还需要区分国有资本金绩效和国有资本经营预算绩效。前者是对国有企业一定经营期间的资产运营、财务效益等经营成果进行定量及定性分析，侧重强调其经济性评价以及运行效率，一般通过国资委对所管理的国有企业进行考核的方式进行。后者则重点关注国有资本贯彻国家或地区相关战略目的的实现情况。

本书将以国有资本经营预算的功能定位及其绩效管理的目的为基础，结合前述国有资本经营预算的特点及其绩效管理的难点，综合实践案例对绩效管理的重点进行梳理。

在绩效目标的设置上，可以分为国有资本经营预算绩效目标、服务于改革战略的国有资本经营预算支出政策绩效目标和项目支出绩效目标三个层次：

宏观层面，将一级国有资本经营预算作为整体，分预算收入和支出两个维度，在收入方面设置国有资本收益目标，在支出方面则从国有资本保值增值、宏观调控以及国有企业改革推进三个角度设置绩效目标。

中观层面，将具体承担改革发展既定战略目标的预算支出政策或者方向作为绩效管理的对象，设置国有资本经营预算支出政策目标。对于支出政策目标，需要结合不同支出方向、企业的主要业务内容和政府赋予的职能任务进行设置。同时，还需要参考国有企业的性质，按照公益类和商业类分别予以侧重，公益类企业以公共效益目标为主，商业类企业则以经济效益为主。

微观层面，对具体的国有资本经营预算支出项目进行绩效目标设置，这与一般公共预算项目支出绩效目标设置的要求基本一致。在绩效目标的设置过程中，还需要特别关注国有资本经营预算的周期与一般公共预算的差异，确保绩效目标与预算安排在时间上的匹配性。

在绩效运行监控和绩效评价中，在对绩效目标完成情况的考察方面，监控和评价的重点与绩效目标设置的重点基本一致，应当按照不同的监控及评价对象进行层次划分，分别考察。

首先，在绩效运行监控的过程中，除了监控阶段性绩效目标的实现程度，更主要的是考察国有资本经营预算管理的规范性，结合外部环境，如相关政策的变化情况，及时对国有资本的运营和绩效目标做出调整。

其次，在开展绩效评价的过程中，针对国有资本经营预算整体，还应将国有资本经营预算相关收支政策及支出项目的必要性、合理性作为重点，结合国有资本经营预算的绩效目标实现情况，进行国有资本运营效率和效益分析；针对承担既定战略目标的支出政策，除战略目标的实现情况以外，需要适当考虑对企业贯彻落实国有企业改革任务的情况进行评价；针对项目支出进行绩效评价，可以按照项目支出方向及其目标进行分类，分别明确评价重点。此外，由于项目实施的周期通常较长，在进行绩效评价时，还应当关注企业内部运营及外部环境等影响因素。

（五）绩效分析模型介绍

一般公共预算绩效评价常用的方法在国有资本经营预算绩效评价中同样适用，如成本效益分析法、比较法、因素分析法、最低成本法、公众评判法、标杆管理法，等等。以下通过案例分别对相关方法在不同绩效评价中的应用进行说明。

例如，某地区本级国有资本经营预算开展的整体性绩效评价中，运用标杆管理法，在与该地区预算规模和国有企业数量相近的地区中，选取最高的国有资本收益率作为标杆值，对该地区国有资本保值增值的情况进行分析。此外，根据分析结果，运用因素分析法，对该地区国有资本收益率较低的原因进行分析。

再如，某地区在国有资本经营预算中安排一定资金，要求粮食集团进行粮食储备能力建设，增加粮食储备仓容，以实现粮食储备规模的扩大。粮食集团经过前期论证，决定采取控股收购现有民营粮库的方式。在绩效评价的过程中，我们可以运用比较法，对控股收购现有粮库和新建粮库两种方式下的万吨仓容投资成本进行比较，从而实现对项目实施经济性和效率性的分析。

三、国有资本经营预算绩效评价指标体系

（一）国有资本经营预算绩效评价思路

以国有资本保值增值和宏观调控两大目标为基础，结合国有资本经营预算管理的特点和难点，对照前述绩效管理的内容和重点，其绩效评价可以按照宏观、中观和微观三个层次展开，其各自的评价思路如下：

1. 国有资本经营预算综合绩效评价。从绩效目标合理性出发，在过程管理中，将国有资本经营预算拆分成收入预算、支出预算两部分，分别对预算编制、预算执行、预算调整、预算监督、管理制度建设、制度执行情况进行考察；在绩效部分，对国有资本收益目标完成情况和支出目标完成情况分别考察；最后综合国有资本经营预算“以收定支，不列赤字”的编制原则，整合收支预算的效果，考察国有资本经营预算整体效果。

2. 国有资本经营预算某类支出方向或某个支出政策的评价。针对某类支出方向或某个支出政策的评价，则采用政策评价的思路，以某类支出方向特定的政策目标为基础进行评价。需要说明的是，国有资本经营预算资金支持的重大专项，主要起杠杆引导作用，其余资金由企业自筹解决，因此在开展绩效评价时也应一并纳入。

3. 项目支出绩效评价。国有资本经营预算的项目支出形式除了直接补助外，多以资本金注入的方式实施，所以在进行项目绩效评价时，需要注意其他资金来源的影响。此外，国有资本经营预算项目绩效评价还应重点关注支出项目对中观和宏观目标的适应性和支撑度。

（二）国有资本经营预算绩效评价指标体系

基于上述评价思路，国有资本经营预算绩效评价指标体系的设计也应当分为三个层面。下面主要就国有资本经营预算综合绩效评价的指标体系进行阐述，并简要介绍中观和微观层面的绩效评价指标体系设计思路。

《中共中央 国务院关于全面实施预算绩效管理的意见》中明确国有资本经营预算绩效要重点关注贯彻国家战略、收益上缴、支出结构、使用效果等情况。国有资本经营预算设立，除了国有资本增值保值的基本目标，还具有非常明确的政策目的，其支出方向也均为关系国家安全和国民经济命脉的重要行业和关键领域。国有资本经营预算综合绩效评价重点关注地区国有资本经营预算收支绩效，收入方面关注收益上缴、预算管理的情况，支出方面则需关注支出分配，并根据不同支出方向对应考察其预期战略目标的实现情况。综合绩效评价指标体系框架详见表 4-2-3 所示。

表 4-2-3　国有资本经营预算综合绩效评价指标体系参考框架

一级指标	二级指标	三级指标	四级指标
国资预算目标管理	目标管理	绩效目标合理性	绩效目标合理性
国资预算实施管理	预算管理	收入预算管理科学性	收入预算编制合理性
			收入预算执行率
		支出预算管理科学性	支出预算编制合理性
			支出预算执行率
		收支预算监督有效性	预算调整规范性
			预算监管有效性
	收缴管理	征收管理规范性	收缴管理制度健全性
			收缴比例合理性
			收缴流程规范性
		缴库机制健全性	应收尽收率
			及时上缴国库率
	支出管理	财务管理有效性	财务管理制度健全性
			会计核算规范性
			支出资金专款专用率
			支出结构合理性
		项目管理有效性	项目管理制度健全性
			管理制度执行有效性
国资预算绩效	产出指标	资本性支出产出	投资计划完成率
			投资项目符合度
			投资项目推进及时性
		费用性支出产出	应补尽补率
			保障到位率
			资金下拨及时率
	效果指标	综合效果	项目战略功能实现度
			国有企业盈利能力提升率
			国有企业偿债能力提升率
			国有资本集中度
			民间资本参股度
			国有经济布局合理性

续表

一级指标	二级指标	三级指标	四级指标
国资预算绩效	可持续影响力	长效管理机制健全性	国有资产登记变更机制健全性
			专项资金清算机制健全性
			与其他三本预算衔接机制健全性
		信息共享实现度	国资预算相关信息公开度

注：国有资本经营预算支出分为资本性支出、费用性支出及其他国有资本经营预算支出三类，前两项支出占比通常很高，故产出和效果指标重点围绕前两类支出设计。

中观层面则重点考察支出方向既定战略目标的实现情况。以国有企业资本金注入为例开展。国有企业资本金注入绩效评价指标体系主要从支出决策、支出管理、支出效果三方面考察。共性指标主要关注支出决策的科学性和支出管理的规范性，个性指标主要关注支出的经济社会效益。其中，支出效果从经济效益、社会效益两方面来考察，因为社会效益根据资本金的注入方向，考核指标有所不同，故下列指标体系中将社会效益分为四方面进行指标设计，包括结构调整情况、设施投资情况、产业发展情况和对外合作情况等。国有资本经营预算绩效评价（以国有企业资本金注入为例）具体指标体系框架设计要点如表 4-2-4 所示。

表 4-2-4　国有资本经营预算绩效评价指标体系框架设计要点

（以国有企业资本金注入为例）

一级指标	二级指标	三级指标	指标解释
支出决策	支出立项	支出目标完备性	考察战略目标、经营目标、财务目标等指标的完备性
		支出决策流程完善性	考察支出决策流程是否完善
支出管理	资金管理	资金使用制度健全性	考察相关单位是否有健全的资金使用管理制度
		资金到位情况	考察财政资金拨付是否及时、是否影响项目进度
		财务处理合规性	考察财政资金是否按照规定进行财务处理
		资金使用合规性	考察相关单位的资金使用是否符合有关规定、项目概（预）算重大调整是否履行相关程序
		资金使用情况报告合规性	考察相关单位是否按规定向财政部门报送项目资金使用情况报告或国资预决算报告
		预算执行情况	考察相关单位预算细化的科学性、预算执行率以及结项验收情况

续表

一级指标	二级指标	三级指标	指标解释
支出管理	资产管理	资产管理情况	考察国有资本经营预算形成的无形资产和有形资产利用维护情况
		资产管理制度建设情况	考察相关单位国有资产的制度建设情况
支出效果	经济效益	净资产收益率	考察支出前后的净资产收益率变化情况（公式为：预算支出后净资产收益率/预算支出前同期净资产收益率－1）
		营业收入增长率	考察预算支出前后的营业收入增长率变化情况（公式为：预算支出后营业收入增长率/预算支出前同期营业收入增长率－1）
		应交税金增长率	考察预算支出前后的应交税金增长率变化情况（公式为：预算支出后应交税金/预算支出前同期应交税金－1）
	社会效益（国有经济结构调整支出）	资本结构优化	考察财政资金对优化国有经济结构的作用
		产业优化升级	考察财政资金对加快转变发展方式，发展现代产业体系等方面的作用
	社会效益（公益性设施投资）	基础设施改善	考察财政资金对基础设施建设及改善的促进作用
	社会效益（前瞻性、战略性产业发展支出）	产业发展能力	考察财政资金对前瞻性、战略性产业发展的推动作用
		社会资金投入量	考察财政资金的投入对社会资金的影响作用
	社会效益（对外投资合作支出）	产业优化升级	考察财政资金对加快产业升级，提高国际竞争力等方面的作用
		国际贸易增长率	考察财政资金对推动国际贸易的作用（公式为：预算支出后国际贸易额/预算支出前同期国际贸易额－1）

微观层面则是对某一国有企业实施的某个具体项目开展的评价，可以结合项目支出的方向及拟实现的目标进行分类，分别设计评价指标体系。如上海市将市本级国有资本经营预算支出项目分为了产业发展类、创新发展类、政府指定任务类和国资监管费用类四个大类。以产业发展类为例，评价指标应当围绕投入资金在相关产业的使用情况、相关产业发展目标的达成情况、产业竞争力提升情况等设置。

|第三节| 社会保险基金预算绩效管理

一、社会保险基金预算绩效管理概述

（一）社会保险基金预算管理的定义

1. 社会保险基金

社会保险基金是指为了保障保险对象的社会保险待遇，按照国家法律、法规的规定，由用人单位和个人依法缴纳社会保险费以及通过其他合法方式筹集的专项资金。我国的社会保险基金主要包括基本养老保险基金、基本医疗保险基金（基本生育保险基金现已并入基本医疗保险基金）、基本失业保险基金、基本工伤保险基金四个子项，社会保险基金的性质决定其具有以下特点：

（1）强制缴费：社会保险基金本着权利和义务对等的原则建立，基金征收是强制实施的，用人单位和个人参保后必须按规定履行按时足额缴费的义务，这是落实参保者合法权益的根本保证。

（2）对象特定：社会保险对象必须按照规定履行缴费义务，并且在特定的状况下，如年老、疾病、工伤、失业或生育时才能获得基金支出的社会保险待遇。

（3）统筹互济：社会保险制度的原理是利用大数法则，通过集中征收、统一调剂使用减少各种风险给参保者带来的冲击。

（4）保值增值：各项社会保险为保证运行稳定，均需要在应付当期支出以外留有一定的结余，必然会形成一定的储存规模，努力实现结余基金的保值增值和基金长期安全成为社会保险基金管理的一个重要目标。

2. 社会保险基金预算管理

社会保险基金预算管理是指由社会保险经办机构根据社会保险基金的收支状况，在经济和精算估计基础上编制形成社会保险基金财务收支计划的一系列管理行为，一般包括：基金预算编制、汇总、审批、执行、调整、决算等相关环节。《国务院关于试行社会保险基金预算的意见》（国发〔2010〕2号）指出："在预算体系中，社会保险基金预算单独编报，与公共财政预算和国有资本经营预算相对独立、有机衔接"。

（1）相互独立

一是预算功能和定位独立。社会保险基金预算主要反映社会保险基金收支总量和结构，其他三本预算主要反映民生、经济发展、国家安全、国家机构运转、特定公共事业、国有资本经营方面的收支总量和结构。从功能定位来看，社会保险基金预算主要发挥财政的稳定功能，其他三本预算侧重公平和效率功能。二是预算编制独立。社会保险基金预算具体由保险经办机构负责编制，财政和人社部门负责审核汇总。其他三本预算的具体编制各不相同，由各责任主体负责编制。三是资金来源独立。社会保

险基金预算收入主要是社会保险费的缴款和政府其他预算的弥补。其他三本预算各自来源于税收、特定事业收费和国有资本收益等特定渠道。四是资金支出独立。社会保险基金预算支出主要是养老、医疗、失业、工伤、生育保险基金的待遇支出，其他三本预算支出则按各自的管理要求进行相关支出。

（2）有机衔接

根据《社会保险法》规定："社会保险基金不能用于平衡公共财政预算，公共财政预算可补助社会保险基金"。社会保险基金通过一般公共预算进行补充，可以有效避免资金交叉流动，便于统计，较大限度地避免了财政多头补助。近年来，随着我国老龄化的加剧，社会保险基金（特别是基本养老保险基金）支付压力不断加大，为充分体现代际公平和国有企业发展成果全民共享，2017 年国务院印发《划转部分国有资本充实社保基金实施方案》（国发〔2017〕49 号）："从 2017 年开始，选择部分中央企业和部分省份试点，统一划转企业国有股权的 10%充实社保基金。"自此，社会保险基金预算也逐步开始与国有资本经营预算进行衔接。

需要特别说明的是，除社会保险基金预算外，其他三本预算的财政资金从属性质完全相同，当预算执行过程中出现财力紧张或缺口时，在一定的外部约束条件下，基于各预算收支平衡、勤俭节约、统筹兼顾、量力而行、讲求绩效的原则，可以通过法定程序来实现各预算之间的余缺调剂，但社会保险基金预算只接受调入资金，不允许调出资金。

3. 社会保险基金预算绩效管理

社会保险基金预算绩效管理是一个由绩效目标管理、事前绩效评估、绩效运行监控、绩效评价、结果反馈和应用共同组成的综合系统。推进社会保险基金预算绩效管理，要将绩效理念融入基金预算管理全过程，使之与预算编制、预算执行、决算和监督一起成为预算管理的有机组成部分，逐步建立"预算编制有目标、预算安排有评估、预算执行有监控、预算完成有评价、评价结果有反馈、反馈结果有应用"的管理机制。

（二）社会保险基金预算管理现状

社会保险基金预算按险种、不同制度和统筹地区分别编制，由经办部门收取的由其编制基金预算草案，由税务机关代征的险种，其收入预算草案由经办机构会同税务机关编制。征收管理方面，因征收对象广泛，经办机构是否及时足额征收社会保险费是管理重点；支出方面，根据社会保险的统筹范围和年度基金预算，按照国家规定的项目和标准安排基金支出，杜绝增加支出项目、扩大享受人员范围、提高开支标准、虚报冒领及骗取套取基金的行为。

从近年实践情况看，社会保险基金存在着预算编制缺乏科学性、合理性，收支管理脱节等问题；监管机制不健全、监管力度薄弱，未形成较好制衡约束机制；社保基金投资多元化不足，保值增值压力大。

（三）社会保险基金预算绩效管理的意义

按照预算绩效管理“全覆盖”的要求，实施社会保险基金预算绩效管理对加强社会保险基金管理水平、提高基金可持续性有着极为深远的意义，主要包括下四个方面：

1. 提高社会保险基金预算管理水平

实施社会保险基金预算绩效管理是完善社会保险制度的重要方面，有利于全面掌握、衡量基金收支运行情况，便于将各项与社会保险基金预算有关的资金统筹安排，增强社会保险基金预算管理的计划性和规范性，推动社会保险制度的完善和社会保险政策的落实。

2. 合理筹集分配社会保险基金

通过实施预算绩效管理促进各级政府有计划地筹集和分配社会保险基金，保证政府所掌握的资源合理分配，推动资源配置向帕累托效率改进。

3. 确保社会保险基金收支平衡

通过社会保险基金预算绩效管理，以结果为导向规范社会保险基金收支，实现收支平衡，确保社会保险制度平稳运行。

4. 利于开展社会保险基金监督

通过实施社会保险基金预算绩效评价综合反映社会保险基金的运行情况，加强各部门之间的相互制约和监督，便于立法机关和社会公众监督，从而将社会保险基金各环节的监督有机地结合起来，确保基金安全运行。

（四）社会保险基金预算绩效管理的特征

为提升社会保险基金预算管理科学性、确保社保基金能长期稳定运营，社会保险基金预算绩效管理需要重点关注各类社会保险基金收支政策效果、基金管理、精算平衡、地区结构、运行风险等情况。与一般公共预算资金绩效管理相比，社会保险基金预算绩效管理具有以下两个特点：

1. 统筹兼顾部门分工协作和各级政府分工协作关系

社会保险基金管理主要包括“征收一投资运营一支出”三个方面，分别由人社、医保、税务、财政、社保中心、医保中心、就业服务中心等部门/单位实施。社会保险基金收支预算按统筹层次编制，逐级汇总。社会保险基金预算收支管理涉及县级、市级、省级乃至中央等四级政府，不同层级政府承担的责任各不相同。不同层级政府及其部门对社会保险基金预算绩效目标、标准体系、监控手段、评价办法、管理流程有着不同的要求。

一般而言，基层政府关注更多的是当年预算完成情况、当地基金管理情况和基金运行风险。层级相对高的政府更多关注收支政策效果和基金的精算平衡、地区结构、运行风险。从社会保险基金预算绩效管理权限来看，基层政府不能依据绩效评价结果调整社会保险基金收支政策，也不能依据绩效评价结果调整社会保险基金支出预算金额，但各地长期持续开展社会保险基金预算绩效管理的成果，却是中央用于调整社会保险政策的重要依据。

2. 统筹兼顾基金长期可持续运行和深化改革的要求

我国社会保险制度从无到有基本实现了制度全覆盖，但尚未实现人员全覆盖，法定社会保险项目还不完备，需要继续做扩面提标和新建制度等“加法”改革。同时，随着人口老龄化不断加重，由于社会保险统筹层次偏低、精算平衡考虑不足、激励约束机制不健全、责任分担机制不合理等因素，部分保险收支矛盾日渐凸显。为实现可持续发展和促进代际平衡，预计“减法”改革事项会逐步实施并增多（如提高退休年龄、提高个人账户计发月数、调整基础养老金计发基数等）。社会保险精算平衡分析、运行风险管理等需要依托社会保险基金各年度乃至中长期的绩效评价结果进行支撑，要求有较为稳定的绩效目标和标准体系。同时，还需不断深化社会保险制度改革，绩效管理指标、指标标准体系、结果应用路径等都需要及时根据社会保险制度改革要求加以改进。因此，社会保险基金预算绩效管理需要统筹兼顾基金长期可持续运行和推进改革的要求。

（五）社会保险基金预算绩效管理的现状

我国一般公共预算绩效管理起步比较早，管理的对象主要以项目为主，经过十来年的实践，积累了一定的经验。较一般公共预算绩效管理而言，社会保险基金预算绩效管理：

一是还处于萌芽阶段。自 2018 年国家提出实施社会保险基金预算绩效管理以来，从中央层面来看，国家有关部门仍在积极地研究和摸索，尚未出台与社会保险基金预算绩效管理相关的制度办法。从地方层面来看，各省份实施步调不一致，步调快的有如辽宁、吉林、福建等地已形成了一些绩效管理成果且已逐步开展试运行，但其他地区在社会保险基金预算绩效管理方面多还处于初期阶段，成果较少。

二是实施难度相比其他预算要大。社会保险基金制度体系尚不成熟，不同险种统筹层次不统一，如一些地方企业养老保险实行省级统收统支，而工伤保险、医疗保险暂实行市级统收统支。社会保险基金管理涉及财政、人社、医保、税务四个部门，不同层级部门对社会保险基金预算承担的责任各不相同，部门之间难免会出现工作越位、错位的情况，尚未建立有效的分工协作机制。

三是社会保险基金实行预算管理时间短，预算管理本身存在不少问题。如部分地区预算绩效意识不强，“重支出、轻管理”的情况多有发现。

四社会保险基金数据量大，经常出现基础数据填报不完整，甚至漏填的情形，严重影响数据汇总工作的质量，影响数据的统计和分析，导致上下级之间信息不对称。

五是基金预算测算分析体系相对滞后，不完全适用于当前社保政策频繁、持续迭代更新的时代背景，测算形成的结论缺乏可信度和科学性。

二、社会保险基金预算绩效管理的内容和方法

(一)社会保险基金预算绩效管理目的

社会保险基金预算绩效管理的目的如下：一是梳理社会保险基金预算编制依据，发现预算编制中存在的问题；二是对社会保险基金的投入和管理目标、产出目标、效果目标进行全面的绩效评价，以实施跟踪监控、绩效后评等方式，对社会保险基金的绩效目标达成情况进行分析，发现在预算执行、目标实现的保障程度、保险基金的社会保障效益实现等方面存在的问题；三是通过绩效评价探讨社会保险基金预算执行的公平性，包括发放人群覆盖情况、各类人群待遇差距情况等；四是通过绩效评价的实施为社会保险的统筹分配和下一年度社会保险基金的预算编制提供相应的依据；五是通过绩效评价向社会公众提供社会保险服务的相关履职信息，使公众更好地参与和监督本级政府社会保险服务的提供，推进基金管理的公开透明。此外，可通过开展保险险种的专项调研，针对不同的险种探索其收支管理方面、产出效益方面的特殊之处，从而为提高社会保险基金预算管理水平提供建议。

(二)社会保险基金预算绩效管理主体

1. 各级人民代表大会。各级人民代表大会是我国的权力机关，而各级人民代表大会常务委员会是其常设机构。在社会保险基金预算绩效管理过程中，人大作为预算的审议主体，是全体人民的利益代表，发挥着重要的监督职责。具体表现为：对本级政府社会保险基金下年度预算绩效目标进行审核，监督社会保险基金预算绩效实现情况并对改进社会保险基金预算绩效提出意见和建议。

2. 各级党委、人民政府。各级党委、人民政府是本级预算绩效管理的责任主体，对本地区社会保险基金预算绩效负责。在社会保险基金预算绩效管理中，各级党委、人民政府需要根据相关预算绩效管理的规章制度，总体规划、组织实施预算绩效管理工作。

3. 各级财政部门。各级财政部门是预算绩效管理工作的具体组织主体，负责制定本地区社会保险基金预算绩效管理工作规划和规章制度，组织、指导本级预算部门和下级财政部门的预算绩效管理工作。

4. 各级人力资源和社会保障部门。人力资源和社会保障部门负责组织、指导本地区社会保险经办机构开展社会保险基金支出预算的绩效管理工作，会同财政部门、税务部门开展社会保险基金整体的绩效管理工作，并落实绩效管理结果应用。

5. 税务部门。对税务部门征收社会保险费的，税务部门负责对社会保险基金收入预算开展预算绩效管理，加强社会保险基金收入预算绩效管理的结果应用；配合人力资源和社会保障部门、财政部门开展社会保险基金整体预算绩效管理工作。

6. 各级社会保险经办机构。社会保险经办机构负责对社会保险基金预算支出开展预算绩效管理，加强社会保险基金支出预算绩效管理的结果应用。

7. 第三方。为保证预算绩效管理工作的真实性和有效性，预算绩效管理主体组织开展绩效目标评审、绩效评价，可以根据需要聘用和委托专家、中介机构等第三方实施。

此外，社会公众作为监督主体，监督社会保险基金的使用绩效和预算绩效管理活动。

（三）社会保险基金预算绩效管理环节

为加强社会保险基金预算绩效管理水平，要打造社会保险基金预算绩效管理活动的闭环链条，覆盖预算绩效管理事前、事中、事后环节的全过程，具体来说：

在目标管理环节，要围绕“广覆盖、保基本、可持续”的目标导向，在明确经办机构职能职责的基础上，提炼、细化、分解形成绩效指标，并将绩效指标与各经办机构人员配备、保费征缴管理、保障水平等进行挂钩；在事前评估环节，借助事前绩效评估直接作用于基金预算的编制与审核，把“预事”与“预钱”有机融合起来，强化基金的配置效益；在运行监控环节，要持续监控各项活动和项目，并定期收集社保基金绩效信息，及时汇总并加以分析，对于偏离严重的要进行整改，以有效减少基金预算的损失；在绩效评价环节，主管部门可针对社会保险基金预算绩效指标的完成情况、目标的实现情况等开展绩效评价，合理衡量本部门/单位社会保险基金预算管理方面的履职效能；在结果应用环节，强化绩效评价的导向作用，督促相关责任部门整改，促进社会保险基金预算相关主体管理水平的提升。

（四）社会保险基金预算绩效管理的重点

1. 厘清基金参与主体的责任分工

要坚持按照“谁征收，谁管理”“谁支出，谁负责”“谁审核，谁监督”的原则，契合社保基金“征收—投资运营—支出”的管理主线，进一步明晰各部门应承担的履职责任及绩效管理要求，实现部门间绩效管理责任从“边界模糊”到“清晰明确”的转变，也为后续开展绩效管理、硬化结果应用创造良好的环境。

2. 建立分层次的管理体系

因为社会保险基金预算有明确的宏观战略定位，且收入来源和支出形式明确，可分层次开展绩效管理。社会保险基金宏观层面的综合运行管理对象为地区的某类保险基金整体，决策方面关注各类收支政策目标和内容的合理性，实施方面结合不同保险基金的征管办法、财务管理制度及《意见》的要求，着重考察基金征收管理、支出管理、账户管理、结余管理及基金运行风险管控制度健全性和实施规范性；中观层面可针对如失业保险支出中的就业培训政策进行评价，具体参照政策评价思路开展；微观层面则为具体支出项目的管理，可参考一般公共预算项目支出的管理要求开展。

3. 建立预算绩效管理指标体系

要聚焦管理特征，细化量化绩效指标。按照《意见》相关要求，可从基金管理、运行风险、地区结构、精算平衡、收支政策效果等方面开展社会保险基金预算绩效管理，具体来说：

（1）基金管理：一是要重点考察基金预算编制的科学性，参考《社会保险基金预算编制基本业务规范》（GB/T 35618－2017）等标准文件的要求，考察收入、支出预算内容是否完整、测算过程是否规范、资金分配结构是否合理，人社、税务、就业服务中心间的信息交互和沟通协作是否顺畅；二是要重点考察基金征收、支出管理制度建设及执行情况，是否明确各部门间权责分工，是否存在因分工不明确，导致社会保险基金收支管理不到位，欠费、骗补资金等违规资金无人追缴等问题；三是重点考察基金投资管理是否规范，基金滚存余额是否积极开展投资业务，基金整体增值保值情况；四是考察经办机构服务质量，相关保障政策宣贯是否到位，待遇申领渠道是否畅通，是否完成信息化、网络化的全覆盖。

（2）运行风险：一是在宏观层面，要考察一级政府是否针对本地经济发展环境、群众基本保障需求，建立了基金风险防控机制，是否设有基金风险预警及相关风险的应急处置机制；二是在微观层面，一级政府是否有明确的保险稽核机制，冒领、骗取、套取保险待遇案件是否及时查办，资金是否及时追回。

（3）地区结构：考察本级政府各项社会保险基金预算统筹情况，是否建立保险金调剂机制。考察个人社会保险关系跨地区转移是否便捷，本地人口、外来人口待遇标准是否一致。

（4）精算平衡：针对如养老保险基金、医疗保险基金等具有延时支付性质的社会保险基金，重点关注基金的可持续性，考察在现有保险费率和待遇标准的前提下，中长期内保险基金收支缺口变化情况，以反映基金的可持续性；针对如失业保险基金、工伤保险基金等“现收现付”特征的保险基金，主要关注基金当年或短期内的平衡情况。同时针对如失业保险基金等滚存结余规模较大的基金，一方面要考察该基金是否能在收支基本保持稳定的前提下，提供合理的待遇水平；另一方面要考察基金是否能适度控制总量规模，在确保一定备付月份的前提下，合理消解滚存结余，提高资金使用效益。

（5）收支政策效果：一是考察保费征收、待遇发放是否实现应收尽收、应支尽支；二是考察社会保险基金各项险种基金政策保障目标的完成情况，如在失业保险基金方面，重点考察现有失业保险政策对“保基本、防失业、促就业”的支持效果。

4. 推动社会保险基金绩效与预算的深度融合

要精细化打造具有本地特色的社保基金预算绩效管理流程，实现事前评估、目标管理、运行监控、绩效评价、结果应用等绩效管理环节与社保基金预算管理流程的有机统一，形成“预算编制有目标、预算执行有监控、预算完成有评价、评价结果有反馈、反馈结果有应用”的全生命周期绩效管理。

5. 健全社会保险基金绩效结果的激励约束机制

锁定不同履职内容的责任主体，把握绩效管理关键环节，探索多元化的保险基金绩效管理结果应用形式。通过将社会保险基金预算管理绩效与相关责任部门的预算安排挂钩、考核问责、评价结果公开等方式，硬化绩效结果对相关责任部门的激励约束作用，激励、倒逼其提升社会保险基金预算管理水平和基金运营管理水平。

（五）社会保险基金预算绩效管理分析模型

为提高社会保险基金预算绩效管理的科学性和有效性，可借助计量经济学模型对社会保险基金的核心指标进行预测分析，预测结果可作为绩效标准以衡量社会保险基金的绩效水平，具体来说：

1. 社会保险基金收支绩效分析——基金收支预算预测模型

基金收支预测是根据现有基金运行状况，考虑到预测期内影响收支各个因素的变化，对未来基金收支发展前景作出推算。定期开展基金收支预测分析，评估基金运行风险，是社会保险精算的基本业务，也是衡量评价相关部门履职效益的有效手段。下面以时间序列模型为例，介绍通过统计计量模型实现基金收支预算的预测。

（1）时间序列分析模型

时间序列分析在统计学中作为一种常用的预测手段被广泛应用于解决实际问题。一般常用的时间序列分析模型有：时间序列的趋势外推分析、移动平均分析和指数平滑分析三种。

1）时间序列的趋势外推分析

趋势外推的分析方法基于回归分析，它把研究的观测值序列看作回归模型的因变量，把时间作为模型的自变量。一般可分为线性趋势外推模型和非线性趋势外推模型。以线性趋势外推模型为例，其表达式为：

$$\hat{Y}_t = a + b_t$$

在具体场景中，趋势外推分析多应用于预测有相对稳定趋势变化的短期预测。以职工平均工资为例，职工平均工资是典型的时间序列数据，也是影响社会保险基金收入规模的重要因素。可以选取某地区近几年职工平均工资数据进行趋势外推分析。在对序列数据做图形化处理后，通过观察数据变化趋势，把握原始数据的基本走向，然后根据图像选择线性趋势外推还是非线性趋势外推分析，以此可以更加准确预测未来职工平均工资走势情况。

2）时间序列的移动平均分析

移动平均法是一种简单平滑预测技术。当时间序列的数值由于受周期变动和随机波动的影响，起伏较大，不易显示出事件的发展趋势时，使用移动平均法可以消除这些因素的影响，显示出事件的发展方向与趋势，然后依趋势线分析预测序列的长期趋势，其预测公式为：

$$\hat{Y}_{t+1} = M_t^{(1)}$$

即以第 t 周期的一次移动平均数作为第 $t+1$ 周期的预测值，然后通过反复迭代模型，获得误差值最小的移动项数 N 并求得预测目标 $\hat{Y}_{t+1}$ 的最优解，N 的表达式为：

$$W_N = \sum (Y - \hat{Y})^2 / N$$

其中：W_N 是误差值，误差越小，预测精度越高。由于移动平均可以平滑数据，消除周期变动和不规则变动的影响，使得长期趋势显示出来，因而可以用于社会保险基金收支规模的预测。

3）时间序列的指数平滑分析

指数平滑法，是通过对整个时间序列分别给予不同的权数，而进行加权平均的一种方法。模型建立的原则是重视近期数据影响，但也不忽视远期数据作用，从而提高了预测精度。需注意的是，利用该方法预测时，近期数据资料所占比重较大且只有时间序列变化比较平滑时，可以使用指数平滑法。

2. 社会保险基金持续性绩效分析——基金精算平衡分析模型

精算平衡分析模型是衡量保险基金平衡水平的主要手段，是运用精算基本原理，对社会保险各类项目收入、支出、现金流、偿付能力等进行的估计分析，最终实现对评估期内基金现有资产及未来收入的折现值与现有负债及未来支出的折现值差异的精算平衡测算。社会保险基金预算领域中的精算平衡主要应用于养老保险基金等具有较明显延时支付特征的保险基金。

以基本养老保险基金为例，目前全国基本采用部分积累制基本养老保险制度，即养老保险基金账户由社会统筹部分和个人账户组成，两个账户分别采取现收现付制和完全积累制。在部分积累制的背景下，基本养老保险基金的平衡既要求基本养老保险各个组成部分能够各自保持平衡（即社会统筹基金平衡和个人账户基金平衡），又要求二者相加之和的总体平衡。

在具体应用方面，精算平衡分析模型的应用价值主要有以下三点：

1. 社会保险精算管理有利于监测收支状况，预警社会保险基金运行风险。定期精算评估可以预测和诊断现行制度下未来的财务收支状况，把握社会保险基金未来发展趋势，对可能出现的风险做出预警。

2. 社会保险精算管理有利于开展制度运行评估，推动我国社会保险制度改革完善。在社会保险制度改革过程中，通过精算准确把握不同改革方案的短期和中长期财务状况及对利益相关方的影响，分析面临的主要风险及敏感程度，预测改革可行性和可能成效，以便合理设计和妥善把握改革方向、力度和节奏。

3. 社会保险精算管理有利于辅助预算绩效管理，促进社会保险基金信息公开透明。精算报告可以发现制度运行和基金管理中存在的漏洞和问题，对基金管理部门和运行机构形成有效监督，有助于提高基金运营效率。精算报告的公开可以给予公众更多知情权、参与权，不仅使其对社会保险待遇、缴费有更客观理性的预期，提早做好调整和应对，还能在社会保险改革之际，认识到改革必要性及其影响，赢得公众的理解和支持。

三、社会保险基金预算绩效评价指标体系

（一）指标体系建设思路

评价指标体系的设置由定量指标和定性指标组成，可从社会保险基金的基金管理、风险管理、地区结构关系、基金精算平衡、收入政策效果、支出政策效果等维度出发，提炼各维度的核心绩效指标。其中，考虑到社会保险基金各细分险种基金在管理和保障内容上有共性和个性并存的特征，因此在设计指标时要按照基金具体管理内涵，合理界定、提炼出共性指标和个性指标。具体来说：基金管理、风险管理、地区结构关系、收入政策效果四个维度因实际管理内容基本一致，故可通过设置一套共性的绩效指标进行衡量；而基金精算平衡、支出政策效果两个维度要按照社会保险基金不同险种的可持续性要求和具体保障内容、保障水平进行差异化的设置。

（二）指标体系设计原则

1. 科学性原则。这是评价指标体系的立身之本，各项指标的设立应有科学依据，应能准确反映社会保险基金预算管理客观实际情况及其特征。

2. 系统性原则。指标体系应能全面完整地反映社会保险基金预算绩效管理所涉及的各个因素及其本质特征，结合“预算编制有目标、预算执行有监控、预算完成有评价、评价结果有反馈、反馈结果有应用”的全过程预算绩效管理过程，形成一个系统化的完整体系。

3. 重要性原则。结合社会保险基金预算绩效管理关键过程和关键结果，优先使用最能反映社会保险基金预算绩效的核心指标。

4. 经济性原则。指标体系设计应当通俗易懂、简便易行，应当考虑现实条件和可操作性，符合成本效益原则。

（三）绩效指标体系设计

在指标具体设计中，重点在于遵循《意见》“基金管理一运行风险一地区结构一精算平衡一收支政策效果”的管理要求，按社会保险基金的具体履职内容设立绩效指标体系。下面以失业保险为例阐述社会保险基金预算绩效评价指标体系的基本框架：

表 4-3-1　社会保险基金预算绩效评价指标体系参考框架（失业保险基金）

一级指标	二级指标	三级指标	指标解释
基金管理	预算管理	预算编制科学性	基金预算编制是否经过科学论证、有明确标准，资金额度与年度目标是否相适应，用以考核基金预算编制的科学性、合理性情况
		资金分配合理性	考察失业保险基金预算安排、分配的合理性
		预算完成率	考察收入、支出预算中本级政府相关履职内容（不考虑上级补贴收入、转移收入、转移支出等非本级内容）预算完成情况

续表

一级指标	二级指标	三级指标	指标解释
基金管理	征缴管理	征收管理制度健全性	考察失业保险基金的征收机制是否建立健全，以确保失业保险金的应收尽收
		部门间协作有效性	考察失业保险基金征收相关部门、单位间沟通协作是否有效、顺畅
	投资管理	投资方式合理性	考察结余失业保险金的保值增值方式是否合理
		投资机构遴选规范性	考察失业保险基金投资机构选聘的流程及标准合法合规情况
		滚存余额投资率	考察失业保险闲置资金开展投资情况
		基金增值保值率	考察失业保险基金增值保值效果
	支出管理	支出管理制度健全性	考察失业保险金各支出项目是否有明确的审核、管理制度
		资金使用合规性	考察失业保险基金使用是否符合相关的管理制度规定
		绩效目标合理性	基金所设定的绩效目标是否依据充分，是否符合客观实际，考核基金绩效目标与基金运行的相符情况
	经办服务管理	政策宣贯长效机制健全性	考察失业保险相关补助政策宣传情况
		失业保险待遇申领渠道畅通性	考察失业保险待遇申领渠道是否畅通
		失业保险基金全流程信息化率	考察失业保险参保、核定费率、失业申报、领取补助、追缴欠款等各个环节是否完成了信息化的全覆盖
运行风险	风险管理	风险防控机制有效性	考察在失业保险基金征收、运行、支出过程中的风险防控机制建设情况
		反经济周期调整机制有效性	考察人社部门是否建立反经济周期调整机制，有效防范周期性的失业风险
		费率动态调整机制健全性	考察费率动态调整机制健全且确保有效实施的情况
	保险稽察	冒领、骗取、套取基金行为查处率	考察保险稽核部门查处冒领、骗取、套取基金等行为的情况
地区结构	统筹协调	失业保险基金调剂机制健全性	考察本地区失业保险基金调剂机制是否健全

续表

一级指标	二级指标	三级指标	指标解释
地区结构	关系转移	失业保险关系跨地区转移便利性	考察本地区或外省市失业保险关系相互转移的便利情况
	待遇公平	待遇标准一致性	考察本地区不同人群待遇标准是否一致，是否公平
精算平衡	收支稳定	年度结余稳定性	考察失业保险基金的收支平衡情况
		待遇水平合理性	考察失业保险待遇在平衡基本生活保障和诱发“养懒汉”等逆向选择现象的表现
	总量控制	失业保险备付月数	考察失业保险待遇支付能力情况
		失业保险基金规模控制率	考察人社部门通过调整收支标准、范围，尝试消解失业保险基金过大的滚存余额，降低基金运营风险的情况
收入政策效果	参保扩面	失业保险参保人数增长率	考察失业保险参保人数增长情况
		失业保险征缴率	考察企业及个人失业保险参保登记后，是否实际缴纳失业保险费的情况
	保费征收	失业保险金应收尽收率	考察企业及个人按照失业保险费标准足额缴纳的情况
		保费核定准确率	考察企业和个人失业保险费用标准核定的准确性 企业与个人分别进行考察
		失业保险金追回率	根据省预警下达和社保中心发出的个人领取失业保险金存疑数据，进行核查并追回失业保险金情况
支出政策效果	基本生活保障	基本保障应补尽补率	考察符合失业保险金、失业补助金、农民工一次性生活补助标准的人员失业保险基金应补尽补情况
		基本保障发放准确率	考察失业保险金、失业补助金、农民工一次性生活补助的发放人员和标准是否准确
		基本保障发放及时率	考察符合失业保险金、失业补助金、农民工一次性生活补助标准的人员失业保险基金发放及时情况
		基本生活保障满足度	考察失业保险金、失业补助金、农民工一次性生活补助标准是否满足失业人员基本生活的情况

续表

一级指标	二级指标	三级指标	指标解释
支出政策效果	预防失业	防失业相关补贴发放完成率	考察防失业相关补贴发放完成情况
		防失业相关补贴发放准确率	考察防失业相关补贴发放准确情况
		防失业相关补贴发放及时率	考察防失业相关补贴发放及时情况
		职业技能培训累计参与人次	考察职业技能培训累计参与人次
		技能劳动者占就业人员总量的比例	考察通过组织技能培训促进技能劳动者增长情况
		受补助企业裁员率	考察企业稳岗补贴对所补贴企业的稳岗效果
	促进就业	促就业相关补贴发放完成率	考察促就业相关补贴发放完成情况
		促就业相关补贴发放准确率	考察促就业相关补贴发放准确情况 重点关注上述资金和一般公共预算内就业补助金、企业新型学徒制补贴等其他资金是否重复补贴
		促就业相关补贴发放及时率	考察促就业相关补贴发放及时情况
		重点群体就业率	考察就业重点保障群体就业情况，包括农民工、困难群体（去产能企业职工、建档立卡贫困户）、高校毕业生、退役军人等
		零就业、低保家庭一人稳定就业率	考察零就业、低保家庭至少一人稳定就业的情况
	综合效益	城镇登记失业率控制率	考察失业保险基金保就业、稳就业功能的保障情况
		紧缺岗位人才增长率	考察失业保险基金的使用对于符合本地区紧缺急需职业（工种）目录的人才数量提升情况
		岗位空缺与求职人数均衡度	考察失业保险基金促进本地区人力资源配置优化的作用

|第四节| 政府性基金预算绩效管理

一、政府性基金概述

(一) 政府性基金定义与背景

政府性基金的官方定义最早见于2000年发布的《财政部关于加强政府性基金管理问题的通知》:“政府性基金,是指各级人民政府及其所属部门根据法律、国家行政法规和中共中央、国务院有关文件的规定,为支持某项事业发展,按照国家规定程序批准,向公民、法人和其他组织征收的具有专项用途的资金。”2010年财政部发布的《政府性基金管理暂行办法》(财综〔2010〕80号)对定义后半句给出了更加准确的阐述:“为支持特定公共基础设施建设和公共事业发展,向公民、法人和其他组织无偿征收的具有专项用途的财政资金。”

2015年起实施的修订后的《预算法》从法律层面明确了我国全口径预算体系包括四本预算,即一般公共预算、政府性基金预算、国有资本经营预算和社会保险基金预算。其中,“政府性基金预算是对依照法律、行政法规的规定在一定期限内向特定对象征收、收取或者以其他方式筹集的资金,专项用于特定公共事业发展的收支预算”。这一概念的要点可以概括为“三个特定”和“一个发展”,即特定期限内、向特定对象、用于特定公共事业发展,同时删去了“无偿性”的表述。

我国政府性基金的产生主要是在当时国家财政收入有限,政府财力不足以完全支持一些重大公共事业和重大建设工程建设的背景下,财政部特许相关部门自行筹集经费的一种途径。由于允许各部门自行收费又独立于预算之外,在后来的十来年中各地方、各部门纷纷出台了各色各样的收费项目,其中不乏征收缺乏合理性、资金管理混乱等情况。对此国家发起了多轮整顿清理,1996年,国务院发布《关于加强预算外资金管理的决定》,将铁路建设基金、电力建设基金、三峡工程建设基金等13项数额较大的政府性基金纳入财政预算。2002年,财政部发布《关于公布取消部分政府性基金项目的通知》(财综〔2002〕24号),大力整顿整合政府性基金,于当年6月1日起取消277项政府性基金,成为历次整顿政府性基金动作最大的一次。2010年国务院出台《政府性基金管理暂行办法》(财综〔2010〕80号),要求各地每年要编制政府性基金目录并向社会发布,不在目录范围内的项目,企业和公民有权拒交。2015年实施的修订后的《预算法》,规定了政府性基金作为四本预算之一,将全面纳入预算管理。

(二) 政府性基金与其他预算

与税收具有固定性、强制性和无偿性不同,政府性基金作为非税收入,具有专项性、特定性、有偿性等特征，见表 4-4-1。因此，政府性基金在部分领域中能更加公平有效地调节社会分配关系，具体表现在两个方面：

表 4-4-1　政府性基金与一般税收的比较

财政收入形式	征收对象	强制性	是否有偿	用途	固定性	立法层次
税收	所有纳税主体	强	无偿	一般公共需要	要素确定，收入稳定	全国人大、国务院
政府性基金	特定主体	较强	可有偿	特定项目或公共事业发展	政策性强，部分项目有年限规定，收入不稳定	国务院或财政部审批

一是可以更加公平地分摊公共服务成本。特定公共服务应当按照“谁受益、谁付费”原则，通过收费方式分摊公共服务成本，而不宜通过税收将成本转嫁给全体纳税人负担。

二是为特定公共基础设施建设和公共事业发展提供稳定的资金来源。由于一般公共预算可用于基础设施建设的资金有限，有必要发挥政府性基金筹集资金的作用，促进相关领域基础设施建设和公共事业发展。

《预算法》规定：“政府性基金预算、国有资本经营预算、社会保险基金预算应当与一般公共预算相衔接”。近年来，我国加大了政府性基金预算与一般公共预算的统筹力度。一是从 2015 年 1 月 1 日起，将政府性基金预算中用于提高基本公共服务以及主要用于人员和机构运转等方面的 11 项项目收支转列一般公共预算收入。二是盘活存量资金，将政府性基金项目中结转较多的资金，调入一般公共预算，每一项政府性基金结转资金规模一般不超过该项基金当年收入的 30％。

（三）预算级次与预算编制

我国政府性基金相关收入由三部分构成：全国政府性基金收入，上年结转收入和地方政府专项债务收入。其中，全国政府性基金收入为中央政府性基金收入与地方政府性基金收入之和。由于在政府性基金预算中也存在中央对地方转移支付的部分，所以全国政府性基金相关收入总量需要扣除重复计算的部分。政府性基金预算收支关系详见图 4-4-1。

基金收入分为中央基金预算收入、地方基金预算收入和中央与地方共享基金收入。在未作出新的调整之前，有关收入的划分暂以原规定为准，即属于中央政府的收入，仍作为中央基金预算收入；属于地方政府的收入，仍作为地方基金预算收入；作为中央与地方政府共享的收入，仍作为中央与地方共享基金收入。地方财政部门按国家规定收取的各项税费附加，根据国务院《关于加强预算外资金管理的决定》（国发〔1996〕29 号），纳入地方财政预算后，也视同地方政府的基金收入。

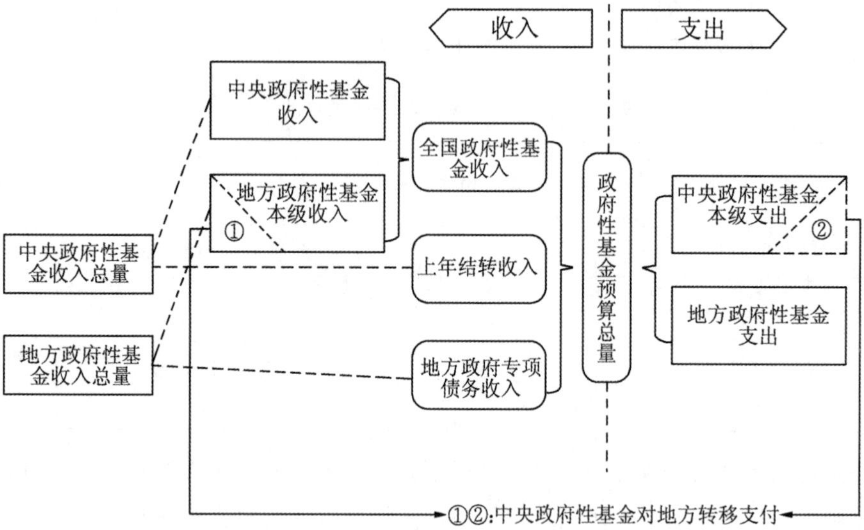

图 4-4-1　政府性基金预算收入来源与支出方向结构图

根据国务院 1996 年 29 号等文件，财政部制定了《政府性基金预算管理暂行办法》（财综〔2010〕80 号），提出政府性基金管理总原则是：实行中央一级审批制度，统一领导、分级管理；基金全额纳入预算管理，实行收支两条线，收入全额上缴国库，先收后支，专款专用；在预算上单独编列，自求平衡，结余结转下年继续使用。政府性基金预算内容包括年度基金收入预算与基金支出预算，以前年度基金结余也在基金预算中反映。基金收入预算根据上年度征收任务完成情况和本年度征收任务及征收标准调整变化情况等确定；基金支出预算根据基金收入情况，按规定的用途、支出范围和支出标准编列。属于基本建设项目应按基本建设投资管理的有关规定编报基本建设支出预算。基金预算按规定的程序报经批准后，由财政部门及时向各部门批复。地方财政部门应于预算年度开始后的 10 日内，将汇总的地方政府性基金预算报财政部。

（四）收支项目类别

在 2019 年财政部公布的《全国政府性基金目录清单》中，共有 21 个项目类别，详见表 4-4-2。在 2019 年全国政府性基金收入决算表中，纳入政府性基金决算统计的科目一共有 24 个。

表 4-4-2　全国政府性基金目录清单

序号	项目名称	资金管理方式
1	铁路建设基金	缴入中央国库
2	港口建设费	缴入中央和地方国库
3	民航发展基金	缴入中央国库

续表

序号	项目名称		资金管理方式
4	高等级公路车辆通行附加费（海南）		缴入地方国库
5	国家重大水利工程建设基金		缴入中央和地方国库
6	水利建设基金		缴入中央和地方国库
7	城市基础设施配套费		缴入地方国库
8	农网还贷资金		缴入中央和地方国库
9	教育费附加		缴入中央和地方国库
10	地方教育附加		缴入地方国库
11	文化事业建设费		缴入中央和地方国库
12	国家电影事业发展专项资金		缴入中央和地方国库
13	旅游发展基金		缴入中央国库
14	中央水库移民扶持基金	大中型水库移民后期扶持基金	缴入中央国库
		跨省大中型水库库区基金	
		三峡水库库区基金	
15	地方水库移民扶持基金	省级大中型水库库区基金	缴入地方国库
		小型水库移民扶助基金	
16	残疾人就业保障金		缴入地方国库
17	森林植被恢复费		缴入中央和地方国库
18	可再生能源发展基金		缴入中央国库
19	船舶油污损害赔偿基金		缴入中央国库
20	核电站乏燃料处理处置基金		缴入中央国库
21	废弃电器电子产品处理基金		缴入中央国库

（五）收支规模与结构

政府性基金作为我国财政收支体系的重要组成部分，已经成为税收以外的第二大收入来源，对各级政府筹集资金、加快经济建设和社会事业发展有积极作用。据统计，2020 年我国政府性基金预算总收入为 93489 亿元，同比增长 10.6%。其中中央政府性基金预算收入为 3562 亿元，占比为 3.81%。地方政府基金预算收入为 89927 亿元，占比为 96.19%。

政府性基金的收支具有以下特点：

（1）地方政府性基金收入是全国政府性基金收入的主体，规模远大于中央。2019 年地方占比超过 95%，2020 年地方占比超过了 96%。而中央基金收入规模多年来相对稳定，始终保持在 4000 亿元左右。

(2) 土地出让收入构成政府性基金收入的主要部分。2010 年以来，土地出让收入占同期全国政府性基金收入的比重一直保持在 70%以上，2019 年达到 83.64%，成为政府性基金收入增速变化的主要因素。2014 年以来土地出让金以外的基金收入增速放缓，这和清理基金项目、实施企业减税降费政策有一定关系。

(3) 相比于中央政府，地方政府对于政府性基金收入的依赖度更高。2020 年，中央政府性基金收入（未计入抗疫特别基金）占中央财政收入的比重仅为约 4%，而地方基金收入占地方财政收入比约为 47%。

(4) 政府性基金支出是按照“以收定支、专款专用”的原则，各基金项目支出和收入金额基本对应。如果不考虑地方政府专项债收入和结转收入，历年政府性基金各项收支基本平衡，盈余和赤字规模都较小。

(六) 政府性基金管理现状

政府性基金作为政府非税收入的重要组成部分，对重大工程的建设、重点工作的推进和地方经济的发展都起到了重要的保障和推动作用。相当一段时间内我国政府性基金缺乏完善的管理体制，这导致了政府性基金的发展缺乏制约。自 2010 年财政部出台《政府性基金的暂行办法》（财综〔2010〕80 号）后，政府性基金的相关管理有了明确的制度规定，政府性基金管理上初步有了制度上的保障。近年来，政府性基金管理工作的规范性得到了显著提升，但当前仍存在部分到期但未取消的基金项目，导致部分基金在征收合理性和资金使用规范性上被质疑。因此，时至目前，政府性基金在征收、管理和使用等各环节还需要进一步加强。

与一般公共预算相比，政府性基金在征收管理上更加强调基金设立、调整的程序规范性和依据充分性。对征收管理机构上缴国库的足额和及时性、资金上下级分成管理的规范性、作为征收的法定凭证和会计核算原始凭证的相关票据管理的规范性、资金使用的专款专用性等有着明确要求。实践中，我国政府性基金预算仍存在管理不够规范、模式较粗放等问题，具体包括：预算编制不够细化，基金收支预测科学性、准确性不高，基金结余较大、影响使用效益，支出结构不尽合理等。

二、政府性基金预算绩效管理内容和方法

(一) 政府性基金预算绩效管理的必要性

我国推进预算绩效管理多年，财税体制改革不断深化，预算管理制度持续完善，财政资金使用效益不断提升。与此同时，作为我国政府预算重要组成部分的政府性基金预算，其绩效管理工作仍处于初步探索阶段。将政府性基金预算纳入绩效管理，一是全面实施预算绩效管理“全覆盖”的要求；二是由于一些公共服务和政府项目的资金同时来源于一般公共预算和政府性基金预算，二者之间衔接紧密，若缺乏对政府性基金的预算绩效管理，将不能真实、全面反映财政收支总体效益和政府履职成果。

通过全面实施政府性基金预算绩效管理，能够更全面地了解政府性基金项目资金

分配、管理、使用情况以及资金使用效果、绩效目标完成情况。绩效评价工作应运用科学、合理的绩效评价指标、评价标准和评价方法，对政府性基金支出的经济性、效率性和效益性进行独立、客观、公正的评价。在归纳分析的基础上，发现实施运行过程中存在的问题，并有针对性地提出修改意见和建议，进一步提高财政资金的使用效率。随着当前我国经济由高速增长阶段转向高质量发展阶段，为充分有效发挥财政职能，探索并推进政府性基金预算绩效管理具有较强的国家宏观战略意义。

（二）政府性基金预算绩效管理的总体要求

政府性基金的征收及使用部门应遵循“全过程”的管理要求，在预算决策、编制、执行、决算等各环节中，对政府性基金预算开展事前、事中、事后绩效管理，加强预算绩效管理的结果应用，推动绩效水平的提升。其中：

（1）预算编制环节，主要包括：政府性基金目录中各个基金及其涵盖的项目支出预算编制的依据及绩效目标设定情况；为保证绩效目标实现所提供的制度、人力、财力等各项保障的有效性；预算编制过程中相关资产配备情况是否合规、合理。

（2）预算执行环节，主要包括：预算执行过程中该项政府性基金相关项目的执行进度与计划进度是否保持一致；实际实施内容与基金设立目标及内容是否匹配；基金预算是否做到专款专用；项目单位或主管部门对基金项目的实施和绩效目标运行的监控情况以及业务、资金相关资料管理保存完整情况等。

（3）预算执行结果与绩效评价方面，政府性基金的预算执行结果主要包括：预算完成后形成可视可评的基金预算执行结果；将结果比照量化的绩效目标，分析基金支出和项目数量完成率、质量达成率、目标完成及时率等，总结基金投资项目取得的直接效益、间接效益和对象的满意度等。

（4）结果运用方面，政府性基金使用单位、分配部门和财政部门应将评价结果作为优化政府性基金分配使用、安排预算、完善政策、改进管理的重要依据。绩效评价发现政府性基金存在需要变更调整征收对象、征收范围、征收标准、征收期限等征收要素的，或者存在需要减征、免征、缓征、停征等情况的，应按照财政部及地方相关规定执行。

此外，按照完善“全覆盖”预算绩效管理体系的要求，政府性基金预算绩效管理应包括收入和支出两方面。同时，考虑到其预算管理的特点，推进绩效管理应坚持分类处理原则，根据预算收支特征和管理原则确定绩效管理要点。

政府性基金往往设立有明确的宏观战略定位，且收入来源明确，通常以项目形式支出，可分为政策、项目两个层次开展绩效管理：政策层面指对某一政府性基金预算开展的综合运行绩效管理，可借鉴政策管理的思路；项目层面主要基于具体项目开展项目支出绩效管理，其有别于一般公共预算项目支出之处在于要重点关注支出项目对政府性基金预算宏观战略目标的适应性和支撑度。

（三）政府性基金预算绩效管理的环节及要点

1. 绩效目标的审核与确定

政府性基金绩效目标包括基金政策和项目两个层面的绩效目标。基金政策绩效目标指某个政府性基金在一定时期内预期取得的总体产出、效果等内容；项目绩效目标指使用政府性基金的具体项目在一定时期内预期达到的产出、效果等内容。项目绩效目标汇总后，应与基金对应的整体绩效目标保持一致。

政策绩效目标由政府性基金分配部门负责设定，项目绩效目标由政府性基金使用单位负责设定。政策绩效目标由财政部门负责审核，项目绩效目标由政府性基金分配部门会同财政部门审核。审核时应当充分考虑本年度政府性基金征收任务的完成情况和结余结转情况、下一年度计划完成的征收任务数额、已分配资金的项目实施进展情况等因素，加强对绩效目标的完整性、规范性、可行性、合理性、匹配性、关联性等方面的审核。绩效目标审核不通过的，不得安排预算。

政府性基金分配部门和财政部门应在项目立项审批、明确资金分配方案或下达政府性基金预算时，批复对应的绩效目标。绩效目标确定后，原则上不予调整和变更。对因客观条件变化确需调整绩效目标的，应及时按程序向财政部门提出调整申请。

2. 事前绩效评估

政府性基金使用单位在新增需使用政府性基金的重点项目时，应结合预算评审、项目立项审批等工作开展事前绩效评估，并形成事前绩效评估结论。事前绩效评估要重点关注项目是否符合政府性基金规定的用途、支出范围和支出标准，项目是否具有立项的必要性，产出和效果与投入是否匹配，项目方案是否具有可行性，筹资方案是否合规，筹资风险是否可控等。重点项目是指贯彻落实党和政府重大方针政策和决策部署的项目，覆盖面广、影响力大、社会关注度高、实施期长的项目。

事前绩效评估结论是审核安排政府性基金预算的必备条件，政府性基金分配部门和财政部门要按照“以收定支、专款专用、收支平衡”的原则，加强对政府性基金使用单位事前绩效评估结论的审核。凡未按照要求开展事前绩效评估或评估审核未通过的，项目不得纳入财政支出项目库，不得安排预算。

3. 绩效监控

在预算执行期间，政府性基金使用单位和分配部门要加强对政府性基金的预算执行进度、绩效目标实现程度的跟踪监控，形成对应的绩效监控结论。绩效监控结论应及时报送政府性基金分配部门、财政部门。其中：政府性基金使用单位要对本单位政府性基金支出预算执行进度和项目绩效目标实现程度进行跟踪监控，并说明支出增减的变动原因和项目绩效目标产生偏差的主要原因。政府性基金分配部门要对所分配政府性基金的整体绩效目标实现程度进行跟踪监控，并分析绩效目标产生偏差的主要原因。

绩效监控结果与绩效目标存在较大偏差的或存在问题的，政府性基金使用单位和分配部门要及时分析原因进行绩效运行偏差纠正和整改，如需调整预算、绩效目标或政府性基金分配方案的，应当按照规定程序调整。财政部门可根据管理需要选择重点的政府性基金整体收支情况或项目实施情况开展绩效监控。对监控发现政府性基金收支预算执行存在较大变动风险的，应督促政府性基金使用单位和分配部门加强对预算的合理安排使用；对实施中存在严重问题的项目，应暂缓执行或停止预算拨款，对问题整改不到位的予以调减或收回预算资金。

4. 绩效评价

政府性基金使用单位、分配部门和财政部门要运用科学合理的评价方法，以结果为导向，加强成本效益分析，通过单位自评、部门评价、财政评价三种形式开展绩效评价。其中单位自评由政府性基金使用单位对照确定的项目绩效目标自主实施，单位自评的对象是纳入政府性基金预算管理的所有项目支出。部门评价由政府性基金分配部门运用科学、合理的绩效评价指标、评价标准和方法，在单位自评的基础上组织实施。部门评价的对象应根据管理需要，优先选择部门履职的重点发展改革项目，并可选择一定时期内的政府性基金整个支出绩效适时开展绩效评价。财政评价由财政部门根据管理需要组织实施。财政评价的对象包括政府性基金的整体收支绩效和重点项目支出绩效。同时财政部门可以对政府性基金使用单位、分配部门组织开展的绩效评价工作、整改落实情况进行抽查复核，必要时组织实施财政再评价。

绩效评价的内容应聚焦政府性基金安排使用的经济性、效率性、效益性和公平性。其中：单位自评的内容主要包括项目绩效目标、各项绩效指标的完成情况以及预算执行情况。部门评价的内容主要包括项目的决策情况、政府性基金的管理和使用情况、相关管理制度办法的健全性及执行情况、实现的产出情况、取得的效益情况以及其他相关内容；选择基金整体支出情况进行评价时，还要重点关注资金分配方案是否符合政府性基金规定的开支范围和标准，是否达到了预期的目标导向和实施效果，是否实现了资金的合理分配等内容。财政评价除上述内容外，还要重点关注政府性基金征收行为的合法合规性、政府性基金设立延续依据充分性和征收标准的合理性、政府性基金收入对专项债务的支撑能力、政府性基金征收和分配使用间的整体平衡性、政府性基金分配使用的科学性、政府性基金所需要解决的社会需求和目标的实现程度等内容。

（四）预算管理存在的问题及绩效管理的难点

当前政府性基金预算管理中也存在一些问题，对基金绩效管理工作造成相应困难，主要如下：

（1）部分政府性基金收取的法理依据不足。一些学者研究认为，一部分目前设立的基金设立原则不清晰，缺乏征收依据，我国还没有关于政府性基金的统一立法，项目设立和征收标准较为随意，虽经国家多次整顿，违规设立情况依然存在。同时，由于部分基金在各地方管理制度仍不够完善，管理制度的合理性缺乏比对标准，在实际管理工作过程中对基金设立的合理性和基金管理制度完善性的判断都造成困难。

（2）政府性基金的设立通常是为一般公共预算无法满足资金需求的公共事业或大型公共建设项目进行补充融资，因此项目支出的资金常常同时来源于一般公共预算与政府性基金，来源于政府性基金的资金的具体支出方向难以厘清，合理的支出标准未作规定，增加了绩效管理工作的难度。

（3）目前，政府性基金部门化管理仍较为明显。收缴、支出、管理高度集中于一个部门的情况较为普遍，基金管理及使用的信息披露不充分，资金使用规范性较难判断。此外，基金逾期征收的情况仍然存在，基于特定目的的基金在项目结束后未废止。大部分目前仍在征收的政府性基金未设置征收期限，或即使设置了征收期限，也极有可能在到期后重新出台规定续缴。在管理工作中对基金的合理征收期限需进一步分析判断。

（4）各地各类型基金的征收方式各不相同。部分为税收关联征收，如国家电影事业发展基金、彩票公益基金，另有从其他使用者收费中提取，如车辆通行费、废弃电器电子产品处理基金，还有直接隐藏在价格中，如民航发展基金、港口建设基金。各类基金各地方收费情况也略有出入。不同收费方式缺乏定价研究，基金征收规模的合理性较难判断，这对资金使用的效率和效益的分析造成困难。

三、政府性基金预算绩效评价指标体系

（一）绩效评价思路

按照前文所述政府性基金分层次开展预算绩效管理的要求，其绩效评价可分为宏观基金政策、微观基金项目两个层次开展。

《中共中央　国务院关于全面实施预算绩效管理的意见》指出，政府性基金预算绩效管理要重点关注基金政策设立延续依据、征收标准、使用效果等情况，地方政府还要关注其对专项债务的支撑能力。因此，在宏观政策层面上，政府性基金综合运行评价以某个政府性基金为评价对象，从基金层面评价其在特定领域的目标实现度。具体来说，可从基金设立、实施和绩效三个方面开展评价，结合其管理特征，应重点考察设立征收某项基金决策科学性、收支管理规范性、地方政府性基金收入项目分类发行专项债券的合理性和规范性，效果指标的设计应考虑该政府性基金在促进特定领域事业发展中发挥的作用。当政府性基金用于转移支付时，还需着重考察财政在履行宏观调控职能过程中优化资源配置、平衡地区差异的目标。

《政府性基金管理暂行办法》（财综〔2010〕80 号）也强调政府性基金预算编制遵循“以收定支、专款专用、收支平衡、结余结转下年安排使用”的原则。在对政府性基金预算编制合理性的评价中，应考察基金的支出是否根据政府性基金收入情况安排，自求平衡，不编制赤字预算。由于各项政府性基金在征收之初就已规定了资金的征收目的和使用方向，在评价过程中需明确各项政府性基金是否按照规定用途使用，

不挪作他用。此外，办法还要求各级财政部门应不断提高政府性基金预算编制的完整性、准确性和精细化程度，对这些方面的工作也应设有相应的指标进行考察。

在微观项目层面上，其评价思路与一般公共预算支出项目评价基本一致。需要特别强调的是，政府性基金绩效评价需重点关注产出所能够发挥的效果，特别是对宏观战略目标的适应性和支撑性。

以民航发展基金为例，宏观政策层面对民航发展基金整体的运营及管理作综合评价。其支出方向包括民航基础设施建设、航线及机场补贴、民航节能减排、通用航空发展等方面，因此产出和效果评价要结合这些方面综合设计。微观层面则以具体支出项目资金为评价对象，如民航基础设施建设中的某项设施的资金效益情况，重点关注资金使用的合规性以及具体项目的投资所能够带来的产出及社会效益情况。

（二）绩效评价指标体系框架

以民航发展基金为例，结合前述思路，本书尝试性研究了其综合运行评价的指标体系框架，详见表 4-4-3。

表 4-4-3　政府性基金综合运行评价指标体系参考框架

一级指标	二级指标	三级指标	四级指标
基金设立	基金出台	基金设立必要性	基金设立合法性
		设立程序规范性	基金设立程序规范性
		目标合理性	基金设立目标合理性
		交叉重复情况	基金清理情况
	基金内容	内容合理性	基金征收要素合理性
			征收操作可行性
		规模合理性	基金征收规模合理性
		方式合理性	基金征收方式合理性
基金实施	预算管理	收入预算管理科学性	收入预算编制合理性
			收入预算执行率
		支出预算管理科学性	支出预算编制合理性
			支出预算执行率
		收支预算监督有效性	收支预算调整规范性
			收支预算监督有效性
	收缴管理	征收管理机制健全性	征收管理机制健全性
		缴库机制健全性	应收尽收率
			及时上缴国库率

续表

一级指标	二级指标	三级指标	四级指标
基金实施	支出管理	专项债务支撑机制健全性	政府性基金收入项目分类发行专项债券规范性
			基金偿债机制健全性
		财务管理有效性	财务管理制度健全性
			票据管理规范性
			会计核算规范性
			基金专款专用率
		项目管理有效性	项目管理制度健全性
			管理制度执行有效性
基金实施绩效（以民航发展基金为例）	产出指标	数量指标	补贴项目计划完成率
		质量指标	补贴标准执行度
			建设及信息化类项目质量达标率
		时效指标	补贴资金下拨及时性
			建设项目施工进度计划符合度
	效果指标	社会效益	航班客座率
			航班载运率
			飞机日利用率
			航班正常率
			航空运输总周转量
			旅客周转量占比提升率
			通用航空生产作业小时增长率
			运输飞行百万小时重大及以上事故率
		经济效益	亏损民用机场下降率
		生态效益	吨公里油耗和二氧化碳排放下降率
	可持续影响力	长效机制健全性	基金沉淀资金调控机制
			引入社会资本机制健全性

|第五节|　政府投资基金预算绩效管理

一、政府投资基金预算绩效管理概述

（一）政府投资基金定义

依据《政府投资基金暂行管理办法》（财预〔2015〕210 号），政府投资基金是指由各级政府通过预算安排，以单独出资或与社会资本共同出资设立，采用股权投资等市场化方式，引导社会各类资本投资经济社会发展的重点领域和薄弱环节，支持相关产业和领域发展的资金。该办法中的政府出资是指财政部门通过一般公共预算、政府性基金预算、国有资本经营预算等安排的资金。

除了政府投资基金，常见的还有政府引导基金、政府出资产业投资基金等。政府引导基金又称创业引导基金，是指由政府出资，并吸引有关地方政府、金融、投资机构和社会资本，不以营利为目的，以股权或债权等方式投资于创业风险投资机构或新设创业风险投资基金，以支持创业企业发展的专项资金。产业投资基金是一大类概念，依据发改委 2016 年发布的《政府出资产业投资基金管理暂行办法》（发改财金规〔2016〕2800 号），由政府出资，主要投资于非公开交易企业股权的股权投资基金和创业投资基金，为政府出资产业投资基金。从实际运作来看，各类型政府投资基金只是在投资形式、投向选择以及管理方式等方面存在一些非原则性的差别。因此，从广义而言，政府出资产业投资基金、政府引导基金、创业投资引导基金、战略新兴产业引导基金、天使投资引导基金、中小企业引导基金、PPP 基金等，均属于政府投资基金范畴。

（二）政府投资基金管理特征

1. 政府投资基金的特点

政府投资基金的产生具有时代和发展的背景。一方面，传统的地方举债支持经济发展的模式使地方财政不堪重负，政府投资基金不同于传统模式，意在以少量财政资金撬动大量社会投资，发挥财政资金的统筹功能，既可盘活存量资金，又可降低财政风险；另一方面，社会经济发展要求政府与市场共同参与相关领域的建设运作，政府投资基金可通过引导社会资本参与公共领域建设，培育中小创新企业成长，从而提升政府公共产品供给效能，实现国家经济产业战略规划。

基于政府投资基金产生的背景和目的，政府投资基金具有以下特点：一是公共性。政府投资基金有财政资金出资，其不以营利为目的，而是以实现政府特定的发展目标为目的。二是引导性。设立政府投资基金的作用和定位在于发挥政府引导作用，引导社会各类资本投资经济社会发展的重点领域和薄弱环节。三是杠杆性。政府投资

基金中的政府出资目的在于撬动和吸引更多社会资本进入，从而发挥财政资金的放大效应。四是市场化运作。政府投资基金按照“政府引导、市场运作，科学决策、防范风险”的原则，其募资、投资、投后管理、清算、退出等通过市场化运作，政府一般不参与基金日常管理事务。五是可持续性。区别于传统的无偿的政府投资方式，政府投资基金中财政资金的投入是有偿的，通过股权投资的退出实现资金回收，从而可以提高政府投资的可持续性。

2. 投资范围

根据《政府投资基金暂行管理办法》（财预〔2015〕210号），政府投资基金一般应支持创新创业、支持中小企业发展、支持产业转型升级和发展、支持基础设施和公共服务领域，支持目的和扶持对象详见表4-5-1所示。

表4-5-1 政府投资基金投资领域

序号	投资领域	目的和扶持对象
1	支持创新创业	为了加快有利于创新发展的市场环境，增加创业投资资本的供给，鼓励创业投资企业投资处于种子期、起步期等创业早期的企业
2	支持中小企业发展	为了体现国家宏观政策、产业政策和区域发展规划意图，扶持中型、小型、微型企业发展，改善企业服务环境和融资环境，激发企业创业创新活力，增强经济持续发展内生动力
3	支持产业转型升级和发展	为了落实国家产业政策，扶持重大关键技术产业化，引导社会资本增加投入，有效解决产业发展投入大、风险大的问题，有效实现产业转型升级和重大发展，推动经济结构调整和资源优化配置
4	支持基础设施和公共服务领域	为改革公共服务供给机制，创新公共设施投融资模式，鼓励和引导社会资本进入基础设施和公共服务领域，加快推进重大基础设施建设，提高公共服务质量和水平

按照《政府出资产业投资基金管理暂行办法》（发改财金规〔2016〕2800号）的规定，政府出资产业投资基金主要投向表4-5-2所示的领域。发展和改革委员会可根据相关规划和政策适时调整上述政府投资基金的投资领域。

表4-5-2 政府投资基金投资领域

序号	投资领域	目的
1	非基本公共服务领域	解决非基本公共服务结构性问题，切实提高非基本公共服务共建能力和共享水平
2	基础设施领域	解决经济社会发展中偏远地区基础设施建设滞后，结构性供需不匹配等问题，切实推进城乡、区域、人群基本服务均等化
3	住房保障领域	解决城镇住房困难家庭及新市民住房问题，完善住房保障供应方式，增强政府住房保障可持续提供能力

续表

序号	投资领域	目的
4	生态环境领域	解决生态环境保护中存在的污染问题，切实推进生态环境质量改善
5	区域发展领域	解决区域发展差距，推进区域协调协同发展
6	战略性新兴产业和先进制造业领域	解决战略性新兴产业和先进制造业在经济社会发展中相关问题，在重点技术和产业领域实现突破
7	创业创新领域	解决创业创新在经济社会发展中的问题，切实推进大众创业、万众创新

3. 基金运作

政府投资基金的组织形式主要包括有限合伙制、公司制和契约制三种，出资方应当根据不同的组织形式，制定投资基金公司章程、有限合伙协议、合同等（以下简称章程），明确投资基金设立的政策目标、基金规模、存续期限、出资方案、投资领域、决策机制、基金管理机构、风险防范、投资退出、管理费用和收益分配等。

政府投资基金管理方式可以分为基金自管和基金委管两大类。根据政府参与度的强弱，基金自管主要分为政府直接管理、国企出资管理两种模式。委托管理主要分为国企委托管理、第三方委托管理和合作设立母基金管理。由于投资领域专业性较高，目前我国的政府投资基金多采用基金委管的模式，委托地方国有资产经营公司或第三方专业管理机构进行管理。

4. 各方管理职责

政府投资基金无论采取怎样的组织和管理方式，在管理架构上都包括决策机构、执行机构和监督机构三大部分。各方主要管理职责如下：

一是决策机构，一般设立基金管理委员会和投资决策委员会，作为基金运作的决策机构，主要负责协调解决基金（母基金）管理中的重大事项，确定引导基金的资金筹集、支持方向以及对参股支持子基金进行决策。

二是执行机构，负责基金管理和运营。基金管理机构代表政府履行对子基金的出资人职责。对于委托管理的基金，由地方国有资产经营公司或第三方专业管理机构作为基金的专业管理机构，根据授权代行基金出资人职责。主要负责对拟参股子基金进行尽职调查、入股谈判、章程或合伙协议签署等专业化运作，代表基金行使出资人权利并承担相应义务，但不参与子基金的具体投资运营。运营团队，通过选聘基金管理机构及设立子基金，按市场化方式独立运作。子基金实行所有权、管理权、托管权相分离的管理体制，由子基金管理机构完全按照市场规则负责子基金的募集、投资、管理和退出。此外，确定托管机构，基金应将基金资产委托给在中国境内设立的商业银行进行托管。

三是监督机构，负责基金从设立到退出全生命周期的管理。目前我国对政府投资基金的监管部门主要是财政部门、发展改革委、中国证券投资基金业协会三个部门。三个部门从自身职能出发，监管的角度有一定的差异。财政部门主要是站在财政资金管理的角度，规范基金资金使用行为，防范财政资金风险；发改委更侧重把握投资方向，以保证基金在实际运作中不发生大的偏离；中国证券投资基金业协会则是从专业基金管理的角度，对基金管理人、基金托管人等进行基金运作规范。

5. 政府投资基金运作流程

政府投资基金的运作主要包括募资、投资、投后管理、清算和退出等环节，以下简称“募投管退”。

（1）基金的募集和设立，政府投资基金必须以非公开方式进行募集，可以采取全部由政府出资或与社会资本共同出资。对于社会资本要求必须具备一定的风险识别和承受能力。设立基金必须充分考虑财政承受能力，合理确定基金规模和投资范围，各级财政部门应当控制政府投资基金的设立数量，不得在同一行业或领域重复设立基金。

（2）基金投资，鉴于政府投资基金的公共性和引导性，以及对基金的特殊监管要求，政府投资基金的投资范围具有明确的限制和禁止行为。

（3）投后管理的目标是为了规避投资风险，对投资目标实现情况等进行监管，如对子基金和企业的运营状况等进行监管，并及时处理。

（4）基金清算和退出，政府投资基金终止后，基金管理机构应当在出资人监督下组织清算，将政府出资额和归属政府的收益，按照财政国库管理制度有关规定及时足额上缴国库。政府投资基金中的政府出资部分一般应在投资基金存续期满后退出，存续期未满如达到预期目标，可通过股权回购机制等方式适时退出。

（三）政府投资基金绩效管理现状

近年来，各级政府积极探索，政府投资基金已经进入全面发展阶段。利用财政资金杠杆作用，政府投资基金对创新财政资金使用、引导新兴产业发展、撬动社会资本投入发挥了重要作用，但也存在着政策目标重复、资金闲置和碎片化等问题。随着财政预算绩效管理意识的不断深入，中央相关部门和地方政府也在不断推进政府投资基金绩效管理工作。

1. 中央层面

2008 年，《关于创业投资引导基金规范设立与运作的指导意见》（国办发〔2008〕116 号）发布，要求“对引导基金建立有效的绩效考核制度，定期对引导基金政策目标、政策效果及其资产情况进行评估”。2015 年，《政府投资基金暂行管理办法》（财预〔2015〕210 号）明确提出“各级财政部门应建立政府投资基金绩效评价制度”。2016 年，《政府出资产业投资基金管理暂行办法》（发改财金规〔2016〕2800 号）更是将“政府出资产业投资基金的绩效评价”作为一个章节进行强调，分为政府出资产业投资基金绩效评价和基金管理人绩效评价两大类，分别对基金和基金管理人进行考核，并分别列示了两类评价指标体系的主要评价指标。

2018 年，为规范政府出资产业投资基金登记管理工作，发挥财政资金引导和放大效应，国家发展和改革委员会发布《国家发展改革委办公厅关于做好政府出资产业投资基金绩效评价有关工作的通知》（发改办财金〔2018〕1043 号），明确国家发展改革委拟开展政府出资产业投资基金绩效评价工作。按照该通知，基金依据所在的阶段分为投资期和退出期，运用科学合理的绩效评价指标、评价标准和评价方法，对政府出资产业投资基金的政策目标实现程度、投资管理能力、综合信用水平、经济效益等进行客观、公正的评价。2018 年，《中共中央 国务院关于全面实施预算绩效管理的意见》出台，也明确要积极开展政府投资基金项目绩效管理。

2020 年，财政部发布《关于加强政府投资基金管理 提高财政出资效益的通知》（财预〔2020〕7 号），要求各级财政部门落实政府投资基金全过程绩效管理。随后印发的《项目支出绩效评价管理办法》（财预〔2020〕10 号）明确政府投资基金项目可参考本办法执行。

2. 地方层面

山东省率先出台的《山东省省级股权投资引导基金绩效评价管理暂行办法》（鲁政办发〔2014〕44 号）是我国第一个地方层面的政府投资基金绩效评价办法。随后，四川省、北京市等地又相继出台了政府投资基金绩效评价相关办法。

绩效评价组织方面，当前主要存在两种形式：一是由财政部门和行业主管部门共同组织，如山东省和四川省；二是分两个层次开展绩效评价，由主管部门实施自评，再由财政部门实施阶段性评价，如北京市。

评价对象方面，四川省明确评价对象包括基金与运营管理机构，而山东省则规定了子基金也在评价对象范围内。

评价开展的周期方面，四川省与山东省体系较为相似，按基金存续期限大致分为对存续期基金进行的年度评价与到期基金的综合评价；北京市的绩效评价略有不同，按照基金执行周期实施阶段性评价和按年度实施评价。

评价指标体系方面：山东省设置三个一级指标，包括业务开展、财务与效益；四川省主要围绕基础管理、政策目标、管理运营与投资效益考察；北京市的指标体系则从基金合规性、基金效率与价值、政策效果三个方面展开。

3. 政府投资基金绩效管理整体情况

总体而言，由于政府投资基金规模的不断扩大，基于之前基金运作过程中存在的问题，各级和各地政府均显示出了对政府投资基金绩效管理的重视，对开展政府投资基金全过程绩效管理工作提出了明确要求。但目前多聚焦在绩效评价环节，在事前绩效评估、绩效目标管理和绩效运行监控方面仍有较多不足，也尚未有丰富的实践经验可供参考。而对于绩效评价而言，目前也仍然存在一些问题，如不同部门和各地方的绩效评价范围、规范存在差异，评价操作手势和评价指标及其标准值不一致等。

二、政府投资基金绩效管理的内容和方法

（一）绩效管理的目的

绩效管理对提升政府投资基金服务实体经济的质效，加强行业信用体系建设，促进行业高质量持续健康发展均具有重大意义。通过开展政府投资基金绩效管理，覆盖募投管退的全流程，对基金与地区整体规划的匹配性、财政资金的安全性、财政资金的使用效率、基金预期政策目标的实现程度、基金运行管理的规范性等进行多维度的考察，分析财政资金投入和最终政策目标及其实现情况之间的关系，进一步剖析基金在决策设立、资源配置和日常管理等方面存在的问题，进一步优化下一阶段的投资策略，提高政府投资的效率和效益，从而更好地发挥基金在支持重点领域和薄弱环节中所起到的引导作用。依据《关于加强政府投资基金管理 提高财政出资效益的通知》（财预〔2020〕7号），绩效自评和重点绩效评价结果是基金存续、计提管理费的重要依据。

（二）绩效管理的对象和主体

在政府投资基金绩效管理实践中，绩效管理的对象分为基金和基金管理人两大类。就绩效管理的主体而言，《关于加强政府投资基金管理 提高财政出资效益的通知》（财预〔2020〕7号），明确“行业主管部门负责做好事前绩效评估，制定绩效目标和绩效指标，开展绩效监控，每年末基金实施绩效自评。自评结果报财政部门和其他主要出资人审核。财政部门可组织对基金开展重点绩效评价，主要评价政策目标实现程度、财务效益和管理水平。”

结合以上内容，政府投资基金预算绩效评价形式可主要分为行业部门组织的自评与财政部门组织的重点绩效评价两种。自评价由行业主管部门按年度组织实施，对存续期内的基金实施绩效自评价。财政评价是财政部门按照基金执行周期实施的阶段性评价，对即将退出或已退出的基金与基金管理机构实施评价。由于财政部门与行业主管部门在基金管理中角色不同，两种评价形式关注的侧重点有所不同。财政部门作为出资人，重点关注财政资金投入的安全性和使用效率，包括基金投资、退出等环节的预算管理和资产管理等；行业主管部门作为业务部门，更多地关注基金是否实现了支持相关产业发展等政策目标。

（三）绩效管理环节

政府投资基金绩效管理的流程与基金募投管退的各个环节相对应。在基金募集和设立的阶段，做好绩效目标管理，开展事前绩效评估，解决当前基金设立目标不明确等问题，判断基金设立的必要性，从而保证政府投资基金的投资领域不偏离政策方向；在基金投资和投后管理的阶段，做好绩效运行监控或阶段性绩效评价，判断政府投资基金在投资管理和风险防控等方面的合规性和有效性，考察基金阶段性政策目标的实现情况，以提高基金管理水平，保障财政资金的安全性，促进政策总体目标的实

现；在基金退出环节，则是通过开展综合绩效评价，考察政府投资基金政策目标的实现程度，分析基金设立、运营和政策目标之间的关系，为基金的存续、投资方案调整等提供参考依据。政府投资基金绩效管理在各环节的工作流程与一般公共预算项目支出绩效管理基本相同。此外，在各个阶段，都应当加强绩效管理的结果应用。

（四）绩效管理的内容与重点

《政府投资基金暂行管理办法》（财预〔2015〕210 号）中明确“按年度对基金政策目标实现程度、投资运营情况等开展评价”。《国家发展改革委办公厅关于做好政府出资产业投资基金绩效评价有关工作的通知》（发改办财金〔2018〕1043 号）明确了基金绩效评价的主要内容包括基金政策效应、管理效能、信用水平、经济效益等。基于政府投资基金绩效管理的目的，综合相关管理制度中明确的绩效管理的内容以及部分地区的实践经验，本书认为政府投资基金预算绩效管理的内容应包括基金设立、基金管理运营、基金绩效三个方面。

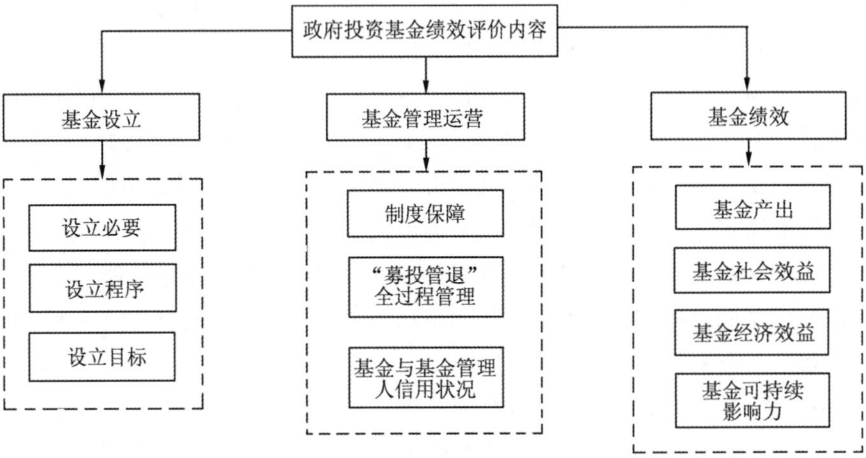

图 4-5-1　政府投资基金预算绩效评价内容

1. 基金设立

主要对基金设立的必要性、设立程序的规范性和设立目标的合理性进行考核。必要性方面重点考察基金是否与地区经济社会发展需求相匹配、是否已有同类型基金正在运行等；程序方面考察基金设立是否符合上级和本地区有关基金设立的管理流程、合伙协议签订是否规范等；目标方面重点考察基金是否具有明确的目标，目标是否与基金设立的目的相匹配，针对绩效目标基金规模是否合理等。

2. 基金管理运营

主要包括基金管理运营相关制度的健全性和有效性，基金“募、投、管、退”全过程管理的规范性，基金与基金管理人的信用状况。

首先，针对基金管理运营制度，主要从基金的组织管理架构完善性和基金资金与业务管理制度的健全性方面进行考核。

其次，全过程管理方面，基金募集阶段主要关注相关出资方的资金到位情况；基金投资阶段主要考核投资的规范性、风险控制有效性与闲置资金投资的合规性及投资进度等；基金投后管理阶段重点关注资产管理的合规性、向财政和行业主管部门等报送基金运行状态的信息报送情况、对重大事项的监督监管情况等；基金退出阶段重点考察基金退出的进度与退出的规范性。

再次，基金与基金管理人的信用状况方面。在基金层面，着重考察登记、更新基金信息的及时性，是否对监管部门的反馈及时作出整改和答复；基金管理人信用状况层面，主要考察基金管理人及其高级管理人员、从业人员的信用情况。

3. 基金绩效

基金的绩效也可以参照一般公共预算绩效评价的维度，分为产出与效益两部分。基金产出，主要考察政府投资基金的投资规模和投资标的等情况。如对创新创业、中小企业发展、产业转型升级或基础设施和公共服务领域的扶持完成情况。当政府投资基金为扶持创新创业而设立时，考察投资创业企业的情况；当政府投资基金为支持中小企业发展而设立时，考察扶持中小企业的情况。

基金的效益主要包括社会效益、经济效益及可持续影响力等方面。首先，政府投资基金的社会效益，即基金的政策效应，是政府参与出资设立基金的出发点和落脚点，政策效应是基金绩效评价的重中之重。对基金政策效应的评价应关注三个方面：一是基金投资特定领域、阶段或地域项目的金额及占比等与基金设立时确定目标的契合度；二是基金对重点产业领域和薄弱环节的推动作用、对中小企业创业成长的引导作用，以及对基础设施和公共服务领域的带动作用等；三是财政资金的放大效应，即通过基金实现的放大倍数。

政府投资基金除财政出资外，还吸引了大量金融机构、投资机构、企业等社会出资人出资。虽然政府设立投资基金的主要目的并非获取盈利，但获得资金收益是社会出资人的主要诉求，而且政府投资基金与传统的财政资金支持的一个重要的区别就在于其有偿性，因此经济效益也是政府投资基金绩效评价内容之一。经济效益评价的内容一般包括基金层面和参股子基金或投资企业层面的直接或间接投资效益。需要注意的是，由于政府和社会机构出资对盈利的诉求目的不同，实践中常有政府让利于社会机构的情况，要特别注意是否存在名股实债或者社会机构投资回报异常等情况。

基金层面通常考核基金或参股子基金的内部收益率（IRR）、资本回报倍数（MOC）、投入资本分红率（DPI）等，基金所处的阶段不同或行业发展背景不同，考察的重点就会有所侧重。企业层面一般主要考察投资企业的营业收入增长率、净利润增长率、资产总额增长率、纳税增长率等，从被投企业的生存能力和盈利能力等方面间接判断基金投资的经济效益。

政府投资基金可持续影响力方面主要考核基金的长效发展机制与绩效考核机制是否完善。

（五）绩效分析

政府投资基金是一种特殊的基金，其运作具有较强的专业性和技术性，评价可以通过文献法和专家咨询法等，了解和掌握基金运作的基本流程、管理规范要求等，如政府投资基金对投资范围有明确的禁止限制等。政府投资基金日常管理规范性要求高，可以通过审阅法，查阅基金管理办法、合伙协议等资料，从募资、投资、投后管理以及退出等环节考察基金管理制度的健全性和制度执行有效性，考察确保基金规范安全运营的风险监控机制、信息报送机制和信用约束机制的建立及执行情况，以及基金管理团队配置情况和募集资金使用的规范性等。政府投资基金的设立应当具有明确的目标，评价组可以通过比较法，对绩效目标的实现情况、基金运营周期内指标变化的趋势、同类基金及同一母基金下不同资金的情况等进行比较，从而反映基金的绩效情况，分析基金运作的效率等。由于政府投资基金的运作是一个复杂的系统，因而，影响其效率和效益的因素也是多元化的，可以借助因素分析法，分析相关因素及其影响程度等。

三、政府投资资金绩效评价指标体系

（一）绩效评价思路

综合各级各地政府有关政府投资基金绩效评价的相关要求，对应前述基金绩效评价开展的目的、评价的内容和重点，政府投资基金绩效评价应当遵循目标导向，覆盖基金募投管退的各个环节，从基金设立、基金管理运营和基金绩效三个方面，结合不同的评价对象和评价主体，对政府投资基金和基金管理人进行全流程、多层次的绩效评价。

其中，针对政府投资基金管理人开展的绩效评价，主要是对基金管理人进行基金管理团队的胜任能力、基金运营管理制度健全性、基金日常管理的规范性、风险控制有效性，以及政策目标的实现情况等进行考察，通常由行业主管部门组织展开。而针对政府投资基金开展的绩效评价，应当把基金设立阶段的考察作为重点，不仅要对基金管理人进行评价，还应把政府投资基金的决策方和监管方也纳入评价范围。

由于政府投资基金所处的阶段和运作周期、运作方式、基金投资领域或产业等均会对绩效评价的思路产生影响，所以要在对基金基本情况充分了解的基础上进行评价思路的设计。如针对天使投资基金，除了考察基金的经济效益，在社会效益方面可以结合当地天使投资金设立的目的，从推动生产要素集聚、带动产业发展、激发社会创新、促进社会发展等多个维度予以考察。

（二）绩效评价指标

政府投资基金的运作模式及其引导方向的多样性，导致政府投资基金评价指标体系的差异性。《政府出资产业投资基金管理暂行办法》（发改财金规〔2016〕2800号）按照政府出资产业投资基金和基金管理人分别设置评价指标。《国家发展改革委办公厅关于做好政府出资产业投资基金绩效评价有关工作的通知》（发改办财金〔2018〕1043号）按照投资期和退出期分别设置，主要指标分为政策评价、管理评价、信用评价与经济评价四大类，具体详见表4-5-3和4-5-4。

表 4-5-3　投资期政府出资产业投资基金绩效评价指标

一级指标	二级指标	评价内容
政策评价指标	基金投向	考察基金对基金章程、合伙协议或基金协议约定产业领域的投资情况
	财政出资放大倍数	考察财政性资金撬动社会资本的情况
	社会效益	考察创投类基金支持创业企业发展情况；考察产业类基金支持国家或本区域重点产业的情况；考察基建类支持本区域重点项目情况
管理评价指标	托管规范性	考察基金是否将基金资产委托给在中国境内设立的商业银行进行托管
	投资进度	考察基金投资进度
	投资规范性	考察基金对单个企业投资额占基金认缴总规模的比例是否符合要求
		考察基金是否存在从事名股实债等变相增加政府债务的行为、公开交易类股票投资的行为等
	基金管理人综合评价	考察基金是否设有市场化的投决机制、是否按照程序进行尽职调查、是否有利益冲突解决机制、是否对投资人进行定期的信息披露等
信用评价指标	登记备案和信息报送情况	考察基金是否及时在基金登记系统中登记、更新基金信息，是否按照发展改革部门的反馈及时作出整改和答复；考察在发展改革部门重点抽查中是否发现提供的材料存在不真实、不准确、不完整，或存在虚假记载、误导性陈述或重大遗漏的情况
	基金管理人信用情况	考察基金管理人及其高级管理人员、从业人员信用情况

表 4-5-4　退出期政府出资产业投资基金绩效评价指标

一级指标	二级指标	评价内容
政策评价指标	基金投向	考察基金对基金章程、合伙协议或基金协议约定产业领域的投资情况
	财政出资放大倍数	考察财政性资金撬动社会资本的情况
	社会效益	考察创投类基金支持创业企业发展情况；考察产业类基金支持国家或本区域重点产业的情况；考察基建类支持本区域重点项目情况
	托管规范性	考察基金是否将基金资产委托给在中国境内设立的商业银行进行托管

续表

一级指标	二级指标	评价内容
管理评价指标	退出进度	考察基金退出的进度
	基金管理人综合评价	考察基金是否设有市场化的投决机制、是否按照程序进行尽职调查、是否有利益冲突解决机制、是否对投资人进行定期的信息披露等
信用评价指标	登记备案和信息报送情况	考察基金是否及时在基金登记系统中登记、更新基金信息，是否按照发展改革部门的反馈及时作出整改和答复；考察在发展改革部门重点抽查中是否发现提供的材料存在不真实、不准确、不完整，或存在虚假记载、误导性陈述或重大遗漏的情况
	基金管理人信用情况	考察基金管理人及其高级管理人员、从业人员信用情况
经济评价指标	基金收益情况	考察基金的整体收益情况
	已投企业运营情况	考察被投资企业的营业收入与净利润增长情况

基于上述政府投资基金绩效评价思路，充分参考目前已经出台的政府投资基金绩效评价办法中明确的评价指标及细化的评价指标体系，结合前期政府投资基金绩效评价的经验，本书总结和提炼出了政府投资基金的绩效评价共性指标体系框架，从基金设立、基金管理运营与基金效益三个维度进行搭建。

基金设立方面，针对基金设立必要性、设立程序与设立目标分别设置评价指标。如针对基金目标，设置基金目标合理性指标，考察基金设立时，是否设置了总体目标、阶段性目标，目标是否明确、合理等。基金管理运营方面，一是设置基金运营制度健全性方面的指标；二是对基金“募投管退”四个阶段进行分解，分别考察各阶段的管理规范性，如投入管理、投资管理、运作管理、退出管理等。基金效益是政府投资基金绩效评价的重点，也是多个管理办法中提到的评价指标，具体可以从基金产出、财政出资放大效益、社会效益、经济效益与可持续影响力等不同维度进行指标设置。如基金产出可以通过具体的如基金投向符合率、扶持投资标的的完成率予以考察；财政出资放大倍数是相对共性的指标，可以用来考察财政资金的放大效应；社会效益需要从基金设立目的出发设置指标，结合基金投资的领域和产业，基金所处的阶段进行个性化的设置；经济效益则主要通过基金收益和基金所投企业的收益等情况进行考察，常用的评价指标包括基金内部收益率、基金回报倍数、被投企业营业收入增长率、被投企业净利润增长率等。

政府投资基金预算绩效评价共性指标详见表 4-5-5 所示。

表 4-5-5　政府投资基金预算绩效评价共性指标体系（参考）

一级指标	二级指标	三级指标	指标解释
基金设立	设立必要	战略目标适应性	考察基金设立是否符合有关法律法规、战略规划的基本要求和发展目标；是否与地区的实际需求相一致。
	设立程序	基金设立程序规范性	考察基金设立程序是否符合相关规定，相关材料是否按要求齐全提供、材料是否妥善保存。
	设立目标	基金目标合理性	考察基金设立时，是否设置总体目标、阶段性目标，目标是否明确、合理、一致、具体。
基金管理运营	制度保障	基金资金管理制度健全性	考察是否制定资金管理制度，管理制度对收入、支出、退出及回收、闲置处理、资金核算等是否有完整规定
		基金业务管理制度健全性	考察是否制定业务管理制度，管理制度对申报流程、专家评审、子基金日常管理、退出等是否有完整规定，工作要点、流程、质量等细节是否均有规定
		组织保障有效性	考察是否制定管理体系、组建管理机构，职责分工是否明确，是否配备专员管理
	信用状况	基金运行机构资质符合性	考察基金设立时是否选取经验丰富的基金运行机构，基金管理人及其高层管理人员信用是否良好
	投入管理	资金出资到位率	考察社会资本出资到位情况
	投资管理	投资进度达标率	从基金累计投资总金额占认缴总规模的比例考察基金投资进度，用以反映基金的使用及投资效率情况
		投资规范性	考察对单个企业投资额是否符合要求、投资行为是否规范、投资是否存在变相举债的行为等，用以反映基金投资的规范性
	运作管理	资产管理规范性	考察基金管理过程中是否制定资产管理制度、资产是否由境内商业银行托管、资产统计是否规范，用以反映资产管理规范性
		信息报送完整性	考察是否定期向财政部门报告基金运行情况、资产负债情况等，报送渠道是否有效
	退出管理	退出进度达标率	从累计退出的资金和项目个数占总数的比例考察基金退出进度
		退出规范性	考察基金的退出条件、退出方式与退出程序是否符合要求，用以反映基金退出的规范性

续表

一级指标	二级指标	三级指标	指标解释
基金效益	基金产出	基金投向符合率	考察基金对基金章程、合伙协议或基金协议约定产业领域的投资情况
		扶持投资创业企业完成率	考察基金对创业企业投资的完成情况
		扶持中小企业完成率	考察基金对中小型企业发展进行扶持的完成情况
		扶持重大关键技术产业完成率	考察基金对重大关键技术产业转型升级进行扶持的完成情况
		支持基础设施建设项目完成率	考察基金对基础设施和公共服务领域项目建设进行扶持的完成情况
	财政出资放大效益	财政出资放大倍数	通过基金实缴总规模与财政资金规模的比例，考察财政资金对社会资本的撬动效益
	社会效益	本地企业投资率	通过本地企业投资金额与总投资额的比例，考察基金对本地企业的扶持效果
		重点产业经济产值增长率	考察基金对重点产业的带动、推动情况
		新兴产业企业数量增长率	考察新兴产业企业数量的增长情况，用以反映产业基金对新兴产业企业的扶持效益
		被投企业正常运营率	考察被投企业正常运营的情况，用以反映产业基金扶持企业平稳运营的效益
		人才引进数量增长率	考察基金投资后人才引进数量的增长情况，用以反映产业基金对人才的集聚效益
		新型技术专利申请增长率	考察新型技术专利申请的增长情况，用以反映产业基金对技术的集聚效益
	经济效益	基金内部收益率	即由基金退出期时倒推计算至基金成立后的第一笔现金流产生时，基金资金流入现值加上资产现值总额与资金流出总额相等的收益比率，用于反映投资资金的时间价值
		基金回报倍数	即截至基金退出期，基金分配的总收益与基金初始投资额两者之间的比率，用于反映基金初始投资的回收效率
		被投企业营业收入增长率	考察被投企业销售收入的增长情况，用以反映产业基金的扶持对企业营收增长的扶持效益
		被投企业净利润增长率	考察被投企业净利润的增长情况，用以反映产业基金的扶持对企业营收增长的扶持效益

续表

一级指标	二级指标	三级指标	指标解释
基金效益	可持续影响力	长效发展机制完善性	考察主管部门是否根据内外环境的变化对相关制度内容进行调整；是否通过基金投资的历史经验积累，进一步修订、完善政策相关配套管理制度
		绩效考核机制健全性及执行有效性	考察基金整体、阶段、年度的绩效考核相关机制是否健全，是否进行有效的绩效考核，以保障基金能够长期平稳运行，效益得到持续发挥

第五章

预算绩效管理业务支撑和技术保障体系

全面实施预算绩效管理对健全预算绩效标准体系、建设预算绩效管理信息化体系提出了明确的建设要求。要构建科学合理的绩效指标和标准体系，创新评估评价方法，立足多维视角和多元数据，依托大数据分析技术，运用各类绩效分析方法，以提高绩效评估评价结果的客观性和准确性。这对我们如何运用专业工具提升预算绩效管理标准的科学性、结果的可信性等提出了一系列的研究要求。

本章重点论述了提高预算绩效管理科学性、合理性、效率性的技术手段及方法。第一节阐述了共性绩效指标、行业核心指标建设思路及路径，以及预算绩效标准体系建设路径及应用方法；第二节阐述了社会调查的概念及特征，结合预算绩效评价要求，主要介绍了问卷调查法和访谈调查法；第三节阐述了绩效及绩效分析方法的含义，结合评价案例分别介绍了成本—效益分析法、数据包络分析法、灰色关联分析法等方法的概念、实际应用及其局限性；第四节主要阐述了预算绩效管理信息系统与平台的总体架构、功能作用及实践应用，并对绩效信息化的未来发展趋势进行了展望。

|第一节| 预算绩效管理指标与标准体系

《中共中央 国务院关于全面实施预算绩效管理的意见》（以下简称《意见》）提出健全预算绩效标准体系，要求各级财政部门要建立健全定量和定性相结合的共性绩效指标框架，各行业主管部门要构建分行业、分领域、分层次的核心绩效指标和标准体系，实现科学合理、细化量化、可比可测、动态调整、共建共享。

绩效指标是在预算编制阶段设定绩效目标时确定的，反映预算实施所达到的预期产出和结果。绩效指标自预算编制阶段起，贯穿着事前绩效管理、绩效运行监控、绩效评价实施和评价结果应用等全过程预算绩效管理链条，是预算绩效管理的基础。与绩效指标不同，绩效评价指标是在预算完成后开展绩效评价时设定的，是考核和衡量预算支出产出和效果实际情况的工具。绩效标准是指在预算绩效管理中衡量绩效结果的有关工具的基准，包括绩效指标的目标标准、支出标准、评价标准等。标准体系可以直接指导绩效管理链条的规范化，是预算管理实现从预算绩效过渡为绩效预算的重要前提条件。当前，我国建成了财政项目支出、部门整体支出、财政预算等几套绩效评价共性指标框架，但分行业、分领域的绩效指标和标准体系建设刚起步。而不同使用方向、不同行业、不同领域的财政支出绩效管理要求各有侧重，目前的共性绩效指标三级框架尚不能为全口径支出的绩效管理提供有效指导与规范，标准的欠缺也制约着绩效管理的标准化及预算绩效一体化推进。在此背景下，构建起全面实施预算绩效管理下的指标体系与标准体系，将有利于推动以后预算绩效管理的纵深发展。

一、预算绩效管理指标体系

绩效目标是预算部门（单位）在预算编制环节申报的重要内容；绩效指标是绩效目标的具体内容，是绩效目标的细化，能够正确反映绩效目标的实现程度；绩效评价指标是预算完成后进行绩效评价的过程中使用的评价指标，主要来源于绩效指标。在三者关系中，绩效指标以绩效目标为基础，又是绩效评价指标的重要来源，是连接绩效目标与绩效评价指标的桥梁。因此，构建绩效指标体系是当前深化预算绩效管理的重要举措和突破口，将有利于指导预算编制环节的目标申报、预算执行环节的绩效运行监控、预算完成后的绩效评价工作。

在具体实践中，我国财政部于 2013 年制定颁布了《预算绩效评价共性指标体系框架》（财预〔2013〕53 号），建立起项目支出绩效评价共性指标体系框架、部门整体支出绩效评价共性指标体系框架、财政预算绩效评价共性指标体系框架，为预算绩效评价工作提供了参考性框架模式。从那时起，中央和地方的财政、预算部门开始逐步探索，积累形成一些共性和个性绩效指标体系。2020 年财政部预算司发布《分行业分领域绩效指标和标准体系（2019 年版）》，2021 年 8 月发布《关于印发〈中央部门项目支出核心绩效目标和指标设置及取值指引（试行）〉的通知》（财预〔2021〕101 号），都旨在通过指标体系的建立，有效指导、规范绩效管理各个环节，解决财政支出的绩效管理结果和质量受到主观因素影响较大、结果无法进行横向比较等问题。

（一）整体架构思路

结合《意见》的要求，绩效指标体系应涵盖两大部分：一是共性绩效指标体系，从财政支出特点出发构建，指标具有通用性与普适性，供一般性支出做指导性参考；二是行业核心绩效指标体系，从行业主管部门的职能出发构建，设计分行业、分领域的个性产出、效果指标，既涵盖体现行业、领域的整体或多项支出的绩效指标，也涵盖单项支出的绩效指标，满足行业、领域内不同层次支出（专项支出、项目支出）的绩效管理需要，供所在领域/行业内的预算主管部门、预算单位做专业参考。

（二）具体建设路径

1. 共性绩效指标体系

共性绩效指标是适用于所有评价对象的指标，既包括决策、过程指标，也包括共性的产出、效果绩效指标，是绩效管理工作规范的基础。在构建共性绩效指标体系中，各级财政部门应是建设主体，建设路径如图 5-1-1 所示。

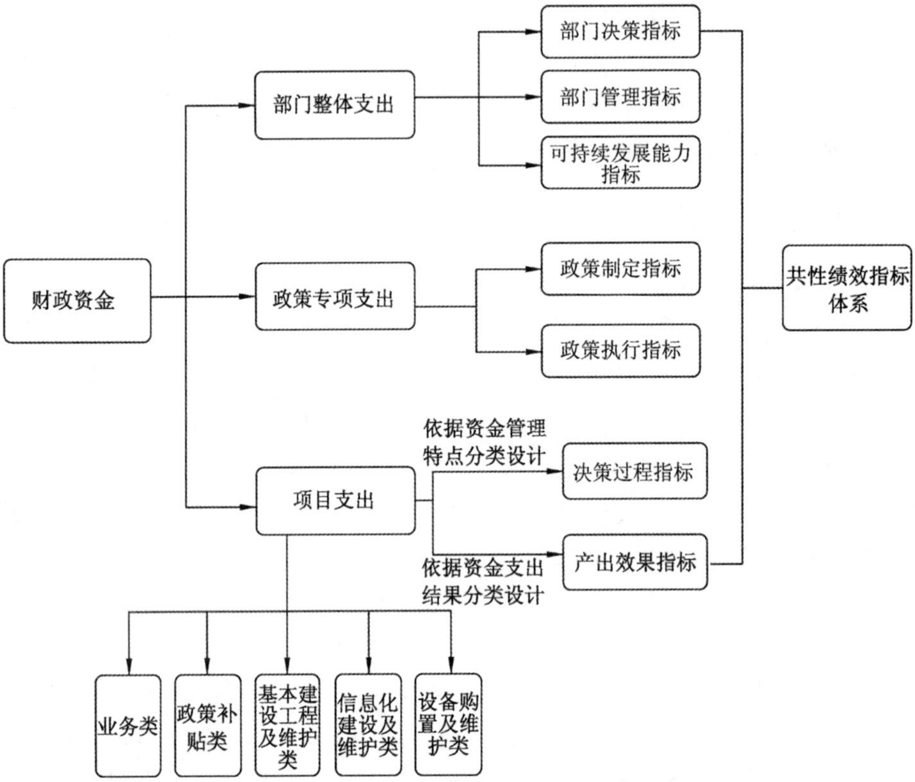

图 5-1-1　共性绩效指标体系建设路径图

部门整体支出共性绩效指标从部门决策、部门管理、可持续发展能力等维度设计，并在二级、三级指标上给出参考。例如，部门决策指标涵盖部门职能、战略规划、年度工作计划、绩效目标设定，可设计部门职能明确性、战略规划匹配性、年度目标合理性等指标；部门管理的指标涵盖预算管理、财务管理、采购管理、资产管理、人员管理、重点工作管理及绩效管理，可设计基本支出和项目支出的预算执行率、三公经费控制率、结转结余变动率等指标；可持续发展能力建设涵盖组织建设、宣传培训、档案管理、改革创新等。

政策专项支出共性绩效指标建设侧重于政策制定和政策执行两个维度。如政策制定可设计依据充分性、前期调研充分性、资金分配合理性、组织管理架构完备性等三级指标；政策执行可设计政策任务分解到位性、资金使用规范性、监督机制健全性、责任惩戒有效性等。

因为财政资金支出多以项目支出形式体现，因此项目支出共性绩效指标建设是共性绩效指标体系建设的重点。其建设路径如下：

第一，明确分类原则。一是重要性，各资金类别应体现我国财政资金的主要投入方向；二是全面性，各资金类别合并后应涵盖全部财政项目资金，不应有遗漏，避免出现某一个项目资金无法归属于某一类别的情况；三是区别性，理论上说，各资金类别应尽可能互斥，不可出现界限模糊、相互交叉的现象。但从实践层面而言，某些项目资金确实存在难以完全归为某一类的情况，因此以“区别性”原则来要求各分类能互相区别、特征明显，而不强求其具有互斥性。

第二，对财政资金进行合理分类。根据遵循重要性、全面性、区别性的分类原则，可依据资金用途对财政项目支出进行一级分类，可分为业务类、政策补贴类（转移性支出）、基建工程及维护类、信息化工程及维护类、设备购置及维护类五大类。在此基础上可往下一级细化财政资金分类。

第三，依据财政资金分类设计共性绩效指标。重点从不同用途资金的特点出发设计指标，既要涵盖不同财政资金的决策、过程特点指标，也要设计不同用途资金的产出、效果指标，为不同财政资金的绩效管理工作提供规范指导。不同用途资金管理特点不同，因此在决策和过程指标设计中应有所侧重，如工程类侧重于考察工程的监理、变更及验收的规范性，政策补贴类侧重考察补贴对象的资质审核及信息公开情况等。一些政府部门共性支出活动，比如会议类、培训类、课题研究类、宣传活动类等，还具有共性的产出和效果。这类产出、效果共性指标的设计，不用细化到具体支出目的，而应侧重于资金用途本身的产出与效果。以业务—培训类为例，在进行共性指标设计时，可以设计培训场次、人次、时长等共性产出指标，在效果上可以设计培训人次增长率、培训对象覆盖率等指标体现共性效果，而不具体到何种培训、针对培训对象的效果。以一般培训项目的共性绩效指标体系为其他同类项目提供参考，案例见表 5-1-1。

表 5-1-1　共性绩效指标体系案例（业务—培训类）

资金分类	一级指标	二级指标	三级指标
培训类	决策	项目立项	立项依据充分性
			项目立项规范性
		绩效目标	绩效目标合理性
		资金投入	预算编制合理性
	过程	资金管理	预算资金到位情况
			预算执行率
			资金使用规范性
		组织实施	财务管理制度健全性
			财务监控有效性
			项目管理制度健全性
			合同管理完备性
			项目质量可控性

续表

资金分类	一级指标	二级指标	三级指标
培训类	产出	数量	培训场次
			培训人次
		质量	人均培训时长
			培训考核合格率
		时效	培训课时完成及时性
		成本	培训人均成本控制率
	效益	社会效益	培训人次增长率
			培训对象覆盖率
		满意度	培训对象满意度

2. 行业核心绩效指标体系

财政支出绩效指标来源于部门履职目标，体现的是不同职能部门在相应行业、相应领域中使用财政资金的履职成效。因此在预算绩效管理中，应区分资金在不同行业、领域产生的核心绩效，建立健全分行业、分领域的核心绩效指标体系，从而指导绩效管理参与主体抓住行业/领域内的核心绩效，这是绩效管理深入各行各业的基础。在构建分行业、分领域绩效指标框架中，各级行业主管部门是建设主体，建设路径如图 5-1-2 所示。

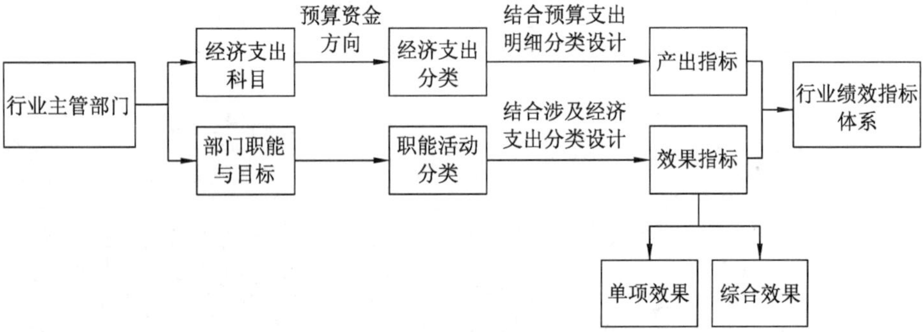

图 5-1-2 行业绩效指标体系建设路径图

首先，从部门职能出发，分解履职活动，厘清部门对行业、领域的管理职能与方向。一是以行业主管部门“三定”方案为基础，梳理部门需要财政资金支持实现的主要职能；二是结合部门组织管理及历年工作开展，将部门职能分解为数个需要履行的具体职能“活动”。

其次，依据部门涉及的经济支出分类科目设计行业产出指标。产出绩效目标通常来源于项目预算资金构成明细。经济支出预算分类科目是预算编制、执行和决算的基础，任何一个项目支出都可以按照经济支出分类科目进行分解。因此，产出绩效指标总体上可以根据政府经济支出分类科目进行设计，每个类别都包含相应的产出数量、质量、时效及成本指标；每个具体的项目可以根据其含有的经济科目及项目特点去设计相应的产出绩效指标。

最后，依据部门职能及目标设计行业效果指标。效果类绩效指标体现了政府部门履职活动产生的影响，政府部门某类履职活动可能由不同的项目组成，但这些项目具有一些相同的效果目标。因此，效果绩效指标可以以政府的职能活动为基础，罗列每项职能活动涉及的经济支出分类，然后根据经济支出分类设计对应效果类指标。效果指标分为个性效果指标（只适用于单项经济分类支出）与综合效果指标（适用于多项经济分类支出或者某一职能整体）两类。

（三）指标体系应用

基于上述思路与路径建设起来的绩效指标体系，在应用过程中可以满足不同主体不同目的的应用需求。财政部门可以通过共性绩效指标规范通用性支出的绩效指标体系，比如办公用房基本建设、办公人员培训、因公出国等不同部门均涉及的项目，每一类通用项目均可以参考共性绩效指标体系、使用统一的绩效评价指标体系进行绩效评价，进而可以横向比较本地区各部门间的一般性项目绩效完成情况，对同类项目的投入—产出—效益有较为整体的把握，为基本支出标准的调整和公用经费安排提供参考思路。预算主管部门或预算单位，可以依据项目内容对应的职能活动选择行业绩效指标，提高绩效目标申报的合理性，更好地开展后续绩效运行监控、绩效自评价，真正发现部门履职过程中出现的问题，不断改善和提升项目绩效与部门履职效率。第三方机构可以将指标体系作为参考指导规范绩效评价工作，提高同类项目绩效评价指标体系的一致性，进而提高绩效评价结果的客观性与可比性。

以“小学标准化校园建设项目”为例，在应用绩效指标体系作为参考时，路径如下：

首先，确定项目资金用途属性选择适用的共性绩效指标。小学标准化校园建设项目属于基本建设工程及维护类项目，可参考“共性绩效指标体系”中的基本建设工程及维护类指标体系。

其次，明确项目所属行业及具体内容。小学标准化校园建设项目属于教育行业，内容是建设改造小学校园、改善教育教学环境，达到小学办学条件标准、逐渐缩小城乡差距，可参考“行业绩效指标体系”中的教育行业绩效指标体系。

最后，依据项目内容对应所属行业职能活动，从涉及的职能活动的绩效指标中选取最需要的绩效指标作为参考。学前教育发展及普及项目涉及的职能活动为“教育教学”“办学条件建设与改善”“校舍修建”“食堂修建”“住宿场所修建”“运动场所修建”，参考绩效指标体系如表 5-1-2 所示。

表 5-1-2　小学标准化校园建设项目绩效指标体系

指标层次		指标名称
决策	项目立项	立项依据充分性
		项目立项规范性
	资金投入	预算编制合理性
过程	资金管理	预算资金到位率
		预算执行率
		资金使用规范性
	组织实施	财务管理制度健全性
		财务监控有效性
		项目管理制度健全性
		政府采购规范性
		合同管理完备性
		监理规范性
		工程变更规范性
		项目验收规范性
		三算一致性
产出	数量	新建建筑面积（平方米）
	质量	新建工程验收合格率（%）
	时效	新建工程竣工及时率（%）
	成本	新建工程单位面积成本（元/平方米）
	数量	改建建筑面积（平方米）
	数量	扩建建筑面积（平方米）
	质量	改扩建工程验收合格率（%）
	时效	改扩建工程竣工及时率（%）
	成本	改扩建工程单位面积成本（元/平方米）
	数量	修缮建筑面积（平方米）
	质量	修缮工程验收合格率（%）
	时效	修缮工程竣工及时率（%）
	成本	修缮工程单位面积成本（元/平方米）
效益	社会效益	生均教学建筑面积（平方米）
		生均美术教学建筑面积（平方米）
		生均书法教学建筑面积（平方米）
		生均音乐教学建筑面积（平方米）
		生均实验室面积（平方米）
		寄宿（住）生均校舍面积（平方米）
		生均食堂面积（平方米）

续表

指标层次		指标名称
效益	社会效益	生均运动场地面积（平方米）
		校园容积率（%）
		标准化小学比例（%）
		农村标准化小学比例（%）
		受益学生人数（人）
	生态效益	校园绿地率（%）
	满意度	家长满意度（%）
		师生满意度（%）

二、预算绩效标准体系

《意见》要求各行业主管部门加快构建标准体系，且要求标准体系与基本公共服务标准、部门预算项目支出标准等衔接匹配。从狭义上来说，标准体系是绩效标准，即绩效指标的标准，比如目标标准、评价标准；而从广义上来说，标准体系应是涵盖与预算绩效密切相关的一切标准，包括目标标准、支出标准、评价标准等。现阶段，我国预算标准体系建设刚起步，很多地区仅有基本支出标准，基本未建立绩效标准，其他标准也处于空白状态。构建起科学合理的预算绩效标准体系，可以提高预算绩效管理的科学性和专业性，推进预算绩效顺利过渡至绩效预算的新阶段。

（一）建设内容

在标准体系的诸多标准中，目标标准、支出标准、评价标准是影响绩效管理规范科学、专业深入的关键。目标标准，是指绩效指标的目标值的参考标准，解决的是绩效目标设置合理性的问题。支出标准，即做一件事需要花多少钱，解决的是项目预算规模是否合理的问题。评价标准是确定评价结果的基本标尺，是判断绩效水平的客观依据，解决的是绩效评价结果是否可比的问题，以评价标准的建立促进目标标准和支出标准的动态调整。目标标准与支出标准相结合，可以衡量预算的合理性；目标标准与评价标准相结合，可以客观评价目标完成程度。此外，管理标准是指预算项目的管理流程与标准，贯穿整个预算环节，对实现管理流程规范化起着关键作用。服务标准指的是公共服务要达到的供给水平，如基本公共教育服务中的九年义务教育巩固率、基本社会保险服务中的基本养老保险参保率、基本医疗卫生服务中的孕产妇死亡率、基本公共文化体育服务中的公共图书馆年流通人次等标准。服务标准在相关履职部门的目标标准中有所体现，因此，预算绩效标准体系中不再涵盖服务标准，其构建以目标标准、支出标准、评价标准三者为核心，兼顾管理标准建设。三者的关系如图 5-1-3 所示：

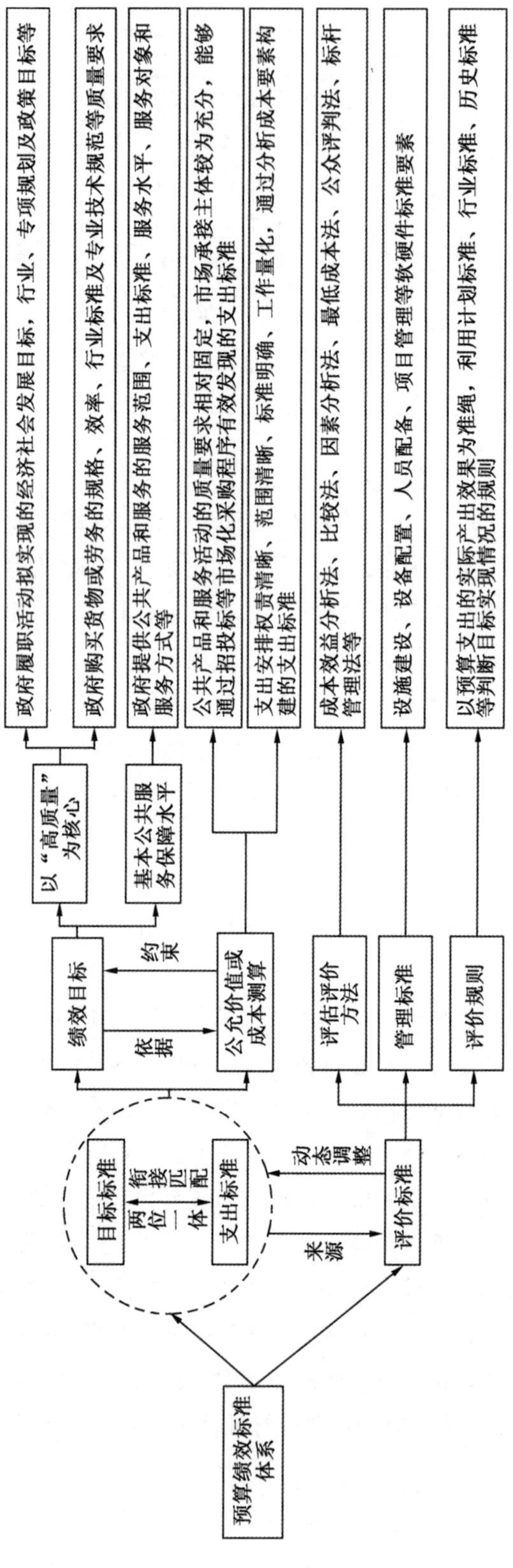

图 5-1-3　绩效标准体系建设逻辑和框架

（二）建设路径

1. 目标标准

目标值的设定包括国家或行业标准、历史标准、计划标准等。国家或行业标准由国家或行业主管部门确定，是相对权威的标准，可以通过互联网搜集、积累。而计划标准一般由申报者自行填报，具有一定的主观性，参考性不强，不作为目标标准建设的重点。历史标准是在没有行业标准作为参考时的首选参考标准，是对计划标准主观性的弥补，能体现历史年度的发展情况。我们可以以该地区的同类项目的绩效指标历史业绩值为数据基础，通过历史值与趋势值预测，测算出今后年度的合理目标值作为参考。因此，历史标准是目标标准建设的重点，其建设路径如下：

首先，按照统一的数据格式收集某类项目的基础数据，并根据基础数据计算出指标的业绩值。其次，进行数据清洗，按照统一的规则分析业绩值的分布特征，包括数据的离散程度、分布的形状等，并基于分布特征按照一定的方法剔除异常值。最后，进行目标值趋势测算，根据业绩值的分布特征和指标本身的特征，选择合适的方式测算目标值。若历年数据基本呈现稳定分布，可采用平均值法或极值法；若历年数据分布表现出明显上升或下降趋势，可采用趋势判断法（回归分析法）或极值法。以学前教育项目为例，测算学前入学率的目标值。首先，采集历史年度的学前入学率指标的业绩值。其次，如果某些年度入学率的指标在形式上有所变化，如学前入学率变化幅度，则进行数据清洗，将变化幅度值通过计算方式调整为业绩水平值。最后，对学前入学率指标的业绩水平值进行线性回归分析，测度其变化趋势，从而测算出下一年度的参考目标值。

通常而言，数据年份越多，越有利于目标值测算，测算出的目标值越具有说服力。对于正向指标但历年呈下降趋势的数据组，不建议采用趋势判断法（因趋势判断是根据历年数据预测下一年，这样一来，下一年同样呈下降趋势，不利于总目标的实现），建议采用极值法或平均值法。同理，对于逆向指标但历年呈上升趋势的数据组，同样不建议采用趋势判断法，建议也采用极值法或平均值法。对于呈现明显上升或下降趋势的数据组而言，通常采用趋势判断法设定的目标值实现难度＞采用极值法设定的目标值实现难度＞采用平均值法设定的目标值实现难度。

需要特别说明的是，上述介绍的是目标值的测算方法，而目标标准的设定与不同地区发展水平、不同资金规模密切相关。因此，除明确行业或地区标准的目标值外，须以各地区、分年度同类项目的历史绩效指标业绩值为数据基础，在此基础上结合预算规模测算目标值趋势，从而设定目标值合理水平。

2. 支出标准

在预算管理中，支出标准可细分为通用支出标准与项目支出标准。无论是哪种支出标准的建设，均以目标标准为导向、以成本测算为基础。在构建支出标准体系过程中，可从以下路径推进：

其一，项目分类。通用支出标准建设依据财政资金用途进行分类，可参照前文资金用途一级分类，但需在一级分类的基础上进行通用性支出的二级分类，比如基本建设及维护类的二级可分为办公用楼建设及维护、食堂用楼建设及维护等不受行业、领域特点限制的通用性支出项目。而项目支出标准依据所在行业、领域的核心业务进行分类，可参照前文的分行业、领域的活动分类，如交通运输行业的公路建设、桥梁建设等。

其二，在以上分类基础上，可依据项目内容以及预期达成的产出目标分解所需人工、材料、器械等投入成本，以单价及数量形式设置支出标准，如业内已有标准，可参考业内相应标准，如办公用楼建设的成本核算，可参考建筑业内的建筑成本标准。

其三，构建支出标准动态调整机制，将支出标准与地区的经济发展程度、物价总体水平、政府财力状况和技术创新等因素挂钩，实现支出标准与社会经济变化相适应。如对于需逐年控制降低的经费支出，可根据相关因素测算设定相对合理的年度降低比率，使定额的设定符合实际，不断提高财政支出标准的科学性、合理性、实用性和可操作性。

3. 评价标准

绩效标准是对部门履职和预算安排提供一个“标杆”和“闸门”，更好地支撑决策。因此，标准体系建成后并非一成不变，还需要根据地区发展、政治目标、管理水平、财力状况等因素，借助各类绩效评价方法、规则和分析工具，分析支出安排和目标标准的匹配性，实现目标标准的持续改进，支出标准的正向激励。

例如，评价标准的核心内容之一——绩效指标评分规则，是在指标目标值与实际值之间建立一套度量好坏程度的衡量标准，科学的评分标准应该既能指导同类指标按统一规则进行评分处理，又能区别由于地区和项目差异所导致的不同指标的评价属性。因此，评价标准建设的关键在于建立不同评分模型及其相应参数设定规则。其构建路径如下：

首先，依据指标考察方向的差异对评分规则进行分类，不同类型遵循不同规则，以此保证评分标准的适用性与可比性。比如可以将规则划分为重要性均等规则、重要性差异规则、多级判断规则、有无判断规则、线性规则、临界点规则等（规则类型及释义见表 5-1-3）。其次，建立起指标类型与评分规则之间的勾稽关系，确保同一个指标在应用过程中只用一种评分规则。最后，在大量历史数据和横向数据的积累下，测算某个指标的评分规则中的参数。以居民投诉率为例，该指标适用线性规则，投诉率为 0 是最佳状态，投诉率每上升 1% 扣 n% 权重分直至零分，n 的参数测算则需要该指标大量的历史和横向数据作为支撑。

表 5-1-3　评分规则类型及释义

设计规则	规则解释
重要性均等	多个要素重要性均等，依据相同权重赋分
重要性差异	多个要素的重要性存在差异，依据其重要程度赋予不同权重分
多级判断	依据指标完成程度进行多级判断，并就不同级别赋予不同权重分
有无判断	依据要素具备情况进行有无判断
线性规则	以目标值为满分点，依据业绩值进行递增或递减扣分
临界点规则	以目标值为满分点，依据影响程度设置临界点，低于或超过临界点赋予不同权重分

而目标和支出标准的匹配性问题可通过下图所示的投入一产出简化模型来分析。例如，可以从“最低成本”“资源配置效率最大化”“优先保障效益”等目标来匹配合适的资源配置策略，进而回应质量标准、绩效目标、成本构成、预算规模等的合理性，并对标准进行相应的优化调整。

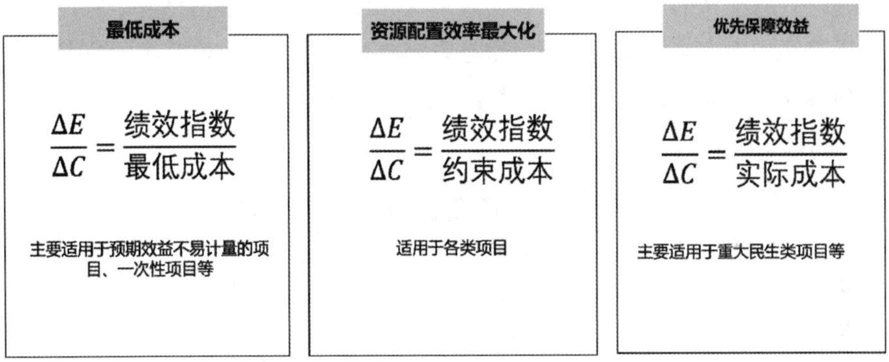

图 5-1-4　不同资源配置决策下的评价分析模型

4. 管理标准

管理标准的建设重点基于不同类型项目开展，目的在于建立统一的管理要素，形成统一的管理流程与管理要求，从而规范不同类型项目管理。在构建管理标准体系过程中，可从以下路径推进：

首先，参照前文资金用途分类，在资金用途分类基础上对不同项目类型的管理环节进行划分。

其次，依据管理环节特点，提取管理要素，包括项目范围管理、项目时间管理、项目成本管理、项目质量管理、人力资源管理、项目沟通管理、项目风险管理、项目采购管理等。

最后，根据不同类型的项目管理侧重点，结合管理要素，分别建立不同的管理要素标准，并将管理标准与项目类型、预算水平挂钩。

（三）标准体系应用

预算绩效标准体系中目标标准、支出标准与评价标准要注重结合应用。在预算申报环节，预算部门可以参考支出标准编制项目预算明细，可以参考目标标准设定绩效目标的目标值，但是只有通过一体化路径建设而成的支出标准与目标标准才具备目标值与预算规模的匹配关系，才能提高目标值设定的合理性；在绩效评价环节，预算部门自评或者第三方评价可以参考评价标准进行绩效指标评分，但评分标准要与目标标准结合，确定了目标值，才能利用评分标准提高绩效评分客观性与统一性。

标准体系在应用中还需尤其注意地区、年份的变化，不同地区的经济发展水平差异甚大，同一绩效指标比如“学前三年幼儿入园率”的目标值在东部地区应偏高而在西部地区偏低，“新建幼儿园建筑面积”指标的成本标准在不同城市也有差异。因此，除了在建设目标值标准和成本标准体系过程中要注意对地区的数据进行分类搜集、积累与测算，以及不断更新外，在标准应用过程中也应该与地区实际相结合。

标准体系是实现预算绩效向绩效预算过渡的前提条件，充分应用标准体系需积累大量相关数据，为目标值测算、支出标准测算、评价模型分析奠定数据基础。此外，还要统一财政与预算部门信息平台，实现系统对接与数据共享，打通政府各系统、各部门数据壁垒，大力推进各职能部门信息系统的互联互通，构建政府大数据体系，为绩效管理专业化、深度化提供数据支撑。

第二节 社会调查技术与方法

社会调查是综合运用历史研究和观察研究等方法，以及问卷、访谈、个案研究、测验或实验等科学方式，对社会现象进行有计划、周密、系统的了解，并对搜集到的资料进行分析、综合、比较、归纳，借以发现存在的社会问题，探索有关规律。

从这个定义出发，可以看出社会调查具有以下几个基本特征：

第一，社会调查的认识对象是社会现象而非自然现象，而社会是由具有主观能动性的人所构成的，这意味着自然科学的研究方法不能被简单地照搬或套用。另外，对单纯个人的调查不能称为社会调查。

第二，社会调查的认识对象是社会现象而非个人。尽管社会调查的调查对象通常是具体的个人，但是社会调查所要描述和解释的是由这些个体所组成的群体，或者是由多个个体行为所构成的社会现象。

第三，社会调查是一种系统的认识活动，具有一定的结构和程序，而不是像日常生活观察一样盲目、凌乱、被动地去认识。社会调查活动从选择题目开始，直到最终以报告的形式得出调查结果，整个过程体现出很强的系统性和程序性。这种系统性和程序性并非只是一种表面形式，而是调查活动所具有的某种内在规律的体现。

第四，社会调查在本质上是一种定量的研究方式。它通过特定的程序和手段，采用专门的工具，收集各种资料，并依据社会统计学的原理、方法及计算机辅助来完成对资料的量化处理和分析。因此，资料的定量处理与统计分析方法的运用是构成社会调查的重要标志。

第五，社会调查是一种既包括资料收集，也包括资料分析工作的完整的社会研究方式。这一特征正是它作为一种独立的社会研究方式的基础，其实际含义是，我们可以采用社会调查的方式独立完成对某一具体问题的探索和认识的任务。

财政支出预算绩效管理开展过程中除了可以通过采用综合评价表和基础表获得评价所需的统计数据外，还需要收集利益相关方，特别是受益者对财政资金投入获得的产出和效果方面有关质量、主观感受的度量数据，这就需要在预算绩效评价中引入社会调查。本节主要就评价过程中普遍使用的问卷调查法和访谈调查法进行介绍。

一、社会调查的基本要素

从社会调查的定义和实施过程来看，社会调查主要包括以下三个要素：

（1）抽样：主要解决调查对象，也就是调查谁的问题。在预算绩效管理活动中，社会调查的抽样对象主要是财政资金的利益相关方，特别是受益群体。

（2）问卷或访谈：主要解决社会调查的方式、方法和工具问题，包括问卷调查或访谈，是进行变量测定和资料收集的工具。

（3）统计分析：主要解决社会调查结果的问题，包括分析和处理资料的手段。

二、问卷调查法

（一）问卷调查法及其特点

1. 问卷调查法的定义

问卷调查法是将一些需要了解的财政资金绩效方面有关质量和主观感受上的内容设计成书面问卷，向被调查者（通常是财政资金的受益者或其他利益相关方）询问，并要求被调查者以书面文字或符号形式做出回答，然后对此归纳整理分析，并得出一定结论的方法。

2. 问卷调查法的特点

问卷调查法的主要优点：

（1）通过针对性强、设计科学、控制有效的问卷调查，可以获得大量比较客观且有助于评价的第一手资料，提高评价的正确性和科学性；

（2）不记名的问卷调查可以大大减小被调查者的心理压力，从而可以了解更多真实的情况；

（3）便于对获得的资料进行定量处理和定性分析，可以避免主观偏见，减少人为的误差，有利于得出正确的评价结果。

问卷调查法的主要缺点：

（1）限制发挥，不够灵活，无法控制当时情境，不易正确引导；

（2）搜集的信息容易流于形式，难以深入了解被调查者内心的想法；

（3）被调查者需有一定的文化程度；

（4）回收率较低（尤其是通讯调查）；

（5）难以了解数据缺失的原因；

（6）被调查者回答时会受到趋中现象、随机反应、社会性要求定势等因素的干扰，从而影响答案的可靠性。

（二）问卷调查方案设计

为了更有效地调查项目所涉及的受益者等利益相关方的主观感受，评价方应在方案阶段设计问卷调查方案，说明调查的目的、对象、方式、内容并附调查表样式。需要抽样调查的，要说明样本总体、抽样方法和抽样比例。必要时，应将评价对象名单或抽样样本名单以附件形式列示。

1. 问卷调查目的

问卷调查的主要目的是获得财政资金受益者等利益相关方对资金产出和效果方面有关质量、主观感受的信息，定量分析财政预算资金产生的社会效益。在阐述问卷调查目的时，可以根据财政预算资金的具体内容和支出范围详细地阐述问卷调查的具体目的。

2. 问卷调查对象

问卷调查通常以财政预算资金的受益者作为主要调查对象，有时会涉及其他利益相关方。但在确定问卷调查对象时需要注意：并非所有的受益者都是公众，有些项目或财政预算资金的受益者是一小部分的特定人士或特定团体，而公众只是这些项目或资金的间接受益者。如名老中医传承补贴项目的直接受益者是名老中医传授的徒弟们，接受名老中医徒弟们看病的社会公众仅为间接受益人；一些规划设计项目的直接受益者是应用这些规划设计成果的职能部门或决策部门，而不是这些项目规划内容涉及的居民或企业。

3. 问卷调查对象数量

因为问卷调查法是抽样调查方法，故在确定调查对象数量时，会出现两种情况：一种是财政预算资金利益相关者总体数量较少；另一种是财政预算资金利益相关者总体数量很多。针对这两种不同的情况，确定调查对象数量的方法不同。

（1）当财政预算资金利益相关者总体数量较少时，可以把所有利益相关者作为问卷调查的对象。

（2）当财政预算资金利益相关者总体数量较多时，可以根据数理统计知识科学地确定问卷调查对象数量。

【重要提示】 根据经验及统计显著性要求，在绩效评价实践中一般要求抽样比例为总体样本的5%～10%。总体数量较少时，根据统计效力要求，总数一般不得少于150个。根据需要，可以适当加大比例，但要注意问卷调查的效度、信度和调查成本之间的权衡。

4. 问卷调查对象抽样方法

（1）简单随机抽样：按随机原则直接从总体 N 个单位中抽取 n 个单位作为样本，抽样时既不分组，也不排列，使总体中的单位都有均等抽取机会，常用有抽签法、随机数表法。

运用时注意：第一，它只适用于总体单位数目不大的情况，但单位容量较小容易失去代表性，因而要求尽可能采用取样在30个以上（最好50个以上）的大样本，以确保抽样精度；第二，总体内单位之间差异较大时不宜采用这种方法，因为抽取的样本不能保证其具有代表性，从而使抽样结果失真。

（2）等距抽样：将全部单位按某一标志排列，然后以固定顺序和间隔来抽选单位的一种抽样方法。

运用时注意：第一，等距抽样要对总体内所有单位进行编码，需要搜集总体名单，工作量较大，所以不适用于大容量的总体；第二，当研究的总体个案类别间数量悬殊时，缺乏代表性；第三，抽样间隔接近研究的总体个案类别的分布间隔时，会形成周期性偏差。

【举例】 假设针对某一财政项目支出，要从2400名直接受益者中抽取480名受益人进行问卷调查。根据等距抽样的原理，采用等距抽样比较合适。具体步骤如下：

① 将总体调查对象（2400名直接受益对象）进行编号，即从1号到2400号。

② 运用抽样间隔计算公式，确定抽样间隔；

抽样间隔＝总体数（N）/样本数（n）

已知调查总体 $N=2400$，样本数＝480，故抽样间隔＝2400/480＝5。

③确定起抽号数。用5张卡片，从1号到5号编号，然后从中随机抽取1张作为起抽数号，如2号。

④ 确定被抽取单位。计算方法为：2；2＋5＝7；2＋5×2＝12；…；2＋5×479＝2397。

（3）分层抽样：先对总体各单位按主要标志加以分组（或分层），然后再从各组中按随机原则抽选一定单位构成样本的抽样方法。

运用时注意：第一，要尽量缩小层次内的差异，增大层次间的差异；第二，分层不宜过多，以免层内单位数过少而无法抽样；第三，在划分层次时，做到分类明确，不发生混淆或遗漏。

分层抽样的两种具体形式：① 等比例分层抽样：按各个层次中的单位数量占总样本单位数量的比例分配各层的样本数量；② 分层最佳抽样：它不是按各层中单位数占总体单位数的比例分配样本单位，而是根据其他因素（如各层样本标准差大小）

调整各层样本单位数。其计算公式为：$n_i = n \times N_iS_i / \sum N_iS_i$。其中，$n_i$ 为各分层应抽选的样本单位数；n 为样本单位总数；N_i 为各类型的调查单位数；S_i 为各分层调查单位的样本标准差。

5. 问卷内容设计

（1）卷首语

卷首语的内容应该包括：① 调查的目的、意义；② 调查的主要内容；③ 选择被调查者的途径和方法；④ 调查的匿名和保密原则；⑤ 调查者的单位名称和调查时间；⑥ 调查单位的联系人和联系方式等。

为了能引起被调查者的重视和兴趣，争取他们的合作和支持，卷首语的语气要谦虚、诚恳、平易近人，文字要简明、通俗、有可读性。卷首语一般放在问卷第一页的上面，也可单独作为一封信放在问卷的前面。例如，某市开展再就业培训绩效评价问卷调查的卷首语如下：

> 尊敬的朋友：
> 您好！
> 为了更好地开展再就业培训工作，帮助更多的下岗职工找到工作，我们组织了这次问卷调查，请您根据自己的实际情况，如实选择问卷答案。您的回答将是匿名和保密的，仅作参考之用，谢谢！
>
> ××市财政局、人社局
> 201×年 11 月

（2）指导语

指导语是用来指导被调查者填答问卷的各种解释和说明，类似于使用或填写说明。有些问卷的填答方法较简单，常常只在封面信中用一两句话说明即可。比如："请根据自己的实际情况在合适的答案号码上画圈或者在空白处直接填写。"有些指导语则集中在卷首语之后，并标有"填表说明"的标题，其作用是对填表的方法、要求、注意事项等做一个总的说明。

（3）问题和回答方式

这是问卷的主体，也是问卷设计的主要内容。问题种类主要包括：

① 背景性问题，主要是了解被调查者个人的基本情况，如性别、年龄、学历、职称等基本信息，通过对被调查者基本情况的了解，可以为有针对性地提出对策建议提供参考；

② 基本情况问题，主要是了解被调查者对项目基本情况的了解或参与情况，包括被调查者熟知、参与或使用项目的情况等信息；

③ 满意度问题，主要了解被调查者在使用该项目的产出或服务后的感受或者主观评价，包括对项目产出或服务的数量、质量、及时性、效益和影响等方面的主观反馈；

④ 开放式问题，主要了解被调查者在使用或消费预算资金提供的产品或服务后，建议如何更好地促进这类项目的管理或建设，更好地为社会公众服务等内容。

问卷结构：设计调查问卷的问题结构时，一般按照背景性问题、基本情况问题、满意度问题、开放式问题的顺序排列。在每一类问题中，按照问题的性质或类别，把内容或性质相近的问题排列在一起；同时，注意按照问题的复杂程度或困难程度，以及时间顺序排列，使得问题排列具有逻辑性。

(4) 问题的回答

前述不同类型的问题，其回答方式也略有不同：

① 背景性问题和基本情况问题可以采用选择式回答，即将问题的几种主要答案，甚至一切可能的答案全部列出，然后由被调查者从中选取一种或几种答案作为自己的回答，而不能作这些答案之外的回答。

② 满意度问题主要采用等级式回答方式，常用的表示等级的词语有："非常喜欢，比较喜欢，无所谓""讨厌，非常讨厌""完全同意，同意，中立，不同意，坚决不同意，无可奉告""经常，有时，偶尔，没有，不适用""很好，可以，不好，很差，无所谓"，等等。此外，还可以用数字来表示等级，如：

满意□□□□□不满意

高兴□□□□□不高兴

喜欢□□□□□不喜欢

2　1　0　−1　−2　或者　5　4　3　2　1

其中，"2"表示非常满意，"1"表示一般满意，"0"表示无所谓、不知道或不适用，"−1"表示不满意，"−2"表示非常不满意；或者以"5""4""3""2""1"表示赞成、同意、满意、高兴、喜欢的等级，依此类推。填答者只需在适合的方格内打"√"即可。

这种回答方式，适用于要表示意见、态度、感情的等级或强烈程度的定序问题，在绩效评价满意度调查中使用较普遍。

③ 对于开放式问题，主要采用开放型回答。所谓开放型回答，是指对问题的回答不提供任何具体答案，而由被调查者自由填写。这种回答方式的优点有：灵活性大、适应性强，比封闭型回答能提供更多的信息，有时还会发现一些超出预料的、具有启发性的回答。例如："你认为再就业培训工作还有哪些需要改进和完善的地方?"

6. 问卷设计的原则

(1) 明确问卷设计的出发点

问卷作为调查者用来收集资料的工具，设计时要考虑调查者的需要。即问卷设计要紧紧围绕所研究的问题和所要测量的变量来进行，要尽可能做到所收集为所需要。此外，要使我们的调查取得好的效果，设计问卷时要注意问卷调查过程中人的因素，要多从回答者的角度考虑，尽量为他们填答问卷提供方便。

（2）明确阻碍问卷调查的因素

① 主观障碍。即被调查者因在心理上和思想上对问卷产生的各种不良反应所形成的障碍。比如，当问卷内容太多或者问卷中需要花时间思考、回忆、计算的问题太多时，回答者就容易产生畏难情绪；当问卷中的问题涉及个人隐私等敏感内容时，回答者就容易产生种种顾虑；等等。

② 客观障碍。即被调查者因自身的能力、条件等方面的限制所形成的障碍。比如阅读能力带来的限制，或者理解能力形成的限制。如果我们不考虑这些障碍性因素，那么一些回答者就会由于上述种种客观条件的限制而放弃答卷，从而降低了调查问卷的回收率，影响到调查质量。

（3）明确与问卷设计紧密相关的各种因素

① 调查的目的。对于任何一项问卷设计，调查的目的都决定着问卷的内容和形式。如果只是为了了解被调查对象的一般情况，那么问卷设计就应该主要围绕着被调查对象各个方面的基本事实来进行。如果其目的是要做出解释和说明，那么问卷设计就要紧紧围绕着研究假设和关键变量来进行，问卷中必须问什么、不必问什么都将严格受到研究假设的制约。

② 调查的内容。调查的内容也是影响问卷设计工作的一个主要因素。对于那些回答者比较熟悉的、容易引起回答者参与兴趣的调查内容，问卷设计的工作就相对容易一些。当调查的内容回答者不熟悉时，特别是涉及一些敏感的内容时，问卷设计工作就要困难一些。这样，问卷中的问题相对来说就只能问得概略、浅显、间接一些，问题的数量也应少一些，措辞也得更加小心。

③ 样本的性质。样本的性质即样本的构成情况，它对问卷设计工作同样有着较大的影响。构成调查样本的被调查者是些什么样的人，他们的职业、文化程度、性别、年龄的分布状况如何，相互之间差异大小等，都是设计者应该有所了解的。

④ 问卷的使用方式。问卷设计还要充分考虑问卷的使用方式和资料的分析方式，因为不同的使用和分析方式对问卷有着不同的要求。若对资料主要进行定性分析，就应以开放式问题为主；反之，若进行定量分析，则应以封闭式问题为主。

除上述各种因素外，当然也不能忽视调查经费多少、调查人员多少、调查时间长短等对问卷设计工作的限制。

（三）问卷调查实施

1. 问卷调查实施准备

问卷调查实施前的准备工作：问卷调查具体实施之前，除了做好方案设计中提到的有关问卷调查对象确定、抽样方式确定，以及设计好调查问卷等准备工作外，还要做好具体实施问卷调查的准备工作，包括确定问卷调查的时间和地点，参与问卷调查工作的人员分工、印刷调查问卷、准备适量小礼品、确定交通工具等。依据评价需要，可以将上述需要准备的工作内容汇总形成一份详细的问卷调查实施方案。

2. 问卷调查具体实施

在绩效评价过程中，问卷调查是所有环节中最具挑战性的一项工作。根据开展绩效评价工作的实践经验，可以采取以下措施帮助做好问卷调查工作：

(1) 借助预算部门（单位）的力量。管理和使用财政资金的单位都是政府职能部门，这些职能部门下属的业务部门往往直接与财政预算资金的受益者发生业务联系，通过他们和具体的问卷调查对象联系，开展问卷调查工作相对较容易。因此，在进行问卷调查时，可以通过预算资金使用部门联系问卷调查对象；在调查问卷卷首语的调查单位中要加上政府职能部门或财政部门，这样可以让接受问卷调查的对象更加信服。

(2) 为接受问卷调查的对象准备一份小礼物。这样可以调动被调查者参与问卷调查的积极性，能更加配合做好填答调查问卷的参与工作。

(3) 聘请勤工俭学的大学生参与问卷调查工作。勤工俭学的大学生容易获得社会各界人士的信任，从而拉近与被调查者的距离，获得被调查者的配合和支持。此外，大学生往往具有较丰富的知识，容易掌握问卷调查的方法，可以为被调查者就问卷中的一些问题进行答疑解惑，从而有助于较好地完成调查问卷的工作。

(四) 问卷数据处理与分析

1. 调查问卷数据处理

调查问卷数据录入：

(1) 对收集问卷进行整理、审查：① 调查对象的选择是否符合原设计要求；② 调查指标的理解和操作是否符合规定；③ 对询问问题的回答是否符合原设计要求；④ 填写的数据是否真实、准确；⑤ 对检验性问题的回答是否经得起检验；⑥ 如果是访问问卷，还应审查访问员访谈的起止时间、对回答的评价，以及复核员的复核意见是否填写完整、符合要求；⑦ 编码是否正确、完整；⑧ 问卷的填写是否有漏填项目。

(2) 开放型回答的后编码：① 预分类与预编码；②“对号入座”和“不断加码”；③ 选择、归并分类类别和编码。

(3) 问卷录入。问卷的数据需要按标准格式录入分析工具才能进行统计分析和定量研究。数据录入是计算机汇总和整理问卷资料的一个重要环节，是运用计算机对数据和问卷进行统计分析和研究的基础。

2. 调查问卷数据加工分析

满意度计算赋值：首先给各种选项赋值，如最满意＝5，满意＝4，一般＝3，较不满意＝2，不满意＝1……可以根据选项的多少和选项的重要程度来决定赋值的大小。

然后根据等概率法计算满意程度，计算公式为：每题满意率程度＝[“最满意”回答个数×“最满意”赋值分数(如 5)＋“满意”回答个数×“满意”赋值分数(如 4)＋……＋“最不满意”回答个数×“最不满意”赋值分数(如 1)]/(全部回答个数×“最满意”赋值分数(如 5)]×100%；

总体满意率程度=各题满意率程度的算术平均值（或加权平均值)。

例如，某绩效评价项目共回收 748 份问卷，汇总每份问卷的回答情况如下（见表 5-2-1)：

表 5-2-1　某绩效评价项目满意度问卷分项统计表

选项	题号										
	1	2	3	4	5	6	7	8	9	10	11
完全不满意	1	0	1	3	2	2	0	0	0	0	1
不满意	17	7	8	14	14	16	7	10	4	9	13
一般	86	65	108	111	119	156	99	147	76	73	85
满意	331	414	382	356	371	364	377	366	413	411	384
非常满意	314	263	250	265	243	211	266	226	256	256	266

根据上述回答的汇总数据，计算每题的满意度（见表 5-2-2)，如：

表 5-2-2　某绩效评价项目满意度统计结果

题号	1	2	3	4	5	6
满意度（%）	85.10	84.91	83.28	83.12	82.40	80.45
题号	7	8	9	10	11	—
满意度（%）	84.09	81.58	84.59	84.41	84.06	—

具体计算过程为（以第 1 题为例)：

满意度=(1×1+17×2+86×3+331×4+314×5)/(749×5)

=85.10%；

同理，可以计算其他各题的满意度。

最后，总体满意度=各题满意度的平均值=83.45%。如果给每题分配了不同的权重，则根据每题的权重乘以每题的满意度得到总体满意度。

3. 调查问卷数据的定量分析

根据调查问卷录入时的编码，分析不同的主观回答种类及统计分布，通过定量分析丰富基础数据和社会调查数据的应用。

例如，在某地区高效煤粉锅炉补贴项目绩效评价中，评价组通过社会调查了解实施高效煤粉锅炉项目的主要障碍（多选）。在 82 份受调查对象的有效样本中，“改造难度大”的占比为 32%，“影响企业正常运行”的占比为 20%，“建设成本高”的占比为 78%，“降低企业生产能力”的占比为 2%，“政府部门宣传不足”的占比为 12%，“技术及人员支持不足”的占比为 46%。由此可以发现，引导企业主动转型引进高效煤粉锅炉的核心问题在于通过持续的技术研发降低项目的建设成本，企业才有动力进行设备升级改造。

（五）问卷分析报告撰写

根据调查问卷数据分析结果，撰写调查问卷分析报告。问卷报告的主要内容包括：调查对象与调查内容、调查方法与调查方式、问卷的发放和回收情况、调查结果分析等。其中，调查基本情况介绍需要做到简明扼要，问卷的调查结果分析是重点，可根据需要自行选择进行交叉分析，在基本分析基础上进一步深化。

三、访谈调查法

（一）访谈调查法及其特点

1. 访谈调查法定义

访谈调查法是指评价主体通过与评价对象及其有关人员进行面对面交谈、讨论，并收集与评价有关的信息资料，就评价对象的情况做出评价的一种方法。其特点是，整个过程是评价者与被访问者通过访谈相互影响、相互作用的过程，因此所获得的信息更全面、更直接、更真实，但难度也比较大。

2. 访谈调查法特点

访谈调查法的优点：（1）访谈法简便易行，便于双向交流信息，主客双方有交互作用；（2）实施程序比较灵活，便于把控，既可随时澄清问题，纠正对问题理解的偏差，又可随时变换问题或方式，捕捉新的或深层次的信息；（3）可以有效防止问题遗漏不答的现象；（4）使用面广，能有效地搜集关于各个方面的信息；（5）能在交谈的同时进行观察；（6）能建立主客双方的融洽关系，消除顾虑，反映真实的想法；（7）团体座谈时，可相互启发，促进问题的深入探讨。

调研访谈法的缺点：（1）花费的时间和精力较大，访谈样本小，成本较高；（2）访谈者的特性会影响被访谈者的反应；（3）访谈者需要事先接受较严格和系统的培训。

3. 访谈的类型

依据不同的分类标准，访谈调查法可以分为多种类型：

（1）以访谈员对访谈的控制程度划分

① 结构性访谈

结构性访谈也称标准式访谈，它要求由访谈员按事先设计好的访谈调查提纲依次向被访者提问，并要求被访者按规定标准进行回答。这种访谈严格按照预先拟定的计划进行，它最显著的特点是访谈提纲的标准化，可以把调查过程的随意性控制到最小限度，能比较完整地收集到研究所需要的资料。这类访谈有统一设计的调查表或访谈问卷，访谈内容已在计划中做了周密的安排。访谈计划通常包括访谈的具体程序、分类方式、问题、提问方式、记录表格等。

由于结构性访谈采用共同的标准程序，信息指向明确，谈话误差小，故能以样本推断总体，便于对不同对象的回答进行比较、分析。这种访谈常用于正式的、较大范围的调查，它相当于面对面提问的问卷调查。一般来说，定量的研究通常采用结构性访谈。

② 非结构性访谈

非结构性访谈也称自由式访谈。非结构性访谈事先不制定完整的调查问卷和详细的访谈提纲，也不规定标准的访谈程序，而是由访谈员按一个粗略的访谈提纲或某一个主题，与被访者进行相对自由和随便的交谈。这种访谈较有弹性，能根据访谈员的需要灵活地转换话题，变换提问方式和顺序，追问重要线索。所以，通过这种访谈获得的资料较为深入和丰富。通常来看，质的研究、心理咨询和治疗常采用这种非结构性的“深层访谈”。

③ 半结构性访谈

还有一种是介于结构性访谈和非结构性访谈之间的半结构性访谈。在半结构性访谈中，有调查表或访谈问卷，它有结构性访谈的严谨和标准化的题目；访谈员虽然对访谈结构有一定的控制，但给被访者留有较大的表达自己观点和意见的空间。访谈员事先拟定的访谈提纲可以根据访谈的进程随时进行调整。

在质的研究中，研究的初期多运用非结构性访谈，以了解被访者关注的问题和态度。随着研究的深入，逐渐进行半结构性访谈，对以前访谈中的重要问题和疑问做进一步的提问和追问。

半结构性访谈兼有结构性访谈和非结构性访谈的优点，它既可以避免结构性访谈缺乏灵活性难以对问题做深入的探讨等局限，也可以避免非结构性访谈费时、费力难以做定量分析等缺陷。

（2）以调查对象数量划分

① 个别访谈

个别访谈是指访谈员对每一个被访者逐一进行的单独访谈。其优点是访谈员和被访者直接接触，可以得到真实可靠的材料。这种访谈有利于被访者详细、真实地表达其看法，访谈员与被访者有更多的交流机会，访谈内容更易深入。个别访谈是访谈调查中最常见的形式。

② 集体访谈

集体访谈也称为团体访谈或座谈，它是指由一名或数名访谈员召集一些调查对象，就访谈员需要调查的内容征求意见的调查方式。通过集体座谈的方式进行调查，可以集思广益、互相启发、互相探讨，而且能在较短的时间里收集到较广泛和全面的信息。

集体访谈要求访谈员有较熟练的访谈能力和组织会议的能力。集体访谈一般需要准备调查提纲，如果在会前将调查的目的和内容等告知被访者，访谈的结果往往更加理想。参加座谈会的人员要有代表性，一般不超过 10 人。访谈员要尽量保证座谈会现场气氛轻松，这样有利于被访者畅所欲言。如果讨论中发生争论，要支持争论下去；如果争论与主题无关，要及时引导到问题中心上来。主持人一般不参加争论，以免堵塞与会者的思路。另外，要做好详细的座谈记录。

由于集体访谈中匿名性较差，涉及个人私密性的内容不宜采用这种访谈方式。同时，这种访谈也会出现被访者受其他人意见左右的情况。访谈员应充分考虑这些因素，尽可能减少这种情况的出现。

（3）以人员接触情况划分

① 面对面访谈

面对面访谈也称直接访谈，访谈双方通过面对面的直接沟通来获取信息资料。它是访谈调查中一种最常用的收集资料的方法。在这种访谈中，访谈员可以看到被访者的表情、神态和动作，有助于了解更深层次的问题。

面对面的访谈可以是访谈员到被访者确定的访谈现场进行访谈，也可以是在征得被访者认可的情况下，由访谈员确定访谈现场。为了方便被访者，一般来说，以到被访者确定的访谈现场为主。

② 电话访谈

电话访谈也称间接访谈，即由访谈员借助电话向被访者收集有关资料。电话访谈可以减少人员来往的时间和费用，提高了访谈的效率。访谈员与被访者相距越远，电话访谈越能提高其效率。

电话访谈也有其局限性。比如，不如面对面的访谈灵活、有弹性；不易获得更详尽的细节；难以控制访问环境；不能观察被访者的非言语行为；等等。但是，当需要在面对面访谈与电话访谈之间做出选择时，电话访谈值得优先考虑。随着通信事业的不断发展，电话访谈将会有很广阔的发展前景。

③ 网上访谈

网上访谈是访谈员与被访者用文字而非语言进行交流的调查方式。网上访谈也像电话访谈一样属于间接访谈，它有电话访谈免去人员往返因而节约人力和时间的优势，它甚至比电话访谈更节约费用。此外，网上访谈是用书面语言进行的，这便于资料的收集和日后的分析。可以预见，这种访谈方式将会成为访谈员日益重视的高效的谈话方式。

但是，网上访谈也有与电话访谈一样的局限，如无法控制访谈环境，无法观察被访者的非语言行为等。

（二）访谈调查方案设计

1. 访谈调查目的

访谈调查的目的主要是通过向财政资金的管理者了解财政资金安排的背景、管理制度建设情况，以及向财政资金使用者了解资金使用情况，从而更加全面深入地了解财政资金决策、管理和使用情况（包括财政资金使用内容、组织管理流程、利益相关方及绩效目标等）。

2. 访谈调查对象

根据前述调研访谈的目的，访谈对象主要包括两类：

（1）财政资金管理主体：主要包括财政部门的预算处室、业务处室，以及预算主管部门的财务处室和业务处室。

（2）财政资金使用主体：主要包括具体使用财政资金的业务单位，包括负责预算资金使用的财务人员、业务人员等。

此外，当财政支出涉及政府采购时，可以增加对供应商及评标专家的调研访谈。

3. 访谈调查抽样方式

（1）管理主体：可以采用面对面访谈的方式，对财政部门预算处室、业务处室，以及预算主管部门的财务负责人或业务负责人进行单独访谈；也可以把这些主要负责人召集在一起召开座谈会，为确保座谈更加全面、深入，座谈会规模建议在4～5人。

（2）实施主体：主要采用10～15人的座谈会形式，召集业务部门负责财政资金管理和使用的管理人员、业务人员及间接受益者进行座谈，可以相互启发，使谈话更加全面深入。

4. 访谈调查内容

（1）管理主体：主要通过访谈了解财政资金项目立项的背景和目的、制定的相关管理制度和政策及其执行情况、资金使用内容、使用过程的组织管理、使用后的产出情况、使用取得的成绩，尤其是资金使用过程中存在的不足，以及如何改进和完善方面的建议。

（2）实施主体：主要通过访谈了解财政资金使用的具体方向、使用资金生产产品或提供服务的具体内容、公共产品或服务提供取得的成效、生产或服务中存在的不足，以及如何进一步完善及改进的建议和意见等内容。

（三）访谈调查实施方法与技巧

1. 访谈调查实施准备

访谈实施前的准备工作：调研访谈具体实施之前，除了做好上述方案设计中提到的有关调研访谈对象确定、调研访谈方式确定、调研访谈内容确定等准备工作之外，还要做好具体实施调研访谈前的准备工作，主要包括：设计调研访谈提纲、联系被评价单位确定调研访谈的具体时间地点和具体参与人员、将调研提纲提前发送给参与调研访谈的具体人员、培训调研访谈员。

2. 访谈调查实施方法与技巧

（1）明确访谈中所提出的问题。访谈中提出的问题主要有两类：一是实质性问题，即与所要了解的内容有关的问题。如可以问：您认为义务教育生均补贴专项资金可以从哪些方面进行评价？二是功能性问题，即在访谈中为了更好地接触被访谈者并使访谈更有效地进行所做的提问。如可试探性地提出：您是否愿意对领导工作中的问题提出批评和建议？

（2）访谈中，要通过恰当的方式来接近被访谈者，打消他们的顾虑，使两者之间建立起亲切友好的关系。

（3）注意提问的方式和方法。具体使用哪种方式，要根据所提问题和所要达到的目的而确定。若所提问题为一般问题，可以直截了当、具体明了；敏感性的问题则要先投石问路，再一步步推进，注意不要引起访谈者的反感，以免影响访谈的进行。

（4）访谈中，访谈者还要掌握倾听的技巧。访谈者不仅要“善问”，还要“会听”；既要提高听的有效性，还要有感情地去听，并对被访谈者做出恰当的反应。

（5）绩效评价中的访谈，要注意访谈问题的客观、中立，基于客观事实，不能有过于明显的导向型。此外，由于访谈对象往往是预算资金的管理和使用单位，因而不宜询问访谈对象对资金使用管理的满意度。

（四）访谈调查数据处理与分析

调研访谈结束后，要认真整理调研访谈资料，对调研访谈中提到的典型问题进行归类，总结调研访谈反映出的突出问题及其原因，为绩效评价报告的撰写提供更加丰富的信息资料和结论支撑。

（五）访谈调查报告撰写

根据调研访谈汇总分析结果，撰写调研访谈分析报告。访谈报告的主要内容包括：访谈目的、访谈对象、访谈时间、访谈地点等基本信息，以及访谈内容、访谈整理、总结出的访谈结论（包括访谈中反映的突出问题和建设性意见、建议等）等。访谈报告对于了解项目基本概况，总结项目实施和管理经验，初步发掘项目存在的问题和潜在风险，以及探究项目管理改进建议等方面均具有启发性作用，能够为报告主体撰写提供参考依据。

四、社会调查的具体应用

《中共中央 国务院关于全面实施预算绩效管理的意见》提出了建立全过程预算绩效管理链条的要求，按照预算绩效管理工作开展的时点，主要可以将其分为事前绩效评估、事中绩效运行监控和事后绩效评价三种类型。本节前三部分主要就预算绩效管理中常用的问卷和访谈两种社会调查技术和方法，明确了其定义和特点、调查方案设计、调查实施步骤、数据处理与分析、调查分析报告撰写等内容，但在预算绩效管理的不同阶段，社会调查在预算绩效管理中的作用略有差异，社会调查的内容也各有侧重。在预算绩效管理的实际操作中，应结合调查目的、对象、数量和调查内容等综合运用问卷调查法和访谈调查法。

（一）问卷调查法的应用

预算绩效管理的对象是财政资金，而财政资金的受益者及其他利益相关方往往具有覆盖范围广、数量规模大等特点。问卷调查法由于其标准化和成本低的优点，是目前国内外社会调查中较为广泛使用的一种方法，能够相对节省时间、经费和人力，因而适合进行大规模的调查。

通过科学、有效的问卷调查，可以获得大量的第一手资料，了解受益群体对财政性资金收集、分配和使用绩效的意见和建议，从而提高评价的科学性和客观性。在预算绩效管理的实践中，问卷调查法在事前绩效评估和事后绩效评价过程中应用相对较多，在事中绩效运行监控中的使用相对较少，这与预算绩效管理各阶段的管理重点也是匹配的。

在事前绩效评估中，可以通过问卷调查法对政府、部门、政策或项目的服务对象及利益相关方进行有针对性的需求调查，了解其对于财政资金收集、分配和使用的看法，如某项政策的出台是否有必要，如有必要，目前的政策措施是否是“对症下药”，政策实施是否真正具有可操作性等，从而支撑对必要性、可行性及预算合理性等方面的评估。如在某地区卫生院建设项目的事前绩效评估中引入问卷调查，通过对卫生院现有医护人员、近年来医疗服务及公共卫生服务对象、卫生院计划辐射和覆盖地区居民的医疗需求状况的调研，了解分析医护人员现有医疗服务对硬件设备设施的需求状况，从而将调研结果作为卫生院建设必要性分析的重要依据。

在事后绩效评价中，评价主体如果更加关注财政预算资金的绩效实现情况，则要进行社会公众或受益群体对政府运行、部门履职、政策和项目实施绩效的满意度调查。如公共文化馆的建设，其建设规模、开放时间、提供的服务能否满足特定区域内社会公众对于公共文化需求的满足程度，后期还可以进行哪些提升或改进等。再如在数字化校园建设项目的事后绩效评价中，对数字化校园项目的主要受益群体，包括在校教职工及学生展开满意度调查，从而对数字化校园建设成果的利用情况和使用效果进行考察。

此外，在政策绩效评价中，还需要特别注意区分政策目标群体和直接受益群体两个范围。如对某地区的中小企业发展专项资金政策进行绩效评价时，一方面要对直接受益的企业进行满意度调查，主要是为了了解财政资金对企业发展的作用及企业的满意度；另一方面还需要对其他未获得扶持资金的中小企业进行调查，获取其对该政策本身及政策实施的意见。如有的中小企业未申报，原因可能是申报条件过高，也可能是并不知晓该政策。通过问卷调查和分析，可以为政策优化建议提供支撑。

事中重点是绩效目标实现程度和预算执行进度的双监控，由于监控所处的时间节点预算资金的效果往往还未显现，故而更多使用访谈、案头研究、现场查看等方法，但也可以借助问卷调查法对监控过程中重点关注的问题进行数据采集。

（二）访谈调查法的应用

访谈调查法由于其运用面广、操作简便迅速等特点，在事前、事中和事后预算绩效管理工作中均有应用，主要区别体现在调查对象和内容方面。

事前绩效评估由于相关政策或项目尚未开展，因而访谈对象主要是政策或项目的设立者，访谈内容主要是政策或项目设立的背景和目的、绩效目标、主要内容、预算安排及组织管理保障等。如上述卫生院建设项目的事前绩效评估中，主要对该地区建设管理部门、卫生院建设领导小组及主管部门相关领导进行访谈，了解和沟通该地区现有医疗卫生状况水平、项目建设目标、计划实施方案等。

事中绩效运行监控的访谈对象应进一步扩展至政策或项目的具体实施单位或人员；关注政策或项目实施的具体工作机制、执行进度、问题及整改落实情况等。如对某学校体育馆建设项目开展事中绩效运行监控，需要以项目绩效目标为基础，通过对建设单位和施工单位相关负责人进行访谈，明确工程建设进度与计划的匹配性，以判断项目执行是否存在偏离，若存在偏离，需进一步了解和分析偏离产生的原因。

除政策和项目的管理者与具体实施者以外，事后绩效评价还可以对财政预算资金的其他利益相关方进行访谈；在访谈内容上则侧重政策或项目绩效目标的达成情况。如就业培训补贴政策，除了可以通过问卷对参与培训的人群进行满意度调查外，还可以通过对培训人员在职的单位进行访谈，了解培训对其员工的影响。

|第三节| 预算绩效管理绩效分析方法

本系列丛书前面章节已经为读者详细描述了关于“何为预算、何为绩效、预算如何”三个问题，而“绩效如何”这一问题，正是本节要着力解决的问题。想了解“绩效如何”，关键在于如何对数据进行分析以揭示绩效，只有通过科学的分析方法，“绩效怎么样”的问题才能迎刃而解。

一、绩效分析概述

（一）绩效分析的本质

绩效，其本质是资源配置和使用的效率问题，包含了经济性、效率性及效益性三个方面。经济性是指以最低费用取得一定质量的资源，考察支出是否节约；效率性是指投入和产出的关系，考察是否以最小的投入取得一定的产出或者以一定的投入取得最大的产出；效益性是指多大程度上达到政策目标、经营目标和其他预期结果。

因此，绩效分析的本质是分析解答“投入—产出”过程中的效率效益问题，通过深入剖析绩效差等问题产生的原因，为解决资源配置问题提供思路。绩效分析不设立统一的框架与分析模式，根据项目和资金性质的不同，运用多种方法，通过不同模型回答各种现实问题。

从目前绩效评价的开展形式来看，各地区各部门主要通过构建一套绩效评价指标体系，以评分方式进行绩效评价，根据评分结果对绩效好坏做出相应的分析和判断。

然而，仅通过指标体系进行绩效评分这一种方法，尚不能完整揭示绩效的本质及绩效管理中存在的问题。因此，需要在绩效评分的基础上，通过一系列更为复杂的模型分析方法，对公共部门的绩效进行更深入、更全面的分析。

（二）指标分析方法介绍

本书前面章节已经对绩效评价指标体系构建做了详细介绍，如何运用指标体系开展绩效评价，事实上就是一个绩效分析的过程。依托绩效评价综合指标体系，根据评分规则和原始数据对实际业绩进行评分，从得分及扣分点分析某项目或某资金存在的问题并挖掘原因所在，从而对被评价对象做出较为全面的评价。

（三）指标分析方法应用

下面结合具体实例，为读者阐述如何运用指标体系开展绩效分析。

为评价《C 地区车辆停放服务收费管理暂行办法》（以下简称《暂行办法》）实施效果，C 地区开展了公共政策绩效评价。根据政策情况，评价组构建了综合评价指标体系，并通过社会调查等方式获取相关资料。

现结合部分典型指标得分情况对该政策进行绩效分析（见表 5-3-1）：

表 5-3-1　部分典型指标得分情况

一级指标	指标内容	得分率
A 政策决策	A1 政策与战略目标的适应程度	100%
B 政策执行与管理	B1 实际收费与标准偏差	58.94%
C 满意度	C1 车主满意度/业主满意度	74.75%/88.00%

1. 结合得分指标分析项目绩效

对满分指标“A1”进行分析：本次《暂行办法》的出台背景是 C 地区没有明确的车辆停放服务收费管理办法，且停车资源紧张现象较为明显，车主投诉也较多，因而为了加强停车服务收费管理，规范车辆停放服务的收费行为，保护消费者和经营者双方的合法权益，政策出台与地方停车收费管理规范化、科学化发展目标相适应。政策制定过程依据《中华人民共和国价格法》和当地政府《印发关于市区机动车停放服务收费改革意见的通知》，实现管理制度从无到有，并且制定依据科学合理。

该指标属于政策决策类指标，通过得分可以看出政策制定的必要性和重要性，政策制定有助于促进停车场收费管理的有序开展，若通过严格的监督确保政策执行效率，该政策能够取得一定效果。

2. 结合扣分指标分析项目不足

在政策执行类指标中，B2“实际收费与标准偏差”得分率较低，原因在于有 41.06%的车主遇到过停车收费与其规定标准不一致的情况。但考虑到社会调查结果包含了《暂行办法》出台之前的情况，因此该指标不能完全反映出停车场业主违规定价的行为，但从另一个角度说明了当地停车场车位供不应求，管理办法中的指导价可能难以发挥调节供需的作用。

在满意度指标上，满意度普遍不高，尤其是车主对停车场管理的满意度。涉及车位数量和停车场规模满意程度的题目得分较低，且分歧较大，反映出的核心问题主要是车位供给不足。涉及收费管理的安全性、规范性等内容的问题，满意度相对较高。从中可以看出，《暂行办法》的出台对停车管理的改善起到了推进作用，而停车资源不足则是当前难以回避的问题，也是满意度偏低的主要原因。

根据以上指标反映出的现象，综合其他指标的分析结果，《暂行办法》在建设与管理中存在的主要不足之一为：政府定价、指导价沿用以前政策的收费标准。然而，随着经济发展和人民收入水平的提高，汽车保有量快速增长，原有的收费水平已无法调节现今对停车资源的供需水平。

以上为通过指标体系分析评价对象绩效得出分析结果的过程。

（四）指标分析方法的局限性

当前，国内各地开展财政支出绩效评价所使用的基于指标体系评分的分析方法虽然较为普遍，但却存在一定不足。其主要表现为：指标体系的科学性还有待进一步提高，在一定程度上影响绩效的反映；指标评分法只能简单地寻求被评价对象管理或执行中的问题，但对于问题产生的深层次原因，例如政策和项目设计、问题之间的关联，以及真实绩效的好坏等很难判断；指标体系评分法与预算的关联度不高，并不能真正揭示“投入—产出”的配比问题，即无法回答“绩效”这一问题。

（五）绩效分析方法的拓展

由于现行绩效分析方法的局限性，我们有必要结合其他方法及模型深入探究绩效情况，真正实现“绩效分析”目的。

在解决一般问题时，学界较常见的是运用统计学方法进行定量分析，如回归分析、主成分分析、因子分析、聚类分析等。统计学方法在判断数据之间的关系方面一般能做出较好的解释，且能通过构建模型对数据未来走势做一定程度预测。然而，由于统计学模型运用时具有严格的假设与限制条件，因而在开展“投入—产出”分析时一般难以做出有效解释。以下内容将通过介绍“成本—效益”分析法、数据包络分析法、灰色关联分析法和数据挖掘技术中的关联法，为读者展示如何针对不同情况运用不同定量方法来有效开展绩效分析。

二、成本—效益分析方法与应用

开展财政资金绩效评价，重点在于突出“绩效”二字，而绩效的重点则在于经济性、效率性与效益性的体现。私人部门的投入讲究利润最大化，即以最小的成本得到最大化的产出效益。公共部门支出同样应考虑成本投入，一味地追求产出而忽视投入成本，有可能带来社会资源的极大浪费。成本—效益分析方法为公共部门支出在预算约束下实现社会福利极大化提供分析思路，这一方法往往可用于事前对实施方案的选择。

（一）成本—效益分析方法概述

1. 成本—效益分析概念

成本—效益分析法是根据政府确定的建设目标，提出若干实现建设目标的可行方案，详细列出各种方案的全部成本和效益，并将它们转换成现期的货币价值，然后依据决策标准，通过比较分析，选择出社会净效益最大的方案。

成本—效益分析法的基本理论最早可以追溯到19世纪，美国福利经济学家富兰克林在对一个工程项目进行决策时，首先列出其效益和费用诸因素，然后分别给以度量，并标出各自的重要程度，最后综合平衡得出结论。1844年，杜波伊特（Dupuit）发表论文讨论公共工程效益的衡量，首次明确了公共工程社会效益的衡量标准，即公共工程项目的社会总效益是项目产生的净效益与增加的消费者剩余之和。

成本—效益分析法在公共支出领域的广泛应用始于20世纪80年代的美国，为减少公共部门决策的随意性（在成本效益分析法下，公共部门必须分析每一项支出的效果，验证其支出的合理性），同时减少特殊利益集团对公共部门决策的影响，当时在任的里根总统要求联邦政府各部门在制定政策及实施项目之前必须进行成本效益分析。随后，成本—效益分析法在各地得以迅速推广。

2. 成本—效益分析的特点

在实践中，公共支出的成本—效益分析是一个较为复杂的问题，其特点主要表现为：

第一，公共支出成本—效益分析以社会福利极大化为目标。根据社会契约理论，国家作为政治实体是人们让渡自己全部或部分的权利而组成的，因此，政府支出的成本—效益分析就不仅仅是政府收支的增加或减少，而是全体人民福利的增加或减少。同样的一个项目支出，私人部门以利润为目标，而政府部门要以社会福利极大化为目标。在进行一项经济决策时，政府除了要考虑用货币表示的经济利益外，还要考虑非货币的变化，如空气污染、健康、安全等。

第二，公共支出成本—效益分析需考虑多因素影响，数量较难准确衡量。为最大化利润，私人企业根据市场价格做决策，但以社会福利极大化为目标的公共部门决策难以做到这一点，主要由两个因素决定：一是与许多政府项目分析相联系的市场价格不存在。如非洲某国实施一项控制疟疾计划，该国市场很不完善，甚至在一些地方根本不存在市场。此外，这项计划会产生巨大的外部效应——将挽救许多人的生命与健康，大量的企业及整个社会都会从中受益。但这种影响很多都是无形的。由于不存在市场，因此就不可能准确衡量收益。其他还有诸如生命价值、时间价值、为修建水库而淹没的古迹的价格、自然资源得以保护和生态平衡的价格等。二是即使存在这种市场，也不可能完美，外部效应、税收扭曲、配额、管制等都会使市场价格偏离真实的社会机会成本。此外，未来的成本收益风险和不确定性问题，也是进行成本—效益分析所需要考虑的。

（二）成本—效益分析步骤、度量及标准

1. 成本—效益分析的步骤与要求

（1）分析步骤

公共支出的成本—效益分析不是一个单纯的技术问题，而是一个事前有缜密的设计、执行中有正确的技巧、事后有明确的结论的过程。一般来说包括五个步骤：① 确定问题并提出一系列可供选择的方案；② 设计具体的分析方法；③ 确定每种方案所需要的投入量和产出量；④ 测算和分析各种备选方案和备选项目的成本和效益；⑤ 将结果列表供决策者抉择。其中，前三项是准备工作；第四项是成本效益分析本身，是最为关键的部分。

（2）成本—效益分析的要求

成本—效益分析分为定量分析和定性分析两部分。其中，定量分析主要是根据经济理论，运用原始资源数据，采取科学方法，对成本和效益进行估计、鉴定和比较，最后评定项目的社会价值。成本—效益分析中不能进行定量分析的可进行定性分析，定性分析通常称为社会影响分析，主要是对非经济效应的考察。在这部分分析中，一切非数量化的效应均须尽可能明确地列出，并说明可能的影响。

成本—效益分析以定量为主，分析过程对于量化有严格的要求，归纳起来有下列几点：① 分析应基于大量的统计资料。② 分析应具有较大的深广度。③ 分析应尽量运用数量，凡是有货币价值的，应运用价值分析；凡无货币价值而有实物数量的，尽可能做数量分析；凡无价值与数量的，尽可能列出效益与成本的项目，并做出定性的说明。

2. 成本与效益的度量

政府支出项目效益的度量大致可分为两种类型：可度量的和不可度量的。可度量的效益包括有形直接效益、有形内在间接效益和补充投入。可度量的成本包括有形直接成本和有形间接成本。不可度量的效益包括有形外在间接效益、无形直接效益和无形间接效益。不可度量的成本包括有形外在间接成本、无形直接成本和无形间接成本。

有形成本与效益可以直接观察，容易度量。相对而言，无形成本与效益的价值难以直接观察或测量，需要采用一些变通的方法，常用的方法如时间价值估计法，通过假定在评估基准日重新组织人员进行无形资产的开发所需的时间、人力、物力，再加上合理的利润，得出评估值。

3. 成本与效益的标准

在公共支出中，许多投入或效益都不限于一个年份，一些项目的建设周期或使用周期会持续若干年甚至几十年，而一些投入的产出也会在若干年后逐渐显现，即形成所谓由若干年的收益和若干年的成本构成的“收益流”和“成本流”。因此，项目的

选择需基于一段“时间流”中发生的成本和效益的综合比较。

在进行成本—效益分析时，应明确相应的比较标准。常用的标准有三种：净现值、内部收益率、成本收益率。其中，成本收益率即指收益的现值和成本的现值之比。该指标相对而言沿用最久也最广泛，其公式为：

$$\frac{B}{C}=\sum_{k=0}^{n}\frac{B_k}{(1+t)^k}\Big/\sum_{k=0}^{n}\frac{C_k}{(1+t)^k}$$

其中，k 代表年份。当$\frac{B}{C}>1$ 时，政府支出项目可行；$\frac{B}{C}<1$ 时，政府支出项目不可行。

（三）成本—效益分析在绩效评价中的应用

成本—效益分析在分析政府公共决策过程中发挥着重要作用。对于事前行为，通过成本—效益分析可以对公共政策或支出决策做出指导；对于事后行为，通过成本—效益分析，可以分析政府已有行为，比较现有行为的成本效益，指导政府后续投入。无论事前还是事后分析，分析思路与目标是一致的。本书以学校的教学投入为例，分析成本—效益在绩效评价中的应用。

1. 案例背景

为提高居民的民防意识，提升居民应急知识与逃生能力，A 市计划实施开展民防社区推广工作，目前，针对此绩效目标，A 市民防办有四项备选方案，分别为：发放民防用品、开展知识讲座、社区宣传栏推广和民防技能演习。

2. 分析思路

第一步，根据成本—效益分析方法，首先围绕绩效目标，对备选方案进行梳理，如表 5-3-2 所示。

表 5-3-2　绩效目标与备选方案梳理情况表

序号	备选方案	绩效目标
1	发放民防用品	提高居民的民防意识，提升居民应急知识与逃生能力
2	开展知识讲座	
3	社区宣传推广	
4	民防技能演习	

第二步，对各备选方案进行成本效益要素分解，考虑到本次方案的绩效目标在于提高民防意识，故选择“民防知识知晓率”作为核心考核指标。在对结果的估量上，出于简化考虑，不对居民对民防知识的吸收理解进行估算，将“居民只要能够参与到该方案中，即视为接触并获取到了民防知识”作为主要条件。在此基础上，对各备选方案的成本与预期知晓率进行估算，如表 5-3-3 所示。

表 5-3-3　备选方案要素分析表

成本要素（万元/小区）				备选方案	效益要素
要素名称	详细内容	单位成本	成本小计		民防知识知晓率
方案一：发放民防用品					
人员	发放民防用品工作人员	2	53.5	发放民防用品	90%以上
设施	无	0			
材料	发放给每家的民防用品	50			
资金	用于交通、餐饮、运输等	1.5			
方案二：开展知识讲座					
人员	专家费用，以及组织讲座的工作人员劳务费	5	6	开展知识讲座	20%～30%
设施	无	0			
材料	用于演示的民防用品租借费用	0.5			
资金	用于交通、餐饮、运输等	0.5			
方案三：社区宣传栏推广					
人员	宣传栏维护人员	0.5	2	社区宣传栏推广	10%～20%
设施	使用小区现有宣传栏	0			
材料	宣传材料制作	1			
资金	维护宣传栏及材料的备用资金	0.5			
方案四：民防技能演习					
人员	演示民防技能的医疗、消防专家	5	11.5	民防技能演习	30%～35%
设施	相关民防器具的租借费用	1			
材料	用于演示及民众参与的民防耗材	5			
资金	用于交通、餐饮、运输等	0.5			

第三步，对各备选方案进行成本—效益分析，因本项目的成本、效益要素量化程度较高，可通过成本—效益比对各项目进行衡量，如表 5-3-4。其中，“比率”代表配比在每 1%知晓率上的成本，比率越高，表明在实现单位知晓率上付出的成本越高，效率越低。从表 5-3-4 可知，社区宣传栏推广的比率最低，是成本—效益的最优方案。

表 5-3-4　备选方案成本效益比

方案	成本（万元/小区）	效果	比率（成本/效果）
发放民防用品	53.5	90%	0.59
开展知识讲座	6	25%	0.24
社区宣传栏推广	2	15%	0.13
民防技能演习	11.5	33%	0.35

第四步，对备选方案进行深入分析，评估备选方案的其他效益。这里可以通过情景假设的方法，对各方案开展所带来的潜在效益进行评估，如表 5-3-5 所示。

表 5-3-5　备选方案的潜在效益

方案	潜在效益
发放民防用品	为每家每户提供了应急装备，实事项目提升政府形象
开展知识讲座	居民可与专家进行互动，获取更贴近生活的民防知识
社区宣传栏推广	宣传栏可以提供长期影响，在宣传内容上具有灵活性
民防技能演习	居民充分参与应急实践，可加深印象

第五步，结合财政预算能力选择方案。由于不同地区财力不同、基础情况不同，因此在方案的选择上需要结合实际情况。若该地区财力有限、民防基础宣传较差，可考虑社区宣传栏推广、知识讲座等方式；若财力充足、民防基础建设较好，强调效益，则可考虑能带来较高知晓率的方案，如发放民防用品，同时适当结合其他方案开展宣传工作。

（四）成本—效益分析的局限性

成本—效益分析存在的局限性主要有两点：

1. 成本—效益分析方法较适用于成本和收益都能准确计量的项目评价，如公共工程项目等，但对于成本和收益都无法用货币计量的项目则较难用此方法准确衡量。一般情况下，以社会效益为主的支出项目不宜采用此方法。

2. 成本—效益分析以投入—产出为唯一维度，对公共需求考虑不足。若仅以此为标准，很多重要但收益率不高的项目存在被否定的可能。因此，运用此方法进行项目选择时，必须基于项目的同等重要性为前提，避免一些必要项目在成本—效益分析中被否定。

三、数据包络分析法与应用

开展投入—产出绩效分析时常会遇到需要对具有多项投入和多项产出的同类型项目、组织或机构进行绩效比较的情况，这里涉及两个问题：一是投入与产出往往是多项的，且不能折算成统一单位，无法直接计算投入产出比值；二是如何有效开展同类型项目、组织或机构之间的绩效比较。数据包络分析法能较为有效地解决以上问题，本章将对 DEA 方法在绩效分析中的应用进行研究。

（一）DEA 方法简介

1. 基本概念

数据包络分析（Data Envelopment Analysis，DEA）方法是美国著名运筹学家 A. Charnes 和 W. W. Cooper 等基于“相对效率评价”概念发展起来的一种新的系统分析方法，主要用于评价具有相同类型的多投入、多产出决策单元的相对有效性。其基本思路是，把每一个被评价单位视为一个决策单元（Decision Making Unit，DMU），众多 DMU 构成被评价群体，通过对投入和产出比率的综合分析，以 DMU 的各个投入和产出指标的权重为变量进行评价运算，确定满足最优条件的生产曲线，再根据各 DMU 与该曲线的距离状况，评价各 DMU 的相对有效性，同时还可用投影方法指出非 DEA 有效或弱 DEA 有效的原因及应改进的方向。

2. DEA 方法的特点

（1）适用于多投入—多产出的有效性综合评价问题，在处理多投入—多产出的有效性评价方面具有绝对优势。如开展村庄改造专项资金绩效评价，其投入包括人员、资金等，产出包括道路桥梁改造、河道清理等多方面，运用 DEA 分析能对这一多投入—多产出项目进行有效绩效评价。

（2）DEA 方法并不直接对数据进行综合，决策单元的最优效率指标与投入及产出指标值的量纲[①]选取无关。即当投入指标值与产出指标值无法折算为统一单位时，DEA 方法仍然可以计算出投入产出效率。如投入指标包括施工人数（人）、投入资金（万元），产出指标包括道路改造长度（公里）、河道清理量（立方）等，在运用 DEA 方法进行投入—产出分析时，投入与产出指标值可直接输入，无须进行无量纲统一处理。

（3）采用 DEA 方法进行分析时，对投入指标与产出指标无须进行任何权重假设，模型根据决策单元输入输出的实际数据求得最优权重，排除了很多主观因素，具有较强的客观性。

（4）DEA 方法假定每个输入都关联到一个或者多个输出，且输入输出之间确实存在某种联系，但不必确定这种关系的显示表达式。

（二）DEA 方法原理与分析步骤

如何运用 DEA 模型分析决策单元的有效性，这就需要了解 DEA 模型的一般模型。下面通过介绍经典的 CCR 模型[②]解析 DEA 模型的作用机理。

① 量纲：某个量的属性，表示该量所属的类别，不表示量的大小，如长度量纲 L。

② CCR 模型是 DEA 模型的一种典型，1978 年由著名运筹学家、美国德克萨斯大学教授 A. Charnes，W. W. Cooper，E. Rhodes 提出。

1. CCR 模型的一般原理

假设有 n 个待评价的对象（又称为 n 个决策单元 DMU），每个决策单元都有 m 种类型的投入及 s 种类型的产出，它们所对应的权重向量分别记为：$\boldsymbol{V}=(v_1,v_2,\cdots,v_m)^{\mathrm{T}}$，$\boldsymbol{U}=(u_1,u_2,\cdots,u_s)^{\mathrm{T}}$。这 n 个决策单元中第 j 个决策单元的投入和产出量用向量分别记作：$\boldsymbol{X}_j=(x_{1j},x_{2j},\cdots,x_{mj})^{\mathrm{T}}$，$\boldsymbol{Y}_j=(y_{1j},y_{2j},\cdots,y_{sj})^{\mathrm{T}}$，$j=1,2,\cdots,n$。

其中：x_{ij} 为第 j 个决策单元第 i 种类型投入要素的投入总量，y_{rj} 为第 j 个决策单元第 r 种类型产出的总量，且 x_{ij}，$y_{rj}>0$；v_i 为第 i 种投入指标的权重系数，u_r 为第 r 种产出指标的权重系数，且 v_i，$u_r\geqslant 0$。

则每个决策单元投入与产出的相对效率评价指数如下：

$$h_j=\frac{\boldsymbol{u}^{\mathrm{T}}Y_j}{\boldsymbol{v}^{\mathrm{T}}X_j}=\frac{\sum_1^s u_r y_{rj}}{\sum_1^m v_i x_{ij}},j=1,2,\cdots,n$$

通过适当选取权重向量 $\boldsymbol{V}$ 和 $\boldsymbol{U}$ 的值，使对每个 j，均满足 $h_j\leqslant 1$。现对第 j_0 个决策单元进行绩效评价，则以第 j_0 个决策单元的效率指数最大化为目标，以所有的待评决策单元的效率指数为约束，故可以得到一般的 DEA 优化模型如下：

$$\max h_{j_0}=\frac{\sum_{r=1}^{s} u_r y_{rj_0}}{\sum_{i=1}^{m} v_i \bar{x}_{ij_0}}$$

$$\text{s. t.}\ \frac{\sum_{r=1}^{s} u_r y_{rj}}{\sum_{i=1}^{m} v_i \bar{x}_{ij}}\leqslant 1,j=1,2,\cdots,n$$

$$u\geqslant 0,v\geqslant 0$$

为方便计算，将上述模型通过适当的变换，将其化为一个等价的线性规划数学模型，并且引进无穷小量 ε，构成具有 ε 的 CCR 模型。它的对偶线性规划问题模型如下：

$$D(\varepsilon)=\min\left[\theta-\varepsilon(\boldsymbol{e}^{-}\boldsymbol{S}^{-}+\boldsymbol{e}^{+}\boldsymbol{S}^{+})\right]$$

$$\text{s. t.}\begin{cases}\sum_{j=1}^{n}\boldsymbol{X}_j\lambda_j+\boldsymbol{S}^{-}=\theta\boldsymbol{X}_0\\ \sum_{j=1}^{n}\boldsymbol{X}_j\lambda_j-\boldsymbol{S}^{+}=\boldsymbol{Y}_0\\ \lambda_j\geqslant 0,j=1,2\cdots,n\\ \boldsymbol{S}^{+}=(s_1{}^{+},s_2{}^{+},\cdots,s_s{}^{+})^{\mathrm{T}}\geqslant 0,\boldsymbol{S}^{-}=(s_1{}^{-},s_2{}^{-},\cdots,s_m{}^{-})^{\mathrm{T}}\geqslant 0,\end{cases}\qquad(1)$$

式（1）中：$\theta,\lambda_j(j=1,2,\cdots,n)$ 均为对偶变量；m 维单位向量 $\boldsymbol{e}^{-}=(1,1,\cdots,1)\in E_m$， s 维单位向量$\boldsymbol{e}^{+}=(1,1,\cdots,1)\in E_s$，$S^{+}$ 和 S^{-} 均为松弛变量[①]。

模型（1）表明，当第 j_0 个决策单元产出 $\boldsymbol{Y}_0$ 保持不变的情况下，应尽量保证投入量 $\boldsymbol{X}_0$ 按照同一比例减少。假设上述规划问题模型（1）求得最优解为 λ^0，θ^0，s^{0-}，s^{0+}：若 $\theta^0=1$，且 $s^{0-}=0$，$s^{0+}=0$，则称被评价决策单元相对于其他决策单元而言 DEA 有效[②]，此时该决策单元既满足技术有效[③]，又满足规模有效[④]；若 $\theta^0=1$，但 s^{0-}，s^{0+} 不同时等于 0，则称被评价决策单元为弱 DEA 有效，这时该被评价的决策单元不是同时技术有效和规模有效；如果 $\theta^0<1$，则称此被评价的决策单元为非 DEA 有效[⑤]，决策单元既不是技术效率最佳，也不是规模效率最佳。

2. 运用投影分析进一步分析非 DEA 有效的决策单元

对于非 DEA 有效的决策单元，需要通过进一步分析讨论并求出被评价的决策单元 DMU 在 DEA 相对有效面上的投影（即新决策），则新决策单元相对于原来的决策单元而言 DEA 是有效的。

设（$\bar{\boldsymbol{X}}_0$，$\bar{\boldsymbol{Y}}_0$）为第 j_0 个决策单元对应于（$\boldsymbol{X}_0$，$\boldsymbol{Y}_0$）在 DEA 的相对有效面上的投影，则它们之间的转换关系可以表示为如下公式：

$$\begin{cases}\bar{\boldsymbol{X}}_0=\theta^0\boldsymbol{X}_0-\boldsymbol{S}^{0-}\\[2ex]\bar{\boldsymbol{Y}}_0=\boldsymbol{Y}_0+\boldsymbol{S}^{0+}\end{cases}\tag{2}$$

根据公式（2），可以求得各个非 DEA 有效的决策单元相对于某有效决策（$\bar{\boldsymbol{X}}_0$，$\bar{\boldsymbol{Y}}_0$）而言，在保持其产出量不变的情况下对各项投入指标进行相应的调整。由此，可以对相应的绩效不好的决策单元相对于 DEA 有效的决策单元给出针对性的管理建议。

（三）DEA 方法在绩效评价中的应用

数据包络分析方法作为一种崭新的系统相对有效性评价，由于具有无须确定各指标在优先意义下的权重、不必确定输入输出间的显式函数关系、评价结果客观等优点，自 1978 年诞生以来，在实践中的应用越来越广泛。本部分将分别介绍 DEA 方法在单因素投入—产出和多因素投入—产出绩效分析中的应用。

1. DEA 方法在单因素投入—产出绩效分析中的应用

DEA 方法通过分析多个被评价对象多项投入与产出情况，为解决绩效分析中多投入产出的相对效率问题提供思路。本次 DEA 在绩效评价中的应用以 B 地区村庄改

① 约束条件为“≤”（“≥”）类型的线性规划问题，可在不等式左边加上（或者减去）一个非负的新变量，即可化为等式，这个新增的非负变量称为松弛变量。

② DEA 有效：a. 在现有的输入条件下，任何一种输出都无法增加，除非同时降低其他种类的输出；b. 要达到现有的输出，任何一种输入都无法降低，除非同时增加其他种类的输入。

③ 技术有效：技术效率最佳，技术效率是指由于技术和管理等因素影响的生产效率，具体参见经济学类教材。

④ 规模有效：规模效率最佳，规模效率是指产业结构通过优化配置对产出单元所发生作用的大小。

⑤ 非 DEA 有效：a. 在现有的投入条件下，可以增加产出；b. 在现有的产出水平下，可以减少投入。

造项目为案例，通过分析该地区 17 个镇财政资金的投入产出效率，评价各镇财政资金绩效的相对有效性。

（1）案例背景

以完善村庄公共基础设施、改善村庄生态环境、提高村民生活质量为核心，以实现村庄“生态环境优美、民宅村容整洁、农村特色浓郁、居住安全文明、公建配套齐全”为目标，2018 年，B 地区投入大量财政资金实行村庄改造项目，内容包括：村庄道路改造、桥梁改扩修、河道综合整治、污水治理、低水压供水管网改造、公建配套设施完善、村宅综合整治、村庄绿化等八大方面。此次村庄改造共涉及 17 个镇。本案例选择污水治理项目展开投入—产出效率分析。

（2）DEA 评价指标选择

根据 DEA 模型的要求，被评价对象的个数至少应为投入和产出指标个数的 2 倍。在此次分析中，共涉及 17 个决策单元，即参与改造的 17 个镇。因此，为确保分析结果有效，本次所选择的指标不应超过 8 个。综合考虑数据的代表性和齐全性，选择分析的投入指标均为投资额，产出指标为工程量。

基础数据如表 5-3-6 所示：

表 5-3-6　污水治理项目基础数据表

街镇	投资额（万元）	工程量（户）
A 镇	1946	1216
B 镇	1200	750
C 镇	12138	4305
D 镇	10809	3487
E 镇	4040	2009
F 镇	8525	3800
G 镇	2480	1550
H 镇	517	323
I 镇	387	125
J 镇	96	60
K 镇	4260	1444
L 镇	2984	1865
M 镇	9913	3337
N 镇	6090	2400
O 镇	1178	380
P 镇	6714	2843
Q 镇	6370	2950

(3) 结果分析

根据 DEA 模型分析的一般原理：当效率值为 1 且松弛变量①均为 0 时，则该被评价对象为 DEA 有效；当效率值为 1 而松弛变量不全为 0 时，则该被评价对象为 DEA 弱有效；当效率值低于 1 时，则该被评价对象为非 DEA 有效。

① 效率分析

污水治理投入和产出指标的效率值如表 5-3-7 所示。

表 5-3-7 某地区污水治理效率分析

街镇	综合效率*	纯技术效率	规模效率	规模报酬**	综合效率排名
A 镇	0.516	0.706	0.731	Drs	16
B 镇	0.517	0.517	1	—	15
C 镇	0.567	1	0.567	Drs	12
D 镇	0.539	0.726	0.742	Drs	14
E 镇	0.631	0.742	0.85	Drs	11
F 镇	0.516	0.516	1	—	16
G 镇	0.796	0.841	0.946	Drs	7
H 镇	0.713	1	0.713	Drs	9
I 镇	1	1	1	—	1
J 镇	1	1	1	—	1
K 镇	0.542	0.542	1	—	13
L 镇	0.678	0.862	0.786	Drs	10
M 镇	1	1	1	—	1
N 镇	1	1	1	—	1
O 镇	0.741	0.956	0.775	Drs	8
P 镇	1	1	1	—	1
Q 镇	1	1	1	—	1
均值	0.75	0.847	0.889	—	—

注：* 综合效率＝纯技术效率×规模效率；

** 一，Drs 分别表示规模报酬不变、递减。

就综合效率而言，该地区各个镇的差异较大，其中最大值为 1，最小值仅为 0.516。17 个镇的综合效率平均值为 0.75，这表明，若提高资源配置及使用，能增加 25%的综合效率。

① 松弛变量，一般通过投入冗余和产出不足两项指标进行考量。在下文投影分析中将会具体阐释。

就纯技术效率而言，平均值为 0.847，最大值为 1，最小值为 0.516，方差为 0.031，各个镇之间仍存在差异。

就规模效率而言，平均值为 0.889，最大值为 1，最小值为 0.567，方差为 0.018。相对来说，规模效率的地区差异较小。其中，A、G、B、K、D、E、F 镇的 DEA 无效主要是由纯技术无效引起；C、H、L、O 镇则主要因为规模无效。

从规模报酬来看，A、C、D、E、G、H、L、O 镇均呈现出规模报酬递减状态，其余为不变。

② 投影分析

表 5-3-8 显示了投入指标和效果指标的投影分析结果。

表 5-3-8　某地区污水治理投影分析

地区	投入冗余值	产出不足值
	投资额	工程量
A 镇	−3180.296	0
B 镇	−187	0
C 镇	0	0
D 镇	−2713.831	0
E 镇	−1573.992	0
F 镇	−570	0
G 镇	−643.647	0
H 镇	0	0
I 镇	0	0
J 镇	0	0
K 镇	−1949.6	0
L 镇	−929.433	0
M 镇	0	0
N 镇	−0.4	0
O 镇	−279.031	0
P 镇	−0.2	0
Q 镇	0	0

由表 5-3-8 不难看出，除 C、H、I、J、M、Q 镇外，其他镇都存在不同程度的投入冗余，即维持相同的产出，可适当减少投入。

综合两个分析，我们可以得出以下基本结论：在污水治理项目中，该地区整体效率有待进一步提高，存在投入冗余的问题；其中，J、I、M、Q 镇是 DEA 有效，即投入—产出效率高；N、P镇DEA弱有效。

2. DEA方法在多因素投入—产出绩效分析中的应用

（1）案例背景

C地区财政农业支出资金共有五个项目，包括支援农村生产支出和农林水利气象等部门的事业费、农业基本建设支出、农业科技三项费用，以及农村救济费用和其他支出等。其中，支援农村生产支出和事业费、农业基本建设支出是两个主要的支出项目，它们合计的支出比重一般超过政府对农业投资总额的80%。随着生产力的发展和国家自主创新战略的提出，农业科技对农业的作用和投入将越来越大，因此，本书将这三个支出项目作为财政农业投入因素来考虑，同时将农林牧渔业的产值作为财政农业支出的产出因素。

（2）DEA分析

本案例投入与产出指标的具体数据如表5-3-9所示。

表5-3-9　2005—2014年C地区财政农业支出及农林牧渔业总产值

万元

年份	支援农村生产支出和各部分事业费	基本建设支出	科技三项费用	农林牧渔业总产值
2005	430.22	110	3	20340.9
2006	510.07	141.51	4.94	22353.7
2007	560.77	159.78	5.48	23788.4
2008	626.02	460.7	9.14	24541.9
2009	677.46	357	9.13	24519.1
2010	766.89	414.46	9.78	24915.8
2011	917.96	480.81	10.28	26179.6
2012	1102.7	423.8	9.88	27390.8
2013	1134.86	527.36	12.43	29391.8
2014	1693.79	565.01	13.22	36239

以2008年该地区财政农业支出行为为例，构造基于投入的CCR模型如下：

$$
\begin{cases}
\min\left[\theta-\varepsilon(s_1^-+s_2^-+s_3^-)\right] \\
\text{s. t. } 430.22\lambda_1+510.07\lambda_2+\cdots+1134.86\lambda_9+1693.79\lambda_{10}+s_1^-=626.02\theta \\
110\lambda_1+141.51\lambda_2+\cdots+527.36\lambda_9+565.01\lambda_{10}+s_2^-=460.7\theta \\
3\lambda_1+4.94\lambda_2+\cdots+12.43\lambda_9+13.22\lambda_{10}+s_3^-=9.14\theta \\
20340.9\lambda_1+22353.7\lambda_2+\cdots+29691.8\lambda_9=36239\lambda_{10}+s_1^+=24541.9\theta \\
\lambda_i\geqslant 0, i=1,2,\cdots,10 \\
s_i^-\geqslant 0, s_i^+\geqslant 0, i=1,2,3
\end{cases}
$$

解上述目标规划方程，可得 $\theta=0.829164$，$s_1^-=0$，$s_2^-=249.2776$，$s_3^-=3.958969$，$s_1^+=0$，说明该年份的财政农业支出资金投入无效，即用少于当前的投入就可达到现有的产出。其他年份的有效性评价亦如此方式开展，所有结果见表 5-3-10。

表 5-3-10　2005—2014 年 C 地区财政农业支出资金 DEA 分析结果

年份	θ	s_1^-	s_2^-	s_3^-	s_1^+
2005	1	0	0	0	0
2006	0.93	0	10.28	1.28	0
2007	0.9	0	14.71	1.41	0
2008	0.83	0	249.28	3.96	0
2009	0.85	0	0	1.26	0
2010	0.69	0	150.06	3.05	0
2011	0.6	0	146.86	2.31	0
2012	0.53	0.22	73.3	1.31	0
2013	0.55	0	131.26	2.5	0
2014	0.45	0	58.87	0.62	0

由表 5-3-10 可看出，财政农业支出资金效率不高。以 2010 年为例，该年财政农业支出资金 DEA 无效，$\theta=0.69$，表明用少于当前的投入就可达到现有的产出，可以解释为用 69%的当前投入就可达到现有的产出。依 DEA 模型原理，我们记 θ 为财政农业支出资金 DEA 绩效系数，不难看出，2005 年以来财政农业支出资金 DEA 绩效系数总体上处于下降的趋势。

（3）结论分析

2008 年我国开始实施积极财政政策以后，国家大幅度增加了水利方面的基本建设支出。大量财政农业支出项目用于改善农业生态环境，如治理大江大河、建设农田水利、建设水土保持工程等。不过，支出效率更多地体现在改善农业生产的外部条件和生态环境方面，没有反映在农林牧副渔业产出效率上。用于农业生态环境的财政支出主要具有长期的生态效益，对产出的影响时滞较长，在短期内对农业增加值的贡献较小，不具有在短期内直接推动农业增长的经济效益。这种财政农业支出资金结构的偏差可能是构成近年来财政农业支出资金绩效低水平运行的最主要原因。建议国家对财政农业支出项目和改善农业生态环境的项目分列、分管，切实提高财政农业支出资金的农业支出效益。

从表 5-3-9 中不难看出，生产支出和事业费比重最高，基本建设支出比重次之，科技三项费比重最低。部分真正用于农业支出的资金结构也出现了较大的偏差，这部分资金结构的不合理成为财政农业支出资金整体绩效低下的主要原因。这主要表现在对农业基本建设投入不足、农业科技投入不足及各项事业费支出所占的比重偏高且内部分配结构不尽合理三个方面。财政农业支出资金整体效率低下也和我们国家财政农业资金管理体制有很大关系。由于支出资金在管理和使用过程中的问题使实际到位的农业支出资金大打折扣，常常会因为资金管理的多环节和资金投放的多重去向而发生非农化、挪用和浪费等现象，因而导致多年来财政农业支出资金效率的低水平运行。

综上所述，国家首先要创新财政农业支出资金结构战略，分列、细化传统财政农业支出项目。在加大财政农业科研投入方面，重点是保证农业科研和农村教育的资金供应。政府财力应重点调高以下方面的资金供应：农业基础研究、科研成果的应用推广、科技推广体系和队伍建设、农村义务教育、农户的科技培训等项目。科研投入资金的结构调优可以大大推动农业科技成果转化为现实生产力，为促进整个农业升级提供有效的服务。其次，国家要创新财政农业支出资金的管理机制，切实提高资金使用效益。要按照项目确定、拨款支付、检查审计三分立的原则，探索实施国库集中支付的办法，逐步实现财政农业支出资金的直接集中支付。今后中央、省市（含财政部门和主管部门）的农业支出项目可以由部门、政府确定和申报，资金全部通过国库支付机构集中直接拨给项目或农民。这样，通过一个渠道支付，一是可以对分散的资金起到整合的作用，为资金整合提供有利的条件；二是项目确定执行、资金支付、资金监管相分离，既有利于监管，又从源头上控制资金的规范运行，避免中间流失；三是农业支出资金集中支付与财政支出管理改革相一致，把国库集中支付延伸到农村领域，有利于深化农村税费改革，转变政府职能。

（四）DEA 方法的局限性

DEA 方法是用来研究决策单元多输入多输出的相对有效的绩效评价的有用方法，但这一方法也存在一些缺陷：

1. DEA 方法只能进行相对评价，也就是必须有一定数量的参照物（参考决策单元）。若只有一个被评价对象，DEA 方法将无法做出评价。如对某学校校舍修缮工程进行绩效分析，由于缺乏同类型的参照物，因而 DEA 方法将不适应。

2. DEA 方法是一种相对评价，每一个决策单元评价结果的好坏都是相对于参考单元而言的，因此 DEA 方法无法对被评价对象的实际效率做出判断。若被评价的多元对象实际上都是低效率的，DEA 方法仍将选出相对有效的被评价对象，而无法鉴别其实际是否有效。

3. DEA 方法只能判断各个决策单元是否 DEA 有效，即将所有决策单元分为有效和非有效两大类，而无法对被评价的决策单元进行排序。

4. DEA 评价中，由于每个决策单元都是从最有利于自身的角度确定指标权重的，因此有时会出现较多，甚至全部决策单元都被评为 DEA 有效的情况，从而难以区分。在指标数量较多而决策单元数量较少的时候，这种情况更容易发生。因此，为尽量避免这一情况的发生，在运用 DEA 方法开展绩效分析时，一般将投入指标和产出指标数控制在决策单元数的至少一半以内。若决策单元过少，则不建议采用DEA方法。

在开展绩效评价时，应根据实际需要选择合适的分析工具，必要时应结合多种方法开展分析，而不能过多依赖单一的方法。

四、灰色关联分析法与应用

在客观世界中，因素之间的关系比较复杂。尤其是事物的表面现象和变化过程的随机性容易混淆人们的直觉，掩盖事物的本质，从而使得人们在认识上得不到全面、可靠的信息，因此难以对因素的主次进行区分，即难以找到主要矛盾，发现主要特征和主要关系。

财政资金投入—产出过程是一个复杂的、不确定的系统，该系统既包含确定信息（投入、产出），又含有未知的或非确知信息（过程管理），对于该过程的分析需要运用不确定性方法。灰色系统理论为我们提供了崭新的多因素分析方法——灰色关联分析方法，它通过已知信息来研究未知信息并得出分析结论，提供了在信息不完整情况下解决系统问题的新途径。

（一）灰色关联分析方法概述

灰色关联分析是灰色系统理论的基本内容，它的基本思想是根据曲线间的相似程度来判断因素间的关联程度。灰色关联是指事物间的不确定关联，或系统因子之间、因子对主行为之间的不确定关联。灰色关联分析是一种用灰色关联度顺序（简称为灰关联序）来描述因素间关系的强弱、大小、次序的方法，是通过灰色关联度来分析和确定系统因素间的影响程度或因素对系统主行为的贡献测度的一种方法。其基本思想是：以因素的数据序列为依据，用数学的方法研究因素间的几何对应关系，即序列曲线的几何形状越接近，则它们之间的灰关联度越大；反之越小。灰色关联分析实际上也是动态指标的量化分析，充分体现了动态意义。它按事物的发展趋势做分析，因此不需要数据呈典型的分布规律，而且计算量比较小，其结果与定性分析结果比较吻合，所以灰色关联分析是一种具有独特优势的、比较实用的分析方法。

（二）灰色关联分析的操作步骤

1. 确定反映系统行为特征的参考数列和影响系统行为的比较数列

反映系统行为特征的数据序列，称为参考数列；影响系统行为的因素组成的数据序列，称为比较数列。

2. 对参考数列和比较数列进行无量纲化处理

系统中各因素的物理意义不同，导致数据的量纲也不一定相同，不便于比较，或在比较时难以得到正确的结论。因此，在进行灰色关联度分析时，一般都要进行无量纲化的数据处理。

3. 求参考数列与比较数列的灰色关联系数

因为关联系数是比较数列与参考数列在各个时刻（即曲线中的各点）的关联程度值，所以它的数据不止一个，而信息过于分散不便于进行整体性比较。因此，有必要将各个时刻（即曲线中的各点）的关联系数集中为一个值。

此处介绍两个灰色关联系数的计算方式：

一是绝对关联度：

参考数列记为x_0：$x_0\{x_0(1),x_0(2),\cdots,x_0(n)\}$；

比较数列记为x_i：$x_i\{x_i(1),x_i(2),\cdots,x_i(n)\},i=1,\cdots,m$；

设：$\varepsilon_i(k)$＝第 k 期比较数列x_0与参考数列x_i的差值：

$$\varepsilon_i(k)=\frac{m_i in\ m_k in\left|x_0(k)-x_i(k)\right|+\rho m_i in\ m_k in\left|x_0(k)-x_i(k)\right|}{in\left|x_0(k)-x_i(k)\right|+\rho m_i in\ m_k in\left|x_0(k)-x_i(k)\right|} \tag{1}$$

称$\varepsilon_i(k)$为x_i对x_0在 k 期的关联系数。ρ 是为了减少极值对计算的影响而引入的分辨系数，$\rho\in[0,1]$，根据序列之间的关联度，一般取 $\rho=0.5$ 左右。如果各数列量纲不同，则要进行无量纲化处理。关联系数只表示某期数据间的关联度，为便于数列整体关联度的比较，用各期关联度系数的平均值作为绝对关联度标准，其算式为：

$$r_i=\frac{1}{n}\sum_{k=1}^{n}\varepsilon_i(k) \tag{2}$$

二是速率关联度：

速率关联度是从另一角度来定义关联度的，它反映的是两个事物发展过程中相对变化速率的关联程度。如果两个事物在发展过程中的相对变化速率一致，则认为两者有较好的关联；反之，如果两个事物在发展过程中的相对变化速率不一致，两者的关联程度就较差。计算公式如下：

$$\varepsilon_i(k)=\frac{1}{1+\left|\dfrac{x_i(k+1)-x_i(k)}{x_i(k)\Delta t}-\dfrac{x_0(k+1)-x_0(k)}{x_0(k)\Delta t}\right|},k=1,2,\cdots,n \tag{3}$$

当等间隔采样数据时 $\Delta t=1$，可得出速率关联度计算公式为：

$$r_i=\frac{1}{n-1}\sum_{k=1}^{n}\varepsilon_i(k) \tag{4}$$

速率关联度反映特定时期两事物相对变化速率一致程度的平均状况，它反映了两事物在区间内相对发展速度一致程度的综合评价。r_i值越接近 1，说明相关性越好。

（三）灰色关联分析在绩效评价中的应用

本书以财政科技投入历史数据作为参考数列，绩效指标历史数据作为比较数列，采用速率关联度来进行财政科技投入绩效评价。

1. 案例背景

进入 21 世纪以来，经济全球化进程明显加快，国际竞争日趋激烈，科技创新能力特别是自主创新能力，已经成为影响国家和地区竞争力的决定性因素。各地区不断加大财政科技投入力度，加快地区科技发展速度。财政科技投入的内容包括：基础研究投入、应用研究投入、实验发展投入、研究与实验发展成果应用投入、推广示范与科技服务投入、生产性活动投入。为全面了解财政科技投入绩效，2017 年某地区开展了财政科技投入绩效评价。

2. 灰色关联分析的开展

建立财政科技投入绩效评价指标体系是开展财政科技投入绩效分析的关键，也是决定绩效分析结果能否达到预期目标的重要环节。某地区财政科技投入绩效评价指标体系如表 5-3-11 所示：

表 5-3-11 财政科技投入绩效指标评价

总指标	一级指标	二级指标
财政科技投入绩效指标	A1 科技环境改善	A11 从事科技工作的人数比例（人/万人）
		A12 科技服务业新增固定资产占全社会新增固定资产比重（%）
		A13 高新技术产业开发区面积（平方米）
	A2 科技直接产出	A21 国家级科技成果奖（项/万人）
		A22 发明专利授权量（项/万人）
		A23 科技成果成交额（万元/万人）
		A24 三大索引收录论文数（篇/万人）
	A3 高新技术产业化	A31 高技术产业增加值占 GDP 比重（%）
		A32 高技术产品出口额占商品出口额比重（%）
	A4 科技促进经济社会发展	A41 劳动生产率（元/人）
		A42 万元产值能耗（标准煤/万元）
		A43 万元产值资源消耗
		A44 信息化指数

灰色关联分析是按照事物的发展趋势开展分析，因此仅通过一年的数据分析财政科技投入绩效是无法实现的。评价组选取了 2011—2016 年上述指标数据开展分析，根据该地区统计信息网、统计年鉴，上述指标基础数据如表 5-3-12 所示：

表 5-3-12 财政科技投入绩效指标原始数据

指标	2011 年	2012 年	2013 年	2014 年	2015 年	2016 年
A11	3.14	3.9	2.95	3.99	4.33	4.14
A12	601	575	629	630	633	642
A13	0.32	0.53	2.15	0.28	0.44	0.27

续表

指标	2011 年	2012 年	2013 年	2014 年	2015 年	2016 年
A21	0.01	0.01	0.01	0.02	0.01	0.02
A22	0.18	0.21	0.41	0.81	0.81	0.93
A23	489.1	630.3	681.5	306.8	953.5	776.5
A24	1.6	1.8	2.6	3	3.6	4.4
A31	6.4	7.8	10.1	10.8	10.9	11.3
A32	14.9	22.4	18.1	20.4	34.1	30.4
A41	0.34	0.33	0.54	0.81	0.52	0.6
A42	88.5	85.1	86.7	91.9	96.1	96
A43	70	74	77	78	85	94
A44	80	84	86	89	90	96

注：部分指标的数据已经过无量纲化处理。

运用公式（3）计算该地区财政科技投入与各二级绩效指标的速率关联度，具体数值如表 5-3-13 所示：

表 5-3-13　财政科技投入与二级绩效指标的关联度

指标	关联度	指标	关联度
A11	0.827	A31	0.852
A12	0.561	A32	0.826
A21	0.611	A41	0.744
A22	0.752	A42	0.854
A23	0.688	A43	0.847
A24	0.816	A44	0.844

从科技进步环境改善、科技直接产出、高新技术产业化和科技促进经济社会发展四方面进行考察的速率关联度如表 5-3-14 所示：

表 5-3-14　财政科技投入与一级绩效指标的关联度

一级绩效指标	A1 科技进步环境改善	A2 科技直接产出	A3 高新技术产业化	A4 科技促进经济社会发展
财政科技投入	0.694	0.717	0.839	0.822
排序	4	3	1	2

3. 结果分析

上述结果表明，2011—2016 年，在高新技术产业化和科技促进经济社会发展方面，该地区财政科技投入与高新技术产业化关联结果最为显著，关联度分别为 0.839 和 0.822，表明财政科技投入对高新技术产业化的作用较明显。随着财政科技投入持续增长，该地区高新技术产业增加值不断提高，2016 年达到 685174 万元，是 2011 年的近 317 倍；高新技术产业增加值占 GDP 比重持续加大，最高达到 11.3%；科技促进经济社会发展方面，财政科技投入与科技促进经济社会发展的关联度为 0.822，仅次于高新技术产业化的关联度。财政科技投入对经济社会的促进作用主要表现在环境污染治理、科技普及和社会信息化建设等方面，这与财政资金的公益性特征相符。

科技直接产出方面，财政科技投入与科技直接产出的关联度为 0.717。科技直接产出主要表现在科技论著方面，从表 5-3-13 中可以看出，财政科技投入与指标的关联度达到 0.816；其次是在发明专利成果和技术市场发展方面；财政科技投入在获国家级奖励成果方面的作用相对较不明显。政府应适当调整科技投入结构，着力发展技术市场，以提高国家级奖励成果量和发明专利授权量。

科技进步环境改善方面，财政科技投入与科技进步环境改善的关联效果相对较不显著，关联度为 0.694；财政科技投入对科技进步环境改善的作用主要表现在重视科技人才资源方面，两者关联度达到 0.827，这在一定程度上表明政府在科技环境建设上总体效果良好，科技人才规模不断扩大；而财政科技投入对科技服务中介机构发展的促进作用则不明显，两者关联度仅为 0.561。实际上，科技服务中介机构在政府管理财政科技经费、确保科技投入绩效持续提高的过程中发挥着重要的作用，政府应当重视科技服务中介机构的建设和发展，使其成为财政科技投入绩效管理中的重要主体之一。

综上所述，可以得出以下结论：首先，该地区财政科技投入与高新技术产业化关联度最为显著；其次，科技促进经济社会发展，与科技直接产出、科技进步环境改善的关联度相对较低。而政府对于各领域的投入并非等量的，出现低关联度的科技绩效指标的原因有以下几种：一是财政科技投入总量中，实际用于该绩效领域方面的投入比例小；二是政府对于该绩效指标领域的科技投入管理水平低；三是政府用于该领域的科技投入无效，即对该领域本质上不起作用。为了准确分析财政科技投入绩效，有必要按绩效指标领域进一步细分财政科技投入结构，从而评估财政科技投入在各领域的有效性。

(四) 灰色关联分析的局限性

灰色关联分析也存在一定局限性，表现为：

1. 灰色关联分析是按事物的发展趋势做分析，往往需要连续年份的数据。当前，我国开展预算绩效管理以财政支出项目为主，除经常性项目外，大部分财政支出项目难以获取连续年度的数据。因此，在运用灰色关联分析方法开展绩效分析时应注意分析对象的性质，变动频率较大的项目不适合采用该方法。

2. 现在常用的灰色关联分析法所求出的关联度一般为正值，这不能全面反映事物之间的关系，因为事物之间既可以存在正相关关系，也可以存在负相关关系。而且，存在负相关关系的时间序列曲线的形状大相径庭，若仍采用常用的关联度模型，就容易出错。

3. 大量的实例表明，同样是计算因素之间的相关程度，应用灰色关联模型与应用数理统计中的相关分析的计算结果常常有一定的差异。应该指出的是，数理统计作为一门已经非常成熟的学科，在计算因素之间的相关关系方面应该有较大的可靠性，尽管它要求的数据多，计算复杂。从科学性来讲，所建立的灰色模型的计算结果与数理统计的相应计算结果应该保持较大程度的接近。只有这样，灰色关联分析才能较好地分析因素之间的相关性。如果一味地应用灰色关联分析“对样本量的要求不高，不要求分布规律”这些所谓的“优点”来强调灰色关联分析的实用性，反而容易造成分析结果不准确。

五、数据挖掘技术与应用

信息化时代的到来，使得人们越来越关注“大数据”，如何从茫茫数据中挖掘重要信息并转化为有用的内容，数据挖掘技术是一种重要的工具。作为与数据密不可分的绩效分析，数据挖掘技术的应用为绩效分析提供新思路。本节将讲解如何运用数据挖掘技术的关联规则分析绩效。

（一）数据挖掘简介

数据挖掘（Data Mining，DM），又称数据库中的知识发现（Know-ledge Discover in Database，KDD），是指从数据库的大量数据中揭示出隐含的、先前未知的并有潜在价值的信息的非平凡过程，是目前人工智能和数据库领域研究的热点问题。数据挖掘是一种决策支持过程，它主要基于人工智能、机器学习、模式识别、统计学、数据库、可视化技术等高度自动化地分析决策单位的数据，做出归纳性的推理，从中挖掘出潜在的模式，帮助决策者调整市场策略，减少风险，做出正确的决策。知识发现过程由数据准备、数据挖掘、结果表达和解释三个阶段组成。

数据挖掘通过分析每个数据，从大量数据中寻找其规律，主要有数据准备、规律寻找和规律表示三个步骤。数据准备是从相关的数据源中选取所需的数据并整合成用于挖掘的数据集；规律寻找是用某种方法将数据集所含的规律找出来；规律表示是尽可能以用户可理解的方式（如可视化）将找出的规律表示出来。数据挖掘的基本算法包括聚类分析、关联规则、分类规则、估计及预测等。关联规则作为数据挖掘的算法之一，在绩效分析中发挥着重要作用，下文将对这一算法及其在绩效评价中的应用进行详细介绍。

（二）数据挖掘的基本步骤

1. 确定挖掘对象。定义数据挖掘对象，认清挖掘目标是数据挖掘的第一步。数据挖掘的最后结果往往是不可预测的，但是需解决的问题是有预见性、有目标的。数据挖掘的第一步即明确需要解决的问题对象。

2. 数据收集。数据是挖掘知识最原始的资料和基础。“垃圾进，垃圾出”，只有从正确的数据中才能挖掘到有用的知识。为特定问题选择数据通常需要领域专家参加。领域问题数据收集的同时也解决了和目标信息相关的属性选择问题。

3. 数据预处理。数据选择好以后需要对数据进行预处理。数据预处理包括去除错误数据和数据转换。错误数据在统计学中称为异常值，应该在此阶段发现并且将其删除，否则它们将导致错误的挖掘结果。同时，需要将数据转换成合适的形式。例如，在某些情况下，将数据转换成向量形式。另外，为了寻找更多重要的特征和减少数据挖掘步骤的负担，我们可以将数据从一个高维空间转换到一个低维空间。

4. 数据挖掘。数据挖掘步骤主要是根据数据建立模型，我们可以使用各种数据挖掘算法和技术。然而，对于特定的任务，需要选择合适的算法来解决相应的问题。

5. 信息解释。通过数据挖掘技术发现的结果，首先需要专家对其进行解释，帮助解决实际问题。然后，根据可用性、正确性、可理解性等评价指标对解释的结果进行评估。只有经过这一步骤的过滤，数据挖掘的结果才能够被应用于实践。

6. 可视化。可视化技术主要用来通过图形化的方式显示数据和数据挖掘的结果，从而帮助用户更好地发现隐藏在数据“背后”的规律。它可以被应用于数据挖掘的整个过程，包括数据预处理、数据挖掘和信息解释。数据和信息的可视化显示对用户来说非常重要，因为它能够增强可理解性和可用性。

（三）关联规则

1. 关联规则简介

关联规则用于挖掘发现大量数据中项集之间有趣的关联或相关联系。它在数据挖掘中是一个重要的课题，最近几年已被业界所广泛研究。

关联规则挖掘的一个典型例子是购物篮分析。关联规则研究有助于发现交易数据库中不同商品（项）之间的联系，找出顾客购买行为模式，如购买了某一商品对购买其他商品的影响。分析结果可以应用于商品货架布局、货存安排，以及根据购买模式对用户进行分类。

本节将结合购物篮分析的具体例子来说明关联规则的分析思路：

假设有如下的数据集，每一组数据 t_i 表示不同的顾客一次在商场购买商品的集合：

t_1：牛肉、鸡肉、牛奶；t_2：牛肉、奶酪；t_3：奶酪、靴子；t_4：牛肉、鸡肉、奶酪；t_5：牛肉、鸡肉、衣服、奶酪、牛奶；t_6：鸡肉、衣服、牛奶；t_7：鸡肉、牛奶、衣服。

假如有一条规则：牛肉→鸡肉，表示购买牛肉与鸡肉的关联，那么同时购买牛肉和鸡肉的顾客比例是 3/7，而购买牛肉的顾客当中也购买了鸡肉的顾客比例是 3/4。这两个比例参数是很重要的衡量指标，它们在关联规则中被称作支持度（support）

和置信度（confidence）。对于规则：牛肉→鸡肉，它的支持度为 3/7，表示在所有顾客当中有 3/7 同时购买牛肉和鸡肉，其反映了同时购买牛肉和鸡肉的顾客在所有顾客当中的覆盖范围；它的置信度为 3/4，表示在买了牛肉的顾客当中有 3/4 的人买了鸡肉，其反映了可预测的程度，即顾客买了牛肉的话有多大可能性买鸡肉。其实，可以从统计学和集合的角度去看这个问题，假如看作概率问题，则可以把“顾客买了牛肉之后有多大可能性买鸡肉”看作条件概率事件。

在数据挖掘中，上述例子中的所有商品集合 $I=$｛牛肉，鸡肉，牛奶，奶酪，靴子，衣服｝称作项目集合，每位顾客一次购买的商品集合 t_i 称为一个事务，所有的事务 $T=\{t_1,t_2,\cdots,t_7\}$ 称作事务集合，并且满足 t_i 是 I 的真子集。一条关联规则是形如下面的蕴含式：

$X \rightarrow Y$，X，Y 满足：X，Y 是 I 的真子集，并且 X 和 Y 的交集为空集，其中 X 称为前件，Y 称为后件。

对于规则 $X \rightarrow Y$，根据上面的例子可以知道它的支持度：

$(\text{support})=(X,Y).\text{count}/T.\text{count}$，

置信度：$(\text{confidence})=(X,Y).\text{count}/X.\text{count}$。

其中，$(X,Y).\text{count}$ 表示 T 中同时包含 X 和 Y 的事务的个数，$X.\text{count}$ 表示 T 中包含 X 的事务的个数。

关联规则挖掘是从事务集合中挖掘出满足支持度和置信度最低阈值要求的所有关联规则，这样的关联规则也称强关联规则。

对于支持度和置信度，我们需要正确地理解这两个衡量指标。一条规则的支持度表示这条规则的可能性大小，如果一条规则的支持度很低，则表明它在事务集合中覆盖范围很小，很有可能是偶然发生的；如果置信度很低，则表明很难根据 X 推出 Y。条件概率公式为 $P(Y|X)=P(X,Y)/P(X)$，即 $P(X,Y)=P(Y|X)\times P(X)$。$P(Y|X)$ 代表置信度，$P(X,Y)$ 代表支持度，从上述关系式可以看出任何一条关联规则置信度总是大于等于支持度的。反之，当支持度很高时，此时的置信度肯定很高，但其所表达的意义相对有限。这里要注意的是，支持度和置信度只是两个参考值而已，并不是绝对的。也就是说，假如一条关联规则的支持度和置信度很高，并不代表这一规则之间就一定存在某种关联。举个最简单的例子，比如某款手机和某款衣服都是最新款的，深受大家的喜爱，大家去商场都想买，这条关联规则的支持度和置信度都很高，但是它们之间没有必然的联系。然而，当置信度很高时，支持度仍然具有参考价值，因为当 $P(Y|X)$ 很高时，可能 $P(X)$ 很低，此时 $P(X,Y)$ 也许会很低。

2. 相关算法

关联规则方面较为常用的算法包括 Apriori 算法、深度优先算法、数据集划分算法、采样算法等。本书不做详细介绍，有兴趣的读者可查阅数据挖掘专业书籍。

其中，Apriori 算法在关联规则挖掘中应用比较广泛。Apriori 算法是为了解决候

选项集中有很多并不是大项集的问题而提出的。该算法的基本过程是在第一次循环时，从数据库中获得1阶大项集；在后面的第 k 次循环中，对第 $k-1$ 次循环产生的 $k-1$ 阶大项集进行处理生成 k 阶候选项集 C_k；再扫描数据库，得到 C_k 的支持数，从而得到 C_k 中支持数不小于最小支持数的 k 阶大项集。重复之前的步骤直到算法停止。

(四) 数据挖掘技术在绩效评价中的应用

接下来将重点介绍数据挖掘技术中的关联规则在中小学多媒体教学绩效评价中的应用。

1. 案例背景

一方面，在“校校通”工程的推动下，90%以上具有独立建制的中小学已配置了多媒体教学设备。在一些发达地区，更是实现了每一个教室都配置多媒体教学设备的目标，多媒体教学硬件设施的完善奠定了中小学多媒体教学的实施基础。另一方面，从2007年开始，全国范围内的中小学教师教育技术能力建设计划展开，极大地促进了中小学教师教育技术水平的提高。在硬件设施完善和教育技术水平到位的前提下，越来越多的教师选择多媒体教学作为自己日常教育教学的手段。

中小学多媒体教学的普及引起了专家学者对多媒体教学评价的重视。近些年来，国内对多媒体教学评价的研究取得了一些成果，为中小学多媒体教学评价提供了宝贵的经验和借鉴。但是文献调查发现，对多媒体教学的评价大多采用的是传统教学评价方法，这与多媒体教学中多媒体教学设备依赖性的特征不相符，难以体现多媒体教学中多媒体教学设备的价值，对多媒体教学中多媒体教学设备的配置及运用情况缺乏评价。国内对教育绩效、教学绩效的研究为中小学多媒体教学评价提供了一个新的视角，那就是以绩效为导向的中小学多媒体教学评价，它能够充分尊重多媒体教学中教学设备的作用及教学过程的控制，全面客观地对中小学多媒体教学进行评价。

2. 中小学多媒体教学绩效评价的内容

教学绩效评价的内容主要包括教学目标的实现、教学资源的运用、教学过程的安排与教学效果的达成几个方面。与多媒体教学特点相结合，中小学多媒体教学绩效评价主要内容应该包括：运用多媒体教学设备及教学手段对教学目标的实现程度、在教学中多媒体教学资源的运用情况、多媒体教学手段在教学过程中的有效利用及合理安排，以及在多媒体环境下教学效果的好坏等。

中小学多媒体教学绩效评价的总体目标是中小学教师多媒体教学手段运用的绩效改进，基于绩效评价主要内容，从教学效率、教学效益、教学效果和关系绩效四个维度设计中小学多媒体教学绩效评价的具体内容。

教学效率是教学资源及投入与教学效果及教学质量之间的对比关系，我们希望在既定的教学资源及投入的前提下，获得更好的教学效果及更高的教学质量；或者是在教学效果与教学质量的弹性要求下，尽可能利用已有的教学资源而不需要额外的教学投入。中小学多媒体教学效率的具体评价内容包括：多媒体教学的时间分配、多媒体教学的教学组织结构、多媒体教学中学生智力资源分配及多媒体教学中的反馈等。

随着教育的投入不断加大及“校校通”工程的实施，教育资源的利用率引起越来越多专家和学者的关注。教学资源的利用有利于教学的实施，但是盲目追求教学资源的投入而不注重其效益的达成将造成资源浪费。教学设备的闲置是教学设备配置后面临的一种可能，为了消除教学设备的闲置状态，将教学效益列入教学评价的内容是一种必要的手段。多媒体教学中，教学效益体现在运用多媒体教学设备、多媒体教学资源及在信息化教学策略引导下，教学的实现与优化。

教学效果是教学活动产生的结果，其结果是促进学生掌握知识与技能，提高学生的全面素质。好的教学效果是实现教学最优化的结果。教学优化包括提高学生的学习兴趣、创设吸引学生注意的情境、教学目标的准确实现、教学信息的精准传递等。多媒体教学效果的体现是在多媒体环境下，教师运用多媒体手段完成课堂教学的优化过程。中小学多媒体教学效果的具体内容为多媒体教学设计、情景创设、教学目标的完成和教学信息的传递。

关系绩效包括资源行为、组织公民行为、亲组织行为、组织奉献精神等活动。这些活动本身并不是职责工作，但它们却有利于组织目标实现，并提高组织的工作效率。关系绩效评价在中小学多媒体教学绩效评价中的具体内容为：教师的教学方法、教学理念是否充分关注多媒体教学的特征、中小学学生的心理接受能力及具体教学内容的特性。课堂气氛是教师与学生共同创造的，在关系绩效评价中除了教师的教学态度外，学生的积极性、参与性也是评价的具体内容。

3. 中小学多媒体教学绩效的关联规则分析

（1）中小学多媒体教学绩效调查及数据回收

根据中小学多媒体教学绩效评价的总体目标和具体的评价内容设计中小学多媒体教学绩效调查问卷，问卷调查的对象为中小学教师，主要调查中小学教师在日常多媒体教学中教学效率、教学效益、教学效果和关系绩效的达成情况。调查范围为长三角一带一些城市的中小学，调查方式为实地调查与网上调查相结合。

实地调查的数据通过手工录入的方式收集整理，去除无效问卷的数据。网上调查的数据直接写入数据库，应用数据库语言删除无效数据。最后将实地调查数据与网上调查数据进行整合，作为关联规则分析的初始数据。

（2）基于 Apriori 算法的中小学多媒体教学绩效评价关联规则分析

中小学多媒体教学的 Apriori 算法关联规则分析在 SPSS（Statistical Product and Service Solutions）Clementine 环境中运行。在此，主要分析教学目标和关系绩效的关联规则，关联规则分析之前首先分别选择教学目标和关系绩效的相关数据字段。利用 SPSS Clementine 的“Apriori”建模进行关联分析，设置“最低条件支持度”为 10%，“最低规则置信度”为 60%。经过筛选得出表 5-3-15 和表 5-3-16 的关联规则结果：

表 5-3-15 教学目标关联规则结果

后项	前项	支持度	置信度
基本完成教学目标	比较熟练多媒体设备的使用 多媒体教学备课时间长 课件制作时间与上课时间差不多	39.8%	73.4%
基本完成教学目标	比较熟练多媒体设备的使用 课件制作时间与上课时间差不多 教学内容呈现视内容而定	46.6%	68.0%
准确完成教学目标	非常熟练多媒体设备的使用 课件制作时间与上课时间差不多 教学内容呈现视内容而定	21.1%	61.8%
基本完成教学目标	多媒体教学备课时间长 课件制作时间与上课时间差不多 教学内容呈现视内容而定	48.4%	61.5%

表 5-3-16 关系绩效关联规则结果

后项	前项	支持度	置信度
学生遵从教学安排	多媒体引起注意 关注大多数学生的发展	31.1%	100.0%
学生遵从教学安排	多媒体引起注意 多媒体反馈	31.1%	98.0%
学生遵从教学安排	多媒体引起注意 分层教学	18.0%	89.7%
学生积极性高	多媒体反馈 关注大多数学生的发展	19.3%	87.1%
学生积极性高	多媒体引起注意 多媒体反馈	31.1%	86.0%

4. 关联规则的结果分析

从教学目标关联规则分析中发现，中小学教师基本能熟悉多媒体教学设备的使用，这一点得益于全国中小学教师教育技术水平培训，这也说明了培训获得了比较好的成效。中小学多媒体教学较之传统教学方式能取得较好的教学效果，但由于教学效率与教学效益的影响，尤其是多媒体教学中基础设备的依赖性及多媒体教学教育技术水平的较高要求，中小学多媒体教学绩效水平并不高。要获得多媒体教学绩效的优化，在既有的多媒体教学软硬件设施基础上，尽可能发挥他们的组合效应，以更优化的组合方式配置多媒体教学资源，并提高、完善中小学教师多媒体教学备课的效益。多媒体教学中备课时间和难度是影响多媒体教学绩效发挥一个重要方面。在多媒体教学中，区域教育资源、优质教学案例、教育素材库等都应积极服务于教师的备课，为教师提供高效、系统的多媒体教学备课系统，这样能使多媒体教学绩效更加优化。

从多媒体教学绩效的关系绩效关联规则中，可以发现教师采用多媒体方式引起学生注意及调动学生积极性的效果比较好。在多媒体教学中，教师对演示、讲解及反馈的多媒体化能使学生积极遵从教师的教学安排，参与课堂教学的积极性较高。

从关联规则分析结果上看，中小学多媒体教学绩效改进手段与措施可以从以下几个方面着手：

（1）加深加强中小学教师多媒体教学应用培训和教育技术水平培训

关联规则分析中，能够准确完成教学目标与非常熟练多媒体教学设备的使用及熟练课件制作这两个的支持度与置信度都很高。在相同条件下，一个教师掌握多媒体教学设备的使用及课件制作的熟练程度越高，在多媒体教学中完成教学目标就越准确。全国中小学教师教育技术水平培训使中小学教师基本能胜任日常多媒体教学，但教师多媒体教学应用水平的提高与熟练还需要进一步的培训，培训工作可以以学校或地区进行。在学校开展多媒体教学经验交流，教师彼此之间学习多媒体教学应用中的宝贵经验，做到优势互补，这样能够很好地提高多媒体教学的绩效水平。

（2）建设教师备课系统

影响多媒体教学绩效发挥的一个重要因素是教师的备课时间。多媒体教学备课过程中除了教学方法、教学策略的选择和教学过程安排之外，教师还需消耗大部分精力和时间搜集、处理多媒体素材。建设教师备课系统可以减少教师多媒体教学备课时间，为教师搜集多媒体素材提供便利，增加教师多媒体教学备课借鉴和交流的平台。

（3）多媒体教学中适当增加多媒体刺激

关联规则中发现，多媒体形式的教学引入和反馈对学生注意力和积极性的提高有显著作用，并能使学生积极遵从教学安排。多媒体教学中，教师选择适当的多媒体形式进行课堂的引入，在学生互动环节增加多媒体形式的反馈，以多媒体形式引起学生的注意力，对课堂关系绩效的发挥有显著提高，进而影响教学的整体绩效。

（五）数据挖掘技术的局限性

基于数据挖掘技术的特点，数据挖掘技术在绩效分析中的主要局限表现为：

首先，数据挖掘技术适用于处理规模巨大的数据，它基于大样本的统计规律做出分析判断，其发现的规则不一定适用于所有数据。

其次，数据挖掘技术综合了统计学、数据库技术和人工智能技术，方法的熟练运用需要基于大量的理论与实践基础，在条件尚不成熟时过于急切地套用数据挖掘技术进行分析易影响结果的准确性。

六、其他绩效分析方法简述

（一）回归分析方法

回归分析就是对具有相关关系的两个或两个以上变量之间数量变化的一般关系进行测定，确定因变量、自变量之间的数量变动关系的数学表达式，以便对因变量进行估计或预测的统计分析方法。回归分析模型根据模型形式的不同，可以分为简单回归和多元回归、线性回归和非线性回归等，该部分以简单线性回归为例进行分析。

1．基本思路与原理

简单线性回归模型有一个因变量和一个自变量，模型如下：

$$y=\alpha+\beta x+\varepsilon \tag{1}$$

式中，α，β 为回归参数，ε 为残差。

估计模型如下：

$$\hat{y}=\hat{\alpha}+\hat{\beta}x \tag{2}$$

式中，$\hat{y}$，$\hat{\alpha}$，$\hat{\beta}$ 为模型（1）中 y，α，β 对应的估计值。

通过对模型（1）的估计，得到模型（2），我们就可以将给定的 x 代入模型（2）中，计算得到因变量的估计值。此外，可通过标准误、t 值计算得到因变量的置信区间。

2．分析步骤

（1）参数估计

回归分析的参数估计中，最常用的方法就是最小二乘法（OLS），即使实际值 y 与估计值 $\hat{y}$ 的离差平方和最小。具体步骤如下：

第一步：离差平方和最小，即满足：

$$Q=\min\left\{\sum(y-\hat{y})^2\right\} \tag{3}$$

将模型（2）代入模型（3）中，得：

$$Q=\min\left\{\sum(y-\hat{\alpha}-\hat{\beta}x)^2\right\} \tag{4}$$

第二步：要使得 Q 最小，对其进行$\hat{\alpha}$、$\hat{\beta}$的偏导，并令其等于 0：

$$\partial Q/\partial\hat{\alpha}=\sum 2(y-\hat{\alpha}-\hat{\beta}x)(-1)=0$$

$$\partial Q/\partial\hat{\beta}=\sum 2(y-\hat{\alpha}-\hat{\beta}x)(-x)=0 \tag{5}$$

对式（5）进行求解得：

$$\hat{\beta}=\frac{n\sum xy-\sum x\sum y}{n\sum x^2-\left(\sum x\right)^2}$$

$$\hat{\alpha}=\bar{y}-\hat{\beta}\bar{x} \tag{6}$$

（2）回归估计标准误

要真实反映整体的误差情况，必须用离差平方和的平均数来反映：

$$s_{yx}^2=\frac{\sum(y-\hat{y})^2}{n-2} \tag{7}$$

式中，$n-2$ 为自由度，自由度的计算公式为 $n-k-1$，k 为自变量个数。

回归轨迹标准误如下：

$$s_{yx}=\sqrt{\frac{\sum(y-\hat{y})^2}{n-2}} \tag{8}$$

s_{yx} 的数值越小，说明估计值的代表性越大，观测点越靠近回归直线，离散程度就越小。

(3) 统计检验

① 模型整体显著性检验

第一步：假设 H_0：$\alpha=\beta=0$（整体不显著）

H_1：$\alpha\neq0$ or $\beta\neq0$（整体显著）

第二步：F 值的测算。

总离差平方和 (TSS) $=\sum(y-\bar{y})^2$

回归离差平方和 (ESS) $=\sum(\hat{y}-\bar{y})^2$

残差平方和 (RSS) $=\sum(y-\hat{y})^2$

满足：$TSS=RSS+ESS$

$$F=\frac{ESS/1}{RSS/(n-2)}\cdot F\ (1,\ n-2) \tag{9}$$

第三步：在给定显著性水平 α 之下，若 $F>F_\alpha(1,n-2)$，则拒绝原假设，认为方程整体显著。

② 模型参数显著性检验

第一步：假设 H_0：$\alpha=0$　H_1：$\alpha\neq0$

H_0：$\beta=0$　H_1：$\beta\neq0$

第二步：t 值的测算。

$$\hat{\alpha} \text{ 的 } t \text{ 值为：} t=\frac{\hat{\alpha}}{\hat{\sigma}\sqrt{\frac{1}{n}+\frac{\bar{x}^2}{\sum(x-\bar{x})^2}}}\cdot t(n-2)$$

$$\hat{\beta} \text{ 的 } t \text{ 值为：} t=\frac{\hat{\beta}}{\hat{\sigma}\sqrt{\frac{1}{\sum(x-\bar{x})^2}}}\cdot t(n-2)$$

式中：$\hat{\sigma}=\sqrt{\frac{1}{n-2}\sum(y-\hat{y})^2}$，$\hat{\sigma}$ 是 σ^2 的无偏估计量。

第三步：在给定的显著性水平 α 之下，若 $t>t_{\alpha/2}$ $(n-2)$，则拒绝原假设，认为该系数显著。

(4) 因变量的置信区间估计

根据回归方程和回归估计标准误，可以进一步对因变量 y 进行估计或预测。最常用的是根据给定 x 的值来估计 y 的数值，即置信区间估计。如果观测值的点在回归直线两侧呈正态分布，则约有 68.27%的点落在回归直线$\pm s_{yx}$范围内，约有 95.45%的点落在回归直线$\pm 2s_{yx}$范围内，约有 99.73%的点落在回归直线$\pm 3s_{yx}$范围内。

置信区间估计步骤为：① 由样本数据 x 求出估计值$\hat{y}$及其标准差 s_{yx}；② 根据标注正态分布曲线面积查对表，查找 t 值；③ 95%的置信水平下，置信区间公式计算：

$$\hat{y}-ts_{yx}\leqslant y\leqslant\hat{y}+ts_{yx}$$

3. 回归分析在绩效评价中的应用

回归分析可以对经常性项目的一些指标进行标杆值区间预测。如政府决策咨询科研业务经费项目中，可以将 B 级以上课题数作为因变量，各个课题的财政投入资金、承担课题单位的性质、课题组成员数量等作为自变量，建立模型，并对 B 级以上课题数进行置信区间的预测，从而得到“B 级以上课题占比”的标杆值的区间范围。但是，建立模型对数据量有一定的要求，而自变量的个数越多，对数据量的要求也越高。此外，模型的选择需要根据实际数据而定，呈线性趋势的采取线性回归，否则采用取对数或其他非参、半参模型。

(二) 主成分分析方法

在实际问题中，我们经常会遇到研究多个变量的问题，而且在多数情况下，多个变量之间常常存在一定的相关性。由于变量个数较多，再加上变量之间的相关性，势必增加分析问题的复杂性。如何将多个变量综合为少数几个代表性变量，既能够代表原始变量的绝大多数信息，又互不相关，并且在新的综合变量基础上可以进一步地统计分析，这时就需要进行主成分分析。

1. 基本思路与原理

主成分分析是采取一种数学降维的方法，找出几个综合变量来代替原来众多的变量，使这些综合变量能尽可能地代表原来变量的信息量，而且彼此之间互不相关。这种把多个变量化为少数几个互相无关的综合变量的统计分析方法就叫作主成分分析或主分量分析。

主成分分析所要做的就是设法将原来众多具有一定相关性的变量重新组合为一组新的相互无关的综合变量来代替原来变量。通常，数学上的处理方法就是将原来的变量做线性组合作为新的综合变量。但是这种组合如果不加以限制就会有很多，应该如何选择呢？如果将选取的第一个线性组合即第一个综合变量记为 F_1，自然希望它尽可能多地反映原来变量的信息，这里“信息”用方差来测量，即 Var（F_1）越大表示 F_1 包含的信息越多。因此，在所有的线性组合中所选取的 F_1 应该是方差最大的，故称 F_1 为第一主成分。如果第一主成分不足以代表原来 p 个变量的信息，再考虑选取

F_2 即第二个线性组合。为了有效地反映原来的信息，F_1 已有的信息就不需要再出现在 F_2 中，用数学语言表达就是要求 $\mathrm{Cov}(F_1, F_2)=0$，称 F_2 为第二主成分，依此类推可以构造出第三、第四、……、第 p 个主成分。

对于一个样本资料，观测 p 个变量 $\boldsymbol{x}_1$，$\boldsymbol{x}_2$，…，$\boldsymbol{x}_p$，n 个样品的数据资料阵为

$$\mathbf{X}=\begin{pmatrix} x_{11} & \cdots & x_{1p} \\ \vdots & & \vdots \\ x_{n1} & \cdots & x_{np} \end{pmatrix}=(\boldsymbol{x}_1, \boldsymbol{x}_2, \cdots, \boldsymbol{x}_p)$$

式中，$\boldsymbol{x}_j=\begin{pmatrix} x_{1j} \\ \vdots \\ x_{nj} \end{pmatrix}, j=1,2,\cdots,p.$

主成分分析就是将 p 个观测变量综合成为 p 个新的变量（综合变量），即

$$\begin{cases} F_1=a_{11}\boldsymbol{x}_1+a_{12}\boldsymbol{x}_2+\cdots+a_{1p}\boldsymbol{x}_p \\ \cdots\cdots\cdots\cdots \\ F_p=ap_1\boldsymbol{x}_1+ap_2\boldsymbol{x}_2+\cdots+ap_p\boldsymbol{x}_p \end{cases}$$

简写为

$$F_j=aj_1\boldsymbol{x}_1+aj_2\boldsymbol{x}_2+\cdots+aj_p\boldsymbol{x}_p，j=1，2，\cdots，p$$

要求模型满足以下条件：

① F_i，F_j 互不相关($i \neq j$；i，$j=1$，2，…，p)。

② F_1 的方差大于 F_2 的方差，F_2 的方差大于 F_3 的方差，依次类推。

③ $a_{k1}^2+a_{k2}^2+\cdots+a_{kp}^2=1$，$k=1$，2，…，$p$。

于是，称 F_1 为第一主成分，F_2 为第二主成分，依此类推，有第 p 个主成分。主成分又叫主分量。这里 a_{ij} 我们称为主成分系数。

上述模型可用矩阵表示为

$$\mathbf{F}=\mathbf{AX}$$

其中

$$\mathbf{F}=\begin{pmatrix} F_1 \\ \vdots \\ F_p \end{pmatrix}, \mathbf{X}=\begin{pmatrix} \boldsymbol{x}_1 \\ \vdots \\ \boldsymbol{x}_p \end{pmatrix}$$

$$\mathbf{A}=\begin{pmatrix} a_{11} & \cdots & a_{1p} \\ \vdots & & \vdots \\ a_{p1} & \cdots & a_{pp} \end{pmatrix}=\begin{pmatrix} a_1 \\ \vdots \\ a_p \end{pmatrix}$$

A 称为主成分系数矩阵。

2. 分析步骤

设有 n 个参加评价的单位，评价指标体系由 p 项指标构成（记为 y_1，y_2，…，

y_p），y_{ij} 为第 i 单位 j 指标的实际观察值，即输入变量为

$$\boldsymbol{Y}=(y_{ij})_{n\times p}=\begin{pmatrix} y_{11} & \cdots & y_{1p} \\ \vdots & & \vdots \\ y_{n1} & \cdots & y_{np} \end{pmatrix}$$

则 PAC 法的基本步骤是：

第一步：对原始数据作标准化，得标准化数据矩阵 $\boldsymbol{X}$：

$$\boldsymbol{X}=(X_{ij})_{n\times p}=\begin{pmatrix} x_{11} & \cdots & x_{1p} \\ \vdots & & \vdots \\ x_{n1} & \cdots & x_{np} \end{pmatrix}$$

其中，$x_{ij}=(y_{ij}-\bar{y_j})/s_j$，

$$\bar{y_j}=\frac{1}{n}\sum_{i=1}^{n}y_{ij} \quad (j=1,2,\cdots,p)$$

标准差：$s_j=\sqrt{\frac{1}{n-1}\sum_{i=1}^{n}(y_{ij}-\bar{y_j})^2} \quad (j=1,2,\cdots,p)$

第二步：计算样本相关系数矩阵。由标准化数据矩阵，可以计算相关系数矩阵：

$$\boldsymbol{R}=(r_{ij})_{p\times p}=\begin{pmatrix} r_{11} & \cdots & r_{1p} \\ \vdots & & \vdots \\ r_{p1} & \cdots & r_{pp} \end{pmatrix}=\frac{1}{n-1}\boldsymbol{X}^{\mathrm{T}}\boldsymbol{X}$$

或者直接由原始数据计算相关系数：

$$r_{ij}=\frac{\sum_{k=1}^{n}(y_{ki}-\bar{y_i})(y_{kj}-\bar{y_i})}{\sqrt{\sum_{k=1}^{n}(y_{ki}-\bar{y_i})^2\sum_{k=1}^{n}(y_{kj}-\bar{y_i})^2}}=\frac{\mathrm{Cov}(y_i,y_j)}{\sqrt{\mathrm{Var}(y_i)\mathrm{Var}(y_j)}}$$

第三步：计算矩阵 $\boldsymbol{R}$ 的特征根，即求解以下方程：

$$|\lambda\boldsymbol{I}-\boldsymbol{R}|=0$$

记各特征根满足：$\lambda_1\geqslant\lambda_2\geqslant\lambda_3\geqslant\cdots\geqslant\lambda_p$，同时可计算方差贡献率与累计方差贡献率。方差贡献率为

$$\frac{\lambda_i}{\sum_{k=1}^{p}\lambda_k} \quad (i=1,2,\cdots,p)$$

累计方差贡献率为

$$\frac{\sum_{k=1}^{i}\lambda_k}{\sum_{k=1}^{p}\lambda_k} \quad (i=1,2,\cdots,p)$$

方差贡献率即指标对总目标的贡献程度。一般情况下 l_{ip}，选择累计方差贡献率

大于85%的特征值所对应的主成分。

第四步：计算特征向量，即求解以下特征方程：

$$(\lambda_i \boldsymbol{I}-\boldsymbol{R})\begin{pmatrix} l_{i1} \\ l_{i2} \\ \vdots \\ l_{ip} \end{pmatrix}=\begin{pmatrix} \lambda_i-1 & -r_{12} & \cdots & -r_{1p} \\ -r_{21} & \lambda_i-1 & \cdots & -r_{2p} \\ \vdots & \vdots & & \vdots \\ -r_{p1} & -r_{p2} & \cdots & \lambda_i-1 \end{pmatrix}\begin{pmatrix} l_{i1} \\ l_{i2} \\ \vdots \\ l_{ip} \end{pmatrix}=\begin{pmatrix} 0 \\ 0 \\ \vdots \\ 0 \end{pmatrix}$$

$(l_{i1}, l_{i2}, \cdots, l_{ip})^{T}$为第$i$特征根所对应的特征向量。依次计算出每一个特征根所对应的特征方程，且各分量满足：$l_{i1}^2+l_{i2}^2+\cdots+l_{ip}^2=1$。第$i$主成分可写成：

$$f_i=l_{i1}\boldsymbol{x}_1+l_{i2}\boldsymbol{x}_2+\cdots+l_{ip}\boldsymbol{x}_p \quad (i=1,2,\cdots,p)$$

第五步：构造PCA评价函数。

构建PCA评价函数的思路有两种：一种是只用第一主成分进行综合评价。即评价函数为

$$f=f_1=l_{11}\boldsymbol{x}_1+l_{12}\boldsymbol{x}_2+\cdots+l_{1p}\boldsymbol{x}_p$$

f_1即综合评价的“主成分得分值”，据之便可进行排序与分析。

另一种思路是采用多个主成分的加权合成作为评价函数。即采用一定标准（通常是累计方差贡献率>85%或者>80%）确定应该选取的主成分个数（如m个），然后把这m个主成分按它们的方差贡献率进行加权合成。

采用第一主成分进行评价的理由是：第一主成分是概括变量变异程度最佳的线性函数。采用多个主成分的加权值进行综合评价的理由是：可以反映更多的信息，因为第一主成分方差贡献率常常不到80%，表明损失的方差信息太多。一般情况下，采用第一主成分进行评价更加合理。

3. 主成分分析在绩效评价中的应用

现以某地区农民工子女小学生均补贴项目的三个指标在2011—2018年的数据为例，进行主成分分析。这几年对应的数据如表5-3-17所示：

表5-3-17　2011—2018年某地区农民工子女小学生均补贴项目产出数据

指标 年份	发放图书册数（百册）	教师工资增长率（%）	器械器材数量（台套）
2011年	209.2	11	323
2012年	752	9	905
2013年	454	24	793
2014年	179	10	388
2015年	491	29	812
2016年	427	13	639
2017年	552	15	806
2018年	318	7.7	504

对该项目进行评价，各个指标都有其特点，很难直接通过某一个指标来对项目做出评价。所以，解决评估问题的焦点是希望客观科学地将一个多变量问题综合成一个单变量形式。也就是说，只有在一维空间中才能使排序评估成为可能，这正符合主成分分析的基本思想。

分析过程如下：

第一步：原始数据标准化操作，见表 5-3-18。

表 5-3-18　某地区农民工子女小学生均补贴项目近 8 年产出标准化后的数据

年份	指标		
	发放图书册数（百册）	教师工资增长率（%）	器械器材数量（台套）
2011 年	－1.88	－1.61	－1.69
2012 年	－0.90	－0.10	0.05
2013 年	－0.15	－0.01	－0.43
2014 年	－0.05	－0.62	－1.07
2015 年	－0.21	－0.38	0.37
2016 年	－0.85	0.22	1.03
2017 年	－0.89	1.84	1.11
2018 年	1.03	0.66	0.62

第二步：求标准化后数据的相关矩阵。

第三步：求相关矩阵的特征根和特征向量。

第四步：计算主成分贡献率和累计贡献率，见表 5-3-19。

表 5-3-19　主成分贡献率和累计贡献率

主成分	特征值	贡献率	累计贡献率
第一主成分	2.06	68.68%	68.68%
第二主成分	0.786	26.189%	94.869%
第三主成分	0.154	5.131%	100%

第五步：确定主成分。

从表 5-3-19 可以看出，第一主成分的累计贡献率已经达到 68.68%，前两个主成分加起来为 94.869%。所以，可以直接选用第一主成分和第二主成分作为主成分。

即第一主成分＝0.589×发放图书册数＋0.929×教师工资增长率＋0.922×器械器材数量，可用于解释该地区的农民工子女小学生均补贴情况。指标的系数分别为：0.589，0.929，0.922。

此外，发放图书册数、教师工资增长率、器械器材数量这三项指标对生均补贴项目绩效的评估有正向拉动作用，它们在第一主成分中的特征值大小相当，所以在对该地区农民工子女小学生均补贴项目进行评价时需要综合考虑上述三项指标，不可以只用其中某一个指标，如表 5-3-20 所示。用主成分分析法对该地区农民工子女小学生均补贴项目指标进行选择，是必要的，也是可行的。

表 5-3-20　主成分的特征向量

主成分	第一主成分	第二主成分	第三主成分
发放图书册数	0.41	0.91	0.02
教师工资增长率	0.65	−0.27	−0.71
器械器材数量	0.64	−0.31	0.70

（三）聚类分析方法

聚类分析是无监督学习的一种方式，是对样品或指标进行分类的一种多元统计分析方法。它讨论的对象是大量的样品，要求能合理地按各自的特性来进行分类，没有任何模式可供参考或依循，即是在没有先验知识的情况下进行的。聚类是将数据分类到不同的类或者簇这样的一个过程，所以同一个簇中的对象有很大的相似性，而不同簇间的对象有很大的相异性。聚类分析的目标就是在相似的基础上收集数据来分类。聚类分析计算方法主要可分为划分聚类和层次聚类。划分聚类通过优化评价函数把数据集划分为 K 个部分，如 K-means 算法；层次聚类由不同层次的分割聚类组成，不同层次的划分具有嵌套关系，通常分为凝聚算法和分裂算法两种。

1. 基本思路与原理

（1）K-means

K-means 算法的处理流程如下：从 n 个数据对象中随机选择 K 个对象作为初始簇的中心，对剩下的其他对象根据它们与这些簇中心的距离，分别将它们分配给与其最近簇中心所代表的簇，然后再计算每个新簇的中心（该簇中所有对象的平均值）。不断重复这一过程直到准则函数收敛为止。

（2）层次聚类算法

① 凝聚型层次聚类算法

凝聚型层次聚类算法的策略是先将 n 个点分别作为一个簇，然后计算每一个簇与其他簇之间的距离，根据距离大小逐步合并这些簇为越来越大的簇，直到所有对象都在一个簇中或者某个终结条件被满足。

② 分裂型层次聚类算法

分裂型层次聚类算法与凝聚型的思想正好相反。分裂型层次聚类算法先将所有的点选作一个簇，然后计算簇内任意两点间的距离，将距离最大的两个点划归为两个不同的簇，之后根据剩余点到这两个点的距离大小将其分别划归为这两个点所在的簇。不断重复这一过程，直至每一个点都在一个单独的簇中或者某个终结条件被满足。

2. 聚类分析步骤

（1）K-means

设有 n 个样本点 X_i，$i=1$，2，…，n，每一个点是一个 d 维的向量，即 $\boldsymbol{X}_i=(x_i^{(1)},x_i^{(2)},\cdots,x_i^{(d)})$，定义不同点之间的欧氏距离如下：

$$D(\boldsymbol{X}_i,\boldsymbol{X}_j)=|\boldsymbol{X}_i-\boldsymbol{X}_j|=\sqrt{\sum_{k=1}^{d}(x_i^{(k)}-x_j^{(k)})^2}$$

定义点 $\boldsymbol{X}_i$ 与集合 A_J 的距离如下：

$$D(\boldsymbol{X}_i,A_J)=\frac{1}{\# A_J}D(\boldsymbol{X}_i,\boldsymbol{X}_j),X_j\in A_J$$

第一步，初始随机选择 k 个点 $\boldsymbol{X}_1,\cdots,\boldsymbol{X}_k$，分别作为第一次分划所得的 K 个簇 A_1，…，A_k 的中心。

第二步，对于所有的 n 个点，计算每一个点与聚类中心的欧氏距离 $D(\boldsymbol{X}_i,A_J)$，$J=1,\cdots,k;i=1,\cdots,n$，若满足以下条件：

$D(\boldsymbol{X}_i,A_{J0})=\min(D(\boldsymbol{X}_i,A_J),J=1,\cdots,k)$

则判定 $\boldsymbol{X}_i\in A_{J0}$.

第三步，计算第 m 次划分之后的准则函数 $C(m)=\sum_{J\in\Lambda}\sum_{\boldsymbol{X}_i\in A_J}D(\boldsymbol{X}_i,A_J)$，其中 Λ 为第 m 次划分之后所得的簇的指标集。

第四步，重复第二步和第三步，直到 $C(m)=C(m-1)$，则第 $m-1$ 次划分所得结果即为该算法的结果，$m-1$ 为收敛次数。

值得一提的是，在第二步中用到的点与集合的距离实际是平均距离，它反映的是该点到该集合内所有点的欧氏距离的平均值。实际上，还有许多其他定义该距离的方式：

a）点 $\boldsymbol{X}_i$ 与集合 A_J 的最小距离：

$$D(\boldsymbol{X}_i,A_J)=\min(D(\boldsymbol{X}_i,\boldsymbol{X}_j),\boldsymbol{X}_j\in A_J)$$

b）点 $\boldsymbol{X}_i$ 与集合 A_J 的最大距离：

$$D(\boldsymbol{X}_i,A_J)=\max(D(\boldsymbol{X}_i,\boldsymbol{X}_j),\boldsymbol{X}_j\in A_J)$$

点 $\boldsymbol{X}_i$ 与集合 A_J 的重心间距离：

$$D(\boldsymbol{X}_i,A_J)=D(\boldsymbol{X}_i,\boldsymbol{X}_j)$$

式中，

$$\boldsymbol{X}_J=\frac{1}{\# A_J}\sum_{\boldsymbol{X}_j\in A_J}\boldsymbol{X}_j$$

而采用不同种类的距离定义，对最终结果也会产生一定影响，可能会导致分类的结果不一样，如采用最小距离则可能导致簇半径变小，簇数量增加。所以在实际应用时应当根据具体需要选取一种合适的距离定义再进行后续计算，若无特殊要求，一般采用平均距离来处理。

（2）层次聚类算法。

① 凝聚型层次聚类算法

设有 n 个样本点 $\boldsymbol{X}_i$，$i=1,2,\cdots,n$，每一个点是一个 d 维的向量，即 $\boldsymbol{X}_i=(x_i^{(1)}, x_i^{(2)},\cdots,x_i^{(d)})$，$A_i$ 为一个簇，定义不同簇之间的距离如下：

$$D(A_i,A_j)=\frac{1}{\# A_i * \# A_j}\sum_{X_i\in A_i,X_j\in A_j} D(\boldsymbol{X}_i,\boldsymbol{X}_j)$$

第一步，将每个点 $\boldsymbol{X}_i$，$i=1,2,\cdots,n$ 看作一个簇，计算两两之间的欧氏距离 $D(\boldsymbol{X}_i, \boldsymbol{X}_j)$，将距离最小的两个点划分为一个簇。

第二步，计算已划分好的 $n-1$ 个簇之间的距离 $D(A_i, A_j)$，并将距离最小的两个簇合并。

第三步，重复上述步骤 $n-K$ 次，即将样本点划分为 K 个簇。

与 K-means 类似的是，在定义簇之间距离的时候也可以采用最小距离，最大距离或者重心间距离等其他方式。

② 分裂型层次聚类算法

第一步，将所有点作为一个初始的簇，计算所有点两两之间的欧氏距离 $D(\boldsymbol{X}_i,\boldsymbol{X}_j)$，将距离最大的两个点 $\boldsymbol{X}_1$，$\boldsymbol{X}_2$ 划分为不同的簇。

第二步，分别计算剩余所有点到这两个点之间的距离 $D(\boldsymbol{X}_i,\boldsymbol{X}_1)$，$D(\boldsymbol{X}_i,\boldsymbol{X}_2)$，若满足 $D(\boldsymbol{X}_i,\boldsymbol{X}_1)\leqslant D(\boldsymbol{X}_i,\boldsymbol{X}_2)$，则将点 $\boldsymbol{X}_i$ 与 $\boldsymbol{X}_1$ 划分为一类。

第三步，分别在上一步所得的每个簇内重复第二步，直到簇的个数等于 K。

3. 聚类分析在绩效评价中的应用

聚类分析一般可以用于样本点分析、指标分类等。如聚类分析在交通站样本分析中，可以选取北京市 16 个轨道交通站作为样本点，每个点选取其周围步行、自行车出行、公交车出行、出租车出行的人群所占百分比作为聚类变量，希望通过聚类分析得出每个站周边交通的合理选择方式。结果表明，北京的轨道交通车站可以明显分为两大类，第一类车站大部分乘客乘坐公交车来进行接驳服务；第二类车站的大部分乘客通过步行来进行接驳服务。同时，通过对应分析也发现，第一类车站处与轨道线路垂直的道路系统较好，公交车多，公交服务较好；第二类车站处多为商业繁华地段，或者所处地区靠近居住小区，客观上步行的乘客较多。根据聚类分析的结论，也提醒相关的规划与管理部门在建设与运营管理的时候，厘清各个车站的特征与功能，并提供相应的基础设施保障，为乘客提供更好的服务，方便居民的出行，充分发挥轨道交通的功能，提高城市公共交通方式的分担率。值得注意的是，在该例中存在一个转化：将非定量的“各站点出行方式（公交车、自行车等）之间的距离”转化为定量的“选择各出行方式的人群所占百分比”，使之可适用于聚类分析方法。此即本书所说的，可根据是否需要对聚类变量进行适当、合理地赋值，使得聚类分析的方法能够使用。

第四节　预算绩效管理信息系统与平台

一、系统和平台产生的背景

近年来，虽然预算绩效管理实践工作不断深入，但因缺乏顶层设计、理论指导、实践积累及信息化手段，预算绩效管理工作仍存在诸多不足，如项目立项评审多为主观判断，评审周期长，且缺乏科学的评审机制；项目执行后由于信息分散导致信息不对称，无法掌握项目的实际进展情况，监督薄弱；项目结束后，缺乏全面的评价和反馈机制为后续的预算管理工作提供参考依据和借鉴；预算部门（单位）普遍存在人力资源有限、工作人员对绩效认识不系统、缺乏应用规范；对预算绩效数据的分析方法单一，缺乏监控预警、综合查询、绩效分析模型等科学的决策辅助手段；传统评价模式耗时长、成本高，制约了预算绩效管理工作大规模开展，评价效率相对较低。

基于此，通过信息化手段推进预算绩效管理工作、提升工作效率和质量、打通财政数据互联互通已成为业界的一致共识。财政部在其多年的工作规划中多次提到加强信息系统的建设，“省级以上财政部门构建较为科学、适用的分级分类绩效评价指标体系，完成专家学者库、中介机构库和监督指导库三个智库建设；建成有机融合的预算绩效管理信息系统，基本建成全国统一的绩效信息数据库，实现资源共享。”各级财政和预算部门也在不断探索预算绩效管理的信息化建设和应用，通过信息化手段开展绩效管理工作已经成为行业趋势。

《中共中央　国务院关于全面实施预算绩效管理的意见》作为党中央、国务院对全面实施预算绩效管理作出的顶层设计和重大部署，明确提出要加快预算绩效管理信息化建设，打破“信息孤岛”和“数据烟囱”，促进各级政府和各部门各单位的业务、财务、资产等信息互联互通，通过信息系统和政府大数据建设，实现全面实施绩效管理。

针对预算绩效管理中存在的不足，在中央和财政部加强信息系统建设、绩效大数据应用的精神指引下，预算绩效管理信息系统与平台的建设与应用旨在规范工作流程，打破财政部门、预算部门（单位）、评审专家、第三方中介机构间人员、地域的局限性，提高工作效率和质量，为推动政府改革、职能转变助力。

二、系统和平台整体架构和服务

预算绩效管理信息系统与平台致力建立“预算编制有目标、预算执行有监控、预算完成有评价、评价结果有反馈、反馈结果有应用”的全过程绩效管理机制，实现预算绩效管理与预算编制、执行、监督的有机结合；以单位、部门、财政三级项目库建设为依托，通过绩效指标和项目管理要素为纽带，打通“预算—财务—项目—社会监督”的全过程、全主体数据链，通过互相校验数据真伪，有效打通预算、财务、项目等割裂的管理环节和信息孤岛，促进绩效从业人员业务水平提升，带动专家有效参与绩效评价、评审和质控，实现多方参与、有效管理的系统生态。

（一）系统与平台整体架构

预算绩效管理信息系统与平台引入各地先进管理理念及优秀实践经验，依托行业专家多年研究成果精心设计，提供了精细化的流程管理、规范化的表单样式、人性化的帮助提示、智能化的案例复用、科学化的指标体系推荐，打造了一体化的分析模型，为财政部门、预算部门（单位）第三方提供了便捷的系统工具。

预算绩效管理信息系统与平台主要包括内网应用和外网（互联网）应用两个部分，整个系统与平台整体架构如图 5-4-1 所示。

（二）系统与平台使用对象

预算绩效管理信息系统与平台是面向包括财政部门、预算主管部门、预算单位、第三方机构、绩效从业人员、专家、质控师等相关单位和个人在内的专业化绩效管理工具，可以实现“三全”的预算绩效管理、重点评价、绩效在线学习、专家评审等一系列工作。

系统与平台借助互联网，可实现内外网统一。内网为财政部门、预算部门和单位提供目标申报、绩效运行监控、自评，实现绩效的全过程管理；外网为评价机构提供在线评价服务，为从业者提供绩效学习服务，为专家提供在线评审服务，为项目单位提供质控服务功能。同时，内网和外部及时完成数据交换，信息实时采集、更新、共享，优化传统绩效评价模式，践行“互联网＋绩效评价”新需求。同时，通过信息化技术形成标准化绩效评价流程规范，确保各个项目评价标准一致、流程一致、打分一致，保障各绩效评价质量在可控的范围内，提高整体预算绩效评价行业的客观性和规范性。

（三）内网服务内容

内网主要面向财政部门和各预算部门（单位），为其提供项目库管理、绩效目标管理、绩效运行监控、自评价和绩效管理工作考评管理服务。

1. 项目库管理

项目库管理是由财政部门和各单位设立的对申请预算的项目进行规范化、程序化的管理，符合综合预算、科学认证、合理排序、全流程管理及追踪问效等原则。方案包括建立基层预算单位、主管部门和财政部门三级滚动项目库，分级设定项目管理职责权限，具有随时申报和审核、跨年滚动编报、成熟项目库中储备、实时选取纳入预算管理等功能，具体可分为项目申报、项目前评估、主管部门审批、财政部门项目评审排序、评审中心评审、部门预算批复等部分。项目库从项目绩效的本身出发，综合考虑项目立项依据、绩效目标、预算明细、项目执行方案等要素，对项目的合法性、合规性、合理性进行综合评估，评估的结果应用于项目竞争性排序、遴选、申报预算的调整等。根据项目管理的要求，预算单位申报项目，并通过逐级审核功能对项目进行审批，实现项目的分类、分级和滚动管理。

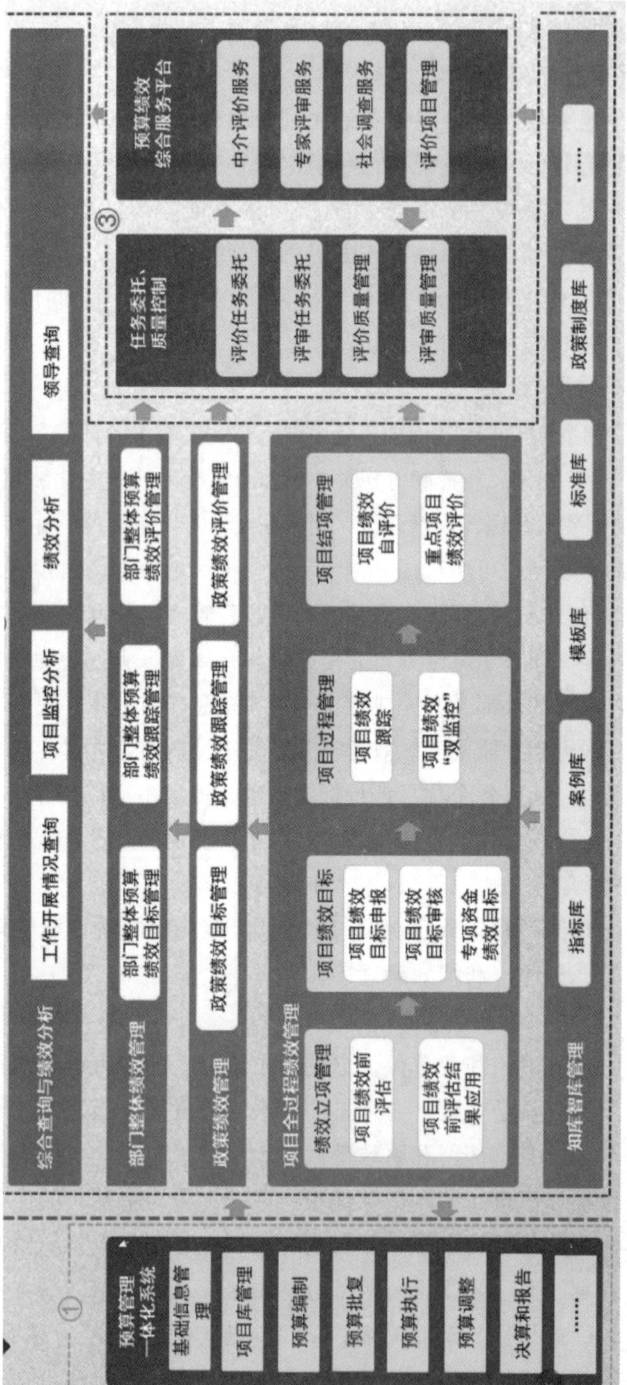

图 5-4-1 预算绩效管理信息系统与平台整体架构图

2. 绩效目标管理

预算支出绩效目标指的是绩效评价的对象（如某个项目）计划在一定期限内达到的产出和效果。一般在进行项目和专项资金申报时，同时填报项目和政策的绩效目标。项目和政策的绩效目标管理比较类似，以项目或专项资金政策为对象，目标内容包括基本信息、绩效目标、工作机制和保障措施。其中，政策的绩效目标需要根据政策资金或重大任务的内容、范围、对象、类别，考虑政策的宏观效果。绩效目标管理旨在通过目标加强预算的合理性，通过目标与预算匹配性的分析、目标与工作内容的匹配性分析，明确支出责任是预算绩效管理工作的起点和核心，也是绩效运行监控和后评价开展的重要对照依据。

部门整体支出绩效目标则以部门基本支出和项目支出为基础，围绕部门职能和年度工作计划，科学确定部门需要达成的整体产出和效果。系统从业务逻辑层级上梳理了从部门职能职责—部门活动—部门项目—项目指标，将部门职能职责进行拆解与部门活动相对应，部门活动分解与部门项目相对应，并根据部门项目设计相应指标，将以上业务逻辑整理设计入系统，实现上述勾稽关系的部门绩效目标申报和后续业务体系管理。

3. 绩效运行监控

在预算执行和项目实施中，预算单位不仅要持续地监控项目各项活动，特别是预算执行、财务管理和项目进度等核心情况，同时要对照初期绩效目标评估项目达到预期结果的可能性，并根据实际情况调整执行方案及相应的绩效目标。

绩效运行监控模块实现绩效信息的定期采集和汇总分析，辅助预测年度绩效目标的完成可能性，为预算和执行方案调整提供依据，最后根据需要可生成项目绩效运行监控结论。

4. 绩效自评价管理

绩效自评价，是指预算支出单位根据期初设定的绩效目标，运用科学、合理的评价标准和评价方法，对绩效目标的实现程度进行客观、公正的自我评价活动。预算执行完成后，预算单位根据运行监控情况和执行情况对目标的完成情况进行自我评价。绩效自评价，分为项目支出绩效评价、专项政策和部门整体支出。

绩效自评价模块实现通过向导完自评价工作。系统根据设定的指标权重、指标评分公式、预算单位录入的业绩值等内容自动计算出指标得分情况，形成自评价总分和评价结论，最后自动生成自评价报告。

5. 预算绩效管理工作考评管理

财政部门在一年绩效工作结束后对本级各预算部门和区县财政局的预算绩效管理情况进行考核，包括预算编审、预算执行、盘活存量资金、信息公开、监督检查等。流程如下：每年由财政部门确定考核方案及指标后维护进系统，同时将考核的数据填报工作下达给预算部门或单位；预算单位和部门填报实际的数据后，系统计算得出考核工作结论；财政部门审核并确认考核结果，汇总考核结果并反馈给部门。

(四) 外网服务内容

外网（互联网）主要面向第三方机构、绩效从业者、专家和质控人员，将提供评价服务、学习服务和质控服务。具体来说，第三方机构主要受财政或预算部门委托，开展重点项目绩效评价；绩效从业者在平台上进行体系化课程学习，开展课程考试和专业能力认证；专家主要参与项目支出前评审、绩效运行监控、部门整体支出、专项资金政策、项目绩效评价等多种类型的工作方案及报告评审；质控师则为第三方机构提供理论指导、培训、咨询与业务质控支持等服务。

1. 评价服务

根据评价需要，第三方机构均可在平台上开展相应工作。平台提供评价所需要的信息采集、指标和标准体系、问卷设计调查、数据分析、智能评分和报告生成等。外网平台可提供经过研究和实践检验的评价指标体系、模板，还可实现问卷的在线调研、报告结论的智能生成与分析；支持重点项目、联动项目和区域评价多种模式，帮助评价方进行报告分析和分报告向总报告的合并。平台使中介机构评价变得更加简单易行，并且在后台为各个相关方提供了有效监控项目质量的渠道。

2. 学习服务

通过多年行业的理论研究及实践经验，平台提供了系列绩效学习课程，包括职级课程、绩效大讲堂、案例课程等，内容涵盖开展绩效评价所必须掌握的预算绩效管理基本原理、政策解读、指标设计、社会调查、方案撰写、绩效分析及报告撰写、各类主题评价、部门整体支出评价等；此外，平台还提供分地区分行业的绩效指标库、评价标准库、政策库、文献库、案例库供阅读，融合多年行业资源，为行业从业人员提供线上绩效行业深度学习体系，并通过线上等级考试，向从业者授予对应能力认证。

3. 专家评审服务

绩效评价业务的委托方和承接方在开展业务过程中需要组织专家对方案和报告进行评审的，可通过平台的专家评审服务，从专家库中选择合适的专家组成评审小组，采用视频会议或者通讯评审的方式，实现远程在线评审，节省时间成本和空间距离。而每一次评审的结果都将作为第三方中介服务质量的依据，纳入对第三方的考核管理。

4. 质控服务

平台使用机构在线上开展工作时，如果需要专业人员或专家指导，可在平台发起质控申请，根据项目特性选择质控师，由平台按照双方需求完成智能匹配或主动选择，按照线上标准质控流程，将质控意见反馈给需求方。平台全程对双方权益进行保障，丰富线上交流渠道，保障质控质量和质控效率。

三、预算绩效管理系统（内网）功能及应用

预算绩效管理信息系统（内网）通过加强预算绩效管理的顶层设计，以绩效指标体系和项目管理为基础，全面掌握项目绩效信息。以信息化手段建立行业指标库，明确实施规范；同时借助专业的分析模型和分析工具，采用科学、系统的指标体系和数据动态采集工具，最大限度地简化操作难度，提高单位整体的预算绩效管理工作水平和效率，为科学、高效、规范、经济地开展绩效管理工作提供解决方案。

（一）项目库管理与绩效目标管理

项目库管理包括项目申报、主管部门审批、财政部门项目评审排序、评审中心评审、部门预算批复等功能。根据项目管理的要求，预算单位申报项目，并通过逐级审核功能对项目进行审批，实现项目的分类、分级和滚动管理。

绩效目标管理模块实现项目的绩效目标的填报和审核。通过预算绩效管理信息系统与平台可有效开展项目支出绩效目标申报、审核、结果应用等工作。

借助预算绩效管理信息系统与平台，预算单位可进行“绩效目标申报表”的网上填写，包括项目的总体概况、绩效目标，以及工作程序和制度保障等。其中，项目的基本信息和预算明细通过与项目库管理系统和预算管理系统对接获取。根据预算项目资金用途、管理要素的不同，系统科学、系统地设定项目的分类体系：按照资金用途分类设计投入管理类、产出类的共性指标；按照支出功能科目设计效果、影响力等个性指标。预算单位在填报绩效目标时可根据项目分类选用系统推荐的指标。此外，为方便预算单位申报项目绩效目标，系统配备了指标库、标准库和案例库，供系统使用者进行指标的挑选和调用。其中，指标库的内容涵盖《政府财政支出功能分类科目》中绝大部分科目，并提供了各指标的推荐目标值和业绩值计算公式等。申报项目的同时，预算部门（单位）还须提交项目及预算执行计划，并设置各指标阶段目标值，包括项目启动阶段、采购阶段（如有采购环节）、实施阶段（还可根据阶段性完成计划预先设置指标的评分公式及权重分）。

针对绩效目标审核，系统提供三种不同的审核方法，供具有不同管理要求的项目使用。其中，针对资金量较小、业务简单的经常性项目，提供一般审核模板及功能，同时提供批量审核功能；针对新增项目或者资金量较大的项目，提供重点审核模板及功能，从目标的完整性、相关性、适当性、全面性角度对目标进行审核；对于资金量大的重点民生项目可采用系统中的 PART 工具（Program Assessment Rating Tool，简称 PAPT）进行论证评审。

系统通过工作流配置项目审核流程，实现事务提醒功能，方便操作。主要功能界面如图 5-4-2 所示，指标设置界面如图 5-4-3 所示。

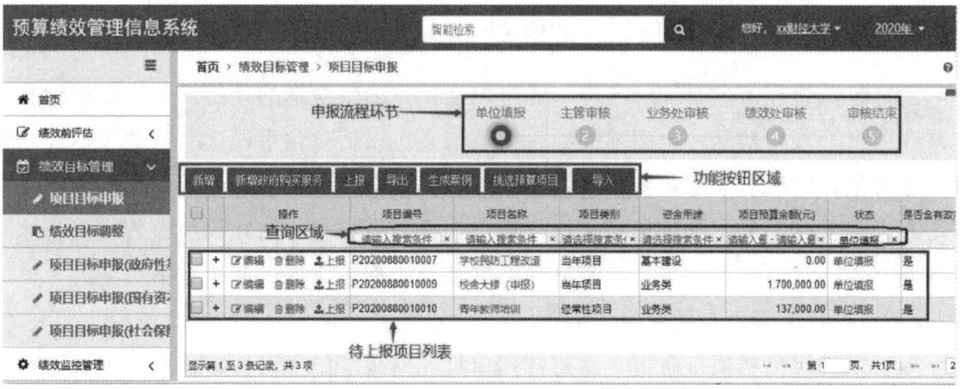

图 5-4-2 项目申报界面

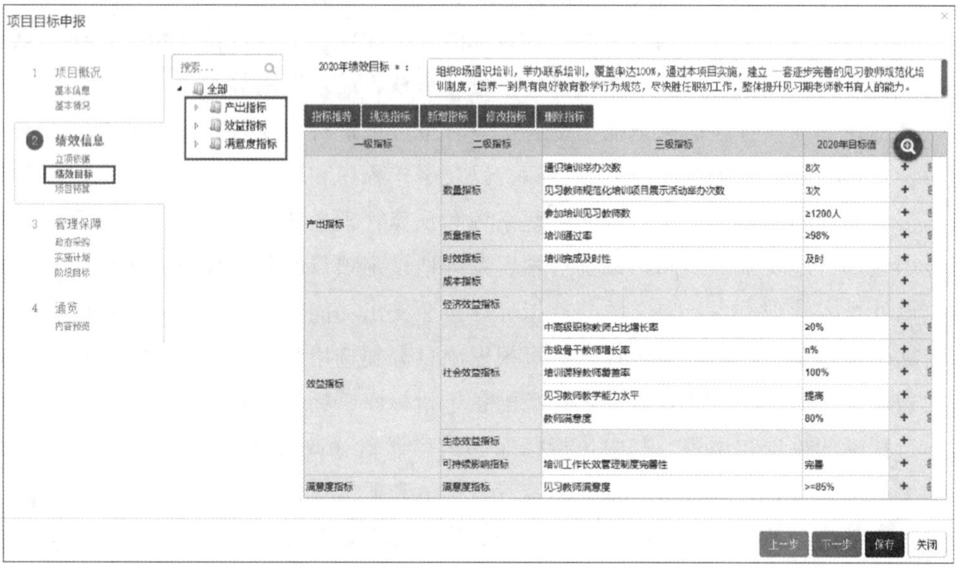

图 5-4-3 指标设置界面

（二）绩效事前评估管理

通过预算绩效管理信息系统与平台中的项目审核评价工具（PART），财政部门和预算主管部门可以对预算单位申报的项目开展事前评估，并根据评估结果对项目进行竞争性排序及遴选，评价结果反馈至项目库和预算系统中，应用于本年度预算安排。

项目审核评价工具（PART）根据不同项目类别的特性，提供从项目立项、资金安排、项目管理、项目绩效四个角度设计的若干套评价问题。每套问题内容包括若干问题名称、问题的解释、审核的标准和审核的细则等。系统中的项目等级评价工具（PART）使同类的项目具备统一、科学的审核路径，基本杜绝人为主观评判的情况，也为项目的横向比较及竞争性排序提供基础。具体见图 5-4-4 和图 5-4-5。

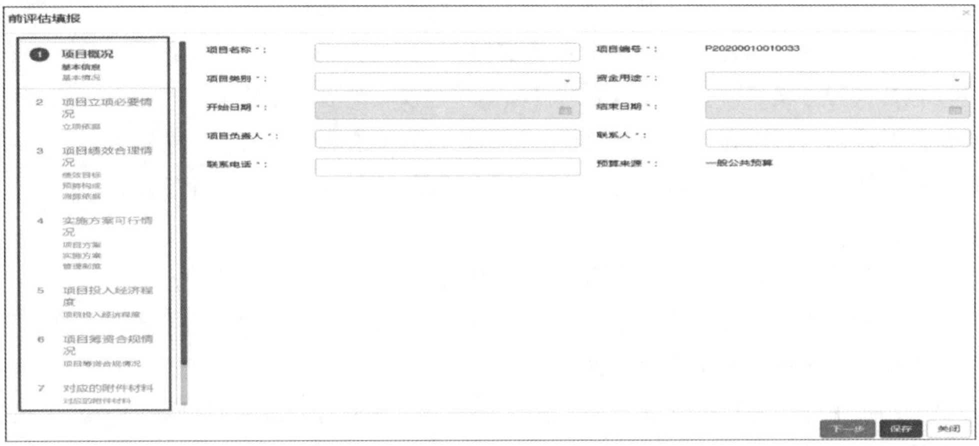

图 5-4-4　项目事前评估填报界面

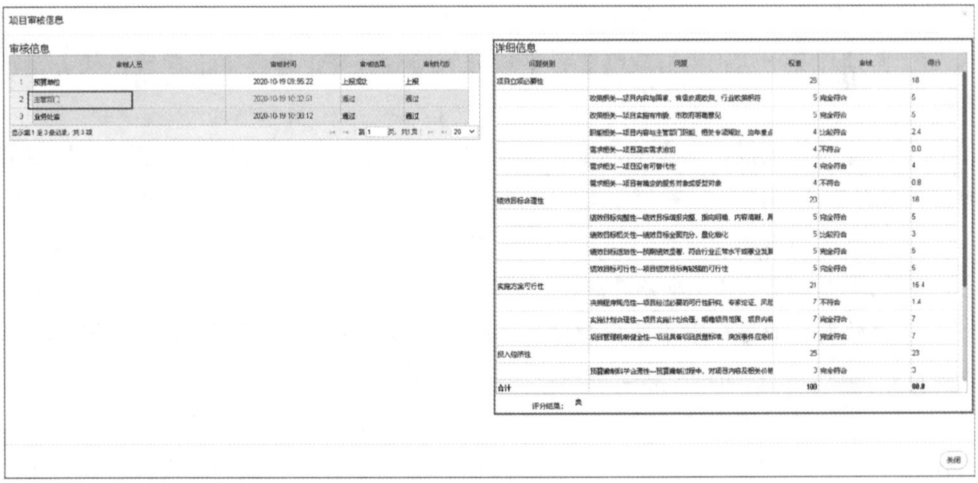

图 5-4-5　项目审核信息表界面

对于委托第三方开展的重大支出项目绩效前评估，系统可支持重点评价的管理应用和分类的评价模板管理应用。在系统中遴选评价机构，并将委托信息和项目相关资料发布到外网平台中，由第三方中介在外网平台中继续完成评价工作的实施；同时，在系统专家库中选择评审专家，并将评审信息和项目相关材料发布到外网平台，由专家远程开展方案和报告的论证。第三方机构的评价材料和专家的评审结果同步更新到系统中，供随时查阅。

（三）绩效运行监控管理

在预算绩效管理信息系统与平台中，预算主管部门或预算单位可以对项目进行多次绩效运行监控。预算绩效管理系统中的绩效运行监控模块采用专业化的表样设计，并与国库支付、财务管理、业务管理等系统进行对接，实现了绩效运行监控信息的多路径采集，结合绩效目标及项目当前进展情况自动判断项目绩效目标实现程度，对项目存在的问题进行预警。单位根据项目实际开展情况和监控结论提出项目的整改意见，包括执行方案、预算以及相应的目标调整建议，然后由主管部门及财政部门审核确认。财政部门可以在系统中对运行监控结论进行动态查询分析，了解预算执行和项目的运行情况。绩效运行监控的结论将反馈至预算管理系统、项目库管理系统，为预算和项目调整提供依据和支撑。

目前绩效运行监控工作在系统中分为分阶段监控和自主监控两种：

(1) 分阶段监控是按照目标申报阶段提交的执行计划对阶段性目标进行跟踪，如：项目启动阶段、采购阶段、实施阶段。

(2) 自主监控是根据管理要求，按一定周期（季或月）或项目开展的任意阶段，动态采集数据并实时监控。系统提供对项目绩效不限次数地跟踪。

根据管理权限，系统可以将预算单位、主管单位、财政部门在系统中进行关联，实现线上任务下达、填报、审核等流程。

① 监控任务下达：由财政绩效科室或分管绩效管理工作科室下达监控任务至预算单位。

② 预算单位填报：预算单位根据下达的监控任务要求，填报相关信息，填报完成后提交至主管部门。

③ 主管部门审核：对预算单位提交的绩效运行监控信息进行预审，填写审核意见，审核通过上报至财政业务科室。

④ 财政对口业务科室审核：对主管部门预审通过的绩效运行监控信息进行审核，填写审核意见，审核通过上报至财政绩效科室。

⑤ 财政绩效科室审核：结合主管部门及对口业务科室的审核意见，对监控填报内容进行终审，填写审核意见，审核通过即绩效运行监控填报流程结束。若其中任一环节审核不通过，均退回到预算单位，进行修改并重新上报。

按照现行各级财政对绩效运行监控的要求及绩效运行监控的核心内容，目前系统的绩效监控主要包含以下三大模块：

(1) 绩效监控资金模块（图 5-4-6）。主要是对检查项目名称、年度总体目标是否正确，填报项目基本信息包括：项目负责人主管部门、实施单位。填报年初预算数，截止预算监控填报日项目预算执行数及执行率，项目全年预算执行数。

(2) 绩效监控指标模块（图 5-4-7）。项目单位前期提交的绩效目标指标在跟踪期内的完成情况，并对偏离绩效目标的进行“偏差原因分析”，对全年绩效目标完成情况进行预计，从而估算项目完成的可能性。

(3) 绩效监控结论模块。系统会自动测算项目各绩效目标指标在跟踪期的偏差情况，统计完全正常的指标，筛选出可能存在问题的指标，并算出偏差率，最后根据偏差情况得出分项结论与总体结论。

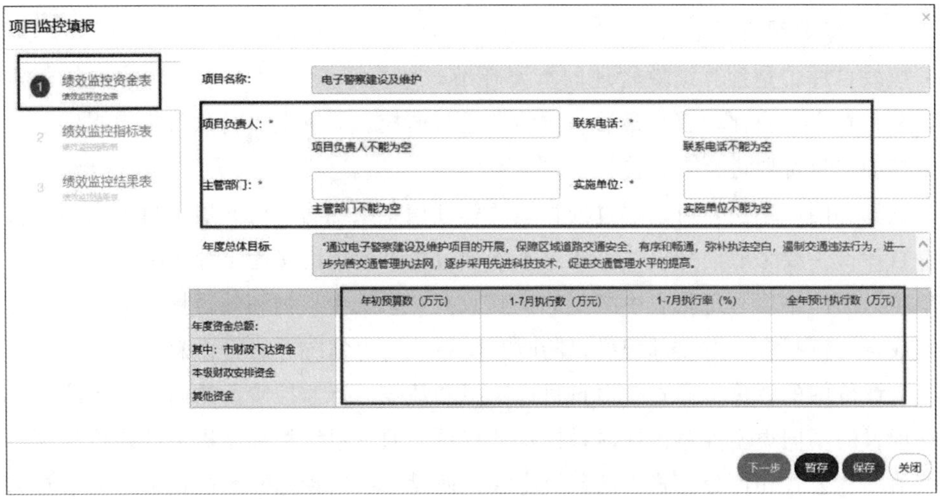

图 5-4-6　绩效监控资金表

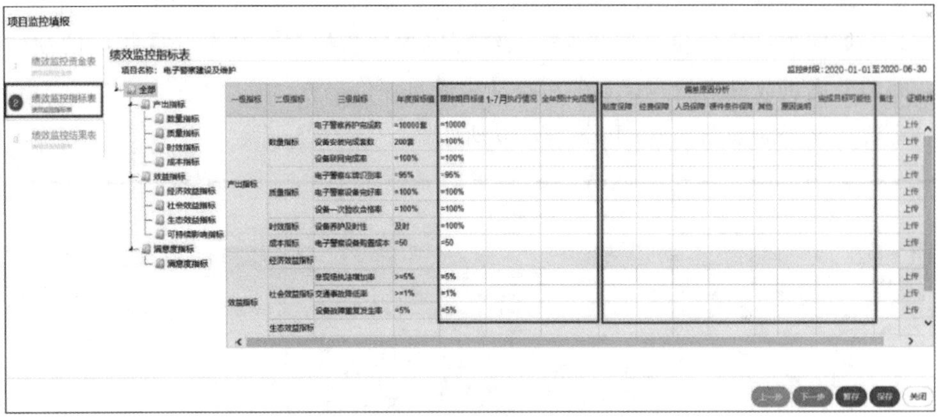

图 5-4-7　绩效监控指标表

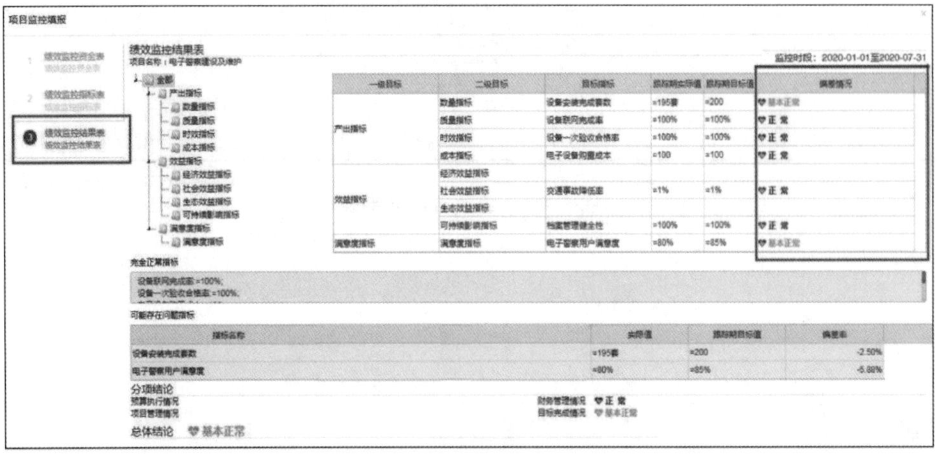

图 5-4-8　绩效完成情况分析表

（四）绩效评价管理

绩效自评价是预算绩效管理的重要环节，解决了资金使用完成后的责任落实问题，某种意义上自评价就是最后一次绩效运行监控。原则上进行过目标申报和绩效运行监控的项目都要进行自评价。

预算部门（单位）可以通过预算绩效管理信息系统与平台开展项目支出绩效自评价。自评价主要采取向导模式，通过基于项目分类形成的多套自评价模板来开展。预算单位只需简单填写每张表中必要的基础数据，系统会根据绩效目标完成情况自动评分生成自评价报告。财政部门可以随时查看单位自评情况并进行汇总。

自评价中的评价指标直接引自目标申报和绩效运行监控阶段的内容，系统会自动根据项目的不同类型推荐指标体系模块的权重。通过系统指标库提供的评价指标，其业绩值计算公式和评分公式均已预设完成。而对于新增指标，系统提供了多个常见业绩值计算和评分公式供选择参考。预算、决算、财务数据通过和相关信息系统对接完成采集，预算单位只需录入指标业绩值等相关业务数据，系统将自动计算出指标得分情况，并形成项目总分和评价结论。系统可以根据指标评分结果开展相应的绩效分析，并辅助提供改进措施建议，最后自动生成自评价报告。

主要功能界面如图 5-4-9 和图 5-4-10 所示：

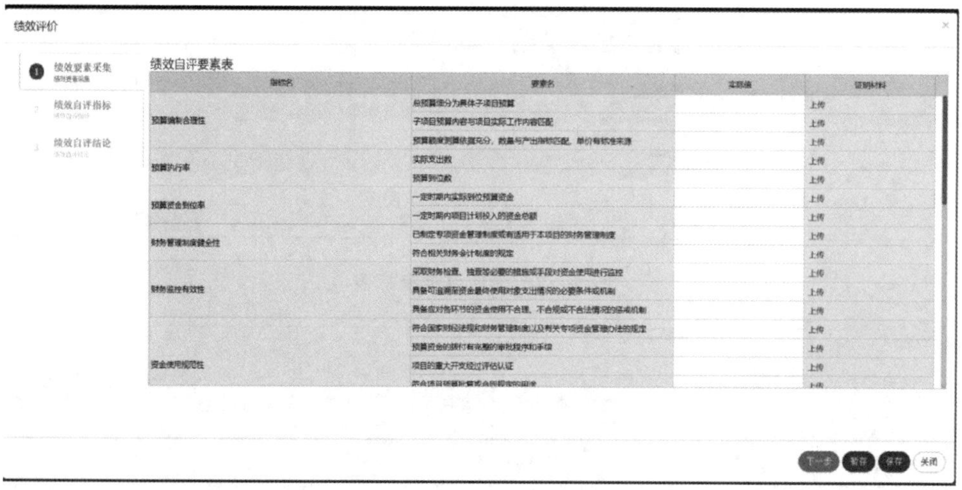

图 5-4-9　绩效自评要素表

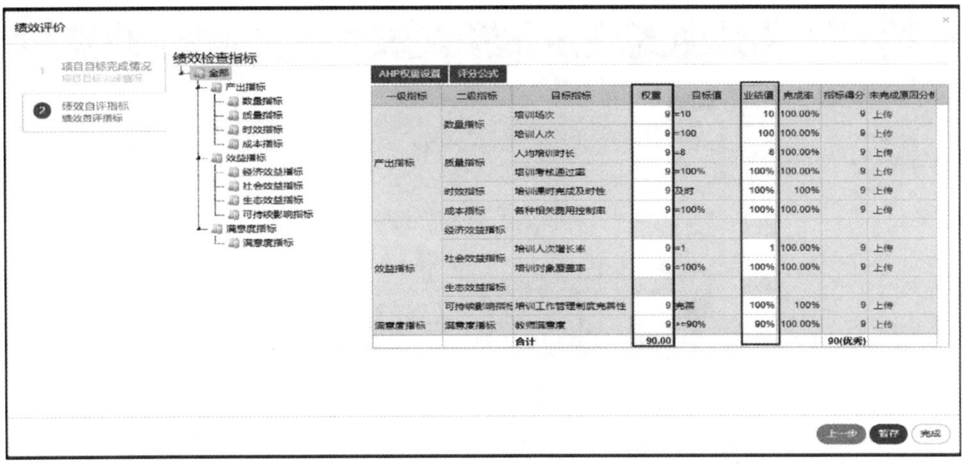

图 5-4-10　自评指标表

对于委托第三方开展的重点项目支出绩效评价，系统具备重点评价的管理功能。在系统中遴选评选机构，并将委托信息和项目相关资料发布到外网平台中，由第三方中介在外网平台中继续完成评价工作的实施；同时，在系统专家库中选择评审专家，并将评审信息和项目相关材料发布到外网平台，由专家远程开展方案和报告的论证。第三方机构的评价材料和专家的评审结果可同步更新到系统中，供随时查阅。

根据评价结论，相关管理部门在系统中开展项目的对比分析，下达整改意见，并将评价结果反馈到项目库系统和预算管理系统，供下一年预算安排做参考。

（五）政策绩效管理

政策绩效管理包括政策绩效目标管理、政策监控管理、政策绩效评价、结果应用等主要环节。政策绩效管理主要围绕专项资金及转移支付资金，从目标申报、监控至自评价完成全过程绩效链条管理，实现政策与项目分层分级精细化管理。

政策绩效管理的流程包括：政策绩效目标管理阶段，政策主管部门申报政策绩效目标，财政部门对政策绩效目标进行审核；政策绩效监控管理：财政部门下达跟踪任务给主管部门、主管部门开展跟踪任务、财政部门审核主管部门上报的政策跟踪情况；政策绩效评价阶段：政策主管部门完成政策的自评价，形成绩效自评报告，并报财政局。必要时可委托第三方机构完成政策绩效评价工作。在开展政策绩效管理之前，需要对专项资金政策库进行维护；在进行目标申报时可将政策与具体的项目进行挂接，从而在绩效管理过程中能对政策总体及具体项目均进行管理。各环节具体功能和操作流程与项目支出绩效评价相同。

系统一些核心功能界面如图 5-4-11 和图 5-4-12 所示。

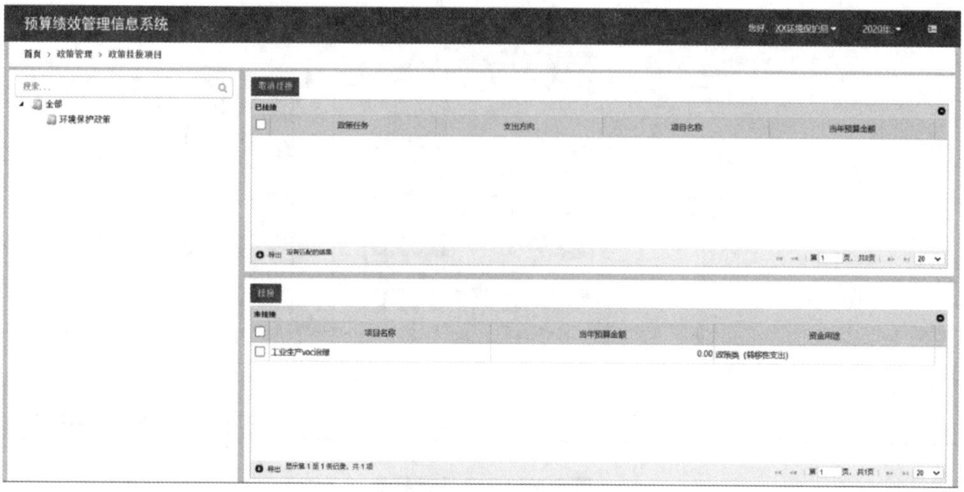

图 5-4-11　政策挂接项目

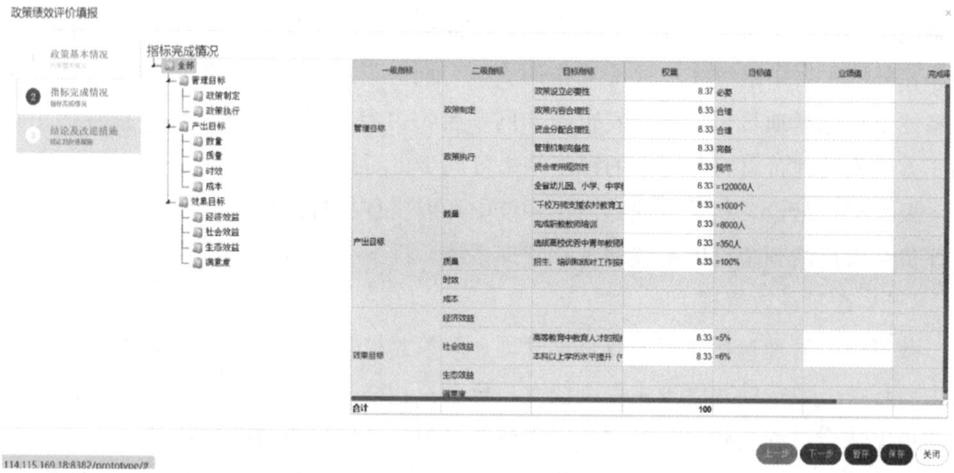

图 5-4-12　政策自评价指标完成情况填报

（六）部门整体支出绩效管理

预算绩效管理信息系统与平台设计具备部门整体支出绩效目标管理和绩效评价管理两大核心功能，可支持部门整体支出绩效管理工作的开展。借助预算绩效管理信息系统，预算单位可以完成“部门整体支出绩效目标申报表”的在线申报工作，包括部门概况、部门发展规划及部门整体支出绩效目标等。部门的预算、项目等数据通过与预算管理系统对接获取。部门整体支出绩效指标的设计可借助系统配置的指标库、标准库进行设计。

预算单位可通过系统中的部门整体支出绩效评价管理模块对指标进行评分，完成部门整体支出绩效自评价。自评价主要采取向导式的模式，部门的预/决算、财务等数据通过与预算管理系统、决算系统对接获取，项目执行情况从项目支出绩效评价处采集，预算单位只要补充填写表单中的部分基础数据，系统会自动评分生成自评价报告。对于委托第三方开展的重点部门整体支出绩效评价，系统提供重点评价的管理功能和评价模板提供。具体功能和操作流程与项目支出绩效评价相同。基于评价结果，系统协助开展部门绩效的横向、纵向对比，为形成整改意见及落实提供参考。

系统一些核心功能界面如图 5-4-13、图 5-4-14 和图 5-4-15 所示：

图 5-4-13　部门基本信息表

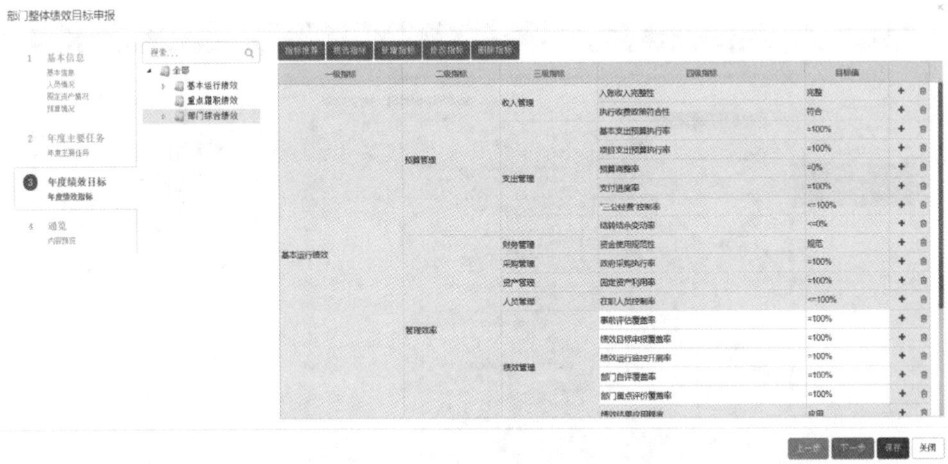

图 5-4-14　部门整体支出年度绩效目标

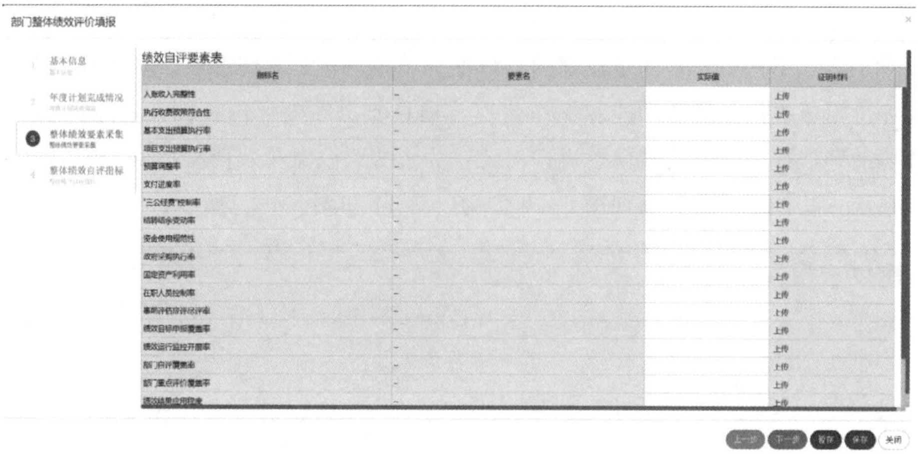

图 5-4-15　部门整体支出绩效要素采集

（七）全覆盖绩效评价管理

全覆盖绩效评价管理涵盖四本预算（一般公共预算、政府性基金预算、国有资本经营预算、社会保险基金），以及特定领域的，比如对政府和社会资本合作（PPP）、政府采购、政府购买服务、政府债务等项目的绩效管理，包括绩效评价任务下达、绩效评价填报、绩效评价审核、绩效评价评审、绩效评价结果反馈。具体功能和操作流程与项目支出绩效评价相同。

（八）预算绩效管理工作考评

财政部门通过系统对各预算部门年度预算绩效管理工作情况和下级财政的年度预算绩效管理工作情况进行考核。系统预设考核模板及数据采集表，各主管部门、下级财政部门按照系统配置好的预算部门绩效管理考核数据统计表及相应的取数公式，由系统辅助提取相关的统计数据。数据采集完成后系统进行计算完成考核。具体见图 5-4-16。

图 5-4-16　预算管理工作考核填报

四、第三方绩效云平台（外网）的功能及应用

第三方绩效云平台（外网）是集工作平台、学习平台和专家平台为一体的综合服务互联网平台。绩效工具平台提供包括各类评价模板并生成评价报告，支持区域和分行业数据汇总和形成汇总结论，生成区域和行业的绩效评价报告；学习平台致力于打造绩效行业独有的深度学习体系，全程记录学习者情况、实践经验并形成个人绩效简历，解决行业人才稀缺、无完善的学习体系等问题；专家平台旨在打造线上专家库，撮合全国专家进行项目评审及专业咨询服务。同时，评审系统遵循“随机抽取、利益回避、专业吻合”的原则，统一从专家库中抽取产生，并可开展线上评审业务。

通过外网平台，规范了标准评价流程管理，提供了多样的资料模板、指标体系框架及基础表模板、分析模型，定制规范的方案和报告框架，并给予智能化的帮助提示。同时，引入涵盖各行业各类型项目的案例和各行业各类型的标准问卷，提供多维度的项目分类，将项目评价指标、问卷和项目案例纳入库统一管理。此外，平台提供多种前沿评分公式模型和问卷样本量计算模型，可视化呈现分析结果。

以下将重点介绍说明如何应用第三方绩效云平台（外网）开展第三方绩效评价，通过外网进行全过程管理，具体操作如图 5-4-17 所示：

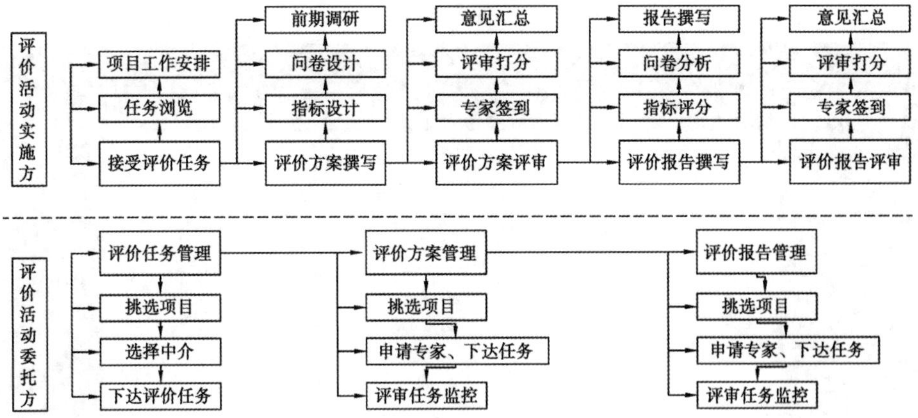

图 5-4-17　第三方绩效评价功能应用导航

（1）评价任务管理

① 挑选项目

财政部门和预算部门结合本年度绩效管理工作安排与财政部门绩效评价工作要求，挑选符合要求的重点评价项目，如图 5-4-18 所示：

图 5-4-18　平台挑选项目

② 挑选中介

委托部门根据确定的评价项目生成评价任务，从中介库中抽取满足要求的中介机构，并传达评价任务与中介评价工作流程实施要点。

③ 下达评价任务

委托部门将评价任务下达给中介，如图 5-4-19 所示。

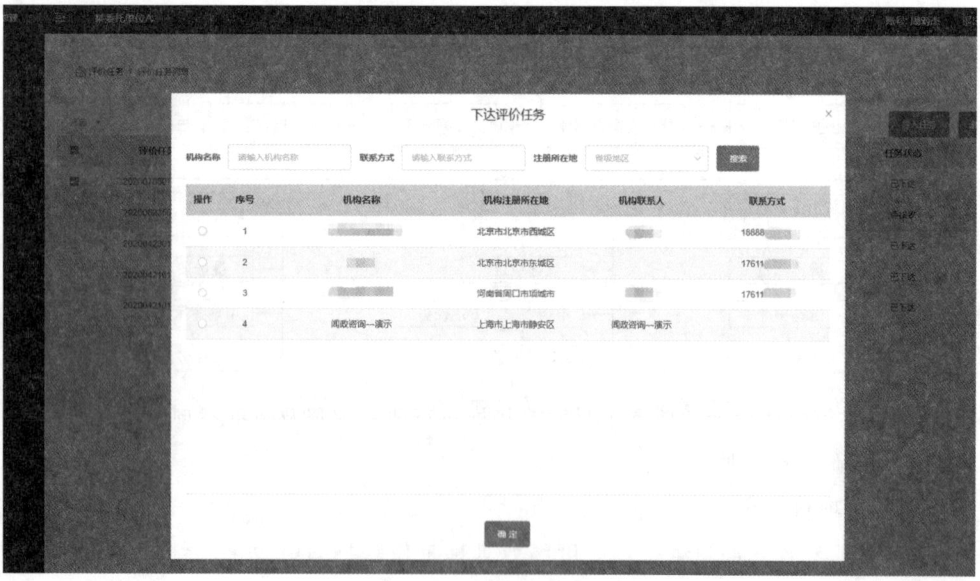

图 5-4-19　评价任务下达

（2）评审任务管理

① 评审方案管理

根据平台提交的项目评审方案生成工作方案评审任务，向政府采购平台提交专家抽取申请并确定工作方案评审专家。

确定工作方案评审专家组成员之后，及时下达工作方案评审任务书，以便专家明确工作方案评审任务要求。

借助预算绩效管理信息系统，委托方可对工作方案评审任务的具体执行情况实施评审任务监控。一旦出现异常，可及时介入管理。

② 评审报告管理

根据系统提交的项目评审报告，生成项目报告评审任务，可根据项目需求沿用工作方案评审专家或重新向政府采购平台提交专家抽取申请并确定新的项目报告评审专家。

确定项目报告评审专家组成员之后，及时下达项目报告评审任务书，以便专家明确项目报告评审任务要求。

借助预算绩效管理信息系统，委托方可对项目报告评审任务的具体执行情况实施评审任务监控。一旦出现异常，可及时介入管理。

（3）评价任务接受

第三方机构接到评价任务书，在充分理解任务诉求的基础上，根据项目评价工作要求细化各阶段项目评价工作安排，包括参与评价工作的人员信息与阶段性任务布置等。

（4）评价方案撰写

评价方案撰写模块主要有四个任务，分别是指标设计、基础表设计、问卷与访谈设计、方案撰写。上述方案设计任务主要通过平台内置的各类评价模板智能化完成，模板基于评价项目的职能活动、资金用途来选择。在模板之外中介也可自行设计，如自行设计将通过以下功能实现应用。

① 指标设计

指标设计体系主要包括综合表和要素表。综合表主要包括指标设计、业绩值设计和评分公式等整体设计；要素表是对各指标进行要素解释及数据类型定义。

对项目的指标体系进行管理，包括指标的新增、修改和删除，并可以对指标进行权重和评分公式的设置及修改指标层级，通过指标体系综合表对单个二级指标逐个进行维护，如图 5-4-20 所示：

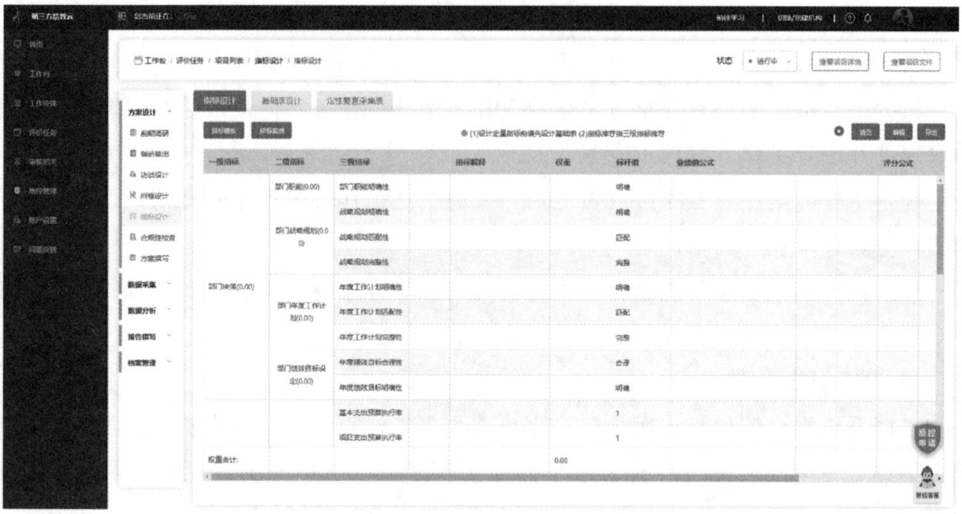

图 5-4-20　外网平台指标设计

② 问卷设计

第三方绩效云平台可根据用户需要进行问卷的自定义设计，系统提供问卷的新增、修改、删除和提示信息的功能。问卷类型包含基本信息单选题、基本信息多选题、满意度题和主观题。问卷设计如图 5-4-21 所示：

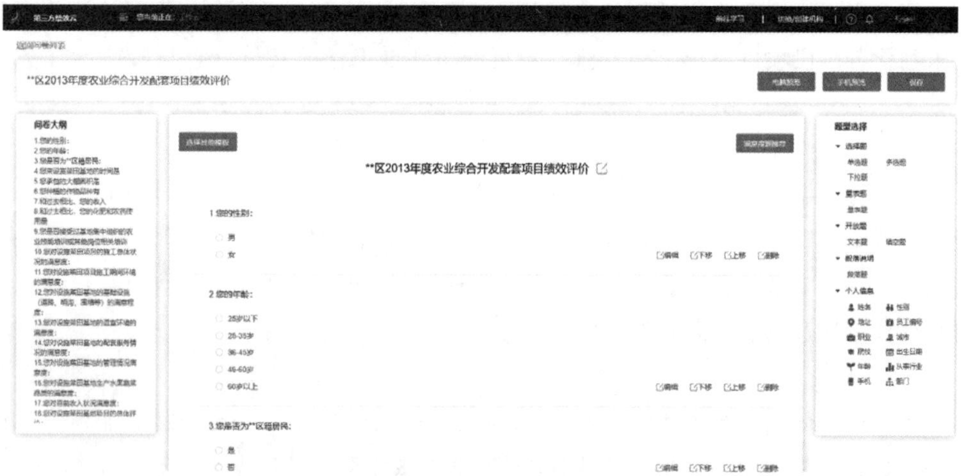

图 5-4-21　外网平台问卷设计

③ 方案撰写

用户可根据需要，通过平台在线进行评价方案的编写，平台将自动保存撰写内容。选择需要进行方案撰写的项目，进入方案撰写界面，系统提供评价方案的模板，包括封面、评价方案内容和附件等，只需录入相应的内容，系统可自动生成评价方案；评价方案的内容和排版都已自动生成，还可对方案进行删除和在线查看等操作。

（5）评价方案评审

① 专家签到

委托方可根据项目实际需要，通过第三方绩效云平台实施在线方案评审。专家进入方案在线评审模块后，确定评审项目基本信息无误，进行签到。

② 专家评审

专家进入评审模块，首先查阅项目资料，完成阅读审核之后实施评审评分。专家对于项目评审过程中的扣分点需进行说明。实际操作过程中，如有意外情况出现，评审专家可临时保存当时工作进度。评审过程中或评审结束后，可在“评审结果总览”一栏中查看项目总体评分情况。专家评审如图 5-4-22 所示：

图 5-4-22　外网平台专家评审

专家完成评审之后，提交评审意见至专家组组长处。

③ 小组意见汇总

专家组组长在完成项目工作方案评审工作之后，需完成小组意见汇总，总结评审综合结论和意见，并对未予采纳的相关专家评审意见做出未采纳理由说明。

在完成以上工作之后，将工作方案评审意见提交至委托部门。

（6）评价报告撰写

① 问卷分析

用户可根据置信度与误差计算出需要发放的问卷数量，并在平台内完成问卷发布。问卷发布前需设置相关内容，必须完成问卷名称、问卷导言和样本量等要素填写之后才能够提交问卷。

问卷审核无误后，可进入发布状态。发布之后的问卷，用户可根据需要查看问卷答题情况。

根据问卷录入系统的结果和平台自带的常用问卷调查统计分析公式，系统可从均值、方差、信度和效度等多个角度对调查结果展开分析。其中，关于缺省值的处理方式，系统提供了按平均分处理、按题目中间分处理和按满分处理等方式，可根据实际情况有针对性地筛选合适的处理方式。关于数据分析结果的直观展示方式，系统提供了数据视图、折线图和柱形图三种可选方式。问卷分析如图 5-4-23 所示：

图 5-4-23　外网平台问卷分析

问卷分析结果可通过 Excel 表格形式导出。

② 指标评分

基于数据采集阶段填写的指标业绩值与基础信息表，结合项目后期新增资料信息的变动，对之前填写的指标业绩值进行调整。如果并未填写指标值，可选择手动评分。系统提供指标的计算、保存、导出、生成底稿、上传和提示等多项功能。指标分析如图 5-4-24 所示：

图 5-4-24　外网平台指标分析

③ 报告撰写

进入评价报告撰写模块，根据系统提供的评价模板，包括封面、评价方案内容、附件等，根据栏目要求依次录入，系统即可生成自动评价报告。

用户可通过查看功能浏览完整的评价报告，也可通过导出功能将评价报告以word格式保存以便后续使用。报告撰写如图5-4-25所示：

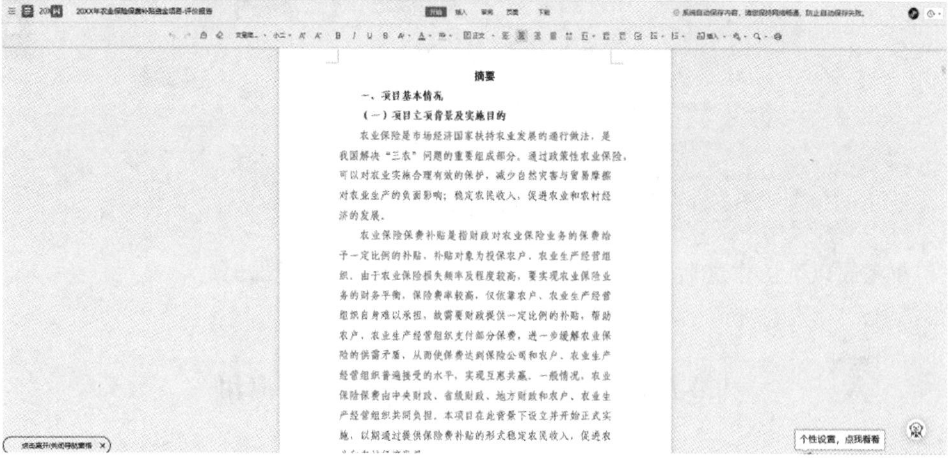

图5-4-25　外网平台报告撰写

此外，用户可通过系统查询项目评价实施全过程。

（7）评价报告评审

① 专家签到

可根据项目实际需要，通过第三方绩效云平台实施在线报告评审。专家进入绩效评价在线评审模块后，确定评审项目基本信息无误，进行签到。

② 评审评分

专家进入评价模块，首先查阅项目资料，完成阅读审核之后，实施评价评分。对于项目评审过程中的扣分点需进行说明。实际操作过程中，如有特殊情况出现，评审专家可临时保存当时工作进度。评审过程中或评价结束后，可在“评价结果总览”一栏中查看报告总体评分情况。专家完成报告评审之后，提交评审意见至专家组组长处。

③ 意见汇总

专家组组长在完成项目评价报告评审工作之后，需完成小组意见汇总，总结评审综合结论和意见，并对未予采纳的相关专家评审意见做出未采纳理由说明。专家意见查看如图5-4-26所示：

图 5-4-26　外网平台专家意见查看

在完成以上工作之后，将评价报告评审意见提交至委托部门。

|第五节|　财政绩效大数据建设与应用

一、财政绩效大数据建设背景

财政作为国家经济的宏观管理部门，是大数据产生、应用的重要领域之一，加快开展财政大数据应用，充分整合和挖掘财政数据资源，是推动财政管理持续健康发展的重大举措，是财政信息化由传统流程化支撑向数据资源价值发挥、支持科学决策的重大转变。这一转变有利于推动政策完善、决策优化、风险预警等管理需要，有利于提升财政部门预算管理水平和财政资金的综合使用效益。而在全面实施绩效管理的大背景下，探索绩效管理结果的大数据分析是提高财政资源配置效率的有效途径，也是建设现代财政制度、推进国家治理体系和治理能力现代化的有力举措，建设财政绩效大数据体系，推动大数据的应用落地是提升绩效管理精细化、标准化和科学化的有力支撑和技术保障。

二、财政绩效大数据建设内容

1. 绩效大数据管理平台

以绩效指标体系和项目管理要素为核心，利用信息技术手段打通财政内外部核心绩效数据壁垒，建立财政绩效管理大数据治理体系。拟实现功能包括：数据采集与汇总管理、数据指标管理、元数据管理、数据标准管理、数据质量管理、数据集成管理、主数据管理、数据交换管理、数据资产管理、数据安全管理和数据生命周期管理。

2. *绩效大数据决策支持平台*

一是通过财政支出结果与绩效目标的关联性分析、成本收益分析等工具，逐步提高资金的管理效能和使用效益，不断提升预算绩效管理水平；二是基于预算绩效大数据及分析模型，广泛开展部门/行业绩效水平监测、趋势预测、监控预警、成本一效益分析、资金及政策分配模拟、标准测算、产业政策评价等各项数据分析应用，并通过可视化呈现，服务于政府管理决策；三是依托预算绩效大数据和机器学习技术，建立绩效知识库，实现绩效指标智能推荐、智能绩效评价、绩效运行情况智能对比预警等服务功能，大数据管理平台和决策支持平台业务架构如图 5-5-1 所示。

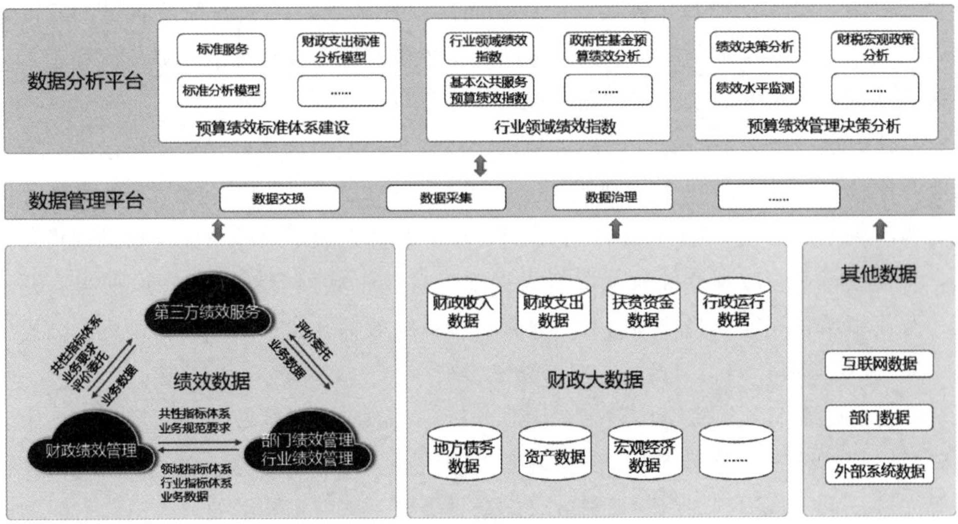

图 5-5-1　财政绩效大数据业务架构图

三、绩效大数据应用

绩效大数据平台应用于具体业务场景，通过全面了解预算绩效现状、识别绩效运行风险、预判绩效变化趋势等决策分析的相关需求，建立贯穿财税“宏观一中观一微观”三个层次的分析应用决策支持体系，以此实现财政绩效状况全景展现、绩效运行风险识别、绩效趋势预测、绩效提升方向建议等绩效数据智能应用服务。

1. *宏观层面：政府财政运行绩效状况分析*

一是财税宏观政策仿真模拟。立足绩效理念，聚焦地区财政部门的工作重点与工作难点，结合财税工作的实际内容与数据特征，对财政部门已出台政策、拟出台政策开展绩效分析与仿真模拟，形成在宏观经济背景、财政预算等条件约束下本省财税政策的最优解，同时汇集国内同类地区财政政策及绩效数据，建立施政知识库，提供政策智能推荐功能模块，为财政部门相关处室优化财税政策提供理论、技术及实证支持。

二是构建地区财力运行绩效综合指数。借助大数据系统以财政管理绩效、财政收入绩效、财政支出绩效、财政可持续性等4个维度为抓手开展地区财力运行绩效评价，并按照“统一规范、体现特点”的原则，完成各省、市、县数据的合理归集，构建形成“横向可比、纵向可循”的地区财力运行绩效综合指数，对各地区各级政府财力运行情况进行全景式查询、展示与评比，提高地方政府财政资源配置效率、使用效益。

2. 中观层面：开展行业领域预算绩效决策分析

一是基本公共服务绩效水平监测分析。为合理解决教育、社会保障、医疗卫生、文化体育和残疾人等基本公共服务领域中，面临的城乡区域间资源配置不均衡、硬件软件不协调、服务水平差异较大等问题，面向识别基本公共服务绩效状况的实际需要，提供基本公共服务预算绩效状况诊断、基本公共服务预算绩效趋势预测和基本公共服务预算绩效提升建议提出的顺序提供监测分析。

二是开展行业领域预算绩效决策分析。在行业领域预算绩效管理的场景中，主要面临具体行业领域财政投入标准固化、财政投入方式单一、财政投入效果模糊等问题。为解决上述问题，特别面向产业扶持、电子政务建设等具体行业领域财政投入行为，将按照行业领域预算绩效状况全景展现、行业领域预算绩效风险识别与问题诊断、行业领域预算绩效趋势预测和行业领域预算绩效提升建议的顺序提供决策分析。

3. 微观层面：部门、政策、项目绩效分析

一是提供部门预算资金绩效配置比对分析。在部门预算绩效管理的场景中，主要面临部门预算绩效状况不清晰、部门履职效能状况不明晰等问题。通过大数据AI报表等先进技术，将按照部门预算绩效状况全景展现、部门预算绩效风险识别与问题诊断、部门预算绩效趋势预测和部门预算绩效提升建议的顺序提供资金绩效配置比对分析。

二是实现政策专项资金分配和执行绩效分析。辅助上级政府开展政策专项资金分配绩效的决策分析、协助对下级政府政策执行情况的绩效监督。通过大数据系统打通政策发布层、执行层上下游核心数据，分级分类设计政策绩效指标及执行画像系统，形成上级科学下达任务目标、下级准确贯彻实施、上级监督评价的业务闭环。

三是开展项目预算绩效智能控制分析。在项目预算绩效的应用场景中，主要面临项目预算绩效信息量化程度低、多维度比较尺度不统一、管理实施难度较大等问题。为解决上述问题，将按照项目预算绩效画像、项目预算绩效相关问题判断、项目预算绩效变化趋势预测和项目预算绩效提升建议引导的顺序提供智能控制分析。

主要参考文献

[1] 白景明. 全面实施预算绩效管理须实现四大突破［N］. 中国经济时报，2018－02－13（A08）.

[2] 北京市财政局. 北京市市级政府投资基金绩效评价管理暂行办法（京财绩效〔2019〕717号）［Z］. 2019－04－22.

[3] 北京市财政局. 北京市市级项目支出事前绩效评估管理实施细则（京财绩效〔2014〕1933号）［Z］. 2014－09－12.

[4] 北京市财政局. 北京市市级项目支出事前绩效评估管理暂行办法（京财预〔2012〕2892号）［Z］. 2012－12－06.

[5] 陈冠群. 国有资本经营预算绩效评价研究［J］. 国有资产管理，2021（1）：22－28.

[6] 陈少晖，朱珍. 民生财政导向下的国有资本经营预算支出研究［J］. 当代经济研究，2012（4）：32－38.

[7] 陈遥根，毕晨飞. 加强政府性基金管理改革的建议［J］. 中国财政，2015（4）：48－49.

[8] 程行云. 政府性基金管理现状、存在的问题和清理规范建议［J］. 价格理论与实践，2013（7）：31－32.

[9] 冯俏彬. 国家治理视角下的政府性基金管理研究［J］. 地方财政研究，2015（7）：16－21.

[10] 黄晓. 中国基本养老保险基金收支均衡政府责任及其策略研究［D］. 成都：西南交通大学，2007.

[11] 吉志鹏. 中国社会保险基金预算管理研究［D］. 北京：财政部财政科学研究所，2015.

［12］吉志鹏. 社会保险基金预算绩效管理［J］. 山西财税，2014（12）：10－12.
［13］蒋云赟. 分层分类实施社保基金预算绩效评价［N］. 中国财经报，2021－04－03（7）.
［14］林琴，杜彩军，谭骏珊. 聚类分析在城市轨道交通车站分类中的应用［J］. 铁路计算机应用，2006（6）：4－7.
［15］凌静. 我国国有资本经营预算管理问题研究［D］. 南宁：广西大学，2017.
［16］刘冬. 聚类分析和典型相关分析的应用举例［J］. 赤峰学院学报（自然科学版），2011，27（6）：5－8.
［17］刘国永，王萌，张林，等. 预算绩效管理实践指导［M］. 镇江：江苏大学出版社，2014.
［18］刘媛媛，孙慧. 新疆科技投入对区域经济增长的贡献度分析——基于扩展C-D生产函数和DEA分析法［J］. 科研管理，2014，35（10）：26－32.
［19］马文. 政府引导基金的运营模式分析［EB/OL］.（2018－12－13）［2021－09－16］. https://www.sohu.com/a/281558457_413933.
［20］梅浩. 国有资本经营预算及绩效管理研究［D］. 昆明：云南财经大学，2020.
［21］PE红宝书律师团队. 政府引导基金"募投管退"各环节的实务要点解析［EB/OL］.（2020－10－19）［2021－09－16］. https://www.sohu.com/a/425245316_270543.
［22］祁化森. 国有资本经营预算绩效评价方式初探［J］. 新理财（政府理财），2016（8）：74－75.
［23］邱添. 社会保障预算管理理论与实践思辨：国际经验与中国政策选择［D］. 成都：西南财经大学，2012.
［24］山东省财政厅. 山东省省级股权投资引导基金绩效评价管理暂行办法（鲁财预〔2015〕57号）［Z］. 2015－09－30.
［25］四川省财政厅. 四川省省级产业发展投资引导基金绩效评价管理暂行办法（川财规〔2019〕8号）［Z］. 2019－08－22.
［26］上海市财政局. 上海市市级预算部门（单位）整体支出绩效管理办法（试行）（沪财绩〔2019〕19号）［Z］. 2019－07－05.
［27］上海市财政局. 上海市预算绩效管理实施办法（沪财绩［2014］22号）［Z］. 2014－04－30.
［28］苏月彬. 社保基金预算管理的重要性与对策建议初探［J］. 纳税，2018（24）：170.

[29] 孙玉栋，郑垚. 从全覆盖的视角看预算绩效管理体系的完善［J］. 中国行政管理，2018（11）：9－11.
[30] 唐川. 财政分析手册进阶：地方财力篇［R］. 上海：国金证券研究所总量研究中心，2018－11－19.
[31] 王冬，王萌，蒙圆圆. 成本—效益分析在绩效评价中的运用［J］. 财政监督，2015（12）：55－57.
[32] 王海涛. 我国预算绩效管理改革研究［D］. 北京：财政部财政科学研究所，2014.
[33] 王辉. 政府投资基金绩效管理研究［J］. 财会学习，2019（33）：230，232.
[34] 王六平. 浅谈政府投资基金绩效评价［J］. 中国工程咨询，2019（9）：68－72.
[35] 王萌. 社会保险基金预算绩效管理问题研究［J］. 新理财（政府理财），2021（8）：53－54.
[36] 王为民. 我国政府性基金及附加收入规范管理研究［J］. 改革与战略，2007（12）：65－67.
[37] 翁明丽. 数据包络法运用于高校绩效评价中的探索［J］. 市场周刊，2014（10）：67－69.
[38] 吴俊培，赵斌. 国有资本经营预算：概念界定、地位作用和问题分析［J］. 地方财政研究，2015（9）：38－44.
[39] 吴琦. 坚持结果导向 全面实施医保基金预算绩效管理［J］. 中国医疗保险，2020（9）：31－32.
[40] 武睿. 国内外政府绩效管理制度发展综述［J］. 行政事业资产与财务，2018（15）：13－14.
[41] 徐建中，夏杰，吕希琛，等. 基于“4E”原则的我国政府预算绩效评价框架构建［J］. 社会科学辑刊，2013（3）：132－137.
[42] 徐磊，李勤. 社会保险基金收支预测预警系统的研究［J］. 计算机时代，2007（4）：49－51.
[43] 杨超，谢志华. 国有资本经营预算与一般公共预算和社保基金预算的衔接模式［J］. 地方财政研究，2019（10）：51－58.
[44] 杨光焰. 政府预算管理［M］. 2版. 上海：立信会计出版社，2016.
[45] 袁红霞. 社会保险基金预算管理探析［J］. 中国市场，2020（21）：40，48.
[46] 岳洪江. “综合观”导向的政府投资基金绩效评价指标体系建构［J］. 地方财政研究. 2021（1）：51－59.

[47] 张菊香，朱安琪. 地方社会保险基金全过程预算绩效管理体系构建 [J]. 行政事业资产与财务，2020 (12)：1－2，40.
[48] 张轩阁，张蕊，张静雯，等. 关于国有资本经营预算支出绩效评估与评价的思考[EB/OL]. (2020－05－29)[2021－09－19]. http://www.zjrszx.com/newsitem/278352309.
[49] 赵静，李洋平. 政府预算管理改革探讨——基于绩效管理改革的视角 [J]. 环渤海经济瞭望，2018 (5)：21.
[50] 张兵. 政府投资基金的绩效管理初探——基于绩效目标指标体系研究视角 [J]. 财会学习. 2021 (20)：152－154.
[51] 中华人民共和国国家发展和改革委员会，中华人民共和国财政部，中华人民共和国商务部. 关于创业投资引导基金规范设立与运作的指导意见（国办发〔2008〕116 号）[Z]. 2008－10－18.
[52] 中华人民共和国财政部，中华人民共和国国家发展和改革委员会，中华人民共和国国务院国有资产监督管理委员会. 关于国有企业功能界定与分类的指导意见（国资发研究 [2015] 170 号）[Z]. 2015－12－29.
[53] 中华人民共和国国务院. 国务院关于试行国有资本经营预算的意见（国发〔2007〕26 号）[Z]. 2007－09－08.
[54] 财政部基层财政干部培训教材编审委员会. 全过程预算绩效管理基本知识问答 [M]. 北京：经济科学出版社，2013.
[55] 中华人民共和国财政部预算评审中心. 中国财政支出政策绩效评价体系研究 [M]. 北京：经济科学出版社，2017.
[56] 中国共产党中央委员会，中华人民共和国国务院. 中共中央 国务院关于全面实施预算绩效管理的意见（中发〔2018〕34 号）[Z]. 2018－09－01.
[57] 中国共产党中央委员会办公厅. 关于人大预算审查监督重点向支出预算和政策拓展的实施意见 [Z]. 2018－03－09.
[58] 中华人民共和国财政部. 项目支出绩效评价管理办法（财预〔2020〕10 号）[Z]. 2020－02－25.
[59] 中华人民共和国财政部. 中央部门预算绩效运行监控管理暂行办法（财预〔2019〕136 号）[Z]. 2019－07－26.
[60] 中华人民共和国财政部. 政府购买服务管理办法（征求意见稿） [Z]. 2018－06－26.
[61] 中华人民共和国财政部，中国人民银行. 财政部、中国人民银行关于将部分政府性基金纳入预算管理的通知（财预〔2002〕359 号） [Z]. 2002－06－25.
[62] 中华人民共和国财政部. 关于委托第三方机构参与预算绩效管理的指导意

见（财预〔2021〕6 号）[Z]. 2021－01－28.
[63] 中华人民共和国财政部. 项目支出绩效评价管理办法（财预〔2020〕10 号）[Z]. 2020－02－25.
[64] 中华人民共和国财政部. 政府性基金管理暂行办法（财综〔2010〕80 号）[Z]. 2010－09－10.
[65] 中华人民共和国财政部. 2019、2020 年全国、中央、地方政府性基金支出预算表、决算表 [Z]. 中华人民共和国财政部官网，2019－2021.
[66] 中华人民共和国财政部. 关于加强政府性基金管理问题的通知（财综字〔2000〕22 号）[Z]. 2000－03－09.
[67] 中华人民共和国财政部. 全国政府性基金目录清单 [Z]. 2019.
[68] 中华人民共和国财政部. 关于贯彻落实《中共中央 国务院关于全面实施预算绩效管理的意见》的通知（财预〔2018〕167 号）[Z]. 2018－11－08.
[69] 中华人民共和国财政部. 关于开展 2016 年度中央部门项目支出绩效目标执行监控试点工作的通知（财办预〔2016〕85 号）[Z]. 2016－07－22.
[70] 中华人民共和国财政部. 关于推进政府购买服务第三方绩效评价工作的指导意见（财综〔2018〕42 号）[Z]. 2018－07－30.
[71] 中华人民共和国财政部. 预算绩效评价共性指标体系框架（财预〔2013〕53 号）[Z]. 2013－04－21.
[72] 中华人民共和国财政部. 中央部门预算绩效目标管理办法（财预〔2015〕88 号）[Z]. 2015－05－21.
[73] 中华人民共和国国务院. 关于加强预算外资金管理的决定（国发〔1996〕29 号）[Z]. 1996－07－06.
[74] 中华人民共和国国务院. 中华人民共和国政府采购法实施条例（国令第 658 号）[Z]. 2014－12－31.
[75] 中华人民共和国全国人民代表大会. 中华人民共和国预算法（2014 年修正）[Z]. 2014－08－31.
[76] 中华人民共和国全国人民代表大会. 中华人民共和国政府采购法 [Z]. 2002－06－29.
[77] 中华人民共和国国家发展和改革委员会. 政府出资产业投资基金管理暂行办法（发改财金规〔2016〕2800 号）[Z]. 2016－12－30.
[78] 中华人民共和国财政部. 政府投资基金暂行管理办法（财预〔2015〕210 号）[Z]. 2015－11－12.
[79] 中国共产党中央委员会，中华人民共和国国务院. 中共中央 国务院关于全面实施预算绩效管理的意见（中发〔2018〕34 号）[Z]. 2018－09－01.
[80] 中国共产党中央委员会. 中共中央关于全面深化改革若干重大问题的决定

[Z]. 2013－11－12.
[81] 中华人民共和国财政部. 中央国有资本经营预算编报办法（财预〔2017〕133 号）[Z]. 2017－09－26.
[82] 中华人民共和国财政部. 中央国有资本经营预算管理暂行办法（财预〔2016〕6 号）[Z]. 2016－01－15.
[83] 中华人民共和国财政部. 中央国有资本经营预算支出管理暂行办法（财预〔2017〕32 号）[Z]. 2017－03－13.
[84] 中华人民共和国国务院国有资产监督管理委员会. 中央企业国有资本经营预算支出执行监督管理暂行办法（国资发资本规〔2019〕92 号）[Z]. 2019－09－15.
[85] 中华人民共和国财政部. 中央企业国有资本收益收取管理办法（财资〔2016〕32 号）[Z]. 2016－07－15.
[86] 钟玮. 以绩效管理激发政府投资基金活力 [J]. 新理财（政府理财），2018 (11)：61－63.
[87] 卓锴化. 推进社会保险基金预算绩效管理的思考 [J]. 中国财政，2020 (19)：60－61.

后 记

《中共中央 国务院关于全面实施预算绩效管理的意见》发布以来的三年多时间里，各级政府各部门都在积极推进相关工作，在不断取得成果的同时，也面临着新形势下的各种新要求、新问题。总的来说，全面实施预算绩效管理正处在一个关键时期。在这个关键期里，过去的许多经验需要梳理，面临的许多问题需要回答，当下的最新要求需要分析，将来的发展形势需要研判。

上海闻政管理咨询有限公司（以下简称“闻政”）基于长期研究积累和过往经验，将这三年多来的工作进行系统性梳理总结，并尝试对学界和业界关心的一系列问题给出一些答案，为让更多的人能读懂全面实施预算绩效管理这部“巨著”贡献自己的力量。为此，我们在2019年出版的《全面实施预算绩效管理系列丛书》的基础上进行了修订和再版，形成了呈现在读者面前的这套全新的《全面实施预算绩效管理系列丛书》（修订版）。

作为上海财经大学等国内多个高校的“产学研”基地，闻政始终坚持以绩效为核心，以“驱动绩效 定义未来 给力政府”为己任。在多年的发展和实践中，闻政以苛求专业的精神、求真务实的作风积极为各级政府部门、业内第三方机构等提供专业的全方位绩效管理服务，是一家集“预算绩效管理研究、政府绩效咨询、绩效信息化产品开发与服务、绩效大数据建设与应用、政府绩效管理培训”于一体的智库型企业，并不断深入开展关于政府治理能力现代化大数据决策应用体系的研发构建。

本套修订版丛书由闻政团队结合实践经验和研究成果精心打磨、淬炼而成。其中，《全面实施预算绩效管理专业基础（第二版）》和《全面实施预算绩效管理实践指导（第二版）》由2019年版《全面实施预算绩效管理系列丛书》修订而成，内容上更加细致全面；《全面实施预算绩效管理案例解读（2021）》根据闻政近三年的实际案例全新编撰。此外，闻政团队还基于2017年财政部与共建高校联合研究课题“关于政府购买服务第三方绩效评价机制研究”上海财经大学研究成果编著了《政府购买服务绩效评价：理论、实践与技术》，基于2019年财政部部省共建联合研究委托课题“政府债务预算绩效管理研究”中国国债协会和上海财经大学联合研究成果编著了《政府债务预算绩效管理路径探索：基于代际公平和投融资机制的视角》，两本新书提供了实现预算绩效管理全覆盖的典型范例，是对当前预算绩效管理新要求的一种回应。

丛书由刘国永担任主编，李文思、王萌担任副主编。丛书编委由孙晓霞、王华巍、姜蓉、张林、罗杰、王文才、何文盛、马蔡琛、华清君、李宜祥、俞红梅、任晓辉、彭锻炼、汤泉、刘敏、信俊汝、吴晶、夏和飞组成。具体来说，《全面实施预算绩效管理专业基础（第二版）》和《全面实施预算绩效管理实践指导（第二版）》由刘国永、李文思、王萌主导编撰；最新分册《全面实施预算绩效管理案例解读（2021）》由信俊汝、朱文、王春影、梁园园撰写；《政府购买服务绩效评价：理论、实践与技术》由熊羽、罗杰、刘敏撰写；《政府债务预算绩效管理路径探索：基于代际公平和投融资机制的视角》由孙晓霞、黄超、刘敏编撰。丛书再编过程中还参考、借鉴了国内外有关专家学者的最新研究成果。借此致敬前人的智慧，同时也对成书过程中给予关怀和支持的社会各界、领导同志、绩效同仁及读者表示深深的感谢。

本着“孜孜以求，不断探索”的精神，闻政深知绩效之路深远绵长，唯以匠人之心继往开来，敢于在实践中求证，方能近道。今后，闻政还将继续全方位多触角发力，陆续推出关于基层政府预算绩效管理改革，教育、公交、国企等行业绩效管理探索，以及地方实践模式创新等领域的更多成果，旨在为绩效行业发展献上自己的智慧果实，让绩效管理更专业、更科学，从而为政府的科学决策提供有力支持。

编者

2021年12月